微小企业金融丛书
WEIXIAO QIYE JINRONG CONGSHU

CASE ANALYSIS
OF MICRO & SMALL
ENTERPRISE LENDING

微小企业贷款
案例解析

主编 李镇西

中国金融出版社

责任编辑：孔德蕴　王素娟
责任校对：张志文
责任印制：丁淮宾

图书在版编目（CIP）数据

微小企业贷款案例解析（Weixiao Qiye Daikuan Anli Jiexi）/李镇西主编. —北京：中国金融出版社，2010. 10
（微小企业金融丛书）
ISBN 978 - 7 - 5049 - 5603 - 3

Ⅰ. ①微…　Ⅱ. ①李…　Ⅲ. ①小型企业—企业管理：信贷管理—案例—分析—中国　Ⅳ. ①F832. 42

中国版本图书馆 CIP 数据核字（2010）第 149881 号

出版
发行　**中国金融出版社**

社址　北京市丰台区益泽路 2 号
市场开发部　（010）63272190，66070804（传真）
网 上 书 店　http：//www. chinafph. com
　　　　　　（010）63286832，63365686（传真）
读者服务部　（010）66070833，62568380
邮编　100071
经销　新华书店
印刷　北京松源印刷有限公司
尺寸　169 毫米×250 毫米
印张　25. 25
字数　462 千
版次　2010 年 10 月第 1 版
印次　2015 年 6 月第 2 次印刷
定价　68. 00 元
ISBN 978 - 7 - 5049 - 5603 - 3/F. 5163
如出现印装错误本社负责调换　联系电话　（010）63263947

小企业金融也能成就大事业
（代总序）

近几年来，尤其是自此次金融危机爆发以来，小企业金融服务问题得到政府和社会各界的广泛关注。自 2005 年以来，在各级党委、政府、人民银行和银监部门的正确领导下，在内蒙古和包头两级人民银行和银监部门的直接引领下，包商银行树立全面、协调、可持续的发展观，积极转变发展方式，致力于微型企业和小企业金融市场，在学习国际先进微小企业贷款理念和技术的基础上，结合我国国情在经营理念、管理模式、信贷技术、队伍建设等方面不断创新，探索出了一条独特、高效的小企业金融服务之路。

一、我国小企业金融市场潜力巨大，小小企业的社会地位将进一步提升

小企业发展问题是世界性的难题，古今中外，概莫能外。尽管如此，主要发达国家在支持小企业发展方面进行了很多有益的探索，使小企业与大中企业互为补充、共同发展，为经济发展和社会进步作出了积极的贡献。而从我国来看，长期以来，国家非常重视大型企业的发展，对中小企业，尤其是小企业的重视程度相对较低，从而在一定程度上影响了广大小企业的发展。特别是经历此次金融危机之后，我国更应把发展小企业提升到发展战略层面，作为各项工作的重中之重来积极扶持和推动，这是因为：

发展小企业是加快我国现代化进程的需要。小企业广泛分布于广大城镇和农村，小企业的大量涌现，不仅改变了城镇居民和农民的传统生产生活方式，而且使广大城镇和农村的产业结构发生了巨大的变化，成为将手工作坊式的生产和农业生产推向工业化生产的重要力量，进而有利于提高我国的集约化水平、城镇化水平和工业化水平。

发展小企业是解决就业、稳定社会、富民强国的良方。小企业是解决就业问题的主渠道，只有大力发展小企业，才能妥善解决我国比较严峻的就业问题；只有居民安居乐业，才能实现社会稳定，为我国经济社会和谐发展提供根本保障；只有百姓富裕，才能真正实现国家富强，中华民族才能屹立于世界先进之林！

发展小企业是调结构、促发展的重要手段。从我国长期以来的经济发展来看，出口和投资一直是拉动我国经济增长的主要动力，消费尤其是居民消费在我国 GDP 中的比重一直在持续下降。消费增长乏力尽管有多方面的原因，如我国居民有偏好储蓄的习惯和传统、我国社会保障体系仍不健全等，但居民就业状况不理想、收入水平偏低无疑也是不容忽视的重要原因之一。而支持小企业发展将显著改善居民的就业状况，提高居民的收入水平，进而从根本上提升居民的消费意愿，优化我国经济结构，确保我国经济持续健康发展。从这个意义上说，我国支持小企业的发展，从长期来看是战略性的重大问题，从现阶段来看则显得非常必要和迫切。

二、应把支持小企业发展纳入国家和各级政府的发展战略，并建立与经济发展状况相适应的小企业金融服务体系

虽然小企业在经济社会发展中占有重要地位，但小企业在人才队伍、经营管理水平、信息获取、市场准入、资金实力等方面，与大中企业相比仍有很大差距。要从根本上解决这些问题，需要各部门互相协调，积极配合。因此，应把支持小企业发展纳入国家和各级政府的发展战略，以增强国家出台各项政策的针对性和协调性，形成政策合力，改善政策的实施效果。

另外，缺乏金融支持是制约小企业发展的重要因素之一，因此，应采取引导大银行进一步落实"六项机制"、鼓励中小银行创新小企业金融产品、拓宽小企业抵（质）押权的范围、发展小企业直接融资方式、发展创业投资基金、加强银保合作等措施，逐步建立与各地经济发展状况相适应的，与银行、证券、保险、创业投资基金等协调发展的小企业金融服务体系。

三、对小企业金融的几点认识

认识是行动的先导，理论是实践的指南。包商银行高度重视理论研究工作，希望通过加强理论研究，不断提高理论认识水平，促进包商银行小企业金融业务持续健康发展。包商银行认为，开展小企业金融业务应明确以下几点认识：

在企业文化方面，建立与小企业地位和特点相适应的信贷文化。健康的信贷文化是开展小企业金融业务的前提和基础，开展小企业金融业务的首要工作就是在思想观念上正本清源，彻底摒弃传统的"盲目轻视小企业，重视大企业"的价值取向，建立健康的信贷文化。一方面，应从宏观层面充分认识开展小企业金融业务的必要性。小企业虽小，但成千上万的小企业汇集起来则是关系国计民生的重要力量；并且小企业是经济体系中最具生机和活力、最具开拓精神和创新意识的群体，因此，开展小企业金融业务不仅具有重要的战略意义，而且具有广阔的发展前景。另一方面，应从微观层面理性分析开展小企业金融业务的可行性。小未必就弱，很多小企业通过细分市场，在某个地区或某个行业逐渐形成独特的、难以替代的竞争优势，并且具有较高的成长性和盈利能力。经过近五年的实践，包商银行已逐渐形成"没有不还款的客户，只有做不好的银行"的小企业信贷文化。

在市场定位方面，小企业金融市场是中小银行的"蓝海"。小企业不仅在国民经济中占据重要地位，而且有巨大的发展潜力，因此，小企业金融为商业银行提供了广阔的发展空间。此外，小企业金融具有额度小、速度快、频率高、期限短等特点，而中小银行具有资本规模小、市场敏感性强、机制灵活、决策链条短等特点，这为中小银行发展小企业金融提供了必要的条件；中小银行和小企业具有很多共性特征，这决定了中小银行能更准确地理解小企业的经营思路和金融需求，从而为小企业提供更适当的金融服务；而从广大中小银行的发展历程来看，中小银行和小企业有着长期合作的历史渊源，尤其是在当前大型企业金融市场竞争日益激烈，中型企业金融市场也日益得到越来越多的金融机构的关注的情况下，小企业金融市场可以说是中小银行真正的"蓝海"。基于这一认识，包商银行 2005 年进一步明确了市场定位，并制定了清晰的发展战略。

在目标客户方面，中型企业、小型企业、微型企业应分开讨论。随着我国金融体制改革的推进、金融资源的相对充裕和市场竞争的加剧，近几年来中型企业金融需求的满足程度已有明显提升，但与此同时，小企业融资的困难处境却没有发生明显的变化。另外，小企业与中型企业有不同的经营特征和金融需求特征，比如小企业一般没有完整的财务报表、没有正规的抵押品、生意和家庭收支不作严格区分等。把握这些基本特征，对于银行开发小企业金融市场是非常必要的。因此，包商银行为了更好地开展业务，把中型企业、小型企业、微型企业分开讨论。

在业务范围方面，应把小企业信贷提升为小企业金融。融资问题确实是小企业长期以来面临的一个主要问题，但小企业的金融服务需求非常广泛，并不仅限于信贷。小企业金融和小企业信贷有着明显的区别，这不仅仅是因为小企业金融覆盖了比小企业信贷更多的金融服务需求，比如财务顾问、保险、投资理财等；更重要的是，两者体现出截然不同的经营理念，小企业信贷体现的仍是以产品为导向的经营理念，而小企业金融体现的则是以客户为导向的经营理念。因此，我们不仅应发展"小企业信贷"，而且应大力发展针对小企业的多样化金融服务需求而提供综合金融服务解决方案的"小企业金融"。效率问题是小企业金融的核心问题，通过为客户提供全面的金融服务，不仅方便了客户，节约了客户的财务费用，而且大幅提高了银行的经营效率，进而提高了小企业金融业务的商业可持续性。积极拓展业务范围，变"产品导向"的经营模式为"客户导向"的经营模式，是包商银行提高经营效率的重要一环。

随着对小企业金融理论认识的不断深入，金融机构将进一步培育信贷文化、明确市场定位、细分客户群体、选择适当的经营模式，并据此合理配置人、财、物等各种资源。在这种情况下，建立健全、高效的小企业金融服务体系就显得更为重要了。

四、包商银行的具体做法

在统一认识的基础上，包商银行通过明确发展战略、优化经营管理模式、培育核心技术、打造高效队伍，积极推动小企业金融业务的发展，取得了较好的经营效果。

在发展战略上，明确了"以小企业为核心客户"的市场定位，制定了"打造小企业金融服务集成商"的发展目标。在2010年4月初举行的全国城市商业银行发展论坛第十次会议上，中国银监会主席刘明康强调，城市商业银行要进一步明确发展方向，转变发展方式，走差异化、特色化发展道路。从2005年开始，包商银行基于对外部环境和自身情况的系统研究，提出应专注于服务微型企业和小企业，这样才有利于与同业进行差异化的竞争，同时可在一定程度上分散经营风险，提高盈利水平。2010年初，包商银行进一步明确了"立足百姓创业，立志国际品牌，做中国最好的小企业金融服务集成商"的发展目标。包商银行将以广大微型企业和小企业为主要客户，在可持续发展的前提下，通过为百姓创业提供综合金融服务解决方案，积极履行社会责任，努力成为一家具有国际影响力的、受人尊敬的、中国最好的为小企业提供金融服务的商业银行。

在经营管理模式上，初步建立起与市场需求相适应的事业部制组织架构，为打造"客户导向"的商业模式提供了体制和机制保障。小企业金融业务风险相对较大、运营成本相对较高，因此，发展小企业金融业务的关键是效率问题。中国银监会2005年7月制定的《银行业开展小企业贷款业务指导意见》，要求商业银行建立风险定价、独立核算、高效审批、激励约束、专业培训和违约信息通报六项重要机制。中国银监会2007年6月制定的《银行开展小企业授信工作指导意见》指出，银行应对小企业市场及客户进行必要的细分，制定市场策略，研究各类小企业客户群的特点、经营规律和风险特征，建立小企业客户准入、退出标准和目标客户储备库，提高营销的针对性和有效性。经过近几年的实践，包商银行也逐步认识到，各个地区的小企业在经营规模、产业结构、外向程度、风险偏好、诚信程度、管理规范性等方面均有较大差异。因此，近几年来，包商银行积极探索建立在客户细分基础之上的事业部制改革，2009年已初步建立起与市场需求相适应的事业部制组织架构。在新的事业部制组织架构下，包商银行以客户细分为基础，将原来的微小企业金融部进一步细分为微小企业金融部和小企业金融部，分别服务于贷款100万元（含100万元）以下的微小企业和贷款100万~500万元（含500万元）的小企业。事业部制组织架构不仅提高了包商银行的市场敏感性，而且为包商银行打造"客户导向"的商业模式提供了体制和机制保障。

在信贷技术上，逐步形成一套独特、高效、体系化的核心技术，核心竞争力不断提升。包商银行本着"先固化，后优化"的原则，在2005年系统学习国际先进微小企业贷款理念和技术的基础上，结合我国国情，在市场营销、客户调查、贷款审批、利率定价、风险管控等方面进行了大量创新，目前已形成一套独特、高效、体系化的核心技术，在不断提升核心竞争力的同时取得了较好的经营效果。2010年6月底，包商银行小企业贷款余额为141亿元，占全行贷款总额的45%，不良率仅为0.31%，回收率达99%以上。

在队伍建设上，基于信贷员能力素质模型，选拔培养高素质的小企业信贷员队伍。开展小企业金融业务需要信贷员通过与客户的交流和沟通，获取大量的"软信息"，以判断客户的还款意愿和还款能力，因此，打造一支高素质、能吃苦、有耐心、能深入基层的信贷员队伍对于发展小企业金融业务极为重要。中国银监会 2007 年 6 月制定的《银行开展小企业授信工作指导意见》指出，银行应采取分层次、按梯队的方式，加强对小企业授信人员的业务培训，推行岗位资格认定和持证上岗制度。包商银行利用近几年开展小企业金融业务的相关数据，在对小企业金融信贷员的能力素质进行深入研究的基础上，建立了信贷员能力素质模型。目前，包商银行已经基于信贷员能力素质模型，选拔培养了一支包括管理团队、培训师团队和专业经营团队在内的约 1 180 人的小企业金融专业队伍。单月放款能力最高达 5 900 多笔，转正一年以上信贷员月放款能力达 15 笔以上，单个信贷员维护客户数量最高超过 200 户。无论单月放款能力还是信贷员单产效率均达到同业先进水平。

　　总之，经过近五年的实践，包商银行真切地感受到，小企业金融的确是商业银行的"蓝海"。通过开展小企业金融业务，包商银行不仅获得了实实在在的利润，而且也取得了良好的社会效益，这进一步坚定了包商银行专注于服务微型企业和小企业的信念和信心。我们坚信，小企业金融也能成就大事业。展望未来，小企业金融服务之路可谓前途光明但道路曲折。包商银行将在各级党委、政府、人民银行和监管部门的悉心指导下，在广大同业和社会各界的大力支持下，致力于微型企业和小企业金融市场，立足百姓创业，立志国际品牌，努力把包商银行建设成为一家具有国际影响力的、受人尊敬的、中国最好的为小企业提供金融服务的"小企业金融服务集成商"！

李镇西

前　　言

2005 年 11 月 23 日，包商银行与国家开发银行签订了微小企业贷款合作项目协议，引入德国 IPC 公司的微小企业贷款信贷技术，开始了包商银行的微小企业贷款的发展之路。包商银行在引入先进技术进行微小企业贷款实践之初，就组建了专门的微小企业业务管理部门——微小企业信贷部，全面管理全行的微小企业贷款的市场营销、风险管理、产品定价、人员招聘与培训等工作。2009 年 11 月，为进一步强化对事业部的管理，根据业务发展需要，又将事业部进一步细分为微小企业金融部和小企业金融部，分别服务于贷款 100 万元（含100 万元）以下的微小企业和贷款 100 万 ~ 500 万元（含 500 万元）的小型企业，完成了市场细分和客户细分，扎实推进包商银行的微小企业金融服务发展，并将此项业务覆盖到内蒙古自治区的赤峰、通辽、巴彦淖尔、鄂尔多斯、锡林郭勒、呼伦贝尔以及浙江宁波、广东深圳及四川成都，具备了"机构开到哪里小企业金融业务就辐射到哪里"的技术输出和异地复制能力，已累计为四万多个客户提供了正规金融服务。

在学习 IPC 微小企业信贷技术的过程中，包商银行也不断进行理论总结和技术提炼工作，先后出版了《微小企业贷款的研究与实践》和《微小企业贷款的案例与心得》两本研究专著，实现了从实践到理论的飞跃。其中，《微小企业贷款的研究与实践》是包商银行在微小企业贷款理论领域的首次尝试，是对微小企业贷款在信贷理念、技术和能力建设方面的摸索和总结；《微小企业贷款的案例与心得》则是信贷员的心得笔记汇编，体现了信贷员在开展微小企业贷款业务中的苦与乐、得与失以及在工作中的成长。两本书从宏观和微观两个层面解析了包商银行的微小企业贷款业务，使读者清晰地了解到包商银行摒弃抵押物崇拜，注重客户还款能力和还款意愿分析的独特的信贷文化和信贷技术。

随着业务的发展，包商银行的跨区域经营范围不断扩大，包商银行的微小企业贷款业务也面临着是否可以有效地移植到其他地区，甚至是经济环境完全不同的发达地区的挑战。而几年来跨区域发展的实践经验表明，包商银行的微小企业信贷模式是完全适合于其他地区的，这种技术移植是可行的，包商银行打造的微小企业贷款业务的"招聘机器"、"培训机器"和"放款机器"是完全可以复制的。在 2010 年 4 月，包商银行又组织了一次对各异地支行的小企业金融服务调研活动，先后到赤峰、宁波、成都和深圳四家分支机构所在地进行了实地调研，并组织专业人员对各地的微小企业贷款的具体案例进行了合并整理，全面总结各分支机构的信贷人员办理微小企业贷款业务的全过程，详细记录了信贷员受理业务、分析客户（软信息和财务信息）、交叉检验、贷款审批、贷后管理的全部过程，最终汇编成此书呈现在广大读者面前。

本书中所有的分析结构都是标准化的结构，信贷员的判断都是准确而专业的，并不因为选取案例的不同，所处地域的不同，涉及行业的不同而有所偏差，得到的分析效果显著，在财务信息和软信息判断方面都显著地体现了客户的还款能力和还款意愿，从而作出风险最小化的判断。本书不仅是对包商银行微贷技术的总结，更是一本实用的教科书，也希望能够通过此书，为我国小企业金融服务的发展、各类机构开办此类业务提供参考和借鉴。

如果您是一名微小企业贷款业务的培训师，本书的案例会为您的讲授增色不少，里面涉及的行业十分详尽；如果您是一位刚刚从事微贷业务的初级信贷员，面临一个陌生行业的陌生客户无从下手，翻阅此书，您定会有所收获；如果您是我们的同业，打算进入微贷领域，开辟新市场，此书将向您展示包商银行多年微贷的经验和核心技术；如果您是这个领域的专家，我们希望能够通过本书中的每个细节，让您了解包商银行的信贷文化、信贷流程和操作细节。在解决微小企业融资难的道路上，我们更希望通过此书，成为我们与各界朋友沟通交流的纽带，共同学习、共同进步，分享经验，那么我们将不胜欣慰。

编　者

目　　录

批发零售业

服务业

运 输 业

出租车营运贷款案例一

受理机构：赤峰分行　行业：运输业　客户经理：尹长妹

运输行业的出租车贷款业务属于包商银行的传统微小企业贷款业务（以下简称微贷业务）。从包商银行 2005 年引入德国 IPC 技术开始，微贷业务的范畴就包括了出租车贷款业务。由于出租车每天的营运都会产生稳定的现金流，因此该项微贷业务是强调客户现金流分析的典型案例，对该业务的分析可以更有效地帮助我们认识微贷业务的理念和方法。

一、业务受理

该业务的受理时间是在 2009 年 5 月中旬，客户是通过这样的渠道获得微贷业务信息的："五一"期间，赤峰分行在红山区同济广场举行为期三天的大型宣传活动，第一天为集中宣传，主要有歌舞表演、金融知识问答竞猜等，吸引了广大市民前来观看和参与，第二天和第三天主要是信贷员集中发放宣传资料，同时解答市民们的咨询问题。客户老李就是通过这种方式接触到了我们的微贷业务，一开始咨询时，他都不敢相信没有抵押物，仅凭其每天都出车挣钱这一事实银行就会贷款给他。经过信贷员的耐心讲解，他抱着试试的心态于活动结束后的第三天来到了华夏支行申请办理微贷业务。

客户老李提出的申请是 4 万元 1 年期贷款，用于偿还亲戚借款。3 个月前，老李由于买房急需用钱，从其亲戚那里借了 4 万元，得知包商银行的微贷业务之后，就打算贷款先偿还亲戚的欠款，认为这样心里会更踏实。因此，老李的贷款用途也可看成是用于购买房子。

二、客户情况

客户老李，1961 年出生，从事出租车营运生意已经十多年了，出租车及手续都是自有，属于"夫妻车"，夫妻两人都具有从业资格，因此出租车不需要外包，车况较好。通常，早晨 7:00 到下午 4:00 妻子出车，下午 4:00 到晚上 12:00 客户老李出车。夫妻两人都是下岗工人，老李曾在赤峰某纺织厂工作，妻子老吴在一家修理厂工作，下岗后两人先后做过一些小买卖，并于 2000 年购买了第一辆出租车。当时出租车的营运手续较为便宜，连车带手续一共是 49 000 元，过户花了 14 000 元，共计 63 000 元，是用经营副食小卖店 5 年的经营收入购买的。2005 年 8 月 24 日，老李购买了新车，也就是现在的车，车况较好。老李还有一个女儿，于 2005 年 9 月考入某大学管理系，成绩较好，曾 3 次获得奖学金。

当初向亲戚借款，是由于自己要购买经济适用房，并且时间紧迫，需在 7 个工作日之内签订经济适用房屋预订协议书，交纳 5 万元定金，因此向亲戚借钱 4 万元，并用自己的积蓄 1 万元共同支付了定金。为了尽快归还亲戚借款，特向包商银行申请 4 万元贷款。

三、贷前调查

营销客户，红山区同济广场大型宣传活动——3 天后，客户到支行办理业务，填写申请。由于在广场宣传时已经向信贷员咨询所需证件，当天客户带齐了所有证件，包括身份证、结婚证，以及与出租车运营相关的所有证件，比如机动车登记证、道路运输许可证、保险单、驾驶证及从业资格证——填写申请，信贷员进一步解答其相关问题——信贷员主管将客户分配给合适的信贷员——把客户申请表录入包商银行系统，查看客户是否在包商银行有其他贷款——去客户家里分析，并对出租车状况进行全面详细的了解——整理数据——上报审贷会——贷款发放——通知客户。

从接收申请开始，整个受理过程在 2~3 个工作日完成。

四、财务分析

信贷员和客户约定于填写申请的第二天到客户家中作详细的分析，客户也表示非常欢迎。客户家住赤峰市的某个旗县，离城距离较远，经过大约 40 多分钟的车程到了客户的家中，客户家里布置简单而整洁，看上去生活也很朴实，当时，家里只有客户老李的女儿，妻子早已经外出跑车，女儿正在看书，对到访的信贷员也很有礼貌，整个家庭看上去其乐融融。由于客户下岗前在原厂做会计，因此对财务相对熟悉，有详细的账本提供给信贷员，包括每天的毛收入、用油量、修车费用及剩余收入等，都有详细的记载，而且客户根据自己的出车经验，总结了淡旺季不同月份的收入差距。

下面结合信贷员做好的资产负债表和损益表来作老李的财务分析。

（一）资产负债表

表1　　　　　　　　　　　资产负债表　　　　　　　　　　单位：元

现金及银行存款			
现金	500	应付账款	0
银行存款	8 500		
合计	9 000		
应收账款	50 000	短期负债	40 000
固定资产		长期负债	0
出租车	20 137		
手续	200 000	负债合计	40 000
固定资产合计	220 137	所有者权益	239 137
总资产	279 137	负债及权益	279 137

具体分析如下：

1. 现金为客户两天的营业毛利，客户的收入淡旺季明显，通常，淡季为7月、8月，营业收入为210元/天~220元/天，毛利为150元/天~160元/天；旺季为12月、1月、2月、3月，营业收入为290元/天~300元/天，毛利为230元/天~240元/天；通常情况下，4月、5月、6月、9月、10月、11月，营业收入为230元/天~240元/天，毛利为180元/天~190元/天。

2. 查看存折显示银行存款8 500元。

3. 应收账款为2009年1月，借给小姨子的5万元。如果急需周转使用，小姨子绝对会想办法随时归还。

4. 固定资产中的出租车，原价为37 800元，2005年8月24日购车时，发票金额显示为37 800元，到2009年5月来计算折旧，采用普通年限折旧法计算，现值应为20 137元，因此，资产负债表中列为20 137元。

5. 2000年购买出租车时，手续的市场价值为30 000元，即客户老李花费30 000元购买了出租车手续，到2009年，出租车的手续市场价值为200 000元，以市场价值反映手续的真实价值，因此列为200 000元。

6. 短期负债为40 000元，即购买经济适用房交纳定金向亲戚借款40 000元形成的短期负债。

7. 另外，客户年初时借给邻居600元至今尚未归还，由于具有不确定性，因此在表外列支，若包含这600元在内，总资产为279 737元。

（二）利润表

表2　　利润表

单位：元

项目	2008年6月	7月	8月	9月	10月	11月	12月	2009年1月	2月	3月	4月	5月14日	总计	平均
营业收入	6 773	6 180	6 520	7 974	6 511	6 343	7 207	9 103	8 855	7 759	7 495	3 466	84 186	7 342
成本	2 093	2 716	2 856	4 087	2 883	2 035	1 880	1 999	1 768	1 742	1 669	770	26 498	2 311
毛利润	4 680	3 464	3 664	3 887	3 628	4 308	5 327	7 104	7 087	6 017	5 826	2 696	57 688	5 031
费用	622	506	663	410	725	869	530	1 008	433	479	689	190	7 124	621
保险+车船	125	125	125	125	125	125	125	125	125	125	125	58	1 433	125
工商	25	25	25	0	0	0	0	0	0	0	0	0	75	7
运管+检车	117	117	117	117	117	117	117	117	117	117	117	54	1 341	117
修车费	295	179	336	108	423	567	228	706	131	177	387	50	3 587	313
电话费	60	60	60	60	60	60	60	60	60	60	60	28	688	60
净利润	4 058	2 958	3 001	3 477	2 903	3 439	4 797	6 096	6 654	5 538	5 137	2 506	50 564	4 410
油补	507	507	507	507	507	507	507	507	507	507	507	236	5 813	507
家庭开支	1 200	1 200	1 200	1 200	1 200	1 200	1 200	1 200	1 200	1 200	1 200	560	13 760	1 200
月可支配收入	3 365	2 265	2 308	2 784	2 210	2 746	4 104	5 403	5 961	4 845	4 444	2 182	42 617	3 716

根据客户介绍及客户账本记录显示，结合信贷员分析，确定了客户2008年6月到2009年5月的营业收入、费用及月可支配收入等关键财务指标，具体分析如下：

1. 客户的营业收入。客户营运的旺季集中在12月、1月、2月和3月这4个月，平均每天的营业额为290元/天~300元/天，一个月按30天计算，其旺季每月的营业额为9 000元左右；而出租车生意的淡季为7月、8月，平均每天的营业额为220元/天~230元/天，得出淡季每月的营业额为6 900元左右，剩余月份的营业额每天为240元/天~250元/天，因此，其月平均营业额为7 500元左右。

2. 客户的成本主要为燃气费，客户于2006年6月油改气，从此其成本主要是加气费，辅之以汽油，每月加气的成本和跑车的公里数相挂钩。据客户加气及加油收据整理显示，平均成本为2 311元。

3. 客户的费用，总体来看，包括损益表中所列的所有费用项目，这些费用通常以年为单位来计算，但客户每月的费用花销都有详细的账本记录，通过分析查找，信贷员确定了客户每月的费用支出，具体明细见损益表。

4. 通常赤峰市给予出租车的油补一年为5 813元，分摊到每月为507元，可作为一种补偿列支在利润表中反映出其他收入。

5. 客户老李一家三口人的月平均开支为1 200元左右，主要是女儿上学的生活费300元，家用900元。

通过以上分析计算，可以看出，客户老李月平均可支配收入为3 716元左右。这样，我们发现，其月平均可支配收入的70%即为2 601元左右，因此，其月还款额在此之内才是客户的可承受范围，这样客户才有稳定的现金流作保障。

五、软信息分析

在分析阶段，首先要进入人民银行征信查询系统，查看客户的征信情况，在客户老李的征信记录中，只有一笔按揭房贷（该笔按揭房贷在2008年6月至2009年初时，尚未开始归还房贷，因此损益表中没有房贷支出）而且显示均为正常，除此之外没有其他信用记录。因此可以表明，老李没有逾期等不良记录。

接下来，信贷员约见了客户的担保人，担保人为客户老李的侄女，在一家国有大型企业上班，有稳定的工作和收入，担保人提供了其工资存折，同时还开具了工资收入证明。侄女对老李的评价也非常高，认为老李为人老实，即使有一天遇到了什么困难无法按期偿还利息，她一定鼎力相助，帮他渡过难关，而且她相信困难也只是一时的，叔叔一家人都非常勤劳，一定会通过自己的努力过上好生活的。

客户本身为人随和，显示了中年人的稳重和踏实，而且驾驶技术娴熟，多年来都没发生过大的交通事故。对妻子女儿也很好，常说妻子跟着他受了不少苦，就希望多挣些钱可以和妻子一起安度晚年。

六、交叉检验

（一）公里数交叉检验

通常情况下，客户每天的公里数如表3所示。

表3 客户每天的公里数

旺季（12月、1月、2月、3月共4个月）	淡季（7月、8月共两个月）	普通月份（共6个月）
350公里/天	300公里/天	310公里/天

这样，可计算出客户一年所跑的公里数：

$350 \times 30 \times 3 + 350 \times 17 + 310 \times 30 \times 6 + 300 \times 30 \times 2 = 111\ 250$（公里），与客户口述一年跑1万多公里相符。

这样，也可以计算出客户每月的平均公里数：

$111\ 250 \div 13 \times 350 = 111\ 250 \div 4\ 550 = 115\ 800$（公里），即每月平均公里数为9 650。

同时还可以使用另一种公里检验方法，即从换新车到目前为止，一共为52.5个月，

$52.5 \times 9\ 650 = 506\ 625$（公里），与出租车里程表显示的514 124公里基本一致。

（二）成本交叉检验

客户出租车主要是加天然气，客户口述一罐气约14立方米，能跑250公里，天然气每立方米为3.56元，这样可以算出，1公里耗气为0.19936元，与客户口述每公里不到0.2元相符。

同时，据客户介绍，淡旺季每天加气成本如表4所示。

表4 淡旺季每天加气成本

旺季（12月、1月、2月、3月共4个月）	淡季（7月、8月共两个月）	普通月份（共6个月）
70元/天	60元/天	63元/天

这样，结合公里数表格来看，旺季350公里 × 0.19936元 ≈ 70元/天，淡季300公里 × 0.19936元 ≈ 60元/天，普通月份310公里 × 0.19936元 ≈ 62元/天，与客户口述一致。

（三）营业收入检验

表5 营业收入检验表

旺季（12月、1月、2月、3月共4个月）	淡季（7月、8月共两个月）	普通月份（共6个月）
300元/天	230元/天	250元/天

结合损益表可以得出 2009 年 4 月至 2010 年 3 月 17 日营业收入共计 90 900 元，与客户口述全年营业收入近 10 万元相符。

（四）权益交叉检验

表6　　　　　　　　　　　　　　权益交叉检验表

初始投资（2005 年 11 月）	购买新车蒙 DY×××× 37 800 元 购置税 4 000 元 保险 1 800 元 配件等 1 100 元 手续 200 000 元，其中初始投资 30 000 元，升值 170 000 元 流动资金 50 000 元 总计 294 700 元
2005 年 11 月至 2006 年 3 月期间收入	+ 10 000 元
2006 年 4 月至 2007 年 3 月期间收入	+ 35 000 元
2007 年 4 月至 2008 年 3 月期间收入	+ 40 000 元
2008 年 4 月至 2009 年 3 月期间收入	+ 40 000 元
2009 年 4 月至 2010 年 3 月 17 日期间收入	+ 38 700 元
期间收入合计	163 700 元
期间开支	买房首付及装修 182 976 元 过年支出 10 000 元，每年大约 2 000 元 一次支付女儿学费 20 000 元
期末权益合计	245 424 元
实际权益（资产负债表）	239 137 元
权益交叉检验的误差	（245 424 － 239 137）/239 137 = 2.6%，权益误差在 1% ～ 5%，为可接受范围

七、贷款审批

通过对以上案例的分析，我们可以看出，客户可以提供比较完整的跑车经营状况，信贷员通过四种形式的交叉检验后，也验证了所收集客户资料的真实性。通过详细的财务分析，信贷员确定客户有稳定的现金流，具备还款能力；同时，根据和客户的交流，以及各方面的软信息分析也表明客户有稳定的家庭和经营收入，并且穿着朴实，为人诚实，有较好的还款意愿。

但是，通过分析计算，审贷会考虑到，客户月平均可支配收入为 3 716 元，这样按照月还款额为月可支配收入的 70% 来计算，公式如下：

3 716 × 70% ÷ 912 = 2.85，其中，912 元为 1 万元贷款平均每月的还款额，

银行为客户提供 3 万元以内的贷款是较为合理的，这样，客户不会形成较大的还款压力，从而影响其正常的生活。

因此，审贷会根据信贷员提供的信息，决定受理该项贷款业务，并发放 3 万元贷款，期限为 12 个月，年利率为 14%，按月等额还本付息，每月还款计划为 2 700 元左右。

八、贷后管理

贷款发放后，信贷员首次进行了电话回访，了解到客户已经将贷款 3 万元以及自己的积蓄 1 万元，共计 4 万元还给了亲戚。客户说将借款偿还后，心里觉得很轻松踏实，虽然每月都会支付一些利息给银行，但这样一方面可以约束自己的开销，另一方面可以使自己不欠感情债，而且亲戚挣钱也很不容易，这些积蓄亲戚也打算做一些投资，不能耽误亲戚的生意。此外，信贷员每半个月进行一次电话回访，和客户简单聊几句，了解其基本的营运情况。客户每到还款期的前两天，都会开出租车路过华夏支行，早早地归还贷款的本金和利息。

（整理人：张　莎）

运输物流行业贷款

受理行：宁波分行　行业：运输业　客户经理：黄江涛

运输行业微贷业务中一个比较显著的特点就是回款比较慢，造成应收账款比较多，并且在账款结算中还通常使用承兑汇票。对于运输企业来说，申请流动资金贷款成为主要的融资需求。

下面以运输行业的微小企业贷款来说明，在客户经理遇到并行贷款出现时，应如何分析每月的现金流并建议贷款金额，把控好风险。

一、业务受理及客户基本情况

客户是第二次来我行办理微小企业贷款业务的，之前的贷款金额是 100 万元，期限为 8 个月，应该属于短期融资，贷款用途是购买车辆。所以，客户经理对客户的基本信息已经有了比较清楚的认识。客户最开始是做轮胎生意的，后又成立了一家贸易公司，全面做混凝土材料生意，2006 年初，又因为看到了混凝土材料运输行业的利润可观，成立了一家运输公司，总投资约 300 万元，上期调查时共有 9 辆罐车在营运。本公司股东是夫妻两人，法人代表是妻子，丈夫负责企业的经营管理，由其父亲负责企业的统计工作，有一个助手，负责调度和帮助管理其他一些内务事情。主要业务是从当地电厂运输粉煤灰、细灰等混凝土材料到周边各地，运输费用由买家结款，结款期一般在 4 个月左右。由于客户从事运输多年，业务伙伴比较稳定，每年也会增加不少新的业务伙伴。

二、现场调查

虽然客户曾在我行做过一笔贷款，且尚在还款过程中，但客户的财务信息发生了很大的变化。经营状况也会随着上次固定投资的增加有所提高。在现场调查时，客户经理可以很容易地看到现金及银行存款等资产，同时该客户还存有两张未到期的银行承兑汇票，总共 46 万元。由于运输行业的结款期较长，一般在 2~3 个月，一部分以汇票结算，目前未到期汇票 46 万元，应收账款 376 万元左右。企业的固定资产占总资产的 51%，主要由运输车辆构成，现有 11 辆，都是大型罐装水泥运输车辆。存货主要是一些维修工具和汽车配件。负债中应付款主要是为汽车购买柴油，共 45.6 万元。属于借款人的银行贷款有上海浦东发展银行的 60 万元、鄞州银行的汽车按揭贷款余额 26 万元、我行的微小企业贷款余额 39 万元，共计 125 万元。

客户说，自从上次在我行贷款后到现在，该企业的运输收入总计 485 万元，每月平均达到 71.6 万元，其中的成本包括油耗、修理费用和保险费，再加上过路费、车胎更换费用等。成本占比为：（1）油耗，按照各车的定量油耗以及平均月销售额的比例，确定油耗占比 22%；（2）修理费用是 5%；（3）保险费是 3%；（4）车轮胎约每车每年更换一次，平均每车 20 个，1 800 元每个，平均到每月花费是 2 700 元，再加上其他日常费用及过路费等，月均 23 000 元，共50 000 元左右，占比 8%。成本合计占比 38%。

客户所经营的这家运输企业的经营费用包括司机工资、替司机缴纳的社保、水电费、招待费、交通费用、租金及固定上缴的税。另外，还包括收到汇票的贴现利息等。司机的工资是运输收入扣除过路费后再提取 8%，对此可把司机工资和销售收入做一个交叉检验，以验证销售收入的真实性。

这次客户是因为日常收到承兑汇票较多，但多数用不出去，而且贴现利息还较高，融资需求比较强烈，特申请 50 万元作为企业日常流动资金使用。共同贷款人除运输公司外还有一家贸易公司，主要从事建筑材料的贸易，年收入在80 万~100 万元，另外还有其他方面的投资。借款人的大项开支主要是每月偿还银行贷款，其间共计近 60 万元。收入主要是从 2009 年 9 月至今的可支配收入为 1 112 779 元。

三、财务信息分析

表1　　　　　　　　　　　　资产负债表　　　　　　　　　单位：元

现金及银行存款	510 132	应付账款	611 760
现金	40 000		
银行存款	10 132	预收账款	717 531
未到期的银行汇票	460 000		
应收账款	3 765 352	短期负债	1 249 954
存货	50 000		
配件及工具	50 000	长期负债	0
流动资产	4 325 484		

续表

固定资产合计	4 588 200	负债合计	2 579 245
原有车辆	3 778 200 *	所有者权益	6 334 439
新增车辆	810 000 *		
资产总计	8 913 684	总负债及权益	8 913 684

注：＊数据显示是车辆的现有价值。

表 2　　　　　　　　　　　　损益表　　　　　　　　　　　单位：元

	经营收入	2009 年 9 月	10 月	11 月	12 月	2010 年 1 月	2 月	3 月	月平均	总计
1	营业收入	774 715	767 820	778 020	736 070	657 995	485 969	650 000	716 836	4 850 589
	总计（1）	774 715	767 820	778 020	736 070	657 995	485 969	650 000	716 836	4 850 589
可变成本										
1	油耗 22%	158 817	157 403	159 494	150 894	134 889	99 624	133 250	146 951	994 371
2	其他 16%	133 251	132 065	133 819	126 604	113 175	83 587	111 800	123 296	834 301
	总计（2）	292 068	289 468	293 313	277 498	248 064	183 211	245 050	270 247	1 828 672
毛利 =（1）-（2）		482 647	478 352	484 707	458 572	409 931	302 758	404 950	446 589	3 021 917
营业费用										
工资		66 925	66 805	69 710	63 300	61 375	42 080	50 000	62 098	420 195
社会保险费		3 000	3 000	3 000	3 000	3 000	3 000	2 300	3 000	20 300
租金		3 083	3 083	3 083	3 083	3 083	3 083	2 364	3 083	20 862
交通费用		7 000	7 000	7 000	7 000	7 000	7 000	5 367	7 000	47 367
水电费		1 000	1 000	1 000	1 000	1 000	1 000	767	1 000	6 767
办公招待费		50 000	50 000	50 000	50 000	50 000	50 000	38 333	50 000	338 333
税		28 550	14 092	19 845	16 543	18 888	20 456	15 683	19 811	134 057
贴现及其他		10 000	10 000	10 000	10 000	10 000	10 000	7 667	10 000	67 667
总计（3）		169 558	154 980	163 638	153 926	154 346	136 619	122 481	155 992	1 055 548
分期付款（4）		26 600	26 600	160 078	160 078	160 078	160 078	160 078	126 146	853 590
营业利润 =（1）-（2）-（3）-（4）		286 489	296 772	160 991	144 568	95 507	6 061	122 391	164 451	1 112 779
家庭开支		0	0	0	0	0	0	0	0	0
其他收入		0	0	0	0	0	0	0	0	0
月可支配收入		286 489	296 772	160 991	144 568	95 507	6 061	122 391	164 451	1 112 779

四、交叉检验

（一）毛利率的交叉检验

1. 油耗，10 辆车月定量 24 900 升柴油，按 5.9 元的平均价格计算是 146 910 元，月均营业额是 716 836 元，约占 20.5%。

2. 修理费、配件等月均 123 469 元，占 17.2%，保险费占 2%。

上次调查结果成本占比是 38%，这次是 39.7%，相差 1.7%。

（二）销售的交叉检验

该运输公司有车辆 11 辆，司机 11 个，司机的工资是运输收入减去过路费后余额的 8%，企业近半年的平均月营业额是 716 836 元/月，过路费用为 30 000 元/月，10 个司机的平均月工资是 49 500 元/月，那么 49 500/（716 836 - 30 000）=7.2%，基本相符。

（三）权益的交叉检验

表3 　　　　　　　　　　　　权益的交叉检验 　　　　　　　　　单位：元

2009 年 9 月权益	6 169 861
期间净可支配收入	1 112 779
车贷还款本金	180 000
银行还贷本金	410 046
投资江苏水泥搅拌站	- 1 000 000
折旧	- 509 800
计算后权益	6 362 886
报表权益	6 334 439
差额	28 447
差异率	1.67%

五、客户软信息

通过了解客户的从商经历，可以发现该客户具有南方人特有的商业意识和经营头脑，善于通过分析行情把握市场商机。对公司经营有道，善于管理，不但对司机的薪酬实行绩效激励，还为员工缴纳保险，具有多年的从事运输物流经验，业务伙伴稳定，且业务量不断增加。

担保人是贷款客户多年的朋友，同时经营着一家汽车修理厂，拥有较多的长期业务伙伴，现金充沛。认可贷款客户的为人和经营状况，愿为客户作担保。

六、贷款审批及贷款维护

经过客户经理的财务分析和调查，客户去年每月的可支配收入最高的达到28 万元，最低的才 6 061 元。收入如此悬殊的主要原因是受当月节假日的影响。其中，在我行的贷款每月须偿还 133 479 元，期限为 8 个月，现已经偿还 5 个月，3 个月后，客户的每月可支配收入将增加 133 479 元，可以承受这笔贷款的金额。目前，客户在我行贷款的还款情况良好，无逾期情况出现，且还款意愿比较明显。担保人与共同借款人关系密切，经营一家汽车修理厂，与当地 73 家企事业单位有合作关系，现金流充足，除个人有住房按揭贷款外没有其他负债，企业 10—12 月份发票销售额分别是 492 166 元、634 780 元和 953 930 元。2008年一年总的销售额是 830 万元，2009 年 4—6 月的银行进账分别是 622 673 元、250 854 元和 314 798 元。并且担保人对借款人的为人大为肯定，并对他的事业表示支持，担保意愿也很好。

结合客户经理的调查分析和客户提供的相关证件及信息数据，审贷会同意了客户经理的建议，批准了这笔贷款：贷款金额为 50 万元，其贷款用于买新车，执行年利率为 16.8%，按照按月等额还款的方式进行还款。

（整理人：王大鹏）

出租车营运贷款案例二

受理机构：赤峰分行　行业：运输业　客户经理：张浩泽

一、业务受理

我行"扫街"营销使得客户了解到我行有微小企业贷款这项业务，当客户拿到我行微小企业贷款的宣传单时，正好他此时非常需要钱买车，于是客户就专门来到我行的某支行咨询该项业务，客户经理张浩泽热情地接待了他，并询问了他的贷款额度及相关用途。该客户贷款数额是 5 万元，贷款期限为 1 年。贷款用途是还亲戚的借款和付买车的钱。

二、客户情况

刘某，1983 年出生，他的出租车是 2007 年 12 月买的夏利车，买车之前，客户是租车开出租，给车主租金，一个月给车主 2 000 元左右，其他费用车主交，修车和气钱是自己交，除去自己的费用和给别人的份子钱，每个月剩下 1 000 多元。2008 年 1 月 10 日，客户来贷款，当时他手头有现金 52 000 元，马上要给车主 50 000 元，给完车主之后自己手头有现金 2 000 多元。车的价值是 30 000 元。客户预付费用是 2 415 元，其中包括 2008 年的年检、养路费、保险等费用。向亲戚借款是 4 万元。当时的过户手续费为 162 000 元，现在这个手续已经升值，大概是 30 万元。

客户的爱人在干洗店打工，每个月的工资是 1 000 元，而且在干洗店已经工作了好多年了，收入比较固定。他们有一个孩子不到 1 岁。他们夫妻俩没有房产，自己租的平房，月租金是每个月 200 元左右。每个月的家庭开支为 800 元。他们买车的时候初始投资为 10 万元左右，其中包括双方父母给的钱，向亲戚借的钱，还有一部分自己攒的钱。

三、财务分析

通过对客户的了解，可以得知其手头有现金 52 000 元，马上要给车主 50 000 元，给完车主之后自己手头有现金 2 000 多元。车的价值是 30 000 元。客户预付费用是 2 415 元，其中包括 2008 年的年检、养路费、保险等费用。向亲戚借款是 4 万元。当时的过户手续费为 162 000 元。根据上述情况制作的资产负债表如表 1 所示。

表 1   资产负债表   单位：元

现金及银行存款		应付账款	
现金	52 000	给车主	50 000
合计	52 000	合计	50 000
应收账款	0		
存货	0	短期负债	0
		长期负债	0
		叔叔（2007 年 12 月）	10 000
		大爷（2007 年 12 月）	10 000
		姑姑（2007 年 12 月）	10 000
		姐姐（2007 年 12 月）	10 000
流动资产	52 000		
固定资产合计	194 415		
车（2007 年 12 月 17 日　30 000）	30 000		
手续费（2007 年 12 月　16 200）	16 200		
预付费用	2 415		
		所有者权益	156 415
资产总计	246 415	总负债及权益	246 415

客户的收入有淡旺季之分，因此在制作利润表的时候，分为淡季、平常、旺季 3 个栏目。每个季节的营业收入、气钱、起步油钱是通过客户的口述得来的，下面会通过交叉检验进行真实性分析。其各项费用都有各项凭证作记录，具有一定的真实性。根据客户的叙述制作的利润表如表 2 所示。

表 2   利润表   单位：元

	旺季	平常	淡季	合计	平均
营业收入	18 720	37 800	6 000	62 520	5 484
可变成本					

续表

	旺季	平常	淡季	合计	平均
气钱	2 880	7 200	1 950	12 030	1 055
起步油	96	280	80	456	40
总计	2 976	7 330	2 180	12 486	1 095
毛利	15 744	30 170	4 120	50 034	4 389
费用					
营运＋养路	223	651	186	1 060	93
个人所得＋工商	139	406	116	661	58
保险＋房租	684	1 995	570	3 249	285
年检＋车船税	50	147	42	239	21
机油＋轮胎	199	581	166	946	83
修车	101	294	84	479	42
总计	1 396	4 074	1 164	6 634	582
纯利	14 348	26 096	2 956	43 400	3 807
家庭开支	1 920	5 600	1 600	9 120	800
爱人收入	2 400	7 000	2 000	11 400	1 000
月可支配收入	14 948	27 496	3 356	45 800	4 018

四、交叉检验

（一）交叉检验——公里数检验

客户是自己干出租，早上 7 点开始，跑到 19 点，12 点半到 13 点半休息。在该地，出租车的活，冬天（12 月、1 月、2 月）是旺季，春秋是过渡季节，夏天（7 月、8 月）是淡季。夏利车大概是 5 000～7 000 公里换一次机油，每次是 80 元。客户从接车后，每天跑 230～240 公里。我们从客户现在的里程表上可以看到里程数是 56 130 公里，其刚买车时的里程数是 51 500 公里，说明客户一共跑了 4 630 公里，从接车到现在一共跑了 21 天，所以每天是 220 公里，与客户说的公里范围基本吻合。

（二）交叉检验——气耗检验

由于出租车是加气的，所以其主要费用是气耗。夏利车 100 公里耗油是 6 个气，每个气的价格为 2.7～2.8 元。按照上面分析客户每天跑的公里数，可以算出其一个月的气耗是 1 109 元。客户说其在旺季时，每天气耗是 40 元，过渡季节气耗是每天 35 元，淡季是每天 30 元。平均每天气耗是 35 元，那么每个月的气耗大概是 1 050 元，与上述的 1 109 元基本吻合。

（三）交叉检验——载客量检验

客户说每天打车费每个人在 5 元左右的人数占比在 70%，6 元左右的人数占比在 10%，7 元左右的人数占比在 10%，8 元左右的人数占比在 10%。加权之后每天每人的打车费用为 5.6 元。客户在旺季每天的大概收入是 260 元，过渡季节每天的收入是 180 元，淡季每天的收入是 100 元。经过计算，得出客户旺季每天的载客量是 46 人/天，过渡季节的每天载客量是 32 人/天，淡季的每天载客量是 18 人/天，也与客户的口述基本吻合。

（四）交叉检验——权益检验

客户 2007 年 12 月的初始投资为 154 000 元，其间收入为 4 651 元，大项支出为 2007 年的养路费 720 元，公证费 500 元，客户还缴纳 820 元左右的保险，由此可以得出理论上的权益值为 156 611 元。则预想权益与实际权益之间的差额为 196 元，与其间收入 4 651 元相比约为 4.2%，此数字控制在 5% 左右比较合适。

五、软信息分析

经过实际调查对客户的经营状况作出了一定的分析，可以看出客户有一定的还款能力，但我们最需要考察的是客户的还款意愿，通过与该客户的担保人及亲戚接触，发现其亲戚对该客户的评价比较高，而且客户可以从亲戚那里借款 4 万元，也从另一个方面说明客户有一定的信用，具有较强的还款意愿。

六、贷款审批

由利润表可知，客户的平均月可支配收入为 4 018 元，按照贷款额度为平均月可支配收入的 70% 来计算，客户可贷款的额度大约为 3.2 万元，客户申请的是 5 万元，经审贷会审议，认为该客户虽然刚开始自己干，但是有一定的出租车经营经验，所以决定给客户贷款 4 万元，延长贷款期限，增加到 15 个月，而且由于客户比较年轻，没有住房，所以要增加一个担保人，即增加一个长辈——客户的姑父。4 万元的贷款在 7 个工作日后发放，每月还款状况良好。

（整理人：杜　萍）

出租汽车公司贷款

受理机构：赤峰分行　行业：运输业　客户经理：张有庆

赤峰的很多小县城，由于公共交通不发达，主要的出行工具是自行车和出租车。出租车基本上都用最便宜的面的和国产小客车，起步价很低，在城区一般都是 1 元（面的）、3 元（小轿车）能绕城一圈。随着生活水平的提高，这种出租车逐渐成为人们出行的首选。但是由于市场容量较小，一般一个县城只有一家到两家出租汽车公司。这些公司基本都跟当地交通管理部门和当地政府有良好的关系，能维持相对稳定的经营，一般没有新的竞争者会介入这样的市场（因为涉及出租车牌照问题）。

一、业务受理

客户所在地是赤峰下辖的一个县城，由于我行在当地尚未开设分支机构，客户是通过朋友介绍慕名而来的。由于距离较远，去调查不容易，因此客户经理在行里接待客户的时候就了解了很多信息，同时也提出让客户准备好相应的材料，以方便上门调查。

二、客户情况

客户位于赤峰市巴林右旗大板镇，是一家客运出租汽车公司，经营了 5 年时间，经营内容是旗县的一元车，后改为铃木小客车（三元起步）。客户 1978 年生，2000—2004 年在当地法庭做法警，并做点煤炭的中介生意，从 2004 年开始策划自己的一元车公司（面的）。当时总投入 105 万元，其中自有资金 20 万元，向朋友借款 30 万元，剩余向信用社贷款。经营至 2007 年基本上已还清所有欠款。在 2007 年 8 月，将这些面包车都出售后，客户购入 20 辆铃木小客车转行做客运出租生意，总投入 135 万元（基本都为自有资金）。2008 年又增加了 35 辆车，每辆车投入 6.2 万元，合计 215 万元。在 2009 年 5 月申请贷款 70 万元。

三、贷前调查

1. 客户家庭情况：已婚，孩子6岁，夫妻都在出租汽车公司工作，有住房（在赤峰市区）。

2. 这是信贷员做的第一笔贷款，当时对客户的印象是："客户年纪轻，做生意多年，但经营业务比较杂。"本次贷款的原先规划是：打算在宁城县县城也开一家出租汽车公司。打算再贷款买10辆车，投入宁城的运营中。

3. 客户目前没有贷款，此前欠信用社的贷款也已还清。平时融资的主要渠道是向朋友拆借。

4. 大板镇内还有一家大型客运租赁公司，是在交通局名下协办，公司名下有200辆车，但经营模式与安达有所不同，大部分车辆为车主自有，仅是挂靠在该公司名下，占有市场份额的70%。

四、财务分析

（一）经营情况分析

客户的主要资产就是55辆车，折旧后计价251万元，加上现金及银行存款、预付账款，并减去负债后，权益总计为255.71万元。

表1   资产负债表   单位：元

资产负债结构分析	流动资产合计	474 639	流动负债合计	430 000
	现金及银行存款	43 639	应付账款	350 000
	应收账款	0	预收账款	0
	预付账款	431 000	短期借款	80 000
	存货	0	长期借款	0
	固定资产	2 512 500	负债合计	430 000
	其他经营资产	0	所有者权益	2 557 139
	资产合计	2 987 139	负债加权益	2 987 139
	其他非表内资产	0	其他非表内负债	0

公司现共有55辆车，全在运营中，其中有15辆车属于长期租赁，即一次性付给公司88 000元租金，客户可使用车辆8年。其间的保险费自理，每月向公司缴纳500元管理费。其余的40辆车都是按月结算租金，合同每年重新签订，每车每月租金为1 800元，油费自理。租车的司机告诉信贷员，他们租车后每月基本上能净挣1 000~2 000元（淡季），好的时候能挣到2 000~3 000元（过年过节）。这个收入水平在当地来说也属于中等水平，因此，客户的经营相对比较稳定。

（二）客户的利润情况（基于现金流）分析

表2　基于现金流的损益表

单位：元

经营收入	2008年5月	6月	7月	8月	9月	10月	11月	12月	2009年1月	2月	3月	4月	月平均	总计	代表月份
1　短期租赁收入	21 600	73 800	72 000	87 000	87 000	87 000	87 000	87 000	87 000	87 000	87 000	87 000	79 200	950 400	
2　长期租赁收入	94 500	95 000	95 500	7 500	7 500	7 500	7 500	7 500	7 500	7 500	7 500	7 500	29 375	352 500	
总计（1）	116 100	168 800	167 500	94 500	94 500	94 500	94 500	94 500	94 500	94 500	94 500	94 500	108 575	1 302 900	0
可变成本															
总计（2）	0	0	0	0	0	0	0	0	0	0	0	0	0	0	0
毛利＝（1）－（2）	116 100	168 800	167 500	94 500	94 500	94 500	94 500	94 500	94 500	94 500	94 500	94 500	108 575	1 302 900	0
工资	4 150	4 150	4 150	4 150	4 150	4 150	4 150	4 150	4 150	4 150	4 150	4 150	4 150	49 800	
电台使用费	167	167	167	167	167	167	167	167	167	167	167	167	167	2 004	
租金	2 083	2 083	2 083	2 083	2 083	2 083	2 083	2 083	2 083	2 083	2 083	2 083	2 083	24 996	
养路费	3 208	3 208	3 208	3 208	3 208	3 208	3 208	3 208	3 208	0	0	0	3 208	28 872	
保险费	26 667	26 667	26 667	26 667	26 667	26 667	26 667	26 667	26 667	26 667	26 667	26 667	26 667	320 004	
水电费	220	220	220	220	220	220	220	220	220	220	220	220	220	2 640	
税	1 248	1 248	1 248	1 248	1 248	1 248	1 248	1 248	1 248	1 248	1 248	1 248	1 248	14 976	
其他费用	2 500	2 500	2 500	2 500	2 500	2 500	2 500	2 500	2 500	2 500	2 500	2 500	2 500	30 000	
总计（3）	40 243	40 243	40 243	40 243	40 243	40 243	40 243	40 243	40 243	37 035	37 035	37 035	40 243	473 292	0
分期付款（4）	2 000	2 000	2 000	2 000	2 000	2 000	2 000	2 000	2 000	2 000	2 000	2 000	2 000	24 000	
营业利润＝（1）－（3）－（4）	73 857	126 557	125 257	52 257	52 257	52 257	52 257	52 257	52 257	55 465	55 465	55 465	66 332	805 608	0
家庭开支															
其他收入														0	
月可支配收入	73 857	126 557	125 257	52 257	52 257	52 257	52 257	52 257	52 257	55 465	55 465	55 465	66 332	805 608	0

表3

客户现金流预测

单位：元

以人民币元为计价单位 月份	0 调查后	1 5月	2 6月	3 7月	4 8月	5 9月	6 10月	7 11月	8 12月	9 1月	10 2月	11 3月	12 4月	合计
月初现金（10）	38 684	38 684	24 016	84 360	144 704	45 048	−54 608	−19 264	41 080	101 424	161 768	220 112	201 256	
现金销售额		116 250	116 250	116 250	116 250	116 250	116 250	116 250	116 250	116 250	116 250	116 250	116 250	1 395 000
应收账款回收														0
客户预付款														0
经营现金流入总额（1）	0	116 250	116 250	116 250	116 250	116 250	116 250	116 250	116 250	116 250	116 250	116 250	116 250	1 395 000
现金购买原材料、服务、货物														0
应付账款的支付														
购货的预付款项（原材料、服务费）														0
经营现金流出总额（2）	0	0	0	0	0	0	0	0	0	0	0	0	0	0
工资		4 150	4 150	4 150	4 150	4 150	4 150	4 150	4 150	4 150	4 150	4 150	4 150	49 800
电台使用费											2 000			2 000
租金							25 000							25 000
养路费														0
保险费					160 000	160 000								320 000
水电费		220	220	220	220	220	220	220	220	220	220	220	220	2 640
国税		1 248	1 248	1 248	1 248	1 248	1 248	1 248	1 248	1 248	1 248	1 248	1 248	14 976
其他费用		2 500	2 500	2 500	2 500	2 500	2 500	2 500	2 500	2 500	2 500	2 500	2 500	30 000
总固定成本（3）	0	8 118	8 118	8 118	168 118	168 118	33 118	8 118	8 118	8 118	10 118	8 118	8 118	444 416

续表

以人民币元为计价单位 月份	调查后	1	2	3	4	5	6	7	8	9	10	11	12	合计
	0	5月	6月	7月	8月	9月	10月	11月	12月	1月	2月	3月	4月	
付款总额(4)=(2)+(3)	0	8 118	8 118	8 118	168 118	168 118	33 118	8 118	8 118	8 118	10 118	8 118	8 118	444 416
营业活动现金净流量(5)=(1)-(4)	0	108 132	108 132	108 132	-51 868	-51 868	83 132	108 132	108 132	108 132	106 132	108 132	108 132	950 584
购买新固定资产的支出		620 000												620 000
建设和装修等的支出														
其他支出														
固定资产出售流入														0
其他流入														
投资活动总现金流(6)	0	-620 000	0	0	0	0	0	0	0	0	0	0	0	-620 000
银行贷款		500 000												500 000
其他借款														0
偿还银行贷款本金以及利息			44 988	44 988	44 988	44 988	44 988	44 988	44 988	44 988	44 988	44 988	44 988	494 868
偿还其他借款		2 800	2 800	2 800	2 800	2 800	2 800	2 800	2 800	2 800	2 800	82 000	2 000	112 000
融资活动总现金流(7)	0	497 200	-47 788	-47 788	-47 788	-47 788	-47 788	-47 788	-47 788	-47 788	-47 788	-126 988	-46 988	-106 868
其他现金来源														0
家庭开支														0
私人使用资金														0
私人现金流总额(8)	0	0	0	0	0	0	0	0	0	0	0	0	0	0
累积现金(9)=(5)+(6)+(7)+(8)	0	-14 668	60 344	60 344	-99 656	-99 656	35 344	60 344	60 344	60 344	58 344	-18 856	61 144	223 716
期末现金(11)=(10)+(9)	38 684	24 016	84 360	144 704	45 048	-54 608	-19 264	41 080	101 424	161 768	220 112	201 256	262 400	

五、软信息分析

客户做法警的时候就开始买卖煤炭，并通过这个渠道捞到了第一桶金。之后也是因为买卖煤炭，亏了50万~60万元。一般来说，小企业主的社会关系要复杂一些，经营范围比较广，在当地也有一定的资源，因此，对于客户投资方面的现金流入和流出的估算就相对难一些。部分客户愿意透露一些信息，而有的客户则守口如瓶。这就需要信贷员旁敲侧击地去了解一些软信息。

按照当时的情况，信贷员对这笔贷款也有一定的顾虑，因为这笔贷款的投向是基于客户能拿到宁城出租车的运营执照。但是在放款的时候还没有拿到这个执照，所以存在客户因为主客观原因挪用贷款的可能性。但是信贷员综合考虑了以下因素：（1）客户现有的收入足够覆盖贷款月供，且长期稳定；（2）客户有房产（75万元评估值）作为抵押；（3）客户本人还款意愿良好，为人诚信，不可能为了50万元贷款放弃现有生意，认为可以为客户做这笔贷款。

六、交叉检验

经过计算，客户每月的固定收入为94 500元（当时情况），如果加入这10辆新车，则每月的固定收入将达到116 250元。除去开销，每月的可支配收入平均为66 000元，相对每月还款的44 000元，基本不构成压力（44 000/66 000 < 70%）。

客户的日常开销包括：（1）雇工，包括出租车公司的调度2人，安检员1人，每月总开销为4 150元；（2）公司其他费用2 500元；（3）税1 248元；（4）保险费用26 667元（均摊到月，车辆全险）；（5）其他公关费用客户不方便透露。

此客户的特点是经营项目相对简单，除了开始的投入（买车、配设备、上保险）外，每月基本上都是净收入而没有其他大的成本。通过信贷员对出租车司机的调查也可以发现，客户的经营相对是比较稳定的，也就是说，收入的预期是很有保障的，因此，对客户的交叉检验也相对简单。具体如下：

1. 销售额的交叉检验（由于公司的收入都根据合同执行，便于计算，故不在此列举）。

2. 成本的交叉检验（安达客运公司的经营模式是出租车租赁，故基本没有成本）。

3. 权益的交叉检验。

初始投资：2005年11月　　房租2万元，车辆、设备等100万元，流动资金3万元，共计105万元

自有20万元

初始权益：20 万元

期间收入：

2005 年	10 万元
2006 年	80 万元
2007 年 1—7 月	40 万元

        8—12 月　130 万元（其中有 13 辆是 88 000 元长期租赁）

2008 年	120 万元（其中有 2 辆是 88 000 元长期租赁）
2009 年 1—4 月	22 万元

共计：402 万元

期间支出：

2005 年底购房	50 万元
2008 年买卖煤炭亏损	60 万元
2008 年 6 月购车	15 万元
折旧：	29.4 万元
共计：	154.4 万元

应有权益 $= 20 + 402 - 154.4 = 267.6$（万元）

$\Delta =$ 应有权益 $-$ 实际权益 $= 267.6 - 255.7 = 11.9$（万元）

$\Delta = 11.9/267.6 = 4.45\%$

通过权益检验可见客户提供的情况是真实的。

七、贷款审批

审贷会考虑到客户的偿贷能力，因为 10 辆车是否能投入运营还是未知数，如果按现有净收入 60 000 多元计算，则每月 5 万~6 万元的还款会对客户造成很大压力。如果这 10 辆车能够投入运营，则每月 9 万元的净收入就可以覆盖月还款。鉴于牌照能否批下来等未定的因素，最终批准给客户贷款 50 万元（年利率按 13% 计算）。

八、贷后管理

从调查到放贷用了两周时间。但是到 2009 年 10 月因为一直得不到批复，客户又将贷款用于开设一家汽车租赁公司，购入 6 辆中华车，在大板镇做汽车租赁，并在贷款到期前的 3 个月提前还款，其间未形成逾期贷款和不良贷款。

（整理人：朱炜骞）

硫酸运输车贷款

受理机构：赤峰分行　行业：运输业　客户经理：万景雅

　　这个案例针对的是内蒙古赤峰地区的特殊运输行业，即硫酸运输。这种危险制品与普通货物运输的区别是每次运输都要在公安局备案。客户所服务的企业是当地有名的铜矿厂及锌厂，冶金、能源、食品、医药等行业是重点行业，当地的小企业及微小企业大多是重点行业的上下游相关企业，案例中这家小企业的供货方——金峰、金剑集团是当地有名的铜矿厂，赤峰某锌业有限公司也是当地有名的制锌厂。

　　另外，做危险品运输需要取得相关的资质证书，案例中的客户之前只是挂靠在一家具有资质的企业中，每年交挂靠费。当时客户还在申请资质，总共申请了两笔贷款，第一笔作为储存硫酸的资金并申请执照，已经提前还清，第二笔用做再买 1 辆大车，扩大经营规模，这个案例是讲述第二笔贷款的过程。

一、业务受理

　　根据包商银行赤峰分行推出的五大系列 15 种新型微小贷款产品，案例中的客户属于"抵好贷"客户，这主要是针对可提供足值不动产抵押物的客户，适用条件原则上是在借款人所在地有完全产权的商用房或住房，抵押率是 100%（含）以下，贷款金额是单户单笔 500 万元以下，抵押率是 50% 以下的执行年息是 8.4%，抵押率在 50%~100% 的执行年息是 12%，贷款期限最长是 5 年，还款方式是：一年以内可以按照月付息到期还本；一年以上两年以内按月还息，按月/季等额还本；两年以上五年以内按月等额还本付息。

　　这个客户申请第一笔贷款，是主动到行里填写申请表的，信贷员一直都与客户在保持联系，信贷员两笔贷款都亲自到客户家中调查，第二笔贷款的调查内容主要是对第一笔贷款结束到第二笔贷款申请时的经营情况及近期的家庭情况进行了解。

二、客户情况

通过客户口述,信贷员了解到:客户44岁,老家是外地的,1998年来到赤峰,因为客户与赤峰某锌业有限公司的一名员工很熟悉,自己之前也做过运输,就找到现在的挂靠公司,自己买了1辆运输硫酸的小罐车,每年交一些挂靠费用,做起了硫酸运输的生意。开始时是自己做司机,后来随着生意规模的扩大,认识的人也越来越多,联系到金峰、金剑这样的固定的大客户资源,就有了两辆罐车,1辆大罐车主要用于远距离运输到林东市,1辆小的罐车主要用于近距离运输到通辽。客户的爱人原来就在当地有名的梧桐花煤矿做质检员,客户的一些矿厂的生意伙伴就是通过他爱人联系到的,但是其爱人因工作环境有污染,在医院做过一次手术,目前已经辞职在家,与客户共同经营现在的生意。

另外,客户还有两个女儿,大女儿现在天津,快结婚了,每年客户的妻子会到大女儿家去一次,二女儿在沈阳艺校学习,每年交的学费很高,有时还要交一些培训费用。

三、贷前调查

这个案例中的客户先后向这名信贷员申请过两笔贷款,第一笔贷款申请资金45万元,4个月期限,已经提前两个月还清了。信贷员在第一次接触这个客户时,主要作了两方面的准备,一是了解运输行业的盈利模式,二是了解危险品运输的车辆与挂靠公司的关系。

首先,从事运输行业的客户会有固定的合作方,并且签订运输协议,一般合作方会要求客户垫付货款,然后以月结的形式付款;其次,对于危险品运输,可以通过在公安局的备案资料查证客户的运输记录,以便进行营业收入及成本的交叉检验。

四、财务分析

信贷员在第二天上午利用半天时间,整理出前一天的调查数据,编制出资产负债表及损益表,并对客户的权益、成本及营业额进行了交叉检验。

(一)资产负债表分析

表1　　　　　　　　　　　　　资产负债表　　　　　　　　　　单位:元

资产		负债和所有者权益	
流动资产		流动负债	
现金	4 000	应付账款	0
银行存款	110 849	长期负债	0

资产		负债和所有者权益	
流动资产合计	114 849	流动负债合计	0
固定资产	528 750		
重型罐式货车 2006 年 10 月 11 日 33 万元	206 250		
大型专项作业车 2007 年 12 月 30 日 43 万元	322 500		
其他资产	15 719		
预付货物洒漏险（2009 年 4 月 5 000 ×2/年）	4 167		
预付承运人险（2009 年 4 月 1 680 ×2/年）	1 400		
预付强制险（2009 年 4 月 6 000 ×2/年）	5 000		
预付三者险（2009 年 4 月 6 183 ×2/年）	5 152		
非流动资产合计	544 469	所有者权益合计	659 318
资产总计	659 318	总负债和所有者权益总计	659 318

注：表外应收账款 150 000 万元。

具体分析如下：

1. 这是客户申请的第二笔贷款，客户已经熟悉了贷款流程，主动出示了手头的现金 4 000 元，主要是为支付车辆的维修费及平常的生活开销。此外，客户也出示了自己的银行存折有 110 849 元存款。

2. 一般是固定的几个大厂商临时向客户要求运输硫酸，其中有的会签订每月固定的运输合同，但是需要客户预先垫付购买硫酸的资金，因此，客户的应收账款较多，但是客户的理财意识较差，没有相关的书面单据证明，信贷员就把它列为表外应收账款。

3. 一般运输行业的固定资产主要是承担运输的车辆，客户的两辆车分别是 2006 年及 2007 年购买的，当时的市场价值分别是 33 万元和 43 万元，信贷员通过直线折旧法折现得出资产负债表中的数据。

4. 客户的其他资产主要是为两辆运输车预付的各种保险，信贷员通过客户缴纳保险费的单据就可以核实表中的数据。

5. 这笔贷款是第二笔的重复贷款，上次贷款至今的营业收入是 140 000 元，为了办理新公司的营业执照花费 50 000 元，客户为还第一次贷款总共支付 462 932 元，在此期间客户爱人去了一次大女儿家里，花费 15 000 元。这些数据将在权益的交叉检验中应用。

（二）利润表分析

利润表

表2

单位：元

日期	2009年2月	3月	4月	5月	6月	7月	8月	9月	10月	11月	12月	2010年1月
营业收入	41 125	41 125	41 125	83 500	85 500	152 250	152 250	109 375	109 375	192 750	192 750	192 750
赤峰—林东	15 750	15 750	15 750	52 500	52 500	105 000	105 000	84 000	84 000	126 000	126 000	126 000
赤峰—通辽	16 000	16 000	16 000	16 000	18 000	36 000	36 000	16 000	16 000	48 000	48 000	48 000
市区内	9 375	9 375	9 375	15 000	15 000	11 250	11 250	9 375	9 375	18 750	18 750	18 750
可变成本	22 500	22 500	22 500	29 900	29 900	43 500	43 500	35 500	35 500	66 000	66 000	66 000
赤峰—林东	13 000	13 000	13 000	19 500	19 500	26 000	26 000	26 000	26 000	39 000	39 000	39 000
赤峰—通辽	8 000	8 000	8 000	8 000	8 000	16 000	16 000	8 000	8 000	24 000	24 000	24 000
市区内	1 500	1 500	1 500	2 400	2 400	1 500	1 500	1 500	1 500	3 000	3 000	3 000
毛利润	18 625	18 625	18 625	53 600	55 600	108 750	108 750	73 875	73 875	126 750	126 750	126 750
费用总计	19 710	19 710	19 710	19 710	19 710	19 710	19 710	19 710	19 710	19 710	19 710	19 710
挂靠费	500	500	500	500	500	500	500	500	500	500	500	500
司机（3 000×4）	12 000	12 000	12 000	12 000	12 000	12 000	12 000	12 000	12 000	12 000	12 000	12 000
强制险（6 000×2）	1 000	1 000	1 000	1 000	1 000	1 000	1 000	1 000	1 000	1 000	1 000	1 000

续表

日　期	2009年2月	3月	4月	5月	6月	7月	8月	9月	10月	11月	12月	2010年1月
三者险（6 183×2）	1 030	1 030	1 030	1 030	1 030	1 030	1 030	1 030	1 030	1 030	1 030	1 030
承运人险（1 680×2）	280	280	280	280	280	280	280	280	280	280	280	280
换机油	400	400	400	400	400	400	400	400	400	400	400	400
修理费	1 000	1 000	1 000	1 000	1 000	1 000	1 000	1 000	1 000	1 000	1 000	1 000
路政	2 000	2 000	2 000	2 000	2 000	2 000	2 000	2 000	2 000	2 000	2 000	2 000
交警	500	500	500	500	500	500	500	500	500	500	500	500
超载罚款	1 000	1 000	1 000	1 000	1 000	1 000	1 000	1 000	1 000	1 000	1 000	1 000
净利润	（1 085）	（1 085）	（1 085）	33 890	35 890	89 040	89 040	54 165	54 165	107 040	107 040	107 040
家庭开支	3 000	3 000	3 000	3 000	3 000	3 000	3 000	3 000	3 000	3 000	3 000	3 000
月可支配收入	（4 085）	（4 085）	（4 085）	30 890	32 890	86 040	86 040	51 165	51 165	104 040	104 040	104 040

具体分析如下：

1. 客户生意的淡旺季节也较为明显，主要原因是随着合作企业的生产淡旺季而发生变化。根据客户经验，一般淡季为 1—4 月份，营业额大约为 45 000元/月，旺季是 7—12 月份，营业额平均是 150 000 元/月左右，其余是一般季节，营业额大约是 80 000 元/月。另外，客户的进货来源是林东市，距离赤峰市较近，一般用大车运输，客户口述是每月来回跑 20 次，每月要维修的时间是 4 ~ 5天，另外可能会有路途耽误的时间，每次会运输 50 吨，每吨收入是 70 元。客户用小罐车是远距离运输，一般来往于赤峰与通辽，每月大概会来回 10 次，每次会运输 45 吨，每吨收入是 80 元，但是客户收回货款通常是月结。

信贷员主要是根据客户提供的每个月油费的单据，结合每辆车来回的耗油量及最大运输量，估算出每个月来回的次数及销售收入。

2. 客户的经营成本主要是两辆车的油费，这部分费用随着运输距离的变动而变动，属于可变成本，一般大车是从赤峰到林东，距离是 270 公里，大车每百公里耗油 37 升，油价是 5.7 元/升，而小车主要来往于赤峰与通辽，距离是380 公里，小车每百公里耗油 35 升，使用的油与大车是同一型号。客户也会承接市区内的零活，地点比较零散，据客户口述平均路程是往返 150 公里。这时信贷员也可以根据客户每月总花费的油费，与每次平均花费的油费，估算每月来回的次数，进而计算检验每月的营业收入。

3. 客户的营业费用主要包括：每月交给挂靠公司的挂靠费是 500 元；每辆车雇用了两名司机，两人倒班开车，每名司机的工资每月是 3 000 元；每辆车每月需要缴纳 6 000 元的强制险，三者险每月平均是 6 183 元，承运人险每辆车每月平均是 1 680 元，通过交费单据可以核实。另外，两辆车 1 年固定要换几次机油，平均下来每月是 400 元；车每月要定期维修，每月共花费 1 000 元。另外，客户口述的大车一般会产生超载的现象，由于这个原因会产生罚款费用，平均下来每月向路政部门缴纳 2 000 元，向交管部门缴纳 500 元，超载罚款每月是1 000 元。

4. 为准确把握客户的还款能力，需要将客户的家庭开支扣除。客户每月的家庭开支一般是私家车的开销费用、通信费及吃喝的费用，还有客户小女儿每月大概 700 元的培训费用，这些费用一共每月大概是 3 000 元。另外，客户小女儿的学费一般是半年一次，已经计入第一笔贷款的权益项下的开支。

5. 计算出客户月可支配收入平均是 54 535 元，根据客户淡旺季明显的经营特征，信贷员调整客户的还款方式：3 月、4 月的还款金额是 10 000 元，从 5 月份到 2011 年 2 月份还款金额是 51 840 元，这样既能符合客户的现金流状况，又能保障客户及时还款。

五、软信息分析

信贷员通过与客户的接触，看出客户做事踏实，对妻子和女儿非常爱护，家庭关系很好。客户本人的性格开朗，交际也很广。

由于客户现有生意状况较好，原自有的两辆车已不足以满足现有生意需求，客户现增加雇用车辆两台，此次申请贷款 50 万元，主要用于自己购买 123 桥大车，车头预计 284 500 元，车尾预计 126 000 元，总计 410 500 元，另外，办理车辆手续等还需一部分费用。此次购车车头在赤峰购买，车尾在铁岭购买，铁岭为指定改装点。

客户此次提供个人住宅两套，用于此次贷款的抵押保证。

表3   贷款抵押担保

	面　积	建成年限	市场价值
第一套	125.66 平方米	2006 年	301 584 元
第二套	87.78 平方米	1999 年	245 784 元

信贷员与客户到了担保人家中，得知担保人与客户是亲戚，担保人是赤峰市供电营业局职工，月收入约 3 200 元，而且担保人自己也有两套房产，信贷员复印了客户与担保人的身份证、房本及工资证明。

最后，信贷员向客户再次确认了贷款目的，确定客户目前联系到的生意增多，已经雇用了别人的两辆车，这样自己赚得的差价减少，因而想要自己再买一辆大车用做硫酸运输。

六、交叉检验

信贷员根据客户提供的财务信息和软信息做的交叉检验如下。

（一）营业额检验

1. 客户生意淡旺季较明显，原因是随着合作企业的生产淡旺季变化而发生变化：

一般淡季为 1—4 月份，营业额为 45 000 元/月左右；

旺季为 7—12 月份，营业额平均为 150 000 元/月左右；

其余为一般季节，营业额为 80 000 元/月左右。

总计营业额为 1 240 000 元，平均营业额为 103 333 元/月，与客户口述 100 000 元/月基本一致，较可信。

2. 对客户银行流水账进行检验：

2008 年 11 月	24 904 元	2008 年 12 月	196 043 元
2009 年 3 月	40 000 元	2009 年 5 月	44 541 元

2009 年 6 月	34 115 元	2009 年 7 月	162 208 元
2009 年 8 月	363 824 元	2009 年 9 月	108 480 元
2009 年 10 月	68 741 元		

总计：1 042 856 元，平均 115 873 元，与客户口述 100 000 元左右基本一致，较可信。

3. 路途检验

客户有固定的合作客户，并且有运输协议，主要运输路线有赤峰—林东和赤峰—通辽，取客户口述平均值如下：

赤峰—林东　50 吨/次　20 次/月　70 元/吨　　70 000 元
赤峰—通辽　45 吨/次　10 次/月　80 元/吨　　36 000 元

总计：106 000 元/月，与客户口述 100 000 元/月基本一致，较可信。

（二）成本检验

客户两辆车分别于 2006 年 10 月和 2007 年 12 月出厂：

大车（前 4 后 8）百公里耗油 37 升（出厂日期：2007 年 12 月 30 日）
小车（前 4 后 6）百公里耗油 35 升（出厂日期：2006 年 10 月 11 日）

一般赤峰—林东，赤峰—通辽，均由大车来承担。

1. 赤峰—林东：单程 270 公里，客户目前使用 0#油，油价约 5.7 元/升。

往返：（270 公里 × 37 × 5.7/100）× 2 = 1 139（元），与客户口述 1 300 元/趟基本一致。

2. 赤峰—通辽：单程 380 公里，客户目前使用 0#油，油价约 5.7 元/升。

往返：（380 公里 × 37 × 5.7/100）× 2 = 1 602.8（元），与客户口述 1 600 元/趟基本一致。

一般市区内的活由小车来承担，由于市区内所至地点比较零散，只能取客户口述平均值，一般客户多去敖汉、松山区和红山区，平均路程在 150 公里（往返）左右。

150 公里 × 35 × 5.7/100 = 300（元），与客户口述基本一致，较可信。

（三）权益检验

1. 初始权益（2009 年 10 月 27 日）：

619 557 元（上期资产负债表）

| 表外应收 | 130 000 元 |
| 总计： | 749 557 元 |

2. 期间收入：

| 营业收入 | 140 000 元 |
| 包商银行贷款 | 450 000 元 |

总计： 590 000 元

3. 期间支出：

办理公司证件 50 000 元（注册新公司）

还我行贷款 462 932 元

天津出差 15 000 元

总计： 527 932 元

4. 表外应收： 150 000 元

期末权益： 661 625 元

实际权益： 659 318 元

差异： 2 307 元

差异率： 2.1%

七、贷款审批结果

一方面客户有两笔抵押的房产，价值是 50 余万元，担保人的财务状况也很好，另一方面客户每月的销售收入较为稳定，客户具备贷款 50 万元的还款能力，而且还款意愿强。信贷员第三天将审贷报告上交审贷会，审贷委员有两名，具有相应的授权资格，审贷会半小时内通过提案批复 50 万元贷款，年息是12%，期限是 1 年。

一周后，客户邀请信贷员到他新成立的公司参观，并出示了他的购车发票，第二周，信贷员与客户电话联系，得知客户已经将新车从厂家接回，目前正在办理相关的手续，一个月后，信贷员与客户联系询问生意状况，得知客户已经与合作伙伴将今年的合同都签订好了。这笔贷款是到 2011 年 2 月 1 日到期，客户每月都能按时还款。

信贷员总结这笔贷款的积极因素是客户具备较为丰富的业务经验，有固定的合作方，收入来源稳定，第一笔贷款的还款情况较好，而不利的因素就是客户的理财意识较差，常常忘记自己的现金花费的用途，因此，需要花费更多的时间帮助客户理清财务状况。

总结这个案例，这笔贷款是客户的第二笔贷款，因为都是经手于同一名信贷员，所以信贷员将这次贷款的调查重点定位于，两次贷款期间的家庭是否有意外情况，及其期间的经营状况。如果是其他信贷员接手第二笔贷款，则新接手的信贷员将以第一笔贷款的调查模式进行调查。此外，从这笔贷款也可以看出，信贷员的良好服务态度赢得小企业客户的信任，客户随着生意规模的扩大也会愿意与银行继续合作。

（整理人：朱庆花）

公路运输贷款

受理机构：赤峰分行　行业：运输业　客户经理：刘小敏

赤峰附近的锡林郭勒盟是内蒙古的一个重要煤炭产地，但是当地铁路运输不是很发达，煤炭的外运主要依靠公路。由于地理位置上的优越性，在赤峰有很多人从事煤炭运输业务，也就是俗话说的"养大车"。但是当地的大车有一个特点：由于煤炭产地属于地广人稀的地区，所以一般都是空车进去拉煤，而不是双向的物流。不过，如果自有资金丰富的话，除了单纯的运输业务外，也可以直接从煤场买煤，到赤峰等地卖，从而挣取差价，将中间业务转移到表内。

一、业务受理

客户是通过我行人员的主动营销知道了微小企业贷款业务，也是抱着试试看的心理想贷款用于买煤。

二、客户情况

客户42岁，做大车运输，现在养了3台车，申请贷款15万元。该客户是进城农民，为人朴实肯吃苦。从简单运输起家，现在打算在运输的同时做一点煤的买卖业务。因为运输煤的利润比较固定，现在客户手上有点资金，打算再从我行贷点款，在运输的时候直接把煤买下来，拉到目的地后出手。从原来单一的运输业务（中间业务）扩展到煤炭买卖（资产买卖）业务，等于将表外业务移到了表内。但是由于煤的供销方都是长期合作的单位，所以风险很低，相当于对该客户的一种照顾，让他挣点差价。

客户最早是开大车的，从1997年开始开中卡，到2005年与人合伙买了大车，到2007年下半年撤股，2008年开始自己买了第一辆大车，也是贷款（20万元自有资金＋20万元贷款）。2009年7—8月又买了一辆大车（贷款20万元）。到2009年12月，又买了大车。当时财务状况是有两笔贷款，一笔刚开始还了 3 个月，另一笔还有 3 个月就能还清。

三、财务分析

客户的总资产大约有 90 万元，其中固定资产 82 万元（3 辆车，折旧后净值含保险），流动资产 4 万元。有 20 万元贷款，权益 70 万元左右。利润表统计（估算）的是 2009 年 4 月至 2010 年 3 月的数据，具体情况见表 1。

客户经营 3 条运输线，但是大体都是锡林郭勒盟到赤峰之间，平时业务比较稳定，3 条线的经营情况如下：

1. 收入

线路	公里数	运费	收入	周期
A 线	580	130 元/吨 ~150 元/吨	15 400 元	8 趟/月
B 线	620	160 元/吨	17 600 元	8 趟/月
C 线	420	140 元/吨	15 400 元	8 趟/月

2. 费用

线路	油费	过路过桥
A	4 700 元	一共 7 200 元
B	5 088 元	一共 8 400 元
C	3 347 元	一共 8 480 元

罚款：平均每车 12 000 元/月。

过路过桥：每车每月 7 200 元。

人工食宿：3 车 6 个司机，每月 18 000 元。

工资：每人 4 000 元/月。

轮胎：每车每月 10 000 元左右。

保养和机油：每月大概 1 000 元/车。

维修费：每月每车 3 000 元。

保险：每车每月 2 000 元。

车船税：500 ~600 元/年/车。

车检：600 ~700 元/年/车。

3. 利润

每车每月毛利润 30 000 元。

每月贷款 35 000 元（3 个月后有一笔贷款结清，剩下两份贷款，月均接近 3 万元），净收入接近 6 万元，不超过 70%。

或者，家庭可支配收入为 4 万元，每月还款 15 000 元，也未超过 70%。

基于现金流的利润表

表1

单位：元

	2009年4月	5月	6月	7月	8月	9月	10月	11月	12月	2010年1月	2月	3月	总计	按月平均
车1	123 200	123 200	123 200	123 200	123 200	123 200	123 200	123 200	123 200	123 200	61 600	30 800	1 324 400	110 366.7
车2	0	0	0	0	61 600	123 200	123 200	123 200	123 200	123 200	61 600	46 200	785 400	65 450
车3	0	0	0	0	0	0	0	0	30 800	123 200	61 600	46 200	261 800	21 816.67
收入总计	123 200	123 200	123 200	123 200	184 800	246 400	246 400	246 400	277 200	369 600	184 800	123 200	2 371 600	197 633.3
油费	38 072	38 072	38 072	38 072	57 108	76 144	76 144	76 144	85 622	114 216	57 108	38 072	732 846	61 070.5
过路过桥	7 200	7 200	7 200	7 200	10 800	14 400	14 400	14 400	16 200	21 600	10 800	7 200	138 600	11 550
罚款	12 000	12 000	12 000	12 000	18 000	24 000	24 000	24 000	27 000	36 000	18 000	12 000	231 000	19 250
食宿	6 000	6 000	6 000	6 000	9 000	12 000	12 000	12 000	14 000	18 000	9 000	6 000	116 000	9 666.667
成本总计	63 272	63 272	63 272	63 272	94 908	126 544	126 544	126 544	142 822	189 816	94 908	63 272	1 218 446	101 537.2
毛利	59 928	59 928	59 928	59 928	89 892	119 856	119 856	119 856	134 378	179 784	89 892	59 928	1 153 154	96 096.17
工资	4 000	4 000	4 000	4 000	8 000	12 000	12 000	12 000	18 000	24 000	12 000	8 000	122 000	10 166.67
换轮胎	11 000	11 000	11 000	11 000	16 500	22 000	22 000	22 000	26 000	33 000	16 500	80 00	210 000	17 500
换机油	1 000	1 000	1 000	1 000	1 500	2 000	2 000	2 000	2 500	3 000	1 500	1 000	19 500	1 625
维修	3 000	3 000	3 000	3 000	4 500	6 000	6 000	6 000	7 000	9 000	4 500	3 000	58 000	4 833.333
保险	2 300	2 300	2 300	2 300	3 450	4 600	4 600	4 600	5 400	6 900	3 450	2 300	44 500	3 708.333
车船税	50	50	50	50	100	100	100	100	100	150	150	150	1 050	87.5
检车	50	50	50	50	100	100	100	100	100	150	150	150	1 050	87.5
费用总计	21 400	21 400	21 400	21 400	34 150	46 800	46 800	46 800	59 100	76 200	38 250	22 400	456 100	38 008.33
净利润	38 528	38 528	38 528	38 528	55 742	73 056	73 056	73 056	75 278	103 584	51 642	37 528	697 054	58 071.17
还贷款01	0	0	0	0	0	20 000	20 000	20 000	20 000	20 000	20 000	20 000	140 000	11 666.67
还贷款02	0	0	0	0	0	0	0	0	20 000	20 000	20 000	20 000	60 000	5 000
家庭开支	2 000	2 000	2 000	2 000	2 000	2 000	2 000	2 000	2 000	2 000	2 000	2 000	24 000	2 000
月可支配收入	36 528	36 528	36 528	36 528	53 742	51 056	51 056	51 056	53 278	61 584	9 642	-4 672	472 854	39 404.5

租房 100 多元/月,女儿在卖手机,儿子上初中。家用每月 2 000 元,抵押车（2009 年 12 月）40 万元,贷款 15 万元。

4. 分析

信贷员在测算以上数据时,主要考虑了以下几点:（1）所有的车不是每月都能足额地跑 8 趟,所以对收入、成本、费用均产生影响。（2）客户自己也在开车,所以人工成本是有变化的。（3）维修、罚款等支出均有很大的不确定性,一般按较高标准计入成本和费用。

四、软信息分析

做大车货运在赤峰是很普遍的一个行业,也有不少客户曾经来我行办理过业务,所以大多数客户经理对这个行业的平均利润、成本等都有较为清晰的了解。此外,该客户给信贷员的感觉非常好,很朴实,无不良嗜好,是一个非常有责任感的人,而且工作非常踏实,一直脚踏实地,从一个普通农民到大车司机,再到现在养大车,都是一步一个脚印。从他雇用的司机那里也了解到,客户对这些司机都非常好,为人特别诚信。

五、交叉检验

（一）权益

表 2 　　　　　　　　　　权益交叉检验表 　　　　　单位:万元

2008 年资产		
	车头	27.5
	挂车	16
	附加费	3.5
	保险费	2.8
	养路费	1.2
	流动资金	2
	总计	53
负债		−28
初始权益		25
期间收入		
	2008 年 7 月至 2009 年 2 月	25.5696
	2009 年 4 月至当前	49.0468
	总计	74.6164

续表

2008 年资产		
期间支出		
	新车附加费	3.5
	车辆附加费	2.1
	车辆附加费	2.5
	利息支出	1.6
	总计	9.7
权益合计		109.3164

此权益含折旧 218 000 元，减去折旧后净值为 681 164 元，对比客户账面实际权益 707 013 元，相差 3.7%〔（707 013 − 681 164）/707 013〕，在 5% 之内。说明客户权益情况真实。

（二）费用的交叉检验

1. 油费：以线路 A 为例

去程：一共 580 公里，每百公里耗油 80 升，柴油价格 6.84 元/升。

回程：每百公里耗油 40 升。

总油费为 4 159 元，与客户提供的 4 400 元（加 3 次油，分别是 1 600 元、1 200 元、1 600 元）相差不大。

2. 过路过桥费

A 线：6 个收费站，每站 75 元，来回共 900 元，每月 8 趟，共 7 200 元。

B 线：3 个收费站，加上一段高速收费，来回 1 050 元，一个月 8 400 元。

C 线：4 个收费站加一个高速收费，来回 1 060 元，一共 8 480 元。

过路过桥费平均每月每车 8 026 元，与客户估算的每车 8 000 元相差不大。

由此可见，客户提供的数据基本属实。

六、贷款审批

另外，客户提供的担保人路政人员孙某对客户的评价较高，也愿意为他担保。审贷会经过仔细评估和审核，决定给客户贷款 15 万元，年利率为 16.8%。

后记：该客户是进城农民通过自己奋斗逐步发家致富的典型。他之前养过小车，因为经济纠纷把车赔进去了，又转回做司机，通过踏实肯干得到老板信任又一步一步地开始积累资金，到最后成为大车老板，并逐渐由简单运输转到货物买卖。由此可见，勤劳加上适当的资金支持完全可以改变一个人的经济状况。

（整理人：朱炜骞）

货运公司贷款

受理机构：深圳分行　行业：运输业　客户经理：钟　东

深圳的区域经济以制造业、服务业、物流业、印刷业为主。本案例介绍的是深圳地区一个典型的物流运输行业的微贷业务。客户是经营货车运输的，拥有自由车辆和挂靠车辆，接触过正规金融信贷服务。此行业的客户多有详尽的财务报表和生意凭证，但不太愿意主动提供，所提供的信息也不一定全面、真实，因此，在获得正规金融服务时容易产生信息不对称和风险。针对此类客户，我行微小企业贷款技术，即由信贷员通过与客户的交流、现场调查获得一定信息，亲自编写资产负债表和利润表，通过交叉检验发现问题，进而掌握客户真实的经营信息，十分适合向此类客户提供信贷服务。

一、业务受理

本案例中的客户最初是通过中介介绍上门的。贷款服务中介在深圳十分多见，他们介绍客户到银行办贷款，有时还会帮助客户提供虚假的资料以提高贷款申请的成功度，然后收取客户一定的"介绍费"。

我行的信贷员对客户进行了热情的接待，并介绍了我行微贷业务的特色。因客户不是公司的法人（法人是客户的哥哥），所以客户在了解了基本情况后就离开了，未能申请贷款。尽管客户当时没有填写贷款申请表，但了解到客户属于物流运输行业，我们的信贷员还是马上对该行业的行业特点，业务流程，相关费用，如汽油费、养路费、过路费等方面的情况进行了了解。信贷员表示，只有做好准备，才能更好地抓住机遇，更好地服务客户。

近一个月后，客户拉着哥哥又来到我行，并按我行微贷业务的要求带着公司执照、财务资料，也准备了担保人，来行里申请贷款。通过申请表，信贷员了解到客户的基本信息如下：客户在深圳经营一家货运公司，主要从事货物运输和汽车租赁业务，拟申请贷款50万元，期限为12个月，贷款主要用于资金周转。客户现有渣打银行的贷款正在偿还。

二、客户情况

通过初步沟通，信贷员了解到，该货运公司是客户2003年与两个亲戚共同筹资30万元建立的，公司法人是客户的哥哥，占股10%，另一个堂弟占股90%。客户是公司的实际经营者。经过几年的发展，公司现共有车辆20余辆，生意发展很好，年盈利超过百万元。受经济危机的影响，生意也曾略有波动，但受扩大内需政策的激励，沿海地区许多企业积极进行内销，由此带动了当地陆路运输业的发展。因此，客户想贷一笔款项用于加大资金周转。

由于先前对货运行业有了一定了解，信贷员一边询问客户的经营状况，一边暗暗计算着：客户先是介绍了自己公司一个月大致的收入情况，又介绍了车队的规模、司机人数。由于客户主要从事短途运输，货主多在珠三角地区（深圳、东莞、广州、佛山等地区），业务主要是将货物运输到港口。信贷员计算出每辆车的每次运输成本（油耗＋路费＋司机补贴），再结合行业平均短途运费情况（运输收入），大致计算出每辆车的月均收益。对比客户所讲的数字，信贷员发现，计算出的客户实际收入本应超过客户所述。进一步询问得知，由于运输公司名下大多有挂靠车辆（非客户自有车辆），这种车辆的运费收入不计入公司收入，但公司可以通过向挂靠车辆"介绍业务"收取一定的业务费。客户见我行信贷员这么认真、仔细，很受震动。信贷员对客户表示，我行的微贷技术需要切实了解客户的真实经营情况，这种了解也是希望能为客户提供最适合的信贷服务，而不是要"暴露"客户的经营问题或是来"查账"的。客户听了信贷员的解释，渐渐放松下来并产生了信任，表示会尽力配合。

三、贷前调查

客户的公司位于深圳市盐田区，路程较远，但信贷员与客户进行了初步交流后还是决定直接去客户公司进行现场调查。路上，通过与客户闲聊，信贷员进一步了解到：客户是1999年来深圳创业的，起初是自己买了车挂靠在其他公司跑运输。熟悉行业后，就找了老家两个兄弟集资注册了自己的公司。公司一开始只有两辆车，经过多年的发展和扩大规模，现在已经有运输车15辆，小车6辆。客户自己也有了稳定的家业，在深圳购置了2套房产，还有了3辆私家车；客户爱人名下也有1套房产。家里有两个孩子正在念初中。

谈到生意情况，客户介绍说，跑运输所需要的费用大多要现金支付，即汽油费、过路费等都需要当场交付（司机代缴，然后回公司报销），所以公司没有什么应付账款。但由于运输业务资金周转耗时较长，运费通常1～2个月才能结清，因此，积累了较多的应收账款，希望通过银行贷款进行周转。

信贷员仔细询问了客户的车辆状况，是否有保险，平均每月运费收入有多少，业务介绍费有多少；每辆车每月的大致成本，包括车辆运输成本和人工成本（油钱是多少，过路费是多少，司机工资和补贴是多少等）、车辆保养维护费用等方面。经过简单的计算，信贷员又发现算得的收入还是比客户开始介绍的要少一部分。于是信贷员又谨慎地询问了客户的业务收入构成，了解到客户的月营业收入应该主要由三部分构成：运输业务收入、业务费（把运输业务分配给挂靠司机所收取的介绍费），以及车辆的租赁费（客户的6辆小车主要用于租赁业务，刚刚客户没有提及车辆租赁业务获得的收入）。加上租赁收入后即与客户报称的数字基本相符了。

到达物流园区，信贷员感觉到，客户虽然并不是园区规模最大的企业，但也实力出众。客户的人际关系很融洽，与周围公司的人都很熟悉。公司楼上是客户的简单居所，楼下是办公区域（公司所处是客户名下的房产之一）。客户首先应要求出示了公司15辆运输车的车证和车辆保险合同，供信贷员了解车辆年限、估测车辆状况和车辆价值。随后客户又拿出了详细的账目和银行流水单给信贷员。客户表示，账目啊、报税报表啊都有好几套，以应付不同的对象，给信贷员提供的账目是比较"真实"的那套。客户还提供了详尽的业务记录，即托运订单。信贷员查看了公司账目中2008年11月至2009年11月的部分。按照客户在车上的介绍，生意并没有明显的淡旺季分别，每个月营业收入能有80万~100万元，如按照月均90万元计算，年收入约为1 020万元，与客户拿出的账目显示的1 190万元较为吻合。信贷员又抽查了客户提供的详细月度利润表，发现表格对应的每日明细与对应的"内运出口托运订单"一致。由此推定，客户提供的确为最贴近实际经营情况的"内账"。

信贷员又随客户到车场看了看，车场暂时没有什么车辆，据介绍都在外面跑业务，仅有两三名司机在休息，信贷员又与司机进行了简单交谈，询问了他们的工资待遇、跑车时的油费、过路费情况等，对客户所说的收入、支出情况进行了大概的验证。同时，信贷员也从员工的口中了解到客户为人很好，给运输司机们的待遇很不错。

四、财务分析

信贷员将客户所述的"筹资30万元注册公司"确定为初始权益，从2003年开业起做权益检验，客户对几年来的资产积累情况比较清晰。应收账款有明细可查，数字较为确定。固定资产主要为车辆，是可见的。根据这些信息，信贷员作出资产负债表和利润表，如表1、表2所示。

表1   资产负债表

2009 年 11 月 20 日   单位：元

资产		负债			
现金和银行账		应付账款（名称及到期日）			
现金	22 000	应付工资（10 月份至今）	119 238		
存折	87 706	应付账款（9—11 月）	289 956		
总计	109 706	总计	409 194		
应收账款（名称及到期日）		短期负债（名称及到期日）			
应收账款（7 月、8 月）	239 012				
应收账款（9 月）	546 191				
应收账款（10 月）	935 524				
应收账款（11 月）	681 530				
总计	2 402 257	总计	0		
存货和原料		长期负债			
		渣打银行贷款余额	131 029		
		总计	131 029		
		权益和保留资金	3 414 740		
总计	0	总负债和权益	3 954 963		
流动资产	2 511 963				
固定资产		负债率	流动比率	资本化比率	
固定资产（详见清单）	1 440 000	9.66%	653.06%	36.44%	
总计	1 440 000	投资，商业和私人（最近 12 个月）			
其他资产					
预付车保险	3 000	固定资产折旧：2 387 000			
总计	3 000				
总资产	3 954 963				

表2

利润表

2008 年 11 月至 2009 年 11 月 20 日

单位：元

日期	2008年11月	12月	2009年1月	2月	3月	4月	5月	6月	7月	8月	9月	10月	11月20日	平均	总计
营业收入	929 333	929 333	929 333	647 445	860 139	1 036 045	1 028 500	900 772	1 018 708	975 047	1 026 581	938 514	681 530	939 328	11 901 280
公司业务收入	320 783	320 783	320 783	233 790	353 959	394 029	315 700	295 042	329 603	320 607	326 491	238 424	226 530	315 432	3 996 524
车队收入	608 550	608 550	608 550	413 655	506 180	642 016	712 800	605 730	689 105	654 440	700 090	700 090	455 000	623 896	7 904 756
可变成本	504 669	504 669	475 409	384 704	467 263	558 026	604 962	471 187	557 639	546 384	593 341	577 801	382 080	523 136	6 628 134
车队成本	474 669	474 669	450 109	381 599	430 583	433 210	570 312	440 077	532 384	519 204	550 621	550 621	354 900	486 421	6 162 958
请车费用	30 000	30 000	25 300	3 105	36 680	124 816	34 650	31 110	25 255	27 180	42 720	27 180	27 180	36 715	465 176
毛利润	424 664	424 664	453 924	262 741	392 876	478 019	423 538	429 585	461 069	428 663	433 240	360 713	299 450	416 191	5 273 146
营业费用	327 505	312 558	282 903	265 412	321 521	362 787	314 704	324 552	329 099	317 231	309 644	306 227	200 193	313 681	3 974 336
报关港建费	114 950	104 950	104 950	452 85	113 850	176 345	118 210	130 830	126 574	115 340	109 295	109 295	73 228	113 899	1 443 102
房租水电	15 000	15 000	13 670	11 779	19 104	13 316	13 486	15 137	14 546	14 415	13 420	17 228	11 543	14 810	187 644
电话费	1 500	1 500	1 669	1 061	3 834	960	2 122	1 300	540	570	1 285	3 000	2 010	1 685	21 351
工资	54 400	54 400	54 400	54 400	54 400	54 400	55 400	55 400	56 700	56 700	56 700	56 700	37 989	55 406	701 989
维修部工资	14 700	14 700	14 700	14 700	14 700	14 700	14 700	14 700	14 700	14 700	14 700	14 700	9 849	14 700	186 249
税	35 176	30 229	11 763	22 432	24 320	24 149	21 661	22 527	30 717	25 584	23 971	23 971	16 061	24 669	312 561

续表

日期	2008年11月	12月	2009年1月	2月	3月	4月	5月	6月	7月	8月	9月	10月	11月20日	平均	总计
其他运输支出	15 000	15 000	11 491	10 596	16 229	13 728	12 681	12 933	22 859	15 501	17 858	17 858	11 965	15 288	193 699
车辆费用	15 000	15 000	8 481	14 458	9 771	16 720	19 039	13 930	8 921	15 966	13 741	8 176	5 478	12 998	164 681
招待费	20 000	20 000	20 000	20 000	20 000	20 000	20 000	20 000	20 000	20 000	20 000	20 000	13 400	20 000	253 400
办公费	3 000	3 000	3 000	3 000	3 000	3 000	3 000	3 000	3 000	3 000	3 000	3 000	2 010	3 000	38 010
业务费	26 779	26 779	26 779	55 701	30 313	13 469	14 974	15 364	11 111	16 024	16 242	12 868	8 622	21 707	275 025
伙食费	4 000	4 000	4 000	4 000	4 000	4 000	4 000	4 000	4 000	4 000	4 000	4 000	2 680	4 000	50 680
其他费用	8 000	8 000	8 000	8 000	8 000	8 000	8 000	8 000	8 000	8 000	8 000	8 000	5 360	8 000	101 360
还清打银行贷款	0	0	0	0	0	0	7 431	7 431	7 431	7 431	7 431	7 431	0	3 519	44 586
净利润	97 159	112 106	171 021	-2 671	71 355	115 232	108 834	105 033	131 970	111 432	123 596	54 486	99 257	102 511	1 298 810
小车租赁收入	31 000	31 000	31 388	37 674	36 420	36 434	36 736	37 969	34 622	33 450	36 650	35 000	23 333	34 860	441 676
家庭开销	30 000	30 000	30 000	30 000	30 000	30 000	30 000	30 000	30 000	30 000	30 000	30 000	20 000	29 992	380 000
月可支配收入	98 159	113 106	172 409	5 003	77 775	121 666	115 570	113 002	136 592	114 882	130 246	59 486	102 590	107 379	1 360 486

五、交叉检验

（一）权益交叉检验

期初权益（单位：元）

2003 年初

	350 000	$\begin{cases} 300\ 000 & \text{（两辆运输车）} \\ 50\ 000 & \text{（流动资金）} \end{cases}$
+	450 000	（2003 年收入）
+	1 000 000	（2004 年收入）
+	1 000 000	（2005 年收入）
+	1 500 000	（2006 年收入）
+	1 800 000	（2007 年收入）
+	1 500 000	（2008 年收入）
+	1 360 486	（2008 年 11 月至今收入）
+	18 971	（还渣打银行贷款本金）
−	2 500 000	（2007—2008 年投资湛江酒店）
−	600 000	（2003—2005 年买房花销）
−	2 387 000	（固定资产折旧）
	3 492 457	
−	3 414 740	
	77 717	

8 629 457

（3 492 457 − 3 414 740）/8 629 457 × 100% = 0.9%

客户起初没有提及 2007—2008 年对老家酒店的投资，信贷员计算权益后发现差距过大，通过询问，客户回忆起此项投资支出。权益误差计算约为 0.9%，在 5% 以下，属于正常范围。

（二）应收账款检验

据客户介绍，货运费通常 30 ~ 60 天付清。对应客户提供的每月应收账目，信贷员查看了银行的流水单，确定两者相一致。如 8 月 A 客户运费 11 195 元，10 月 22 日进入平安银行账户；8 月 B 客户运费 70 700 元，11 月 11 日进入平安银行账户；其他类推。客户应收账目明细清晰。

（三）成本核算

由于客户的车辆每月运费收入分开核算，成本费用也单独统计。根据账目显示，9月，某车 C12345：运费 34 000 元，路桥费 9 872 元（路桥发票已核实），油费 8 179 元（司机油费报销单据已核实），轮胎费 1 285 元（修理报销单已核实），其他费用合计 26 110 元。其他车辆皆有类似明细可查，求和统计即可得出 9 月客户车队收入与车队成本情况，与客户叙述相符。

六、软信息分析

客户为人诚恳、直爽，与朋友、生意伙伴、员工都建立了良好的关系。家庭状况稳定，收支合理，注重个人资产的累积。小孩年龄不大，未来将需要较大数额的教育经费。

客户现有渣打银行贷款未还清，每月需还款 7 431 元，贷款余额约 13 万元。信用记录良好，从未有逾期。

本次贷款联系的担保人是客户的亲戚，是另一家货运代理公司的法人，深圳户籍，收入条件良好，担保意愿良好。

七、贷款审批

综合以上信息，信贷员总结：客户的主要优势是公司实力较强，有良好的征信记录和信用观念，并且也有非常好的还款意愿；劣势在于应收账款数目较大。考虑到客户的实际需求和还款压力，信贷员向审贷会建议批贷 40 万元。

审贷会根据信贷员提供的信息和建议，经过认真审议，决定为客户批准金额为 40 万元、期限为 1 年（12 期）的无抵押贷款。

贷款发放后，信贷员按规定对客户的还款和经营状况进行了追踪。客户的资金运转状况有了一定改善。生意运转稳定、良好。客户的还款情况非常好，通常无须信贷员提醒即能按时还款。

通过此次合作，客户也与我行的信贷员建立了真挚的互信关系，每当有运输行业的贷款申请，客户都乐于为信贷员提供一些有价值的同业信息。

本案例中，客户能够比较完整地提供出自己的经营信息，但是信贷员需要对行业状况进行一定的了解，再通过各种形式的检验，验证出所收集客户信息的真实性。

（整理人：王紫帆）

加工业

家具及厨具生产加工企业贷款

受理机构：赤峰分行　行业：生产加工业　客户经理：隋全颖

由于微贷业务主要集中在贸易流通领域，同时赤峰市生产性行业本身较少，因此，在众多案例中生产行业所占比重较低。该案例属于典型的生产性行业加工企业，流程较为简单，行业特征明显，具有很强的代表性。

一、业务受理

客户和包商银行赤峰分行微贷业务的一名信贷员是朋友，该信贷员介绍客户到包商银行赤峰分行红山支行办理微贷业务，由于包商银行内部规定信贷员本身的亲戚和朋友需要贷款时，采取回避原则，信贷员不能自己受理该业务，必须转交他人受理。因此，这名信贷员将客户介绍给另一名信贷员，并约定时间在支行进行了面谈。

客户为小卢和小张，两人是共同借款人，为其合伙企业家具生产厂贷款，用于购进一台新设备。

二、客户情况

客户小卢和小张，是共同借款人，表亲关系。两人都是"80后"，高中毕业后到北京打工，在大型家具生产厂学习了家具生产的技术，于2007年回到赤峰后，开办了自己的生产厂，厂房位于赤峰市郊区，采用合伙形式经营，五五分成，两人共同经营并共同参与生产。

客户都是在租用的厂房里生产，生产方式主要是订单生产，客源较为固定，主要为几大建材城生产桌子、柜子和橱柜。由于设备的限制，其经营的品种也只限于桌子、柜子和橱柜，不涉及椅子、沙发等软家具。从2008年3月开始，兄弟俩约定，设备等固定资产今后都归弟弟小卢所有，哥哥小张的前期投入折现归还给哥哥，以后仍采用五五分成方式进行利润分成。信贷员也就这一问题问过弟弟小卢，觉得这一行为有些奇怪，哥哥小张的前期投资都已收回，相当于不再是企业的合伙人，反而分成比例不变，显失公平。弟弟小卢则认为，自己没有吃亏，以后这个厂子就是自己的了，所以才作出协定，双方都对此没有异议，表示协定对双方都是有利的。

同时，弟弟的媳妇也在工厂的食堂上班，每月有固定的工资收入；哥哥的媳妇目前正在坐月子，以后也打算在工厂上班。小卢和小张虽然是家具厂的合伙人，但除了利润分成外，两人也同参与生产的其他工人一样，按月领取工资。

贷款的目的是由于订单量的加大，现有生产设备不能满足订单需求，需要再购进一台家具封边机，设备为10万元，因此申请10万元贷款。由于客户现金流充裕，因此贷款期限设定为5个月，按月等额还本付息。

三、贷前调查

1. 客户是包商银行赤峰分行一名微贷信贷员的朋友，该信贷员将其介绍给接收客户的信贷员，并约定在支行面谈，了解详细情况。

2. 按约定时间，客户到红山支行进行详细的咨询并填写了申请表，同时带来了营业执照、税务登记证等相关证件。

3. 客户填写申请后，由于是合伙经营的家具厂，同时合伙人为共同借款人，因此，又约另一个借款人来到支行同时填写相关申请，并就某些疑问请两位借款人给予了解答。

4. 把客户申请表录入包商银行系统，查看客户是否在包商银行有其他贷款（如果有的话，只能从以前贷款维护的信贷员那里申请，而不能再找新信贷员申请）。

5. 去客户家具生产厂进行调查分析（经营情况和家庭情况全面分析），客户两人都居住在工厂里，弟弟小卢的媳妇当时也在厂里，由于是中午时间，正在给工人们做午饭，并一起吃饭。信贷员就自己先在厂房里转了转，摸摸机器是否烫手，这样就能了解客户的工厂是否一上午都在运转加工，同时收集整理客户的财务数据和软信息。

6. 上报审贷会。

7. 贷款发放——通知客户——发放贷款后的定期回访，进行贷款后续监控。从接收申请开始，整个受理过程2~3个工作日完成。

四、财务分析

（一）客户加工工序分析

客户的加工工序非常简单，购进板材后，需要以下4个步骤就可以完成，即3道工序加包装，整个加工工序需要170分钟。

裁板材—封边—排孔—包装

其中，裁板需要 2 个工人，50 分钟完成；封边需要 2 个工人，50 分钟完成；排孔需要 1 个人，40 分钟完成；包装需要 1 个人，30 分钟完成。

（二）客户成本分析

客户购进的板材按颜色分有 30 多种，按价格分有 3 种。第一种是 80 元/张，占到生产家具用料的 50%；第二种是 82 元/张，占到生产家具用料的 25%；第三种是 90 元/张，占比为 25%。三种价格的板材规格相同，都是 1.2 米×2.4 米=2.88 平方米，由于裁剪过程中产生的边角料剩余，有效使用面积大约为 2.6 平方米，而出售家具时是按每平方米价格确定售价的，为了方便计算，统一折算为每张板材的价格来表示。这样，对应 80 元/张进价的板材，其售价为 55 元/平方米×2.6 平方米=143 元/张；对应 82 元/张进价的板材，其售价为 60 元/平方米×2.6 平方米=156 元/张；对应 90 元/张进价的板材，其售价为 70 元/平方米×2.6 平方米=182 元/张。

同时，还需大量使用的原料是封边条，0.4 元/米，每张板材需要 7 米长的封边条，这样就可以直接计算出每张板材所需封边条的价格了，即 0.4 元×7 米=2.8 元/张。

最后，家具生产还需辅料——胶，胶每袋 400 元，5 袋胶可以用 4 个月，这样，可以计算出每个月需要的胶共计多少钱，即 400 元×1.25 袋/月=500 元/月，而据客户介绍，每月所需的板材为 800 张，这样就可以计算出每张板材上需要用胶多少钱，即 500 元/800 张=0.625 元/张。

这样，我们就可以计算出客户生产家具的成本（见表 1）。

表 1   **成本核算表**

80 元/张	82 元/张	90 元/张
80+2.8+0.625=83.425（元）	82+2.8+0.625=85.425（元）	90+2.8+0.625=93.425（元）

（三）工人工资分析

目前，工厂有两条生产线，2008 年 9 月之前只有一条生产线加工家具，2008 年 9 月，引入第二条生产线后基本满足订单需求量，使得生产量大大提高了，但是，同时工人的工资也随之增加，每条生产线的工人工资通过询问工人和客户确定，如表 2 所示。

表 2   **工资核算表**

仅第一条生产线时工人工资	第二条生产线上线后工人工资
板材 2 人：2 人×1 500 元/人=3 000 元 封边人员 2 人+包装 1 人：1 300×3=3 900（元） 排孔 1 人：2 000 元 食堂 1 人：700 元 合计：9 600 元	板材 4 人：4 人×1 500 元/人=6 000 元 封边人员 3 人+包装 1 人：1 300×4=5 200（元） 排孔 2 人：2 000 元+2 500 元=4 500 元 食堂 1 人：700 元 会计 1 人：300 元 合计：16 700 元

（四）资产负债表

表3 资产负债表 单位：元

现金及银行存款			
现金	8 000	应付账款	0
银行存款	247 796		
合计	255 796	短期负债	0
应收账款	60 000		
存货	30 850		
固定资产		长期负债	0
设备	10 000	负债合计	0
预付房租	11 083	所有者权益	367 729
总资产	367 729	负债及权益	367 729

具体分析如下：

1. 资产负债表中现金为 8 000 元，为客户持有的流动资金，以备急用。

2. 客户 24 万多元的银行存款引起了信贷员的注意，信贷员询问客户，既然有如此大额的存款，为何还需贷款购进设备，客户的解释是这些存款是这些年的经营收入，目的是用来购买厂房，不能挪作他用，打算攒够钱直接购买厂房，因此，不到万不得已绝对不会动用这部分资金。

3. 资产负债表中显示的存货为 30 850 元，信贷员通过点货和订单对照确定。

4. 固定资产中设备为 10 000 元，设备购入时发票金额显示为 12 500 元，在资产负债表中显示的设备是扣除折旧后的价格，按 75% 的折旧率计算后，设备的净值为 10 000 元，显示在资产负债表中。

5. 预付房租是客户的资产，列支在资产负债表中的资产项下。

6. 应收账款是年初由于姐姐急需用钱，借给了姐姐。

7. 客户没有负债，因此其权益等于总资产，为 367 729 元。

（五）利润表

利润表中的营业额是查看客户账本得到的，由于家具厂是合伙经营，因此账本记录非常清晰，可以明显地看到 2008 年 9 月以后，由于第二条生产线的上线，营业额大幅增加。可变成本是根据订单确定用料以后，结合上面成本分析计算得出的，这样就可以计算出每月的毛利润，如表 4 所示。

表4

利润表

单位：元

	2008年3月	4月	5月	6月	7月	8月	9月	10月	11月	12月	2009年1月15日	总计	平均
营业额	110 306	63 580	63 838	51 573	76 751	43 143	105 622	198 595	176 963	128 684	84 660	1 103 715	105 116
可变成本	66 184	38 148	38 303	30 944	46 051	25 886	63 373	119 157	106 178	77 210	50 796	662 229	63 069
毛利润	44 122	25 432	25 535	20 629	30 700	17 257	42 249	79 438	70 785	51 474	33 864	441 486	42 046
费用	14 666	14 666	14 666	14 666	15 466	15 466	23 400	23 400	23 400	23 400	11 700	194 896	18 562
房租	583	583	583	583	583	583	1 417	1 417	1 417	1 417	709	9 875	940
运费	2 500	2 500	2 500	2 500	2 500	2 500	2 500	2 500	2 500	2 500	1 250	26 250	2 500
税	83	83	83	83	83	83	83	83	83	83	42	872	83
电费	800	800	800	800	1 600	1 600	1 600	1 600	1 600	1 600	800	13 600	1 295
工人工资	9 600	9 600	9 600	9 600	9 600	9 600	16 700	16 700	16 700	16 700	8 350	132 750	12 643
食堂伙食	1 000	1 000	1 000	1 000	1 000	1 000	1 000	1 000	1 000	1 000	500	10 500	1 000
设备损耗	100	100	100	100	100	100	100	100	100	100	50	1 050	100
净利润	29 456	10 766	10 869	5 963	15 234	1 791	18 849	56 038	47 385	28 074	22 164	246 590	23 485

家具厂的费用主要包括房租、运费、税、电费、工人工资、食堂伙食及设备损耗等，这些费用都是通过每月的缴费单确定的，在营业额大体平稳的状态下，取平均值分摊到相应月份，随着营业额的显著增长，相应的费用也会随之加大。

家具厂的另一个特点就是，该工厂的实际拥有者小卢和小张不单是利润分成，而且由于参与生产，每月也领取固定工资，并且其妻子在食堂工作，同样获得相应的工资收入，这样，客户及其家人每月都有工资收入进账，能够贴补家用，不用再从净利润中扣除家庭开支，净利润即客户的可支配收入。

五、软信息分析

信贷员通过与客户的交谈，发现客户为人正直，说话直爽，对生意十分了解，而且对工厂的前景充满信心，一心努力要把工厂做大做强，为了在 2~3 年时间里将租用厂房变为自建厂房进行生产，已经积蓄了不少资金，而且这些资金不会挪作他用，表明客户执著，有上进心。同时，共同借款人都具有家具生产的手艺和技术，对生产工艺十分了解，这大大降低了客户生产经营的风险，对银行来说也多了一份保障。

客户为贷款提供了相应的抵押物，即共同合伙人中哥哥的房产大厅，价值30 万元，据哥哥介绍，这个房产大厅就是这几年经营利润分红所得，而弟弟打算用其利润来购买土地自建厂房。虽然现在的工厂归弟弟所有，但哥哥仍愿意以自己的房产作抵押，可见两人关系十分融洽，互相信任，在合伙期间没有任何利益冲突。

客户也为贷款提供了担保人，就是介绍其申请包商银行微小企业贷款业务的那名信贷员，信贷员以自己的工资收入作为担保，保证在客户不能按时还款的时候，承担连带责任。

六、交叉检验

（一）营业额的交叉检验

客户营业额有详尽的账本记录，这在合伙企业中显得尤为突出。客户口述2008 年 9 月第二条生产线上线之后，营业额增长较快，前期一条生产线，每月的营业额为 6 000~7 000 元，第二条生产线上线之后，每月的营业额达到 1.5 万元左右，通过对照客户账本记录显示，即损益表中所列每月营业额，发现与客户口述情况基本一致。

（二）利润的交叉检验

客户口述其利润在 40% 左右，据客户介绍，其销售价是根据板材的平方米数来确定的，即 3 种板材的进价为 80 元/张，其售价为 55 元/平方米，折合成每张板材的售价为 55 元/平方米 × 2.6 平方米 = 143 元/张；82 元/张进价的板材，其售价为 60 元/平方米，折合成每张板材的售价为 60 元/平方米 × 2.6 平方米 = 156 元/张；90 元/张进价的板材，其售价为 70 元/平方米，折合成每张板材的售价为 70 元/平方米 × 2.6 平方米 = 182 元/张。

前面客户成本分析中已作出说明，家具的辅料还包括封边条和胶，每张板材所需封边条的价格为 2.8 元/张，每张板材所用胶的价格为 0.625 元/张，具体分析见客户成本分析中的详细计算。同时，平均每张板材所需的包装纸价格大约为 2 元/张。

这样，我们就可以计算出家具厂的利润率，具体计算过程如表 5 所示。

表 5   利润率分析表

	成本总价（元）	比重（%）	销售价（元）
板材 1	80 + 2.8 + 0.625 + 2 = 85.425	50	143
板材 2	82 + 2.8 + 0.625 + 2 = 87.425	25	156
板材 3	90 + 2.8 + 0.625 + 2 = 95.425	25	182

总的利润率为：

[（143 − 85.425）/143 × 50% + （156 − 87.425）/156 × 25% + （182 − 95.425）/182 × 25% × 100% = 43%，与客户口述 40% 的利润率相一致。

（三）权益的交叉检验

表 6   权益交叉检验分析

2008 年 3 月 1 日至 2009 年 1 月 15 日   单位：元

初始投资（2008 年 3 月）	存货 25 000 元 设备 10 000 元 现金 145 000 元 房租 5 838 元 总计 185 838 元
期间收入	+246 590 元
期间开支	−折旧 2 500 元 −装修 5 000 元 −借给姐姐 60 000 元
期末权益合计	364 923 元
实际权益（资产负债表）	367 729 元
权益交叉检验的误差	（367 729 − 364 923）/364 923 = 1%，权益误差在 1% ~ 5% 为可接受范围

七、贷款审批

通过以上案例的分析，我们可以看出，客户提供了完整的账本记录，信贷员通过营业额、利润和权益交叉检验后，验证了所收集客户资料的真实性。通过详细的财务分析和成本核算，信贷员确定客户的利润率，显示客户有稳定的现金流，具备还款能力；同时，根据和客户的交流，以及各方面的软信息分析也表明，客户积极上进，懂技术，对家具厂的前景充满信心，具有较好的还款意愿。

因此，审贷会根据信贷员提供的信息，决定受理该项贷款业务，并发放 10 万元贷款，期限为 5 个月，年利率为 14.4%，按月等额还本付息。

八、贷后管理

该客户是我们微贷业务扶持的典型案例，客户贷到这笔资金后，生产经营有了质的突破，规模逐渐做大，订单不断增多，利润率显著提高。贷款到 3 个月的时候，客户就找信贷员申请了第二笔业务，并行贷款 6 万元，用于购地建厂房，在厂房建成以后，客户的生产加工厂搬至新建厂房。在这两笔贷款全部结清的时候，客户申请了第三笔贷款，用于厂房扩建改造，申请额度为 30 万元。信贷员现在和客户已经成为了好朋友，客户遇到财务问题都会第一时间打电话咨询信贷员，看着客户以包商银行的微小企业贷款为契机，一步步成长起来，感到欣慰和有成就感的不仅仅是实地做业务的信贷员，而是每一个包商人。

（整理人：张　莎）

塑料五金加工厂贷款

受理机构：宁波分行　行业：生产加工业　客户经理：王葵海

这个案例是来源于包商银行宁波分行。宁波地区小企业的一大特征就是产业集群现象明显，目前全市的块状经济占全省总数的 30% 以上，笔者访谈的信贷员做过的小企业贷款有很多是相同加工行业的客户，信贷员介绍的五金加工行业占了很大比例，而且多是由家族企业发展而来的，企业的信息化程度也比一些经济不活跃地区相对高一些，因而信贷员能够获取企业软信息及财务信息的渠道更多。

一、业务受理

包商银行宁波分行在 2009 年推出了五大系列 15 种新型微小贷款产品，主要是保时节、商赢宝、诚信系列、好贷系列、富农宝系列，其中诚信系列主要是针对老客户推出的优惠产品，好贷系列中宁波地区适用的客户主要是抵好贷、车好贷，对于富农宝系列宁波地区适用的较少。

本案例中的客户是一位老客户，因此信贷员向他推荐了诚信利＋利 A 款，这是针对商赢宝、保时节存量客户中的优质诚信客户的优惠产品，使用条件是正常结清一笔贷款或者还款记录在 10 个月（含）以上，贷款金额主要针对单户单笔 500 万元以下，适用的利率主要是在目前所属区域利率政策执行标准利率的基础上，下浮 0.5 个千分点，最长期限是 2 年。

二、客户情况

客户是 38 岁，客户妻子的经营管理能力也较强，客户的妻子对工厂的内部经营管理较多，客户经常是负责联系订单，与外贸公司联络，家庭稳定、和睦，家里有两个孩子，大女儿在读初中，小儿子是 3 岁多，客户的父母及他的妻子的父母不与他们住在一起。企业是 1993 年开业的，客户已经有将近 20 年的经验，而且在开工厂之前，客户就经营电器配件，买卖手电筒，因此，客户的经营经验丰富，客户资源较多，客户的表哥、表弟及姑姑都是独立开工厂的，经济实力都较强，客户妻子的弟弟也有自己的制造纸箱及生产手电筒的工厂，每年的开票收入有 200 多万元。

三、贷前调查

这个案例的客户是信贷员的一位老客户介绍过来的，这位老客户的还款记录良好，是一位优质客户。客户先后贷款两笔，第一笔贷款是 2009 年 7 月份申请的，金额是 35 万元，主要用做购进材料，期限为 1 年。客户又于 2010 年 3 月份提出第二笔贷款的申请，贷款用途是建造厂房、购买设备，申请 35 万元，期限是 1 年。

在申请第一笔贷款时，是信贷员主动到客户家中拜访，在这之前，信贷员已经电话联系了客户，客户把营业执照、银行流水单据、会计记账的账本、开票的明细等信贷员要求提供的书面凭证复印准备好。

四、财务分析

信贷员在第二天整理出前一天的调查数据，编制出资产负债表及损益表，并对客户的权益、成本及工资进行了交叉检验。

（一）资产负债表分析

表1

资产负债表

2010 年 3 月 30 日　　　　　　　　　　　　　单位：元

资产		负债及所有者权益	
流动资产		流动负债	
现金	140 000	应付账款	410 000
银行存款	10 000	泡沫壳	130 000
应收账款	1 094 045	线路板厂	40 000
公司1	224 000	其他	240 000
公司2	119 880	短期负债	1 328 793
公司3	130 000	银行贷款1	1 000 000
其他公司	520 165	银行贷款2	80 000
贷款保证金	100 000	上一笔贷款	123 388
存货和原材料	691 800	信用卡	105 936
原料	212 800	汽车按揭	19 469
半成品	360 000	流动负债合计	1 738 793

续表

资产		负债及所有者权益	
成品（手电筒）	119 000		
流动资产合计	114 849		
固定资产	3 400 180		
土地	1 300 000		
厂房	1 500 000		
设备	246 780		
模具	270 500		
车（尼桑轩逸）	82 900		
非流动资产合计	5 221 176	所有者权益	5 336 025
资产总计	5 336 025	负债和所有者权益总计	5 336 025

具体分析如下：

1. 由于是老客户，与信贷员较为熟悉，客户当时就非常配合地拿出现金140 000 元，拿出了银行的存折，上面有 10 000 元，信贷员还用手机拍摄了下来。客户保留的现金主要是用做准备给材料厂商汇款，客户的进货渠道 90% 是宁波当地的建材市场，一般是 45 天结款，10% 是从义乌进货，以月结的形式。

2. 客户主要的销货渠道是义乌，占到 50%，这部分货款一般不开具发票，是以月结的形式，而宁波和杭州各占 30%、20%，一般是 45 天结款，因此，客户的应收账款较多，主要是固定的 3 个客户。贷款保证金是在其他银行贷款时，交纳的贷款保证金。

3. 客户的原材料主要是铁片，还有一些小的电灯泡、导线等，这部分根据客户的账本上记载，有 212 800 元，而尚未制作完成的手电筒半成品有 360 000元，成品手电筒有 119 000 元。由于客户的原材料种类多、数量较大，信贷员主要是抽样核实了铁片的数量，与客户账本记录相符。

4. 客户拿出土地的买卖协议及厂房的建造合同，信贷员用手机拍摄了下来，合同上显示土地成交价是 1 300 000 元，厂房的造价是 1 500 000 元。因为是修建完成不久，所以采用造价计入资产负债表。

5. 客户其他的经营资产主要有，客户账本记载的设备是采取直线折旧的形式，现价是 246 780 元，模具是 270 500 元，客户的尼桑轩逸轿车经过折旧现价有 82 900 元。

6. 客户的应付账款主要是欠材料厂的货款共计 410 000 元，在其他银行的借款还有 1 080 000 元，上一笔贷款余额还有 123 388 元，信用卡欠款 105 936元，汽车按揭还有 19 469 元。

（二）利润表分析

由于客户是第二笔贷款，因此对客户的经营情况分析是从上次分析截止日开始的，客户有自己的会计，账本记录很清晰，对损益表的分析每月单列，从2009年8月至2010年3月的营业收入及利润等如表2所示。

表2　　　　　　　　　　　　　　利润表　　　　　　　　　　　单位：元

	2009年8月	9月	10月	11月	12月	2010年1月	2月	3月30日
经营收入（1）	536 621	506 430	584 957	730 151	929 017	661 907	601 390	757 267
开票收入	236 621	206 430	284 957	448 391	629 017	361 907	301 390	401 407
不开票收入	300 000	300 000	300 000	281 760	300 000	300 000	300 000	355 860
可变成本（2）	427 150	403 118	465 626	581 200	739 498	526 878	478 706	602 785
材料成本69.3%	371 878	350 956	405 375	505 995	643 809	458 702	416 763	524 786
工人提成10.3%	55 272	52 162	60 251	75 206	95 689	68 176	61 943	77 999
毛利=（1）-（2）	109 471	103 312	119 331	148 951	189 519	135 029	122 684	154 482
营业费用（3）	48 987	47 267	45 646	56 943	51 569	70 081	52 592	73 700
水电费	20 000	20 000	20 000	20 000	20 000	20 000	20 000	19 355
税	13 487	11 767	10 146	21 443	16 069	34 581	17 092	39 345
运费	7 000	7 000	7 000	7 000	7 000	7 000	7 000	6 774
通信费	1 000	1 000	1 000	1 000	1 000	1 000	1 000	968
设备维护费	2 500	2 500	2 500	2 500	2 500	2 500	2 500	2 419
差旅、招待费	5 000	5 000	5 000	5 000	5 000	5 000	5 000	4 839
净利润=（1）-（2）-（3）	60 484	56 045	73 685	92 008	13 7950	64 948	70 092	80 783
家庭开支	7 000	7 000	7 000	7 000	7 000	7 000	7 000	6 774
贷款利息	6 360	6 360	6 360	6 360	6 360	6 360	6 360	6 155
汽车按揭	3 545	3 545	3 545	3 545	3 545	3 545	3 545	3 431
按月还贷	31 953	31 953	31 953	31 953	31 953	31 953	31 953	30 922
月可支配收入	11 626	7 187	24 827	43 150	89 092	16 090	21 234	33 501

1. 客户口述的每月不开票收入是30万元左右，信贷员抽查了客户两个月的账本及银行流水单，分别是3月份和11月份，确定分别是281 760元、355 860元，与客户口述大致一致。另外，对开票收入的部分，信贷员是通过核实每月开发票的金额与客户账本记录比较，基本相符。

2. 可变成本包括材料成本及工人提成，客户口述，材料成本占销售收入的70%左右，信贷员通过客户所进材料的不同比重，加权平均计算总的材料成本占销售收入的比重如表3所示。

表3   材料成本

产品	卖价（元）	材料成本	销售额比例（%）
前灯	3	2.265	30
底五灯	1.3	0.885	50
方形灯	1.8	1.135	20
加权平均：2.265/3×30% + 0.885/1.3×50% + 1.135/1.8×20% = 69.5%			

与客户口述基本一致，另外，信贷员查看了客户的生产工人工资清单，工资是计件提成，每月提成占销售收入的10.3%。

3. 对于营业费用，信贷员查看了客户的水电费的单据，平均每月是20 000元；客户主要缴纳增值税，通过每月缴税单据看出金额，客户每月的运输费用平均是7 000元，信贷员可以通过运输的车辆每月的油费进行检验；客户每月的通信手机费平均是1 000元，每月的设备维护费平均是2 500元。另外，据客户口述，每月要花费的差旅及招待费是5 000元。

4. 还有需要计入的客户的家庭开支主要是两个孩子的花费，及客户平时的交际费用，每月平均是7 000元，另外，客户第一笔贷款及其他银行的贷款利息是6 360元，上一笔贷款每月的本金还贷是31 953元。

5. 计算得出客户平均的每月可支配收入是30 963元，根据客户的淡旺季情况，设计的还款形式是不规则还款，前几个月是20 000元，后面的月份每月还款38 200元，这样既能与客户的实际还款能力相符，又能科学设计还款方式，保障了客户按时还款。

五、软信息分析

在调查的分析阶段，信贷员已经通过人民银行征信系统，查询到客户的征信记录：客户在其他的几家金融机构有贷款记录，信用记录良好，但是客户的借款较多，需要及时跟踪客户的信用状况。客户还拿出企业的资信等级评级证书，2009年经宁波金融事务所评为中小企业资信等级为A级。

通过与客户及他的妻子的谈话，信贷员得知，客户的妻子的经营管理能力也较强，基本上客户妻子对工厂的内部经营管理较多，客户经常是负责联系订单，与外贸公司联络，家庭稳定、和睦，信贷员到客户的工厂时，看到了客户的工人工作繁忙，有一个仓库堆满了半成品，厂房是三层楼，一层是注塑车间，二层是包装车间，三层是组装车间。

调查当天下午根据与担保人的约定，信贷员与客户去了担保人家中，担保人是客户妻子的弟弟，自己经营的工厂是制造纸箱和手电筒的，每年的开票收入有两三百万元，厂方有三层楼，担保人的经济实力较强，并且担保人妻子的父母也知道贷款的事情，较为支持。信贷员复印了担保人的营业执照、房本及担保人身份证件。

最后，信贷员向客户再次确认了贷款目的，确定客户目前的生产规模不断扩大，并且信贷员看到客户未来几个月的订单很多，急需提高生产力、增加厂房及设备。

六、交叉检验

表4　　　　　　　　　　交叉检验表　　　　　　　　单位：元

1. 权益的交叉检验			
上期权益（2009年7月）	3 466 162		
2009年8月至今赚	246 706		
加：汽车按揭本金	25 000		
加：还贷本金	226 617		
合计	3 964 485		
表上权益	3 597 232		
折旧	364 500		
合计	3 961 732		
（3 964 485 − 3 961 732）/2 46 706 = 1.1%			
2. 成本的交叉检验			
产品	卖价（元）	材料成本	销售额比例（%）
前灯	3	2.265	30
底五灯	1.3	0.885	50
方形灯	1.8	1.135	20
加权平均得到材料成本率为69.3%，与客户所说70%基本一致			
3. 工资对营业额的交叉检验			
产品	卖价（元）	工资成本	销售额比例（%）
前灯	3	0.45	30
底五灯	1.3	0.15	50
方形灯	1.8	0.15	20
加权平均得到工资成本率为10.3%，客户说每月发放工资约7万元，即可推测出每月的销售额约为70 000/0.103 = 679 612（元），与实际统计的月均销售额666 157元基本相符			

七、贷款审批

在审贷会上，信贷员陈述：一是侧重于采集到的客户软信息较好，家庭稳定、和睦，社会交际广及担保人也都较有经济实力；二是客户的经营管理经验丰富、客源稳定，在银行的征信记录也较好。审贷会批准了这笔贷款，批复金额是350 000元，利率是16.8%，期限是1年，根据客户申请不规则还款，前几期还款的本金比后期要少一些。

大概在10天后，信贷员到客户的工厂中实地回访，客户出示了厂方的建造合同及设备的预付款证明，又过一周，信贷员电话联系客户，客户已经着手建造厂房，截至目前客户已经还款一期，是提前两天还款。

信贷员总结这笔贷款的积极因素是客户具备较为丰富的业务经验及经营管理经验，上笔贷款的回款较稳定，在中央银行的征信记录良好；而不利的因素就是客户的应收账款较大，需要跟踪客户的坏账情况，及时控制贷款风险。

这笔贷款也是客户在信贷员的第二笔贷款，信贷员通过与客户将近一年的接触，了解到在当地这种小企业的发展速度很快，借贷的金融需求较多，银行可根据当地小企业的发展特色，根据企业不同发展阶段的融资需求设计出适合小企业的金融产品，一方面能使银行与小企业共同成长，另一方面也能增加银行的盈利来源。

（整理人：朱庆花）

玩具礼品公司贷款

受理机构：深圳分行　行业：生产加工业　客户经理：刘增业

包商银行深圳分行开业至今，不到一年的时间。在特区激烈的竞争环境中，包商银行的信贷员依托微贷技术，以自己用心优质的服务赢得了客户，业务开展得红红火火，信贷员平均维护的客户数量达到了 60 多人以上。下面，我们以流通行业中的玩具加工企业为例来了解深圳市场的特殊性，以及我们信贷员是如何以成熟的技术分析、优质的服务赢得客户、服务客户的。

一、业务受理

该客户经营一家玩具礼品生产加工企业，属于自产自销经营模式，而且一部分产品需对外出口。客户最近接收了一笔大订单，需要资金进料加工，因此，客户打算从银行申请 50 万元贷款满足其进料需求。客户最初是向邮政储蓄银行（以下简称邮储）提出的贷款申请，但是邮储的产品不能满足客户的需求，或者说客户申请条件不符合邮储所设定的条件，因此邮储将该客户介绍给了我们深圳分行。大家也许会有这样的疑问，我们和邮储属于竞争对手，怎么邮储还会介绍客户给我们呢？是这样的，客户的企业规模较大，注册资本 50 万元，同时由于玩具生产的劳动密集型特征，邮储介绍客户到包商银行贷款的条件就是客户企业职工工资的发放希望通过邮储存折来办理，因此，邮储主动为客户寻找了可行的银行进行咨询和申请，也达到了自己维护客户的目的。

二、客户情况

客户小王为该玩具生产企业的法人代表，企业注册资本 50 万元，小王占 60% 的股份，其妻子小张占 40%，经营面积 1 000 平方米，经营范围为：玩具、制衣、手袋及绣花的产销，属于生产加工型企业。客户贷款的主要目的是购买原材料。客户企业位于深圳市龙岗区，龙岗区属于深圳"关外"，是指"关外"不享受"关内"所具备的各种特区优惠政策。但是，随着关内加工企业的不断发展和增多，从 1995 年开始，政府从环境及城建角度考虑鼓励关内企业到关外投资建厂，鼓励关内企业"走出去"，客户响应政策号召，将企业从关内移到了关外，并于 2006 年由个体经营转而成立了公司，即客户现在经营的玩具加工企业，属于有限责任公司。

客户小王祖籍广西，20 世纪 90 年代初到深圳打工，在日资玩具企业做工，一直做到日资企业的高管，随后又跳槽到一家台资玩具企业任高管，随着对玩具行业的了解，以及多年的日资、台资玩具企业管理经验的积累，1997 年客户辞职后，创办了自己的个体经营实体，进行玩具加工生产。随着生产规模的不断壮大，以及对政策响应的号召，客户 2005 年将厂房搬到了目前的龙岗区，并注册成立了有限责任公司，一直经营到现在。

小王夫妻俩现在在深圳有一套自己的住房，属于按揭住房，并在惠州购买了两套商业住房，妻子近期正积极准备深圳调迁入户资格考试；女儿今年 9 岁，在深圳市某小学上 3 年级。

三、贷前调查

1. 通过邮储介绍，客户小王打电话到深圳分行进行了贷款咨询，信贷员讲解后，约见客户进行面谈，并填写相关申请。

2. 按约定时间，客户到包商银行深圳分行进行详细的咨询并填写了申请，同时带来了营业执照、税务登记证等相关证件。

3. 把客户申请表录入包商银行系统，查看客户是否在包商银行有其他贷款（如果有的话，只能从以前贷款维护的信贷员那里申请，而不能再找新信贷员申请）。

4. 查看客户在人民银行征信系统的信用记录。信贷员进入人民银行征信系统后，看到客户的征信记录都为之一惊，客户小王及其妻子所持信用卡共计 50 张，其中小王拥有 28 张，授信总额为 48 万元，妻子小张拥有 22 张，授信总额为 26 万元，而且信用卡使用了多年。客户夫妻二人持有大量信用卡进行多年的生意及生活所需，但是，没有一次逾期记录，信用状态很好。同时，我们也可以看出，客户是非常精明的生意人，对自己的财务状况十分了解，经营状况稳定。

5. 去客户公司进行详细的调查分析，包括财务数据分析及软信息分析，由于客户经营收入主要分为 3 个部分，开增值税发票一部分、不开票一部分，以及出口抵扣退税一部分，因此需要分别予以考虑，这是其他分行没有涉及过的特殊业务，而且客户营业收入的很大一部分都来自于出口，在深圳分行可以享受到相关的优惠政策。

6. 上报审贷会。审贷会通过信贷员的陈述，综合考虑给客户发放了 40 万元的贷款，具体分析见后。

从接收申请开始，整个受理过程 2~3 个工作日完成。

四、财务分析

1. 加工销售流程分析

客户小王的主要客户是迪斯尼、屈臣氏，结款方式是预收客户 20% 预付款，余款在交货后 30 天结清。但是，由于和客户常年合作，有些时候余款的结算会拖到 30~60 天，也是客户所接受的范围之内。迪斯尼是小张玩具厂最大的客户，而且获得这个客户也是相当不容易的，迪斯尼每年都会到厂验厂，并颁发相应的认证，如果某一指标不达标的话，迪斯尼就会取消全年所有的订单。除此之外，客户在不忙的时候，也不会闲置机器和工人，客户会零散地接收一些订单，从而使全年的生产运营都处于饱和状态。

流程如下：以迪斯尼客户为例，客户接收迪斯尼发来的订单，按照订单要求制作成样品，经过反复多次的修订后，最终确定样品的模板，从而进行批量生产。大致的流程如上所述，但是具体到详细的流程确实是十分复杂的，比如做一个狗背包，需要的工序就有 20 多道，包括狗的每一个部位，嘴、眼睛、鼻子等，不同部位使用不同的面料，需要不同的裁剪工艺、不同的设备以及不同的工人分工完成，而且每一个部位都需要单独计价，从而加总确定相应的成本，最后需要填充棉花。棉花填充物也是单独考核单独计价的，因此一件毛绒玩具的制作就是一整套完整的运行流程，需要井然有序的安排和合理准确的计量。

同时，信贷员在调查过程中发现一个细节，就是客户有几个较厚的笔记本，笔记本每页都整齐地排列着用旧的针头，下边会标注用坏的原因和时间。信贷员通过询问得知，客户小王之所以这么做是为了更好地控制成本，针头的损耗有些是自然损耗，有些是人为原因造成的，这样也可以更好地督促工人节省成本，从而提高利润。小王称这套办法是沿用他之前工作的日资企业的做法，对控制成本十分有效。信贷员通过这些细节可以更深入地了解客户，反映出客户的经营特征，对信贷员调查分析十分重要。

2. 客户供应商分析

客户的供应商都是多年合作的老合作商，主要集中为 10 家，具体明细如表 1 所示。通常客户采取月结方式结款，在收到原料后的 30 天之内通过银行转账付款给供应商，需要开具增值税发票。通常客户在付款后才开具增值税发票，但是客户有详细的账本记录和电脑软件系统记录，所显示的应付账款明细如表 1 所示。

表 1   应付款明细表   单位：元

供应商	应付金额	预计付款日期
供应商 1（布料）	175 446	2009 年 7 月 30 日
供应商 2（布料）	134 433	2009 年 8 月 5 日

供应商	应付金额	预计付款日期
供应商 3（布料）	20 641	2009 年 7 月 30 日
供应商 4（布料）	30 769	2009 年 7 月 30 日
供应商 5（胶袋）	18 443	
供应商 6（线）	14 573	
供应商 7（布标）	8 940	2009 年 7 月 28 日
供应商 8（印刷）	25 650	
供应商 9（纸箱）	717 716	
供应商 10（车缝）	31 716	2009 年 7 月 30 日
合计	532 317	

3. 资产负债表

表 2　　　　　　　　　　　　资产负债表　　　　　　　　　单位：元

现金及银行存款			
现金	19 823	应付账款	532 317
银行存款	378 030	预收账款	133 016
合计	397 853	应付工资（6 月、7 月）	440 000
应收账款	2 164 664	信用卡应还金额	533 661
应收—出口退税	509 948	短期负债	973 661
预付账款	65 000	长期负债	0
存货和原料			
成品	875 800	负债合计	973 661
半成品	250 000		
材料	820 000		
存货和原料总计	1 945 800		
固定资产			
设备及办公设备（折旧后）	1 003 300		
其他资产			
预付厂房押金	60 000		
预付房租	9 242	所有者权益	4 516 813
总资产	6 155 807	负债及权益	6 155 807

注：固定资产原值为 1 653 300 元，折旧 650 000 元，净值为 1 003 300 元。

（1）客户现金及银行公司账户存款共计为 397 853 元，是通过查看客户保险柜现金及账户流水余额来确定的。

（2）客户的应收账款为 2 164 664 元，主要是由于发货后收款需要有 30～60 天的滞后期造成的，应收账款也有详细的记录，具体见表3。客户为迪斯尼供货，不是直接与迪斯尼对接，会有中间商接洽，因此，账单记录显示的应收账款为不同中间商的相关记录。

表3   应收款明细表

中间商	应收金额		收款日期
	美元	折合人民币（元）	
中间商 1	—	312 000	9 月
中间商 2	—	188 000	—
中间商 3	USD 54 868.8	373 107.8	—
中间商 4	USD 35 208.0	239 414.4	8 月 20 日
中间商 5	USD 74 979.04	509 857.5	8 月 20 日
中间商 6	USD 79 747.72	542 284.5	8 月 20 日
合计		2 164 664.2	—

（3）应收出口退税主要是由于客户有一部分玩具是出口，可以享受政策的免抵扣优惠政策，但是出口退税通常需要 1 年的时间才可以退回客户账户内，信贷员通过查看客户作为一般纳税人申报的增值税纳税申报表可以查看到客户的免抵退货物应退税额为 405 512.29 元，这是 2009 年 6 月的纳税申报表，结合客户口述之前尚有一些应退税额未退，最终确定了客户的应收出口退税额为 509 948 元。

（4）客户的存货包括成品、半成品以及原料，由于客户的存货全部存放在四层厂房的第一层，数量十分庞大，无法人工点货，客户引进了最新的存货记录系统，用于记录每种成品或原料的存货数量及进价，通过系统查询，最终确定了客户的存货。

（5）客户的固定资产数量也极为庞大，通过盘点和查看设备购货单确定了固定资产的总值，由于机器的耗损较大，信贷员统一按 65% 予以折扣，折扣后固定资产净值为资产负债表所列数值。

表4   主要固定资产明细表

名称	位置	购买时间	数量	单价（元）	原值（元）	占有方式（自用、出租、闲置）
发电机	发电房	2006 年 8 月	2	38 500	77 000	自用
泡沫填充机	一楼	2008 年 2 月	1	25 000	25 000	自用

名称	位置	购买时间	数量	单价 （元）	原值 （元）	占有方式（自用、 出租、闲置）
真空包装机	一楼仓库	2007 年 1 月	1	18 000	18 000	自用
啤机	一楼	2006 年 6 月	3	28 600	85 800	自用
复印机	一楼	2006 年 6 月	1	16 500	16 500	自用
过针机	二楼车间	2006 年 6 月	1	18 900	18 900	自用
松棉机	二楼车间	2006 年 6 月	1	12 000	12 000	自用
冲棉机	二楼车间	2006 年 6 月	1	23 500	23 500	自用
电车	三楼车间	2006 年 6 月	150	1 850	277 500	自用
威盛 TA－120 空压机	四楼	2006 年 6 月	2	12 300	24 600	自用
复印机	四楼	2009 年 2 月	1	16 500	16 500	自用
绣花机	四楼	2007 年 3 月	8	122 000	976 000	自用
空调机		2008 年 5 月	10	2 800	28 000	自用
电脑		2008 年 1 月	18	3 000	54 000	自用
合计					1 653 300	

（6）客户的其他资产主要为预付厂房押金和预付租金，共计 69 242 元。客户的厂房和办公区域全部为租用，因此，需要给付租金，通常在年初交纳一年的租金。

（7）客户的负债主要为应付账款、预收账款、应付工资和信用卡应还金额，其中，应付账款和预收账款均为为其客户供应玩具所产生的短期负债，通常付款有 30~60 天的宽限期。应付工资从公司的工资统计表中调出，由于工人工资是计件工资，每个工人的生产能力不同，其工资收入不同，通过加总未发的两个月工资确定客户的应付工资。客户信用卡应还金额通过查询客户的网银记录确定。

从而最终确定了客户的总资产、负债及权益。

4. 利润表

利润表中显示的玩具公司的经营收入分为三项，分别为开票收入、未开票收入和出口收入，开票收入通过客户所开增值税发票底联加总确定，未开票收入通过核查客户账本确定，出口收入通常都有报关单，通过报关单加总确定客户收入。

客户的成本包括 3 个部分，分别为材料成本、包装及运费和加工成本，其中，材料成本及客户的原料进价成本，通过客户存货系统查找确定，种类十分繁多，大到布料棉花，小到针线及配饰，通过系统一目了然地得到相应进价，从而确定客户的可变成本率为 65%，包装和运费约为 7%，通过包装进货单及运费发票或收据确定每月的包装运费成本，最终，由于工人工资收入以计件收入为准，工人的加工成本可通过每月产量及工资表对照确定，从而确定其加工成本比例。这样，信贷员就可获知客户的总成本及毛利，如表 5 所示。

表5

利润表

单位:元

经营收入	2008年7月	8月	9月	10月	11月	12月	2009年1月	2月	3月	4月	5月	6月	7月23日	月平均	总计
开票收入	646 433	167 864	203 665	252 949	206 828	227 958	136 598	141 091	508 402	489 876	763 004	597 316	520 000	373 999	4 861 984
未开票收入	1 135 000	292 000	734 000	487 000	343 200	534 621	639 000	385 376	196 497	170 883	348 750	776 250	264 772	562 104	7 307 349
出口收入	0	0	771 167	991 810	1 304 967	1 143 337	427 582	507 495	1 442 630	1 685 230	1 014 409	1 054 040	1 200 000	964 821	12 542 667
总收入	1 781 433	459 864	1 708 832	1 731 759	1 854 995	1 905 916	1 203 180	1 033 962	2 147 529	2 345 989	2 126 163	2 427 606	1 984 772	1 900 923	24 712 000
可变成本															
材料成本65%	1 157 931	948 912	1 110 741	1 125 643	1 205 747	1 238 845	782 067	672 075	1 395 894	1 524 893	1 382 006	2 227 944	1 290 102	1 235 600	16 062 800
包装及运费7%	124 700	102 190	119 618	121 223	129 850	133 414	84 223	72 377	150 327	164 219	148 831	239 932	138 934	133 065	1 729 840
加工成本15%	267 215	218 980	256 325	259 764	278 249	285 887	180 477	155 094	322 129	351 898	318 924	514 141	297 716	285 138	3 706 800
成本总计	1 549 847	1 270 082	1 486 684	1 506 630	1 613 846	1 658 147	1 046 767	899 547	1 868 350	2 041 010	1 849 762	2 982 017	1 726 752	1 653 803	21 499 440
毛利	231 586	189 782	222 148	225 129	241 149	247 769	156 413	134 415	279 179	304 979	276 401	445 589	258 020	247 120	3 212 560
经营费用															
厂房、办公楼租金	34 660	34 660	34 660	34 660	34 660	34 660	34 660	34 660	34 660	34 660	34 660	34 660	26 573	34 038	442 493
社会保险费	7 371	7 371	7 272	7 272	7 272	7 539	6 252	6 800	7 070	8 039	7 426	6 368	5 300	7 027	91 352
增值税17%	15 777	5 526	0	0	0	0	0	0	0	0	0	0	0	1 639	21 303
管理人员工资	50 000	50 000	50 000	50 000	50 000	50 000	50 000	50 000	50 000	50 000	50 000	50 000	50 000	50 000	650 000
伙食费	5 000	5 000	5 000	5 000	5 000	5 000	5 000	5 000	5 000	5 000	5 000	5 000	5 000	5 000	65 000

续表

经营收入	2008年7月	8月	9月	10月	11月	12月	2009年1月	2月	3月	4月	5月	6月	7月23日	月平均	总计
水电费	29 601	29 601	31 171	30 846	18 273	18 195	13 967	14 588	12 746	16 897	16 897	17 897	13 721	20 338	264 400
事务所费用	1 300	1 300	1 300	1 300	1 300	1 300	1 300	1 300	1 300	1 300	1 300	1 300	1 300	1 300	16 900
办公费用	1 000	1 000	1 000	1 000	1 000	1 000	1 000	1 000	1 000	1 000	1 000	1 000	767	982	12 767
通信费	2 800	2 800	2 800	2 800	2 800	2 800	2 800	2 800	2 800	2 800	2 800	2 800	2 147	2 750	35 747
机器维护费	3 000	3 000	3 000	3 000	3 000	3 000	3 000	3 000	3 000	3 000	3 000	3 000	2 300	2 946	38 300
业务招待费	8 333	8 333	8 333	8 333	8 333	8 333	8 333	8 333	8 333	8 333	8 333	8 333	6 389	8 183	106 385
员工福利	4 167	4 167	4 167	4 167	4 167	4 167	4 167	4 167	4 167	4 167	4 167	4 167	3 195	4 092	53 199
损耗	5 000	5 000	5 000	5 000	5 000	5 000	5 000	5 000	5 000	5 000	5 000	5 000	5 000	5 000	65 000
油费	5 000	5 000	5 000	5 000	5 000	5 000	5 000	5 000	5 000	5 000	5 000	5 000	5 000	5 000	65 000
费用总计	173 009	162 758	158 703	158 378	145 805	145 994	140 479	141 648	140 076	145 196	144 583	144 525	126 690	148 296	1 927 844
净利润	58 577	27 024	63 445	66 751	95 344	101 775	15 934	-7 233	139 103	159 783	131 818	301 064	131 330	98 824	1 284 716
分期付款—房贷	8 452	8 452	8 452	8 452	8 452	8 452	8 452	8 452	8 452	8 452	8 452	8 452	6 480	8 300	107 904
分期付款—车贷	8 726	8 726	8 726	8 726	8 726	8 726	8 726	8 726	8 726	8 726	5 346	5 346	4 099	7 850	102 051
家庭开支	5 000	5 000	5 000	5 000	5 000	5 000	5 000	5 000	5 000	5 000	5 000	5 000	5 000	5 000	65 000
月可支配收入	36 399	4 846	41 267	44 573	73 166	79 597	-6 244	-29 411	116 925	137 605	113 020	282 266	115 752	77 674	1 009 761

玩具公司的经营费用主要包括厂房、办公楼的租金费用，租金支出中房租的费用为其主要的大项支出，按年支付，平均分摊在每个月上。客户小王为所有的工人及管理人员购买了社会保险费，同时，开票的经营收入需要缴纳增值税，税率为17%，每月按照一般纳税人向税务局申报。此外，除了计件计算收入的工人外，还需要支付管理人员工资，同时包括工人的伙食费和水电费支出。此外，客户小张需要支付事务所费用每月1 300元，由于客户没有雇用专职会计，主要是妻子小张记账及录入电脑系统，其他报税等相关事宜需要聘请专门的事务所办理，因此也计入其经营费用。其他的经营费用为办公费用、通信费、机器维护费、业务招待费、员工福利及机器损耗和油费支出，具体明细如表5所示，全部都按月分摊计入每月的经营费用。这样，信贷员确定了客户的净利润，扣除住房按揭贷款及车贷分期付款、家庭开支后，客户的平均月可支付额为77 674元。

五、软信息分析

通过调查了解，信贷员对客户的性格及人品有了一定的了解，客户十分细心，由于在日资企业和台资企业工作过多年，养成了良好的经营习惯，账本记录清楚，成本管控严格，同时引入了现代的财务管理系统进行存货管理，具有现代企业特征的雏形。

客户夫妻两人都属于精明的生意人，两人持有50张信用卡，没有一次逾期，信用记录非常好。这一方面反映出客户的信用度极高，信用意识较强，为人诚恳；另一方面反映出客户经营能力较强，对资金的管控和运用能力很好，有利于公司的经营和发展。

客户的担保人周先生，40岁，深圳市某实业有限公司法人代表，公司注册资金为100万元，年营业额可以达到2 000万元左右，但利润较薄，公司的厂房和办公场所都属于自有资产，担保能力较强，同时担保意愿好，是玩具公司法人代表妻子以前公司的同事，对公司比较了解，也对玩具公司的前景十分看好。

六、交叉检验

1. 销售额的交叉检验。客户介绍玩具的销售有淡旺季之分，淡季为1月、2月，旺季为3月、4月、5月、6月、7月，一般季节为8月、9月、10月、11月、12月。客户说淡季的销售额一般在100万元，旺季销售额在250万元左右，一般季节在200万元，这样我们可以得出客户销售额为100×2＋250×4＋200×6＝2 400（万元），与客户所说的全年销售收入大约在2 500万元基本一致。

同时，通过客户增值税申报报表记录显示及2009年至今的销售合同，核算其全年销售 24 712 000 元，以及核查其 2009 年 1—6 月份的出货记录显示，与客户所说基本一致。

2. 成本的交叉检验。客户销售每款产品都有详细的成本核算表，反映在客户电脑系统中。根据整体核算分析，其销售价格确定是在总体成本水平上加价 20% ~ 30%，向其下游客户报价，所以其毛利在 16% ~ 23%；从中抽查了几款报价核算表，其中材料成本占 65%，加工成本（包含人工成本）占 15%，运输及包装成本占 7%，核算后其总成本在 87%，取总体毛利 13%，与客户所说在 15% 左右基本相符。

3. 权益的交叉检验。

表 6 　　　　　　　　　2008 年 7 月的交叉检验　　　　　　　单位：元

初始投资（2008 年 7 月） 权益：3 193 300	现金存款 330 000 应收账款 1 000 000 原材料 1 200 000 成品 900 000 固定资产 1 103 300 总资产 4 593 300 权益 3 193 300	应付货款 400 000 信用卡余额 250 000 预收货款 300 000 应付工资 450 000 房屋押金 60 000 总负债 1 400 000
期间收入（2007 年 8 月至 2008 年 8 月） 2008 年 8 月至现在利润收入 2008 年 9 月至今出口退税额	+ 1 009 761 + 509 948	
期间开支 设备折旧（2008 年 7 月至今） 2009 年过年花销 2008 年 11 月广告费	− 100 000 − 20 000 − 40 000	
期末权益合计	4 553 009	
实际权益（资产负债表）	4 516 816	
权益交叉检验的误差	(4 553 009 − 4 516 816) / 4 516 816 = 3.16%，权益误差在 1% ~ 5% 为可接受范围	

历史权益的交叉检验：

1997 年创业初 150 000 元

1997—1999 年利润收入 + 600 000 元

2000—2003 年利润收入 + 900 000 元

2003—2006 年利润收入 + 1 500 000 元

2006 年利润收入 + 1 800 000 元

2007 年利润收入 + 1 500 000 元

2008 年 1—8 月利润收入 + 800 000 元

2007 年 12 月在江西买 30 亩地（已于 2008 年 6 月付清） − 1 500 000 元

2006 年 4 月购车首付 − 50 000 元

2007 年 12 月买房首付 − 260 000 元

2008 年 2 月购车首付 − 60 000 元

2007 年 7 月买房首付 − 150 000 元

2005 年搬厂、装修费用 − 380 000 元

2007—2008 年工厂装修及加盖楼层 − 800 000 元

2008 年 8 月至今利润收入 + 1 009 761 元

2008 年 9 月至今出口退税额 + 509 948 元

设备折旧（期初至现在） − 650 000 元

2000 年结婚花销 − 100 000 元

1998 年至今过年花销 − 150 000 元

2008 年 11 月广告费 − 40 000 元

实际权益 = 4 629 709 元

理论权益 = 4 629 709 元

差额 = 3.48%，在 1% ~ 5% 为可接受范围。

七、贷款审批

通过以上案例的分析，我们可以看出，客户生意经营稳定，有着丰富的经营管理经验，生产管理流程化，工人工作效率较高，从而保证了玩具公司的持续经营和规模的不断发展壮大。客户可以提供完整的账本记录和电脑系统记录，现代办公软件较为发达，银行对账流水与账本记录也基本可以对应，同时客户有着良好的信用记录，诚信意识强，反映出客户较好的还款意愿。

审贷会结合信贷员的陈述和财务信息，决定受理该项贷款业务，但同时考虑到，与客户生产经营规模和经营能力相比，其财务制度的建设尚不健全，需要聘请外部事务所进行税务申报等工作，财务制度及管理存在隐性的不稳定性，而且属于初次合作的客户，因此审批发放 40 万元贷款，比客户申请金额减少 10 万元，期限为 10 个月，年利率为 14%，按月等额还本付息，每月还款计划为 43 000 元左右。

八、贷后管理

贷款发放后，信贷员多次进行了电话回访，并于 10 月份迪斯尼公司验厂时，进行了现场回访。信贷员了解到了迪斯尼公司对代理商的严格要求，哪怕是废料都需要通过几步工序加以最大化利用和回收。从而也从侧面反映出玩具

公司本身的经营生产实力，经得起严格的检验。信贷员得知客户通过贷款已购进原料进行加工生产，并按时按质完成了订单任务。信贷员建议客户再有融资需求时可以再找他，但客户小王有些犹豫，他觉得在深圳这个地方，找担保人这个硬指标对他来说很难做到，下次再有融资需求，他会先考虑其他渠道，如高利贷等形式，确实有困难时才会再找我们银行。客户的一番话值得我们深思，在深圳这样外来人口居多的特区环境中，我们是否可以探索更好的产品来满足当地客户的需求，真正地为小企业的发展出一分力。

（整理人：张　莎）

芳香剂、香水加工制造企业贷款

受理机构：宁波分行　行业：生产加工业　客户经理：汪修斌

一、业务受理

客户是通过朋友介绍才了解到我行有微贷产品的。客户的生意为一个日用品加工厂，主要经营空气清香剂、香包等的生产，厂房自有面积为 300 平方米，现有工人 43 人，注册资金 50 万元，股东共有两人，客户与其妻子，客户占公司股份的 90%，妻子占 10%。因为下半年将进入生产旺季，客户想申请期限为 1 年、金额为 30 万元的贷款，用于厂房扩建。

二、客户情况

客户 2004 年以前在别人的工厂上班，后来认识了现在的妻子，当时她任某香水厂的生产部门经理，懂得香水配方，故两人向其姑姑借款开始筹办公司。现在客户管理生意及订单，妻子管理财务。家庭成员共有 6 人，父母与夫妻两人共同管理工厂，客户的妹妹在外地工作，儿子 3 岁，自有住房，但住房为村产，不能抵押。自有厂房为前面的院子及周边的房间。供货商比较固定，主要从 3 家主供货商公司及义乌等地的公司进货，部分可以赊欠。顾客群也比较稳定，主要为 3 家客户，由于都是老客户，所以账期较长为 45～60 天，近期还有所延期。

三、贷前调查

现场调查发现，客户主要靠妻子掌握的配方生产香水、香袋和香片，生产过程实际较为简单，生产成本也不高。客户生意特别忙，是当地两家生意最好的香水加工制造厂之一，订单充足，工人每天都在加班，年产值能达三四千万元。

通过客户的自我介绍，信贷员了解到，客户有固定的供货商和固定的客户。外贸生意开票，而销往义乌小商品市场的都不需要开票，在计算销售收入时不能仅依靠票据。客户生意的优势是利润率很高，劣势是回款期特别长，应收账款特别大，回款比较慢。

从侧面打听了客户的左邻右舍，打听到客户的生产情况和人品状况，发现几年来客户的生产状况一直很好。

客户住房比较稳定，有土地证，与父母、姊妹一起住，家庭稳定性很好，刚刚购车。

客户的账目比较详细，一本一本订起来，开票信息也很全面，大客户都是开票的，根据比例计算销售收入。大客户虽然结款慢点，但回款还是有保障的，且需求比较稳定。

四、财务分析

表1　　　　　　　　　　　　　　　　资产负债表　　　　　　　　　　　　单位：元

现金和银行账		应付账款（名称及到期日）	
现金	5 000	供货商A	60 000
银行存款	1 314	供货商B	28 000
		其他应付（详见清单）	70 000
总计	6 314	总计	158 000
应收账款（名称及到期日）		短期负债（名称及到期日）	
A公司	248 761	信用卡	252 363
B公司	194 689	2008年6月购车按揭（3年期）	85 707
C公司	168 432	2009年4月23日信用社贷款（1年期）	200 000
其他公司	200 000	妻子的信用卡	26 166
总计	811 882	总计	564 236
存货和原料		长期负债	
香包240箱×72包×2.2元/包	38 016		
塑料1吨	10 600		
香精	80 000	总计	722 236
汽车香水半成品50 000套	60 000	权益和保留资金	916 876
展示盒香水及香水花	100 000	总负债和权益	1 639 112
总计	288 616		
流动资产	1 106 812	负债率 流动比率 资本化比率	
固定资产			
注塑机3台160g\120g\50g　5折	175 500		
频热合机、压痕机　5折	38 800		
丝网印刷机　5折	19 000	投资，商业和私人（最近12个月）	
其他设备（详见清单）　5折	54 000		
汽车（本田雅阁）　8折	207 200		
皮卡车　6折	37 800		
总计	532 300		
总资产	1 639 112		

表 2

损益表

单位：元

经营收入		2008年10月	11月	12月	2009年1月	2月	3月	4月	5月	6月	7月	8月	9月22日	平均	总计
	营业收入	416 893	629 609	738 643	628 934	518 462	324 376	424 871	389 431	368 673	286 438	448 672	329 026	458 669	5 504 028
1	收入总计（1）	416 893	629 609	738 643	628 934	518 462	324 376	424 871	389 431	368 673	286 438	448 672	329 026	458 669	5 504 028
可变成本															
	成本 66.77%	278 359	420 390	493 192	419 939	346 177	216 586	283 686	260 023	246 163	191 255	299 578	219 691	306 253	3 675 040
2	总计（2）	278 359	420 390	493 192	419 939	346 177	216 586	283 686	260 023	246 163	191 255	299 578	219 691	306 253	3 675 040
	毛利 =（1）-（2）	138 534	209 219	245 451	208 995	172 285	107 790	141 185	129 408	122 510	95 183	149 094	109 335	152 416	1 828 989
营业费用															
	工资	50 000	50 000	50 000	50 000	50 000	50 000	50 000	50 000	50 000	50 000	50 000	36 667	48 889	586 667
	税 4%	16 676	25 184	29 546	25 157	20 738	12 975	16 995	15 577	14 747	11 458	17 947	13 161	18 347	220 161
	运输	10 000	10 000	10 000	10 000	10 000	10 000	10 000	10 000	10 000	10 000	10 000	7 333	9 778	117 333
	两辆汽车	6 000	6 000	6 000	6 000	6 000	6 000	6 000	6 000	6 000	6 000	6 000	4 400	5 867	70 400
	电费	5 000	5 000	5 000	5 000	5 000	5 000	5 000	5 000	5 000	5 000	5 000	3 667	4 889	58 667
	通信、网络	1 000	1 000	1 000	1 000	1 000	1 000	1 000	1 000	1 000	1 000	1 000	733	978	11 733

续表

经营收入	2008年10月	11月	12月	2009年1月	2月	3月	4月	5月	6月	7月	8月	9月22日	平均	总计
交际	10 000	10 000	10 000	10 000	10 000	10 000	10 000	10 000	10 000	10 000	10 000	7 333	9 778	117 333
银行利息								1 940	1 940	1 940	1 940	1 423	765	9 183
车贷	3 790	3 790	3 790	3 790	3 790	3 790	3 790	3 790	3 790	3 790	3 790	2 779	3 706	44 469
(3) 费用总计	102 466	110 974	115 336	110 947	106 528	98 765	102 785	103 307	102 477	99 188	105 677	77 496	102 996	1 235 946
营业利润 = (1) - (2) - (3)	36 068	98 245	130 115	98 047	65 756	9 025	38 400	26 101	20 033	(4 004)	43 417	31 839	49 420	593 042
(4) 家庭开支	5 000	5 000	5 000	5 000	5 000	5 000	5 000	5 000	5 000	5 000	5 000	3 667	4 889	58 667
(5) 其他收入												0	0	0
月可支配收入 = (1) - (2) - (3) - (4) + (5)	31 068	93 245	125 115	93 047	60 756	4 025	33 400	21 101	15 033	(9 004)	38 417	28 172	44 531	534 375

五、交叉检验

1. 权益交叉检验。

上期权益　　150 000　2006 年 6 月客户购买股权（向亲戚借款 30 万元）

　　　　　　150 000　2006 年 6 月至年底客户净赚

　　　　　　400 000　2007 年客户净赚

　　　　　　500 000　2008 年客户净赚

　　　　　　284 948　2009 年至今客户净赚

　　　　　　180 000　2008 年底购买土地 2 亩

　期末权益　　1 304 948

表上权益	折旧	预期权益	差额	总收入	比率
916 876	364 300	1 304 948	−23 772	1 334 948	−1.781%

权益误差绝对值为 1.78%，在 0～5%，为可接受范围。

2. 销售额的交叉检验。销售额根据客户的开票得到，因为客户的下游客户都是大型企业，所以销售基本开票。客户主要原料为香精（自有配方），占销售额的 14%，6 月、7 月共进香精 10 万元左右，推算得出 7 月、8 月的销售额为 100 000/0.14 = 714 286（元），而 7 月、8 月开票为 735 110 元，两者基本相符。

3. 毛利的交叉检验。客户近期生产两种产品：一是香水花售价 5.8 元，其中塑料花 0.7 元，塑料盖 0.3 元，瓶 0.45 元，香水 0.8 元，吸塑 0.8 元，纸卡 0.15 元，外箱 0.2 元，人工 0.2 元，棉棒 0.05 元，税是 0.58 元，得到成本占比为 72.93%；二是香包售价 1.7 元，其中纸袋 0.38 元，香料 0.25 元，线 0.03 元，塑料袋 0.05 元，人工 0.1 元，外箱 0.05 元，税 0.17 元，成本占比为 60.6%，加权平均得到成本占比为 66.77%，与客户口述毛利在 30%～40% 基本一致。

六、软信息分析

由于当地地下钱庄兴盛，而借高利贷不会体现在征信报告里，并且当地存在提前消费、充门面现象，所以要了解到客户真实的家庭情况和生活嗜好，最主要的途径就是通过当地人多多打听。

担保人是客户的舅舅，自己有企业，经营胶塑制品，另外担任当地的村长，自己另有推销注塑机及数控车床的生意，担保实力较强，担保意愿良好。

七、贷款审批

由于客户比较年轻，而且贷款用途是用来造厂房，应收账款账龄较长，可能存在周转不灵的状况。为了适应每个月还款的需求，审贷会按照审慎的原则，较为保守地为该客户批了 20 万元贷款，继续观察客户的状况，也期望客户能起到示范作用，吸引和介绍一批新客户来。

（整理人：徐婷芳）

小米加工店贷款

受理机构：赤峰分行　行业：生产加工业　客户经理：杜若讯

　　这个案例针对的是内蒙古赤峰地区粮食加工行业的小企业，截至 2009 年 6 月份，赤峰市粮食加工转化企业已占全市农牧业产业化加工企业总数的 23% 左右，粮食加工量占全市粮食产量的 20% 左右。赤峰市粮食产业化经营是一种以市场为导向，以农村家庭联产承包经营为基础，依靠龙头企业带动，将粮食生产、加工、流通紧密连接的新的粮食经营体制。赤峰市规划经过 3 年时间，整合现有品牌、商标资源，提倡优胜劣汰，鼓励现在没有知名品牌的地区创建新的品牌，初步构建赤峰粮食加工业的品牌体系。

　　从 2008 年开始，随着赤峰市粮食产业化三年规划的贯彻落实，赤峰地区的粮食加工小企业收入明显增多。许多粮食加工小企业同时经营收购与深加工，粮食收购有明显的季节性，一般从每年的 10 月份到次年 5 月份是收购的旺季，因此，每年的旺季是资金需求量最大的时候。

一、业务受理

　　针对粮食收购行业的特性，包商银行推出微小企业贷款富农宝系列，其中的农丰宝是针对具备良好辐射效应的专业市场及具备相应收购、储运条件的客户，发放单户单笔 500 万元以下，最长期限是 1 年的贷款，并根据行业淡旺季明显的特性，灵活调整了还款方式为按月结息、按季还本，同时依据业务的实际情况设定担保方式。因此，这种产品一方面与行业特性贴合，同时也能更好地控制风险。

二、客户情况

　　客户在 2002 年成立收购营业部之前，就在当地做倒卖粮食的小商贩，因此，收购粮食的经验较为丰富，而且有稳定的客源，一般是运送到河南、河北及山东地区，而现在他的供货来源都是本地的粮食小商贩，在粮食成熟季节，客户自己也会到农民家中直接去收购粮食。在 2002 年企业成立之初，设备只有去皮机器与包装机器，因此没有自己的粮食加工品牌，后来生意规模不断扩大，粮食加工的设备更加精细化之后，企业有了自己的粮食加工品牌。在 2002 年支付一年房租 1.5 万元，设备是 6 万元，手中的流动资金是 24 万元。从 2002 年到 2007 年，粮食收购行业不是很景气，这期间的收入是 120 万元，2008 年的收入是 554 738 元。

另外，客户的家中有两个男孩，一个上高中，一个上初中，他的妻子平时就与他一同料理生意，家中没有老人。在言谈中信贷员听出，在 2003 年客户首付 10 万元按揭买了总价 30 万元的房子，但在办理贷款抵押时已还清贷款，装修房子花费 5 万元，买了一辆家用轿车是 13 万元，车库是 4 万元，轿车主要用于平时来往住处与工厂。

三、贷前调查

对于粮食收购、加工行业，信贷员一方面是向这个行业的朋友了解了行业大概的利润，尤其是 2008 年以来这个行业利润很高，另一方面信贷员上网找了一些资料，如近一两年国家及赤峰地区的政府出台了一些保障措施，保证粮食的流通及加工。

这名信贷员是 2008 年 10 月份转正的，做这笔业务时已有一年的业务经验，是一名成熟的微小企业信贷员，在调查过程中他会特别注重与客户聊天的语言逻辑性，在与客户见面前，这名信贷员会事先根据想要了解的家庭信息及财务信息，思考要问的问题，一般从大处着手，先问行业的特点、利润、营业额、需要注意的问题等，再询问细节问题。这位信贷员的谈话习惯倾向于直接进入财务主题，其间会插入对于家庭情况的询问，一般是从经营历史切入，了解销售、进货的大致情况及特点，再进一步地询问收入、成本及费用的细节问题，然后再与客户一同估算或者清点存货、固定资产等。

另外，这位信贷员的财务基础较好，逻辑性较强，因此，在谈话中可以从客户的各方面信息多角度做交叉检验。主要从以下几个方面检验：一是口头提供的信息是否与书面信息、实际状况相一致，如是否与原始单据、发票、银行对账单等相一致；二是客户提供的不同时间的数据是否相互矛盾，如每天的营业收入累计起来是否与每月的营业收入大体相同；三是客户提供的信息是否与当地该行业的平均水平大体相当。

客户在 2009 年 1 月 13 日早上开车来到银行填申请表后，信贷员与客户简单交流了一下客户的基本信息，客户就开车与信贷员来到经营场所。

四、财务分析

信贷员在第二天上午利用半天时间，整理出前一天的调查数据，编制出资产负债表及损益表，并对客户的权益、销售成本进行了交叉检验。

1. 资产负债表分析

表1

资产负债表

2009 年 10 月 13 日　　　　　　　　单位：元

资产		负债和所有者权益	
流动资产		流动负债	0
现金	50 000	应付账款	0
应收账款	110 000	长期负债	0
存货	1 022 928		
陈粮	676 400		
新粮	346 528		
流动资产合计	1 182 928	流动负债合计	0
固定资产	400 000		
设备（市场价 551 800 元）	400 000		
其他资产	6 200		
房租	6 200		
非流动资产合计	406 200	所有者权益合计	1 589 128
资产总计	1 589 128	总负债和所有者权益总计	1 589 128

具体分析如下：

（1）信贷员是在调查的结尾提出查看客户的现金及银行存款的，这时信贷员与客户已经互相信任，客户非常配合，出示了手头现金 50 000 元。由于客户的进货来源都是本地的粮食小商贩或者农民，而且客户都以现金形式当时结款，所以这部分现金是为了临时支付粮食的货款。另外，在粮食收获季节，客户会自己到田里订购新粮。

（2）客户收购的粮食主要是向河南、河北及山东地区发售，而且针对来往久的生意伙伴，一般是一个月或者更长时间结账，因此，客户的应收账款较多。

（3）客户的存货种类主要是谷子、黍子、高粱及荞麦，还有杂粮加工剩下的谷糠，信贷员查看了客户的账本，目测出存货大概的面积及高度，取出一部分称重，再大概还原整体的重量与账本基本一致。另外，客户的账本上记载有最近购入的新粮 138.34 斤，已经售出 30.05 斤，剩余 108.29 斤，每吨是按照

3 200～3 220 元购进的，新粮价值共计 346 528 元。还有客户存有的陈粮分为 12 种，加上包装物的价值，这部分的存货价值是 676 400 元。

客户提供的存货（部分）清单见表 2。

表 2 　　　　　　　　　　存货（部分）清单

存货清单列表（部分）	市场价格	合计
黄金谷子 15 吨	3 500 元/吨	52 500 元
黄皮谷子 15 吨	2 900 元/吨	43 500 元
赤谷四毛米 16.7 吨	4 000 元/吨	66 800 元
高粱米 1 800 斤	1.2 元/斤	21 600 元
莜麦 68 吨	2 600 元/吨	176 800 元
黍子 3 吨	2 500 元/吨	7 500 元
谷糠 10 吨	700 元/吨	7 000 元
……	……	……
总计	—	676 400 元

（4）客户的固定资产主要就是收购、生产加工所使用的设备，信贷员看到客户摆放的设备种类很多，结合客户介绍的加工流程，信贷员向客户了解了目前的设备使用情况以及存货，信贷员查看了客户的设备清单，清算了一下设备共有 38 种。

客户提供的设备（部分）清单见表 3。

表 3 　　　　　　　　　　设备（部分）清单

设备清单列表（部分）	市场价格	现价
磨光机 5 台	3 800 元/台	1 900 元/台
配电机 5 台	2 000 元/台	1 000 元/台
上料提升机 6 台	3 000 元/台	1 800 元/台
碾米机 2 台	1 500 元/台	1 500 元/台
电子监控 1 组（包括电脑）	6 500 元/组	6 500 元/组
小米筛选机 1 台	4 000 元/台	4 000 元/台
加工玉米渣机组	1 500 元/组	1 500 元/组
……	……	……
总计	—	551 800 元

信贷员结合客户提供的谷物加工流程大致清点了大项的设备，与客户的设备清单基本符合。

客户介绍的谷物加工流程是：清粮：去掉1%左右的杂质 ⟶ 去石：筛选出0.1%左右的沙石 ⟶ 脱壳：原粮脱壳率是80%以上 ⟶ 碾米 ⟶ 抛光 ⟶ 过筛：筛去碎米 ⟶ 包装 ⟶ 入库

（5）客户的其他经营资产是每年支付给经营场所的房租，信贷员查证客户的房租合同，与客户所讲述的一致。

2. 利润表

粮食收购行业有明显的淡旺季特征，在赤峰地区一般在每年的10月份粮食成熟，因此1月、2月、3月、4月、5月、11月、12月客户的销售收入明显增加，其余是淡季，因此，信贷员将损益表按照旺季与淡季的收入、成本及费用归类列表，见表4。

表4　　　　　　　　　　　　利润表

2008年11月至2009年10月　　　　　　　　单位：元

	旺季 （1月、2月、3月、4月、5月、11月、12月）	淡季 （6月、7月、8月、9月、10月）
营业收入	1 611 300	322 260
谷子	1 074 600	214 920
黍子	234 000	46 800
高粱	108 000	21 600
荞麦	163 200	32 640
谷糠	31 500	6 300
成本	1 520 022	304 004
原料成本94%	1 514 622	302 924
人工（装卸工人）	5 400	1 080
毛利	91 278	18 256
费用	12 496	12 496
工资（管理工人）	1 600	1 600
电话费	400	400
电费	5 000	5 000
房租	1 250	1 250
地税	120	120
国税	210	210
技术监督	416	416

	旺季 （1月、2月、3月、4月、5月、11月、12月）	淡季 （6月、7月、8月、9月、10月）
验泵	500	500
油钱	3 000	3 000
净利润	78 782	5 760
房贷	900	900
生活开支	3 500	3 500
月可支配收入	74 382	1 360

（1）客户主要销售的是谷子、黍子、高粱及荞麦，还销售筛选加工剩下的谷糠，然后要对质量好的谷子进行小米的深加工，这部分占到45%。根据客户经验，粮食收购行业的旺季是每年的11月份到第二年5月份，其余为淡季，淡季的营业收入大概是旺季的1/5。客户口述在旺季每天的销售情况如下：

每天销售2 000斤谷子，其中原粮的占比是55%，销售价格是每斤1.62元，经加工成小米的谷子比重是45%，销售的价格是每斤2元；黍子平均每天销售6 000斤，销售价格是每斤1.3元；高粱平均每天销售4 000斤，销售价格是每斤0.9元；荞麦平均每天销售4 000斤，销售价格是每斤1.36元。另外，每天加工剩下的谷糠会有2 000斤，按照每斤0.525元销售。计算一天的营业额：

谷子：$2\ 000 \times 55\% \times 1.62 = 1\ 782$（元/天）

$2\ 000 \times 45\% \times 2 = 1\ 800$（元/天）

黍子：$6\ 000 \times 1.3 = 7\ 800$（元/天）

高粱：$4\ 000 \times 0.9 = 3\ 600$（元/天）

荞麦：$4\ 000 \times 1.36 = 5\ 440$（元/天）

谷糠：$2\ 000 \times 0.525 = 1\ 050$（元/天）

旺季每月营业额：$(1\ 782 + 1\ 800 + 7\ 800 + 3\ 600 + 5\ 440 + 1\ 050) \times 30 = 644\ 160$（元/月）

淡季每月营业额：$644\ 160/5 = 128\ 832$（元/月）

客户每月的营业收入根据其销货单计算确定，同时对照客户的账本进行比较，发现基本一致。

（2）客户的进货成本，每天收购谷子的占比是75%，其中原粮直接出售的是这其中的55%，成本是每斤1.6元，另外45%要经过加工。除了原粮成本外，整个加工流程下来的人工成本是每斤0.0025元，每斤会有1%的杂质，包装是按照每50斤一袋，每个袋子的成本是0.8元，因此，每斤包装费是0.8/50 = 0.016（元）。计算需加工的谷子成本是：$0.0025 + 0.016 + 0.016 + 1.6 = 1.6345$

（元/斤）；黍子每天进货占 15%，进价是 1.275 元/斤；高粱和荞麦每天进货各占 5%，高粱进价是 0.9 元/斤，荞麦是 1.35 元/斤。加权平均（45% × 18.2% + 55% × 1.2%）× 75% + 0.7% × 15% + 5% × 1.98% + 5% × 0.7% = 6.8%，与客户口述的 6% 的毛利率基本相符。

（3）客户经营费用主要有：首先对于人工费，客户一共有 7 个工人，其中有 2 名装卸工人，每月工资一共 5 400 元，是计入可变成本中的；1 名管理工人，主要是守夜、验货，加上管他吃住的费用，每月是 1 600 元；其余就是加工工人，他们的工资已经按照每吨共计 5 元的成本计入货物的成本中。还有，客户每月的电话费平均是 400 元，电费平均每月是 5 000 元；房租平均每月是 1 250 元，通过租房合同可以检验；地税是 120 元/月，国税是 210 元/月，有缴税的单据可以验证；每月交给技术监督局的费用平均是 416 元；还有验泵的费用平均是 500 元/月；另外，他的私家车每月要花费的油钱是 3 000 元。

（4）基于对客户真实还款能力的考察，还需要扣除客户的家庭开支。客户每月需要缴 900 元的房贷，在贷款时已经将房贷提前还清，客户的家庭每月开支大概是 3 500 元，主要是两个孩子的上学费用，全家人的吃穿费用以及平时客户请客时的花费。

（5）计算得出客户的月可支配收入平均为 485 791 元，客户贷款每月的还款是 27 000 元，因此，在客户足以承担的还款能力范围内。

五、软信息分析

这个案例中的客户是信贷员的老客户介绍来的，这个老客户与信贷员接触的时间很长，人品好、踏实、勤奋。在与客户联系之前，信贷员向这名老客户了解了他的大概情况：人品善良、踏实，家庭很和睦。信贷员与客户大概十点钟左右到达经营场所，收购的院子很大，现在摆放着小贩们刚送来的粮食，还有去皮、包装及称重的机器。客户的大厂房中主要进行小米的深加工，客户有两个自己的精制小米的品牌，已经在工商局注册。客户与他的妻子感情非常好，店的法人就是注册他妻子的名字，他也说妻子之前生过病，脾气不是很好，就凡事多听她的。可以听出客户的家庭观念强，生活幸福、很稳定。

下午按照约定，信贷员与客户到了担保人家中，担保人是经营五金、土产、塑料制品，月收入大概是 20 000 元，担保人与客户是朋友，两人平时来往较亲密，信贷员向担保人讲明了担保责任，并大概核实了担保人的收入状况，复印了担保人的身份证、营业执照及房本。

最后，信贷员再次确认客户的贷款目的：客户因为在收购旺季需要垫压的货款较多，需要尽可能地多贷款作为周转资金。客户让信贷员评估自身的还款能力，并抵押了自己在市区内的总价为 30 万元的房产，由信贷员建议贷款金额。

六、交叉检验

信贷员根据客户提供的财务信息和软信息做的交叉检验如下。

1. 毛利率交叉检验

根据上面客户提到的销售价格及进货价格计算得出：

加工的谷子：（2.0 - 1.6345）/2.0 = 18.2%

原粮的谷子：（1.62 - 1.6）/1.62 = 1.2%

黍子：（1.285 - 1.275）/1.285 = 0.7%

高粱：（0.91 - 0.9）/0.91 = 1.098%

荞麦：（1.36 - 1.35）/1.35 = 0.7%

客户每天进货的谷子占销售额的比重是75%，黍子是15%，高粱和荞麦各占5%，其中，谷子经过加工的占谷子销售额的45%，原粮占谷子销售额的55%。

加权平均（45% × 18.2% + 55% × 1.2%）× 75% + 0.7% × 15% + 5% × 1.098% + 5% × 0.7% = 6.83%。

综上，与客户口述的6%的毛利率基本相符。

2. 权益的交叉检验

表5　　　　　　　　　　　权益的交叉检验　　　　　　　　单位：元

初始投资（2002年初）	31.5万
设备	6万
预付房租	1.5万
流动资金	24万
期间收入	1 754 738
2002—2007年收入	554 738
2008年至今	120万
期间支出	-32万
2003年买房首付	10万
车库	4万
买车	13万
装修房子	5万
设备折旧	-151 800
合计	1 597 938
现有权益	1 589 128
权益交叉检验的误差	（1 597 938 - 1 589 128）/1 754 738 = 0.5%

七、贷款审批

信贷员根据一方面抵押的房产价值是 30 万元，另一方面客户每月的销售收入大概会有 150 万元，建议贷款 30 万元作为收购货款，平均每月还款约 2 700 元。第三天信贷员将审贷报告上交审贷会，审贷委员有两名，有相应的授权资格，审贷会半小时内通过批复 30 万元贷款，年息是 14.4%，期限是 1 年。

信贷员在一周后去客户的收购点查看，库房内的存货确实明显增多，大致估算后，确定实现了贷款目的，而且生产加工及经营情况很稳定，客户的还款意愿较强，之后在还款期内，每星期会打电话给客户询问家庭及经营情况，每个月会随机找一天，上门问候并查看客户的经营情况、家庭是否发生特殊情况等。这笔贷款是到 2010 年 10 月 15 日到期，目前客户每月按时还款。

信贷员总结这笔贷款的积极因素是客户人品好、踏实、勤奋，还款意愿较强，而不利的因素就是粮食收购行业的淡旺季很明显，同时受政策的影响较大。总结这个案例，这笔贷款是针对粮食收购贷款，关键是要把握住行业的政策风险及整个经济的大环境对粮食价格的影响，还有就是气象灾害等影响因素。

（整理人：朱庆花）

螺母五金件加工和销售企业贷款

受理机构：成都分行　行业：生产加工业　客户经理：姚　楠

在成都分行做市场调研时，微贷部门了解到，成都三环以外，有大批客户，他们一般拥有自己的机械加工厂，同时在某个主要的五金零配件批发市场有门市，这些属于加工制造业的小作坊是成都地区的一个重要的集群市场。微贷部门 2010 年春节前针对这一集群行业大批量做了市场营销，通过发放产品介绍传单和现场推介等方式向客户进行营销。扫街式营销开拓市场的方式在成都落地并不顺利，由于我行知名度尚不高，同时成都的金融机构相对较多，加上有一些地下钱庄，所以客户反馈比较少。另外，由于成都是个人口流动性比较大的城市，潜在客户不容易找到合适的担保人，这也阻碍了他们成功申请到我行的贷款产品。

一、业务受理

这一案例的客户是成都本地人，是一个加工生产螺母五金件，同时兼做批发贸易生意的典型客户代表。他是我行开展扫街活动后主动与我行联系的，所以信贷员最初接待这个客户时非常重视，希望通过这一业务打开一个新市场，以点带面，由这个客户发展一批类似的客户。

该客户的贷款目的是购买机械设备，客户预备买一个铣床和一个新车床，用来加工制作螺母。客户申请金额为 20 万元。

二、客户情况

信贷员接待该客户填写申请表时，发现这个客户给人的感觉是不苟言笑、不善言辞、不太好沟通。

三、贷前调查

第二天按照约定的时间，信贷员早晨十点多钟去客户的门市做现场调查。

发现客户与其他两家共三家经营业户合租一个店面，信贷员向周围一打听，了解到这种现象很普遍，由于大的批发市场比较赚钱，店面非常贵，所以几乎都是两三家合租一个店面，柜台上只摆样品。

在客户的柜台前，信贷员发现客户现场生意非常忙。柜台里摆了至少上千个品种的螺母、螺丝、弯头等管道类的五金件。顾客来来往往的，有来定做的，有来零买的。信贷员等了一个多小时，只是观察，毫无怨言，并且鼓励客户先照顾自己的生意，所以给客户留下了很好的印象。客户忙完后，态度非常好，觉得很抱歉让信贷员等那么久。

信贷员通过观察，发现门市柜台太乱了，根本看不出客户是干什么的，决定还是得去工厂看，同时学习怎么点货。信贷员于是便随客户到了其工厂。客户的工厂很远，在郊县。到了午饭时间，信贷员拼命拒绝客户请客，被客户拖进吃饭的餐厅，吃完饭之后信贷员坚持 AA 制付了款，这些举动改变了客户之前对于贷款要求人、请客、送礼的观念，并为信贷员的职业精神所感动，信任感增强了。

午饭间，信贷员与客户聊天了解到，客户夫妻二人自己有一套房子，在成都市区的二三环之间，出租出去了。他们俩现在就住到工厂里。信贷员感觉客户很是吃苦耐劳，是安心做生意的人。

到了工厂驻地，信贷员发现生产的地方很简陋，看得出来资产不是很大。生产的种类也并不多，加工比较简单。正是因为要做大生意的规模，所以客户才要购进铣床和新机床。

通过检验客户证件等资料，信贷员了解到客户之前在农村信用社申请过农户贷款，另外初始投资时，在农业银行用房产抵押贷了 19 万元，还款记录比较好。在问及客户的生意财务信息时，客户让会计出示了详细的会计日记账，这就确定了销售额。这一销售额是真实的，从中可以看出，客户的生意分淡旺季，春节假期 2 月、3 月是淡季。

由于客户又做加工，又做贸易，销售品种又非常多，两块生意不好区别，所以本案例分析的重点是毛利率的确定。

鉴于客户加工的产品也最终通过销售渠道卖出去，所以信贷员决定从销售额向后倒推，把销售方式分为四类：一是厂商定制（跟厂商签订的合同）；二是自产自销的；三是批发；四是零售。信贷员询问了客户这四类方式大概的占比。

由于客户聘请了专门的会计，所以有比较完善的财务报表，而且信贷员发现除了对外报税用的报表外，客户电脑里有对内的真实报表，都是设了密码的，为了要密码信贷员进行了一番沟通。

四、财务分析

客户口述利润率是 30% 左右。进行利润率交叉检验时，信贷员首先从 170 种客户订制类别里挑选出销售量比较平均的 50 种，计算出加权平均产品利润率。然后计算自产自销类别时，由于自产自销的品种相对简单，从中挑了 5 种作出了利润率，并进行了有技巧的几项交叉检验。具体过程如表 1 所示。

表 1   资产负债表   单位：元

资产		负债	
现金和银行账		应付账款（名称及到期日）	
现金	15 000	农业银行抵押贷款　2007 年 1 月至	133 000
银行存款	1 552	2017 年 1 月	
总计	16 552	总计	
应收账款（名称及到期日）		短期负债（名称及到期日）	
应收账款			
厂商定做欠款	101 594		
总计	101 594		
存货和原料		长期负债	
成品	200 000		
原料（各规格的铜条和铁条）	55 000		
		权益和保留资金	604 646
总计	255 000	总负债和权益	737 646
流动资产	373 146		
固定资产		负债率　　　　流动比率　　　　资本化比率	
数控车床　1×40 000/台	30 000		
自动车床　3×60 000/台	120 000		
普通车床　4×32 000/台	80 000		
小车床　　4×5 000/台	10 000		
送货车	30 000		
预付货款（购买油标）	32 000	折旧 148 000	
预付店租　60 000/年　6 月、12 月付	40 000		
预付厂租　30 000/年　11 月付	22 500		
总计	364 500		
总资产	737 646		

表2

基于现金流的损益表
2010年3月3日

单位：元

日期	2009年1月	2月	3月	4月	5月	6月	7月	8月	9月	10月	11月	12月	2010年1月	2月	3月3日	总计	平均
1 经营收入 (1)	124 465	105 709	44 466	116 622	138 416	221 313	238 628	254 501	223 804	198 905	223 746	240 109	125 000	110 000	4 500	2 370 184	168 098
总计 (1)																	
可变成本																	
1 62.5%	77 791	66 068	27 791	72 889	86 510	138 321	149 143	159 063	139 878	124 316	139 841	150 068	78 125	68 750	2 813	1 481 365	105 061
总计 (2)																	
毛利 = (1) - (2)	46 674	39 641	16 675	43 733	51 906	82 922	89 486	95 438	83 927	74 589	83 905	90 041	46 875	41 250	1 688	888 819	63 037
营业费用																	
员工工资	13 500	13 500	13 500	13 500	13 500	13 500	13 500	13 500	13 500	13 500	13 500	13 500	13 500	13 500	1 350	190 350	13 500
厂房租金	2 500	2 500	2 500	2 500	2 500	2 500	2 500	2 500	2 500	2 500	2 500	2 500	2 500	2 500	250	35 250	2 500
店面租金	5 500	5 500	5 500	5 500	5 500	5 500	5 500	5 500	5 500	5 500	5 500	5 500	5 500	5 500	550	77 550	5 500
水电费	1 000	1 000	1 000	1 000	1 000	1 000	1 000	1 000	1 000	1 000	1 000	1 000	1 000	1 000	100	14 100	1 000
国税，地税	2 500	2 500	2 500	2 500	2 500	2 500	2 500	2 500	2 500	2 500	2 500	2 500	2 500	2 500	250	35 250	2 500
手机费	200	200	200	200	200	200	200	200	200	200	200	200	200	200	20	2 820	200
油费	1 000	1 000	1 000	1 000	1 000	1 000	1 000	1 000	1 000	1 000	1 000	1 000	1 000	1 000	100	14 100	1 000
农业银行还款	2 100	2 100	2 100	2 100	2 100	2 100	2 100	2 100	2 100	2 100	2 100	2 100	2 100	2 100	210	29 610	2 100
货物运费	500	500	500	500	500	500	500	500	500	500	500	500	500	500	50	7 050	500
总计 (3)	28 800	28 800	28 800	28 800	28 800	28 800	28 800	28 800	28 800	28 800	28 800	28 800	28 800	28 800	2 880	406 080	28 800
营业利润 = (1) - (2) - (3)	17 874	10 841	-12 125	14 933	23 106	54 192	60 686	66 638	55 127	45 789	55 105	61 241	18 075	12 450	-1 193	482 739	38 313
其他收入	833	833	833	833	833	833	833	833	833	833	833	833	833	833	83	11 745	932
家庭开支	3 000	3 000	3 000	3 000	3 000	3 000	3 000	3 000	3 000	3 000	3 000	3 000	3 000	3 000	300	39 000	2 000
月可支配收入	15 707	8 674	-14 292	12 766	20 939	52 025	58 519	64 471	52 960	43 622	52 938	59 074	15 908	10 283	-1 410	455 484	37 245

五、交叉检验

1. 权益的交叉检验。

单位：元

			2007 年 5 月 15 日			
期初权益	81 300		现金	25 000	负债 农业银行抵押贷款	183 700
+ 期间收入	455 484	利润表数额	库存	100 000		
	200 000	2007—2008 年净利润	普通车床	30 000		
+	57 000	农业银行本金	预付房租	30 000	权益	81 300
−	8 000	废铜差价	预付厂租	30 000		
− 折旧	148 000		车	50 000		
期末权益	637 784					

Δ = 637 784 − 604 646 = 4.6%

权益误差为 4.6%，在 0 ~ 5%，为可接受范围。

2. 毛利率的交叉检验。客户店内五金零件，其销售渠道主要分为厂商定制、自产自销、批发及零售 4 种途径。客户叙述，2009 年厂商订货部分销售为 50 万元左右，自产自销 50 万元左右，批发销售 90 万元左右，零售价格 10 万元左右。客户主要订货厂商为华泰燃气设备公司，根据该公司与客户签订的外协零件报价单，挑选 170 种产品中具有代表性的 50 种产品，平均产品利润率为 53%。客户自产自销部分，挑选畅销产品 5 种，平均产品利润率为 30%。批发销售零件，根据客户提供的价格，挑选 25 种产品，平均产品利润率为 28.8%。据客户叙述，2009 年工厂制作成品销售量达 100 万元，净利润为 40 万元左右。

表3　　　　　　　　　　工厂制成品利润率计算表　　　　　　　　单位：%

	销售占比	利润率	总利润率
自产自销	50	30	41.50
厂家定制	50	53	

根据利润率，客户工厂制成品销售量应为 415 000 元，与客户叙述相同。

表4　　　　　　　　　　平均利润率计算表　　　　　　　　单位：%

	销售占比	利润率	总利润率
工厂制成品	50	41.5	37.5
批发	45	28.8	
零售	15	30	

3. 销售额检验。客户叙述，2009 年销售 200 万元左右，淡季为春节假期 2 月、3 月，其他月份平均销售收入为 16 万 ~ 18 万元。根据客户账册明细，可以确定客户 2009 年销售总额为 213 万元，除去 2 月、3 月，平均月销售 17 万元左右。两者基本相符。

4. 螺帽成本价检验。客户叙述 1.2 米的铜条，可以生产 100 个螺母。根据铜条直径 0.8 厘米可以算出，铜条体积 60.28 立方米，铜的密度为 8.9 克/立方米，那么 1.2 米的铜条，重 537 克，市面铜价为 30 元/斤，该铜条市价 32 元/根，计算所得螺母 0.32 元/个与客户叙述一个螺母材料价在 0.3 元/个，基本相同。

5. 原材料进货量检验。客户叙述 2009 年购买铜条 15 万元左右，根据铜价 30 元/斤计算，铜条重量 5 000 斤。客户生产铜螺母，平均耗费铜为成本的 25%，那么，客户 2009 年废铜应为 1 250 斤，根据废铜价格 26 元/斤计算，2009 年废铜总价为 32 500 元，与客户叙述 30 000 元基本相同。

6. 生产量检验。客户叙述，月平均销售螺母 100 000 个，客户生产螺母的自动车床，平均每天最多生产 4 500 个，那么月最大生产量为 135 000 个，客户销售量在可接受范围内。

六、软信息分析

该客户的担保人是厂房房东，这从另一个侧面也说明，客户的生意做得很稳当，与房东关系很好。房东也说，客户很在意开工时会不会影响别人的休息，证明客户的素质是比较高的。

七、贷款审批

审贷会根据客户资金用途批给客户 12 万元的贷款，用于购买机器设备，为完全保证担保无抵押贷款。

（整理人：徐婷芳）

汽车配件制造企业贷款

受理机构：宁波分行　行业：生产加工业　客户经理：汪修斌

　　包商银行宁波分行从开业伊始，就在宁波及周边地区推广了微贷业务。由于放贷过程公平透明，放贷速度快、效率高，开业以来，包商银行已经在宁波地区享有美誉。其中，宁波市下辖的宁海县由于小企业和个体工商户聚居，所以也成为宁波分行的重点开拓市场。

一、业务受理

　　该案例的客户是宁海的一个典型的私营企业主。客户此次贷款的生意主体就是这个汽车配件公司，该公司目前注册资金200万元，股东共有2人，客户占了公司股份的90%，另外一名股东占公司股份的10%，但实际上只是名义股东，公司主要由客户管理，技术由其妹夫负责。公司主要生产汽车排气管，供应给美国及德国的汽车公司，全部出口。由于受2008年金融危机影响，汽车市场一度走低，但是2009年中期汽车行业有明显反弹，现在客户的营业额较稳定，但厂房是租的。客户对生意有长远规划，计划在美国租赁一个仓库，节省运费，同时还想购买厂房。由于当时钢材涨幅较大，客户想提前购进钢材，囤积原材料以控制成本，客户想贷款一次性用现金付款，争取进货折扣。

二、客户情况

　　1991—1998年，客户退伍回乡后，在宁海派出所开车，1998—2001年客户在西店镇政府开车，2001年在政府朋友的介绍下开始从事废品及钢材生意，2006年6月客户的妹夫出让某汽车配件厂，客户在其妹夫的建议下与其他6名股东接手该公司，但是后期由于股东意见较多，无法正常经营，2008年，客户买断了其他股东的股份，全盘接手该公司，同时经营钢材生意，积累资金后，客户于2009年8月在杭州成立了服装贸易公司，由其侄子经营。因此，初步判定，客户的生意比较多，涉及的资金往来比较复杂。

三、贷前调查

与该客户接触的初期小有波折。客户实际上是宁海信用社介绍来的，他们自己做不了无抵押小额贷款，所以向客户声称能帮忙找来贷款，但要收 2 万元介绍费。为了让客户清楚，包商银行的产品不收利息之外的任何其他费用，也为了帮客户节省不必要的费用，信贷员建议客户先拒绝介绍人，之后自己来行申请贷款即可。

1 个月之后，客户来行填写了贷款申请，申请 100 万元贷款，用于购买原材料。由于客户在当地的人脉广泛、生意较多，信贷员决定首先要较为全面地了解该客户的软信息。在市场开拓初期，宁可做得安全一点，这也是积累客户资源的必经之路，所以利用休息日回家路过的机会，信贷员到客户的工厂暗访了五六次，看了他的生产流程，打听了工人的收入，是否拖欠工资，发现客户的工厂管理比较规范和严格。

在约定时间，信贷员与一名同事同去现场调查。调查其财务信息是工作的一半内容，由于客户做出口生意，财务比较正规，信贷员重点要求他出具了电费缴费单、出口退税单以及增值税发票记录。这些都可以用来计算和核对销售收入和经营状况。银行对账单、电费水费、票据必须要看。银行对账单，每个月有 300 多万元的回款。现场发现客户的存货很多，的确囤积了很多钢管，等待涨价。生产废料也很多。

四、财务分析

总资产 759 万元，负债 460 万元，权益为 298 万元，其中应收账款为 236 万元，存货 233 万元，设备 168 万元，应付 101 万元，银行抵押贷款 330 万元，在资产负债表中占比较大；损益表中总产值为 1 171 万元，退税 199 万元，除去费用及银行利息盈利 131 万元，其中退税率为 17%（高科技产品），可变成本率根据客户的报价单是 80.4%。

毛利率的确定或成本结构的确定如下：

材料：Ss304，145 元；HD－009－F1，15.216 元；HD－009－F3（浇铸），28.675 元；HD－009－D1，40 元；HD－009－D2，10 元；外六角，3 元；气泡袋，10 元；纸箱，8 元；加工费：弯管 25 元，切割 15 元，抛光 30 元，焊接 28 元，金工 12 元，包装 10 元，印刷 10 元，共合计成本为 390 元/个，售价为 485 元/个，可变成本率为 80.4%。

表1　　　　　　　　　　　　　　　资产负债表　　　　　　　　　　　　单位：元

流动资产合计	5 256 008	流动负债合计	4 605 211
现金及银行存款	412 890	应付账款	1 014 453
应收账款	2 362 193	预收账款	0
预付账款	27 448	短期借款	3 590 758
存货	2 453 477	长期借款	0
固定资产	2 336 450	负债合计	4 605 211
其他经营资产	0	所有者权益	2 987 247
资产合计	7 592 458	负债加权益	7 592 458
其他非表内资产	0	其他非表内负债	0

表2　　　　　　　　　　　　　　　存货清单　　　　　　　　　　　　单位：元、%

存货				2 453 477
存货分类	存货外观质量评价	存货的流动性	比例	现价
汽车排气管半成品	较好	好	34	837 464
汽车排气管成品	较好	好	49	1 210 878
焊接车间零件	较好	一般	9	229 380
打磨车间零件	较好	一般	2	60 990
抛光车间零件	较好	一般	2	42 600
弯管车间零件	较好	一般	3	72 165

表3

基于现金流的损益表
2009年12月26日

单位：元

经营收入		2009年1月	2月	3月	4月	5月	6月	7月	8月	9月	10月	11月	12月26日	月平均	总计	代表月份
1	营业收入	1 358 853	408 124	1 118 371	1 178 759	892 924	1 364 382	1 105 429	1 149 641	1 084 229	214 941	987 224	855 594	976 539	11 718 470	
2	出口退税17%	231 005	69 381	190 123	200 389	151 797	231 945	187 923	195 439	184 319	36 540	167 828	145 451	166 012	1 992 140	
														0	0	
	总计（1）	1 589 858	477 505	1 308 494	1 379 148	1 044 721	1 596 327	1 293 352	1 345 080	1 268 548	251 481	1 155 052	1 001 045	1 142 551	13 710 610	0
可变成本																
1	汽车排气管80.4%	1 092 518	328 131	899 170	947 722	717 911	1 096 963	888 765	924 312	871 720	172 813	793 728	687 897	785 138	9 421 650	
														0	0	
	总计（2）	1 092 518	328 131	899 170	947 722	717 911	1 096 963	888 765	924 312	871 720	172 813	793 728	687 897	785 138	9 421 650	0
	毛利＝（1）－（2）	497 340	149 373	409 342	431 426	326 810	499 364	404 587	420 769	396 828	78 668	361 324	313 147	357 413	4 288 960	0
营业费用																
	固定工资	25 665	25 665	25 665	25 665	25 665	25 665	25 665	25 665	25 665	25 665	25 665	22 243	25 380	304 558	
	电费	25 754	25 754	25 754	25 754	25 754	25 754	24 067	24 683	28 512	25 754	25 754	22 320	25 468	305 614	
	税	62 202	63 074	66 517	67 025	74 290	79 239	85 310	71 515	83 174	82 158	71 150	61 663	72 276	867 317	
	汽车	12 000	12 000	12 000	12 000	12 000	12 000	12 000	12 000	12 000	12 000	12 000	10 400	11 867	142 400	
	运输/快递	10 000	10 000	10 000	10 000	10 000	10 000	10 000	10 000	10 000	10 000	10 000	8 667	9 889	118 667	

续表

经营收入	2009年1月	2月	3月	4月	5月	6月	7月	8月	9月	10月	11月	12月26日	月平均	总计	代表月份
油费	5 000	5 000	5 000	5 000	5 000	5 000	5 000	5 000	5 000	5 000	5 000	4 333	4 944	59 333	
工具	20 000	20 000	20 000	20 000	20 000	20 000	20 000	20 000	20 000	20 000	20 000	17 333	19 778	237 333	
交际费用	20 000	20 000	20 000	20 000	20 000	20 000	20 000	20 000	20 000	20 000	20 000	17 333	19 778	237 333	
银行利息	14 410	14 410	14 410	14 410	14 410	14 410	14 410	14 410	14 410	14 410	14 410	12 489	14 250	170 999	
车辆按揭	6 991	6 991	6 991	6 991	6 991	6 991	11 601	11 601	11 601	11 601	11 601	10 054	9 167	110 005	
房屋按揭	0	0	0	0	0	0	5 772	5 772	5 772	5 772	5 772	5 002	2 822	33 862	
房租	27 448	27 448	27 448	27 448	27 448	27 448	27 448	27 448	27 448	27 448	27 448	23 788	27 143	325 716	
总计（3）	229 470	230 342	233 785	234 293	241 558	246 507	261 273	248 094	263 582	259 808	248 800	215 627	242 762	2 913 139	0
分期付款（4）															
营业利润=(1)-(2)-(3)-(4)	267 870	-80 969	175 539	197 133	85 252	252 857	143 314	172 675	133 246	-181 140	112 524	97 521	114 652	1 375 821	0
家庭开支	5 000	5 000	5 000	5 000	5 000	5 000	5 000	5 000	5 000	5 000	5 000	4 333	4 944	59 333	
其他收入														0	0
月可支配收入	262 870	-85 969	170 539	192 133	80 252	247 857	138 314	167 675	128 246	-186 140	107 524	93 187	109 707	1 316 488	

五、交叉检验

1. 权益交叉检验。

表4 **权益交叉检验表** 单位：元

期初权益	700 000	2006 年 6 月客户投资（设备 30 万元，流动资金，7 人合资）
	1 500 000	2007—2008 年客户净赚
	2 000 000	2008 年钢材生意 150 万元资金进入公司及其妹夫 50 万元资金入股
	1 316 488	2010 年至今客房净赚
	500 000	2008 年股东撤资
	496 800	2009 年客户购买房产
	300 000	2009 年客户帮侄子在杭州投资服装公司
期末权益	4 219 688	

表上权益	折旧		预期权益	差额	总收入	比率
2 987 247	1 188 000		4 219 688	− 44 441	2 816 488	− 1.58%

计算可得，权益误差为 1.6%，在 0~5%，为可接受范围。

2. 销售额的交叉检验。客户口述 2009 年的销售额为 1 200 万元左右，基本开票，根据客户的退税单及退税率 17%，计算得到客户的销售额为 1 170 万元，另外客户的银行流水单为 1 136 万元，与客户口述基本一致。

3. 毛利的交叉检验。

材料：Ss304，145 元；HD – 009 – F1，15.216 元；HD – 009 – F3（浇铸），28.675 元；HD – 009 – D1，40 元；HD – 009 – D2，10 元；外六角，3 元；气泡袋，10 元；纸箱 8 元。加工费：弯管 25 元，切割 15 元，抛光 30 元，焊接 28 元，金工 12 元，包装 10 元，印刷 10 元。共合计成本为 390 元/个，售价为 485 元/个，可变成本率为 80.4%，与客户口述毛利率 20% 基本一致。

六、软信息分析

客户软信息是现场调查更为关注的另一半内容。通过与客户本人交谈，了解客户的基本素质、接触人群、家庭和睦状况，通过问老人住在哪里就知道家庭和睦不和睦，如果孝敬父母，就说明对家人负责，比较有责任感。如果家庭不和睦，三天两头不见人，对这种家族作坊式工厂，是十分危险的事情。江浙一带比较看重家庭，向该客户了解了其家庭成员，有 2 个儿子，大儿子在念中学，小儿子刚出生。全家人现在先住在厂房里，自己购买的房产给技术人员住，家庭稳定性比较高。

在发掘客户软信息方面，信贷员需要提问技巧，尽量跳跃提问，不被客户发觉目的。通过多方面旁敲侧击，跟客户聊了很多东西。聊聊股票、汽车，如果他谈起股票头头是道，那就也是一个风险，如果他是不懂的，说明他不会去投资。

该客户是典型的生意人，头脑很清楚，很会算利率，会比较各家金融机构，各家机构都一笔一笔去问过，从熟悉的银行问起。通过查看征信记录也可以看出他的还款意愿，农业银行批给该客户一笔 210 万元的有抵押贷款，客户一直还款良好。

该客户的担保人实力特别强，家里有工厂，有厂房，经营塑料配件生意，自己还是电力局的所长，与客户是战友，关系特别好，担保意愿良好。

七、贷款审批

客户生意较稳定，汽车行业前景较好；由于客户先前在派出所开车，与政府人员的私下关系较好；客户另外还从事钢材及服装生意，资金需求较大，服装企业刚起步，后期盈利无法预知；客户有两个儿子，家庭和睦；2009 年 6 月客户在宁海高档小区购房，住所稳定；担保人为客户的战友及朋友，担保实力较强，担保意愿良好。基于客户用做囤货的资金用途，审贷会最终批给客户 60 万元贷款。

（整理人：徐婷芳）

电器元件制造企业贷款

受理机构：宁波分行　行业：生产加工业　客户经理：李学存

2008 年的金融危机给沿海地区的不少出口型企业都带来了很大的困难。但是，随着对中小企业支持力度的加大和国外市场的逐步回暖，从 2009 年下半年开始，很多出口型企业又恢复了勃勃生机。这个时候正是这些企业最需要银行信贷支持的时候。

一、业务受理

客户是经朋友介绍来我行贷款的。朋友与这个客户是隔壁，金融危机之后，朋友发现这个邻居每天晚上工厂里的冲床都吵得自己睡不着觉，所以去这个客户工厂里询问情况，发现该客户最近订单量大增，但是苦于缺乏资金，没法增添设备，只能白天、晚上加班加点赶工期，于是就介绍客户到我行贷款。

于是信贷员就去拜访客户，介绍我行情况，包括产品和利率，但是客户有点接受不了利率。信贷员向客户详细介绍了我行的还款方式和实际他的利率支出。经过半小时左右的对比、计算，客户感觉我行的贷款产品确实有自己的特点，而且相对利率也并不高，就接受了。

然后，信贷员跟着客户去了厂房，看设备、了解生产流程，问了贷款用途和金额、期限。客户申请 100 万元贷款，18 个月，主要用于进原材料。由于生产很繁忙，每月消耗的铜材、铝材、铁皮等原材料都很多。同时，由于收款账期比较长，因此申请贷款，用于流动资金的周转。

二、客户情况

信贷员分析的第一步是了解客户的从业经历，核实资产情况，这个工作在客户填写贷款申请的同时就展开了。

客户 1986 年之前在县政府工作，1986 年开始经营集体灯泡厂（外派），同时兼任村支书。1989年灯泡厂国营转私营，他出了10万元买断了工厂。之后一直在经营灯泡的接头产品。产值从当时的100万元到现在的1 300万元。可以看出，客户从业经验丰富，个人简历相对简单。企业目前由客户及其儿子负责经营，财务由其儿媳负责，同时其配偶也作为主要的财务负责人负责企业的资金管理。

三、贷前调查

客户目前主营各类节能灯泡的金属接头的生产制造，客户的下游客户主要是浙江、广东等地大的节能灯生产企业，和这些企业合作时间都在七八年以上，一般结款方式是货出后两个月内结款。客户生产节能灯金属接头的主要材料是铜、铝、铁片，原料采购主要是在省内，结款方式大多月结，也有一部分是需要付现款，尤其是原料价格有涨跌起伏的时候。客户的原材料中，铝占20%、铁占20%、铜占60%。

客户的妻子（财务）提供了和主要客户的对账单，和银行的流水单是基本全部能对应的，可见账本的真实性比较高。家里4口人，儿子、儿媳都在厂里。儿子负责具体经营，儿媳做会计。信贷员为客户设计了企业主（法人）贷款，法人的配偶和儿子作为共同借款人（防止其转移资产给儿子）。

之后，信贷员了解了生产流程。这样做一方面可以了解成本情况，每个环节都牵扯成本和残次、损耗，同时了解客户企业是否有核心的科技、竞争力等软信息。另一方面了解工序、工人计件工资、原料需要等情况。客户说损耗要占到30%，一般当废料卖掉。实际损耗的价差是 $5-3=2$（万元/吨）。通过废料的量可以推算进货量、生产量，进而可以用各种数据进行交叉检验。

同时，信贷员要通过检验客户的生产力（日生产能力）来验算客户的进货量是否能对得上，经检验，进货、损耗、生产能力、电表、开票单据、银行流水单都能对上。客户有40~50个工人，每月工资7万元。事后调查、计算发现，客户的资产负债表、现金、银行存款、应收账款的情况和客户口述大致对得上。几笔大的应收账款客户都有记载。存货，包括成品、半成品、原材料的计价。设备，了解哪年买的，核对机器铭牌，因为其中也有二手机器，所以在计算资产时需要谨慎处理。贷款情况是：客户有3笔贷款，宁海信用社200万元担保贷款、交通银行抵押贷款350万元，另有100万元银行承兑汇票（交通银行）。

企业会计由法人的儿媳具体负责，目前企业总资产为1 200万元，权益为439万元，资产负债率为64%，负债包括信用社和交通银行贷款550万元，交通银行100万元承兑汇票，应付账款114万元，应付账期为30~45天，应收账款为420万元，账期为60天左右。

四、财务分析

表1 　　　　　　　　　　　　资产负债表 　　　　　　　　　单位：元

资产负债结构分析	流动资产合计	8 380 986	流动负债合计	7 649 562
	现金及银行存款	1 176 108	应付账款	1 149 562
	应收账款	4 207 431	预收账款	0
	预付账款	0	短期借款	6 500 000
	存货	2 997 447	长期借款	0
	固定资产	3 532 180	负债合计	7 649 562
	其他经营资产	0	所有者权益	4 263 604
	资产合计	11 913 166	负债加权益	11 913 166
	其他非表内资产	0	其他非表内负债	0

企业目前已走出金融危机的困境，从 8 月开始产值增加较快，生产繁忙，现有订单和预计订单较充足，因为这两个月生产量较大，月产值从年初的 100 万元增加到目前的 200 万元，加上账期有两个月左右，导致目前原料采购的资金压力较大，所以，客户申请贷款用于进原料及其他流动资金。

五、软信息分析

客户当村支书 20 多年（是镇里最大的村），在当地很有威望和信誉。信用社如果发生逾期和坏账，主任要赔 30%，考虑到信用社给客户无抵押贷款 200 万元，可见信用社对客户应该很信任。

六、交叉检验

1. 销售的交叉检验。客户口述去年 10 月受金融危机的影响较大，从去年 11 月至今年 8 月的每月产值在 80 万～90 万元，9 月产值在 140 万元左右，10 月产值达到了 200 万元左右，客户的这些口述基本与财务提供的增值税发票（总额 957 万元，90% 开票）符合。另外，客户口述从去年 11 月到今年 8 月平均每月生产耗去铜 13.5 吨，铁 50 吨，铝 10 吨左右，铜价 3.5 万元/吨，铁价 6 000 元/吨，铝价 2.1 万元/吨，减去 30% 的损耗，有效用于生产的原材料价值为 68.8 万元，按照可变成本率得出的月均产值为 109.9 万元，也与客户提供的销售财务凭证符合。通过计算企业 1—9 月的银行对账单，总额为 9 566 731 元，月均有 106 万元的流水单也基本与客户产值符合。

表 2　　　　　　　　　　　　　　　　　　　　　　　　　　　　　　　　　　　单位：元

基于现金流的损益表
2009 年 10 月 31 日

	经营人	2008年11月	12月	2009年1月	2月	3月	4月	5月	6月	7月	8月	9月	10月	月平均	总计
1	开票销售收入	850 000	850 000	329 054	546 088	1 068 742	570 764	712 122	505 601	831 936	993 602	1 135 808	2 030 075	868 649	10 423 792
2	不开票销售	85 000	85 000	32 905	54 609	106 874	57 076	71 212	50 560	83 194	99 360	113 581	203 008	86 865	1 042 379
	总计 (1)	935 000	935 000	361 959	600 697	1 175 616	627 840	783 334	556 161	915 130	1 092 962	1 249 389	2 233 083	955 514	11 466 171
	可变成本														
1	可变成本 62.6%	585 310	585 310	226 587	376 036	735 936	393 028	490 367	348 157	572 871	684 194	782 117	1 397 910	598 152	7 177 823
	总计 (2)	585 310	585 310	226 587	376 036	735 936	393 028	490 367	348 157	572 871	684 194	782 117	1 397 910	598 152	7 177 823
	毛利 = (1) – (2)	349 690	349 690	135 373	224 661	439 680	234 812	292 967	208 004	342 258	408 768	467 271	835 173	357 362	4 288 348
	营业费用														
	工资	30 000	30 000	30 000	30 000	30 000	30 000	30 000	30 000	30 000	30 000	30 000	30 000	30 000	360 000
	税	30 000	30 000	51 516	33 327	35 933	30 891	31 403	23 554	30 161	36 685	40 589	50 000	35 338	424 059
	交通费用	40 000	20 000	20 000	20 000	20 000	20 000	20 000	20 000	20 000	20 000	20 000	20 000	21 667	260 000
	设备维护	5 000	5 000	5 000	5 000	5 000	5 000	5 000	5 000	5 000	5 000	5 000	5 000	5 000	60 000
	水电费	30 000	30 000	18 986	18 642	20 403	19 768	22 139	31 038	47 545	56 854	59 816	65 000	35 016	420 191
	存货/原料损失	83 336	83 336	32 261	53 540	104 783	55 959	69 818	49 571	81 565	97 416	111 358	199 034	85 165	1 021 978
	业务支出	5 000	5 000	5 000	5 000	5 000	5 000	5 000	5 000	5 000	5 000	5 000	5 000	5 000	60 000
	利息支出	35 000	35 000	35 000	35 000	35 000	35 000	35 000	35 000	35 000	35 000	35 000	35 000	35 000	420 000
	总计 (3)	258 336	238 336	197 763	200 509	256 119	201 618	218 360	199 163	254 271	285 955	306 763	409 034	252 186	3 026 228
	营业利润 = (1) – (2) – (3)	91 354	111 354	–62 391	24 152	183 562	33 194	74 607	8 842	87 987	122 813	160 509	426 138	105 177	1 262 120
	家庭开支														0
	其他收入														0
	月可支配收入	91 354	111 354	–62 391	24 152	183 562	33 194	74 607	8 842	87 987	122 813	160 509	426 138	105 177	1 262 120

2. 利润的交叉检验。客户口述的毛利为 35%，铜质接头的铜材料成本为 0. 12 元，玻璃为 0. 015 元，通过分析生产流程，得出的人工计件工资为 0. 0045 元，得出的可变成本为 0. 14 元，卖价为 0. 22 元，所以该产品的可变成本率为 63. 6%，占销售总额的 60%。同样以此计算，铁件的可变成本为 0. 065 元，卖价为 0. 11 元，可变成本率为 59%，占到销售总额的 20%；铝件的成本为 0. 089 元，卖价为 0. 14 元，可变成本率为 63. 5%，占到销售额的 20%。所以加权平均可变成本率为 62. 6%，毛利为 37. 4%，与客户口述的毛利符合。

另外，客户提供了订单和合同的复印件，这些文件都能支撑他的销售和应收账款。

七、贷款审批

因为面临危机后迅速扩大的市场，所以客户申请紧急贷款，当时客户申请了 100 万元，18 个月。但是，信贷员建议贷款 80 万元，12 个月，原因是信贷员考虑到微贷总额是 100 万元，客户如果还款情况良好，很可能会申请续贷。在这种情况下，如果先贷 100 万元，续贷就只有 30 万 ~40 万元。但是如果先贷 80 万元，续贷就可以达到 50 万 ~60 万元。这样就能对客户的经营产生持续的资金支持，其实对客户来说这是更为方便的方式，同时也方便银行控制信贷风险。

（整理人：朱炜骞）

光学镜片生产加工企业贷款

受理机构：成都分行　行业：生产加工业　客户经理：车丽达

成都地区有很多"三线工厂"，其中大多数都涉及军事工业。随着市场的转型，很多军工企业也开始生产民用产品，在体制上也从国有垄断逐步向非核心业务（技术）外包转变。于是就出现很多为这些大厂做配套的民营企业。因为涉及军工领域，所以这些民营企业大多有一定的技术含量。

一、业务受理

客户是看了我行的资料介绍才来我行申请贷款的，信贷员考虑到客户的产品涉及军工和保密，所以信贷员只能通过客户提供的材料进行分析。

二、客户情况

客户姓宋，原是成都某光学有限公司（国企，军工企业）的技术员，本科学历，曾留学日本专门学习光学技术。2008年从单位出来（保留职位、拿部分薪水）自己成立了一个企业，专门做光学镜片，给原公司做配套。客户跟原单位的领导关系比较好，经营稳定，本人又喜欢钻研技术，所以客户的情况总体还是不错的。

三、贷前调查

客户是重庆人，本科学的就是光学技术。毕业后先在深圳工作了一段时间，然后应聘到成都的这家国企做技术员。因为攻克了技术难题，被选派到日本学习。从企业出来后，在成都的新都区成立了自己的公司。客户夫妻二人都在公司里经营。客户本人负责销售和整体管理，妻子负责财务。

四、财务分析

客户的资产情况如表1所示。

表1 　　　　　　　　　　　　　　资产情况列表　　　　　　　　　　　　单位：元

资产		应收账款（名称及到日期）	
现金和银行账		A 有限公司	152 420
现金	6 000	B 公司	42 142
厂里	3 500	C 公司	195 471
农村信用社	56 118	D 公司	35 241
总计	65 618	总计	425 274
存货和原料		固定资产	
玻璃毛坯（原材料）	48 500	本田雅阁 2008 年 12 月	70 000
半成品 30 000 件	60 000	设备（折旧后）	2 309 000
		预付房租 2011 年 3 月	15 000
成品	2 000	办公用品（折旧后）	7 240
总计	110 500	总计	2 401 240
流动资产		总资产	3 002 632

客户要求贷款 30 万元，进一批设备。客户接了一个韩国订单，但是现有的设备无法生产出所需的产品，所以客户打算从上海某公司进一批专用设备。根据现金流分析的客户利润情况如表 2 所示。

五、软信息分析

因为涉及军工产品的生产，所以很多材料客户不方便披露，但是从企业本身来说，这是一个比较可靠的客户。客户本人是技术人员出身（其实他妻子也是），做事比较踏实严谨，而且仍保留着在原单位的职位，是一个做事比较小心谨慎的人。同时，这也说明他非常重视保护自己的名誉、信用情况。这样的客户一般对贷款都比较慎重，不会随便借钱，更不会无故拖欠贷款。另外，因为他跟原单位领导的关系较好，所以预计经营情况比较稳定，从他本人情况来看，夫妻两人都投身到这个小企业中，应该是偏向于稳健经营而不是冒险型的，所以客户的还款意愿肯定没有大问题。

信贷员通过去客户工场参观也发现了这个小企业虽然规模很小，但是管理很规范，跟工人聊天也发现工人普遍反映老板为人正直，不是钻蝇头小利的小商贩，而是确实有一定才干和气魄、想做一番事业的人。

六、交叉检验

1. 营业额检验

（1）销售单据检验。客户口述一年毛收入 400 万元左右，通过加总销售单据，一年销售额为 4 174 258 元，和口述的基本相符。客户口述生意没有明显的

表2

基于现金流的利润表

加工业

单位：元

项目	2009年4月	5月	6月	7月	8月	9月	10月	11月	12月	2010年1月	2月	3月10日	合计	平均
营业收入	369 016	368 519	375 083	330 228	277 832	356 400	372 442	253 470	256 548	255 913	368 170	123 592	3 707 213	327 203
成本39%	143 916	143 722	146 282	128 789	108 354	138 996	145 252	98 853	100 054	99 806	143 586	48 201	1 445 813	127 575
毛利润	225 100	224 797	228 801	201 439	169 478	217 404	227 190	154 617	156 494	156 107	224 584	75 391	2 261 400	199 541
费用	110 350	110 350	110 350	110 350	110 350	110 350	110 350	110 350	110 350	110 35	110 350	36 416	1 250 266	110 321
房租	1 500	1 500	1 500	1 500	1 500	1 500	1 500	1 500	1 500	1 500	1 500	495	16 995	1 500
水电	1 800	1 800	1 800	1 800	1 800	1 800	1 800	1 800	1 800	1 800	1 800	594	20 394	1 800
电话费	500	500	500	500	500	500	500	500	500	500	500	165	5 665	500
网费	250	250	250	250	250	250	250	250	250	250	250	83	2 833	250
设备维修	3 000	3 000	3 000	3 000	3 000	3 000	3 000	3 000	3 000	3 000	3 000	990	33 990	2 999
运费	4 000	4 000	4 000	4 000	4 000	4 000	4 000	4 000	4 000	4 000	4 000	1 320	45 320	3 999
工人工资	85 133	85 133	85 133	85 133	85 133	85 133	85 133	85 133	85 133	85 133	85 133	28 094	964 557	85 110
招待费	5 000	5 000	5 000	5 000	5 000	5 000	5 000	5 000	5 000	5 000	5 000	1 650	56 650	4 999
差旅费	4 167	4 167	4 167	4 167	4 167	4 167	4 167	4 167	4 167	4 167	4 167	1 375	47 212	4 166
油费	5 000	5 000	5 000	5 000	5 000	5 000	5 000	5 000	5 000	5 000	5 000	1 650	56 650	4 999
净利润	114 750	114 447	118 451	91 089	59 128	107 054	116 840	44 267	46 144	45 757	114 234	37 697	1 009 856	89 108
工资收入	3 000	3 000	3 000	3 000	3 000	3 000	3 000	3 000	3 000	3 000	3 000	990	33 990	2 999
还邮政储蓄银行贷款	0	0	0	0	0	0	0	9 027	9 027	9 027	9 027	9 027	45 135	3 983
家庭开支	5 000	5 000	5 000	5 000	5 000	5 000	5 000	5 000	5 000	5 000	5 000	1 650	56 650	4 999
月可支配收入	112 750	112 447	116 451	89 089	57 128	105 054	114 840	33 240	35 117	34 730	103 207	34 058	948 109	83 659

淡旺季之分，因为和光明、图腾以及新博尔的合作是长期的，合同一般都是签3年的，随时供货，生意比较稳定。

（2）账本检验。客户的爱人比较精通数学和理财，有详细的账目，抽查其中3个月的账目，8月、9月、10月的账目和销售单据相比较，分别为278 540元、369 510元、362 500元，是吻合的。

（3）进货量检验。客户有详细的进货单据，客户一年的销售是400万元，需要原材料1 396 168元，利润表中显示原材料成本1 371 669元，二者基本相符，可证明其销售收入的正式性。

（4）客户口述每月净利润为70 000～80 000元，取75 000×12＝900 000元，利润表中为93万元，和口述基本相符。

2. 成本检验

客户的公司主要生产4种产品，口述毛利润是翻番的。下面列出加工过程和所需成本的详细情况。

（1）某公司指定产品——无球面运行体（低熔点光学玻璃）。

毛坯→进入精磨机精磨10～25秒→进入研磨机研磨40～150秒→进入磨边机磨边5～40秒→进入测量仪器进行精确测量→成品

以一个制成品为例，一个毛坯0.6元，其间将加入很多辅料，如下：

①研磨粉（氧化铈）：纯净水一桶，0.8千克研磨粉，可研磨7 000件，用3天。1千克研磨粉价格为125元，0.8千克为100元，100/7 000＝0.01元/件。

②精磨粉：纯净水一桶，0.5千克精磨粉，可精磨1 300件，60元/公斤。0.5千克成本是30元，30/1 300＝0.02元/件。

③磨边切削油：一桶40千克，2 600元一桶，可用10 000件，2 600/10 000＝0.26元/件。

④擦拭乙醚：一瓶10元，1 000件，10/1 000＝0.01元/件。

辅料价位总计0.29元

成本总计：0.6＋0.01＋0.01＋0.26＋0.01＝0.89（元/件），销售价为1.75元/件，利润占0.49%，成本占51%，该产品占总产量的比例为50%。

其他三种产品的程序和此产品一致。

（2）某指定产品——监视器用镜片，销售价格7元/件，利润占0.83%，成本占17%，该产品占总产量的比例为30%。

（3）某光电产品——瞄准镜，销售价格为1.25元/件，利润占60%，成本占40%，该产品占总产量的比例为10%。

（4）某公司产品——望镜片，销售价格3元/件，利润占80%，成本占20%，该产品占总产量的比例为10%。

成本率总体加权：0.51×0.5＋0.17×0.3＋0.4×0.1＋0.2×0.1＝0.255＋

0.051 + 0.04 + 0.02 = 37%

3. 权益检验

2008 年3 月 初始投资	房租	18 000 元	
	设备	300 000 元	（其中,大部分为本人资产,父母投资无须归还）
	装修	40 000 元	
	原材料	30 000 元	
	流动资金	100 000 元	
+期间收入	2008 年3 月至2008 年12 月	100 000 元	
	2009 年1 月至2009 年12 月	1 200 000 元	
	2010 年1 月至2010 年3 月	171 335 元	
	邮政储蓄银行贷款	100 000 元	
——期间支出	买设备 2009 年	210 000 元	
	新都买房子 2009 年	300 000 元	
	买车 2009 年1 月	90 000 元	
	过年	5 000 元	
——应减项	装修	40 000 元	
	设备折旧	53 400 元	
	车折旧	20 000 元	
	还邮政储蓄银行贷款	45 135 元	

计算得权益为 2 922 042 元，实际权益 3 002 632 元，差异为 2.7%。

七、贷款审批

审贷会经过慎重考虑，批准了贷款申请，总额 30 万元，期限为 18 个月（月利率为 1.4%）。

（整理人：朱炜骞）

美发用具生产企业贷款

受理机构：宁波分行　行业：生产加工业　客户经理：冯　霞

一、业务受理

这个客户是其他客户介绍来的，因为我行在宁海当地市场具有相当的知名度，所以大多数客户都愿意向周围的亲戚朋友推荐我行的微贷产品。

二、客户情况

客户经营的是美发器具的生产，主要产品是女士用的直夹板和卷发器，销售模式中通过外贸公司走货的较多，占有 75%，其他主要销往义乌。客户的厂址在宁海，占地 5 亩多，交通方便。2009 年销售额在 1 000 万元左右，毛利占 20% 左右。此次贷款的原因是西店目前在开发两个工业园区，现在向社会公开招商，25 万元/亩，客户预订 10 亩，在本月需支付 50 万元的定金，余款分批支付。另外，新年刚开工，客户需要部分流动资金，特向我行提出贷款申请。

客户崔某，女 44 岁，高中文化，宁海人，20 世纪 90 年代初其爱人做饲料买卖起家，买了现有的厂房土地，2002 年转行做陶瓷生意，亏损。2005 年在温州客户的介绍下开办现有公司，主要负责公司里的业务及财务状况。公司现有 360 万元资产，其中 170 万元是固定资产，有一块价值 30 万元的空地，初始投资都是自有。公司股东高某，是崔某的儿子，现在在宁海某银行上班，公司中的事情从不插手。崔某爱人主要负责工厂的生产，另外仍在从事饲料的买卖。崔某还有一个小女儿在宁海上小学。

三、贷前调查

客户进货渠道广泛，美发器的各个部件都从不同地方进货。生产流程大致是这样的：将电路板及电源线焊接好，并加上 PPC 发热器、云母板等构成内部设备，将陶瓷板或铝板切割、打磨、抛光后与电路板组装好，再加上塑料外壳，如有需要还要送到其他工厂喷漆。客户进货渠道多，一部分外发加工，一部分自己生产，一部分直接采购，最后组装。产品完成之后会经过检测，不合格的产品重新返修，报废率几乎为零。

客户主要的销售方式是销往外贸公司，其中宁波某进出口有限公司是最大的客户，占外贸出口量中的60%，除了外贸客户还销往义乌市场，这部分为不开票销售，可以通过交叉检验证实。公司有正规的会计记录，出口部分都是真实的，内销部分有两本账。

四、财务分析

客户的资产、权益状况见表1、表2。

表1　　　　　　　　　　资产负债表　　　　　　　　单位：元

资产		负债	
现金和银行账		应付账款（名称及到期日）	
现金	100 000	应付款	125 300
银行存款	230 230	预收定金	85 000
总计	330 230	总计	210 300
应收账款（名称及到期日）		短期负债（名称及到期日）	
应收款（60~70天）	1 961 400		
应收款（60~70天）义乌	354 000	信用社贷款（2009年4月）	1 750 000
朋友借款（回收可能性小）	420 000		
亲戚借款	200 000		
总计	2 935 400	总计	1 750 000
存货和原料			
电源线64箱×900根×3元	172 800		
小直夹板18筐×400支×10	72 000		
成品300箱×2 000元	600 000		
电线80箱×200件×5元	80 000		
塑料10吨×22 000元	220 000		
送外加工铝片及其他材料	150 000		
线路板	100 000		
其他	200 000	总计	1 960 300
总计	1 594 800	权益和保留资金	7 146 783

资产		负债	
流动资产	4 860 430	总负债和权益	9 107 083
固定资产			
剪板机	37 000		
切割机 5 台	27 320		
参数机	6 250		
机动切割机 3 台	13 250		
电器装配线	65 000		
电焊机	8 000		
塑料压机 10 台	55 283		
打包机	1 150		
模具	3 500		
废弃设备 68×2 000	13 600		
办公设备	16 300		
土地（厂房）	600 000		
土地（空地）	3 400 000		
总计	4 246 653		
总资产	9 107 083		

该客户调查的难点在于，她的工厂其实只是一个装配公司，很多零部件或者需要采购，或者需要发到别的工厂加工，自己生产的零件占比很低。因此，在计算客户的资产时，需要仔细地核算半成品、原材料的价值。

相对来说，客户的销售情况统计要容易一些，因为主要产品都是提供给进出口公司供出口用的，往来都有税票（进出口公司用于抵扣），方便核算。

五、软信息分析

客户是宁海当地的十大女强人之一（网上有资料可查），而且非常认同我行的还款方式：因为很多生产型的客户，一般很难有大量的现金留存，所以一次性还款的方式对客户来说有较大的压力。而我行的分期付款方式跟生产型企业的特点结合紧密，客户分期付款可以利用流动资金逐步周转，压力反而更小。

六、交叉检验

检验客户的销售额有很多办法，但是如果客户比较实在，不会都用上。

表 2

基于现金流的损益表

单位：元

		2008年7月	8月	9月	10月	11月	12月	2009年1月	2月	3月	4月	5月	6月	7月1日至7月21日	平均	总计
	经营收入															
1	开票收入	828 690	946 752	701 760	658 954	734 685	897 521	337 606	697 750	859 238	605 077	775 641	685 355	503 477	726 969	9 232 506
2	不开票收入	248 607	284 026	210 528	197 686	220 406	269 256	101 282	209 325	257 771	181 523	232 692	205 607	140 200	217 237	2 758 909
	(1) 收入总计	1 077 297	1 230 778	912 288	856 640	955 091	1 166 777	438 888	907 075	1 117 009	786 600	1 008 333	890 962	643 677	944 206	11 991 415
	可变成本															
1	成本79%	851 065	972 315	720 708	676 746	754 522	921 754	346 722	716 589	882 437	621 414	796 583	703 860	508 505	745 923	9 473 218
	(2) 毛利	226 232	258 463	191 580	179 894	200 569	245 023	92 166	190 486	234 572	165 186	211 750	187 102	135 172	198 283	2 518 197
	营业费用															
	工资	64 621	69 865	54 988	52 924	50 698	68 074	57 640	59 064	70 737	53 280	65 620	72 356	47 500	61 997	787 367
	水电费	4 000	4 000	4 000	4 000	4 000	4 000	4 000	4 000	4 000	4 000	4 000	4 000	2 800	4 000	50 800
	通信费	3 000	3 000	3 000	3 000	3 000	3 000	3 000	3 000	3 000	3 000	3 000	3 000	2 100	3 000	38 100
	税	12 500	12 500	12 500	12 500	12 500	12 500	12 500	12 500	12 500	12 500	12 500	12 500	8 750	12 500	158 750
	运费	7 000	7 000	7 000	7 000	7 000	7 000	7 000	7 000	7 000	7 000	7 000	7 000	4 900	7 000	88 900
	差旅费	5 500	5 500	5 500	5 500	5 500	5 500	5 500	5 500	5 500	5 500	5 500	5 500	3 850	5 500	69 850
	阿里巴巴网站	1 500	1 500	1 500	1 500	1 500	1 500	1 500	1 500	1 500	1 500	1 500	1 500	1 050	1 500	19 050
	交际费	10 000	10 000	10 000	10 000	10 000	10 000	10 000	10 000	10 000	10 000	10 000	10 000	7 000	10 000	127 000
	利息	11 000	11 000	11 000	11 000	11 000	11 000	11 000	11 000	11 000	11 000	11 000	11 000	7 700	11 000	139 700
	汽车按揭	0	0	0	0	0	0	0	0	0	0	7 000	7 000	4 900	1 488	18 900
	(3) 费用总计	119 121	124 365	109 488	107 424	105 198	122 574	112 140	113 564	125 237	107 780	127 120	133 856	90 550	117 986	1 498 417
	营业利润＝(1)-(2)-(3)	107 111	134 098	82 092	72 470	95 371	122 449	(19 974)	76 922	109 335	57 406	84 630	53 246	44 622	80 297	1 019 780
	家庭开支	10 000	10 000	10 000	10 000	10 000	10 000	10 000	10 000	10 000	10 000	10 000	10 000	7 000	10 000	127 000
	其他收入	16 000	16 000	16 000	16 000	16 000	16 000	16 000	16 000	16 000	16 000	16 000	16 000	11 200	16 000	203 200
	月可支配收入	113 111	140 098	88 092	78 470	101 371	128 449	(13 974)	82 922	115 335	63 406	90 630	59 246	48 822	86 297	1 095 980

1. 权益交叉检验

期初权益　2005 年 2 月　　3 600 000 元　　（厂房及土地 170 万元，空地 30 万元，设备 40 万元，进货 60 万元，流动资金 60 万元）

+2005 年 2 月至 2005 年 12 月盈利　　　400 000 元

+2006 年 1 月至 2006 年 12 月盈利　　　700 000 元

+2007 年 1 月至 2007 年 12 月盈利　　　700 000 元

+2008 年 1 月至 2008 年 6 月盈利　　　500 000 元

+2008 年 7 月至 2009 年 7 月 21 日盈利　1 095 980 元

-2009 年 5 月宝马首付　　　　　　　250 000 元

-2009 年 6 月买房首付　　　　　　　470 000 元

-2005—2009 年验证费　　　　　　　600 000 元

+2005—2009 年土地增值　　　　　　2 000 000 元

期末权益　　　　　　　　　　　　　7 675 980 元

实际权益 = 资产负债表权益 + 折旧

实际权益 = 7 146 783 + 383 453 = 7 530 236（元）

差额 = 7 530 236 - 7 675 980 = -145 744（元）

总收入 = 3 395 980 元

比率 = -4.292%

2. 毛利交叉检验

客户口述：

德国丛林豹直夹板（400 万元/年左右）卖价 41.5 元。

电源线	塑料	陶瓷板	电路板、开关、指示灯
5.4 元	3.2 元	5.6 元	7.5 元

PPC（发热器）	喷漆	包装	其他
3.6 元	1.2 元	1.2 元	4 元

小型直夹板（300 万元/年左右）卖价 15 元

电源线	塑料	铝板	电路板、开关、指示灯
3.3 元	1.1 元	2 元	1.2 元

PPC（发热器）	喷漆	包装	其他
2 元	1 元	0.6 元	1 元

原材料成本率：德国丛林豹直夹板为 31.7/41.5 = 76.4%

小型直夹板为 12.2/15 = 81.3%

年销售额 1 000 万元，除以上两种产品外其他产品的原材料成本率以客户口述的 20% 计算，得

$$0.4 \times 0.764 + 0.3 \times 0.813 + 0.3 \times 0.8 = 79\%$$

与客户口述的毛利大约为 20% 相符。

3. 存货交叉检验

客户口述：进货渠道/月进货量

高温线、绝缘线（上海）　电源线（温州）　塑料（余姚）　陶瓷板（湖南）

　1 万～2 万元　　　　　10 万元　　　7 万～8 万元　27 万～28 万元

电路板（宁海）　　　PPC 发热片（海宁）　包装（宁海）　　云母板

17 万～18 万元　　　　6 万元左右　　3 万元左右　　0.5 万元

客户口述库存量在 200 万元左右，由期初存货 + 期间进货 − 期末库存 = 期间销货成本，可得

2 000 000 + 735 000 × 7.7 − 1 594 800 = 6 064 700（元）(7.7 个月)

由此可知，月均消耗库存为 787 623 元，损益表中的月消耗材料为 745 923 元，差额为 41 700 元，差异率为 5.6%。

4. 工资交叉检验

员工构架如下：管理层 7 人，包括会计、出纳、厂长、厂长助理、老师傅、2 个车间主任，月固定工资大约在 15 700 元；工人 23 个，其中 7 个老员工有固定工资 1 200 元/月，总计 8 400 元/月，23 个工人按工作时间计费，4 元/小时，按正常工作时间 8 小时/天，共计为 4 元 × 8 小时 × 30 天 × 23 人 = 22 080 元/月，合计月应支付工资为 15 700 + 8 400 + 22 080 = 46 180（元/月）。

损益表中的工资构成有两部分，月支付工资加奖金，奖金在年末支付，为 24 万元，月支付工资为（787 367 − 240 000）/12 = 547 367/12 = 45 614（元），与实际支付工资差额为 566 元，差异率为 1.24%。

七、贷款审批

审贷会同意授予客户 80 万元贷款，期限为 12 个月，年利率为 16.8%。

（整理人：朱炜骞）

快餐盒生产企业贷款

受理机构：宁波分行　行业：生产加工业　客户经理：冯　霞

宁波当地有很多产业集群，基本上形成了一乡（镇）一品的情况。

一、业务受理

客户是宁海人，是原有客户介绍来的。当时申请贷款 20 万元，期限为 12 个月。

二、客户情况

客户主要经营塑料快餐盒，销售给本地（宁海）和附近县市的批发市场。客户的厂房是租用的，面积 900 多平方米，租金 6 万元/年。客户生产的快餐盒，2008 年销售额为 450 万元左右，净利润在 10%，现有工人 12 人，此次贷款的原因是客户想购买一台塑料挤出机，价格在 15 万元左右，用于生产建造桥梁时要用到的塑料波纹管。

客户本人今年 45 岁，2001 年开家具厂，后转行做快餐盒生意，2007 年搬到现址。现有一儿、一女，女儿在杭州上大学，是大四学生，儿子在温州上大学，是大二学生。折旧后固定资产总额为 85 万元，另有应收账款 10 万元。

三、贷前调查

生产塑料餐盒的主要原料是 PP，进货的材料有 PP 粒子和 PP 粉，都从余姚进货，结款为现结，月进货量在 20 吨左右，市场价为 9 800 ~ 9 600 元。填充料主要是碳酸钙，从当地购买的散货进货量约在 30 吨，结款为现结，色膜从北京进货，每 2 个月 1 吨，也为现结，其他的料也为现结。

客户的主要销售市场是宁海、宁波、慈溪、余姚的一些批发市场，宁海当地的客户结款方式是客户上门收取现金，其他地方是通过银行转账。一般开年第一个月的销售作铺底，其他的一般都现结，最长的账期不会超过一个月。

客户的销售一般以现结为主，所以开票很少，宁海本地主要依靠发货单来统计销售情况，客户提供了 2009 年 2 月到 2009 年 8 月的发货单。其他地区依靠银行转账，也有银行对账单。

四、财务分析

表1　　　　　　　　　　　　资产负债表　　　　　　　　　　单位：元

资产		负债	
现金和银行账		应付账款（名称及到期日）	
现金	3 000	应付款——聚丙烯粉 2 吨	19 200
银行存款	15 000	纸箱	1 600
总计	18 000	总计	20 800
应收账款（名称及到期日）		短期负债（名称及到期日）	
宁波路林市场（1 个月）	40 000	农业银行抵押贷款（2006 年开始，2009 年 4 月转）	800 000
宁海小董（1 个月）	115 300	汽车按揭（2007 年 4 月至 2010 年 4 月）	39 569
宁海陈先生（1 个半月）	83 200	信用卡透支	16 494
其他（1 个月左右）	65 000		
亲戚朋友借款	75 000		
总计	378 500	总计	856 063
存货和原料			
餐盒成品（90 元×236＋38 元×1 959＋45 元×408＋55 元×400＋75 元×174＋80 元×278＋150 元×118＋180 元×64）	200 552		
聚丙烯粒 9 800 元×8 吨	78 400		
聚丙烯粉 9 600 元×35 吨	336 000		
石蜡 9 000 元×0.5 吨	4 500		
废料 6 000 元×4 吨	24 000		
纸箱 3.5 元×2 000	7 000	总计	876 863
其他	3 0000	权益和保留资金	1 001 589
总计	680 452	总负债和权益	1 878 452

资产		负债
流动资产	1 076 952	
固定资产		
拉片机 350 000 元（2006 年）5 折	175 000	
成型机 280 000 元（2006 年）5 折	140 000	
快餐盒成型机 120 000 元两台（8 年）5 折	120 000	
快餐盒成型机 180 000 元（5 年）5 折	90 000	
拉丝（造粒）机 80 000 元（5 年）5 折	40 000	
冲压机 18 000 元（5 年）5 折	9 000	
冷却机、真空棒 37 000 元（5 年）5 折	18 500	
模具 150 000 元（年限不等）2 折	30 000	
其他设备 30 000 元（5 年）5 折	15 000	
本田雅阁 220 000 元（2.5 年）7 折	154 000	
预付租金	10 000	
总计	801 500	
总资产	1 878 452	

作为生产型的企业，客户的产品有一定的特殊性。他生产的塑料产品难免会出现废料，但是由于废料经过处理仍旧可以作为原料使用，因此，生产的损耗基本可以忽略不计。

根据客户提供的发货单和银行对账单估算的客户销售情况如表 3 所示。

五、软信息分析

信贷员感觉，客户生意比较稳定。在分析客户的还款意愿时，信贷员主要关注客户的谈吐、对员工的态度以及其他客户对他的介绍。另外，从客户家庭情况来看，夫妻关系（两人共同在厂里工作，分工明确，凡事都两个人商量）、小孩情况（儿女都在上大学，客户对子女教育比较重视，也相对比较成功）加上客户的年纪，都反映出客户本人希望稳定，不愿意冒险的状态和心理。

同时，还要考察担保人的态度是否坚决。担保人——客户的同学，是宁海第二大酒店的维修部技术专家。此担保人的特点是：严谨、务实，对个人信誉看得比较重，而且工作稳定，有担保的实力。俗话说，物以类聚，人以群分，从客户担保人的状况也可以大致看出客户的性格、行事风格等。

表2　　　　　　　　　　　　　　　　　　　　　单位：元

基于现金流的损益表

经营收入	2008年9月	10月	11月	12月	2009年1月	2月	3月	4月	5月	6月	7月	8月	9月1日至9月22日	平均	总计
1 弹簧销售额 (1)	301 060	366 070	287 710	499 190	246 450	320 913	394 028	431 310	366 915	441 438	399 510	418 070	363 405	379 797	4 836 069
收入总计 (1)	301 060	366 070	287 710	499 190	246 450	320 913	394 028	431 310	366 915	441 438	399 510	418 070	363 405	379 797	4 836 069
可变成本															
1 成本 55.03%	218 118	265 218	208 446	361 663	178 553	232 501	285 473	312 484	265 830	319 822	289 445	302 892	263 287	275 163	3 503 732
总计 (2)	218 118	265 218	208 446	361 663	178 553	232 501	285 473	312 484	265 830	319 822	289 445	302 892	263 287	275 163	3 503 732
毛利 = (1) - (2)	82 942	100 852	79 264	137 527	67 897	88 412	108 555	118 826	101 085	121 616	110 065	115 178	100 118	104 634	1 332 337
营业费用															
工资	17 600	17 600	17 600	17 600	17 600	17 600	17 600	17 600	17 600	17 600	17 600	17 600	12 906	17 600	224 106
税	348	348	348	348	348	348	348	348	348	348	348	348	255	348	4 431
水电费	22 000	22 000	22 000	22 000	22 000	22 000	22 000	22 000	22 000	22 000	22 000	22 000	16 133	22 000	280 133
油费	2 000	2 000	2 000	2 000	2 000	2 000	2 000	2 000	2 000	2 000	2 000	2 000	1 467	2 000	25 467
运费	10 000	10 000	10 000	10 000	10 000	10 000	10 000	10 000	10 000	10 000	10 000	10 000	7 333	10 000	127 333
通信费	300	300	300	300	300	300	300	300	300	300	300	300	220	300	3 820
租金	5 000	5 000	5 000	5 000	5 000	5 000	5 000	5 000	5 000	5 000	5 000	5 000	3 667	5 000	63 667
利息	4 000	4 000	4 000	4 000	4 000	4 000	4 000	4 000	4 000	4 000	4 000	4 000	2 933	4 000	50 933
房子按揭	3 100	3 100	3 100	3 100	3 100	3 100	3 100	3 100	3 100	3 100	3 100	3 100	2 273	3 100	39 473
车子按揭	4 506	4 506	4 506	4 506	4 506	4 506	4 506	4 506	4 506	4 506	4 506	4 506	3 304	4 506	57 376
费用总计 (3)	68 854	68 854	68 854	68 854	68 854	68 854	68 854	68 854	68 854	68 854	68 854	68 854	50 491	68 854	876 739
营业利润 = (1) - (2) - (3)	14 088	31 998	10 410	68 673	(957)	19 558	39 701	49 972	32 231	52 762	41 211	46 324	49 627	35 780	455 598
家庭开支	5 750	5 750	5 750	5 750	5 750	5 750	5 750	5 750	5 750	5 750	5 750	5 750	4 216	5 750	73 216
月可支配收入	8 338	26 248	4 660	62 923	(6 707)	13 808	33 951	44 222	26 481	47 012	35 461	40 574	45 411	30 030	382 382

表3　客户销售情况

单位：元

	2008年9月	10月	11月	12月	2009年1月	2月	3月	4月	5月	6月	7月	8月	9月1日至9月2日
发货单1	150 530					161 913	235 028	272 310	207 915	282 438	240 510	259 070	204 405
发货单2						159 000	159 000	159 000	159 000	159 000	159 000	159 000	159 000
合计	150 530					320 913	394 028	431 310	366 915	441 438	399 510	418 070	363 405
银行对账1		183 035	137 710	349 190	123 225	95 530	78 035			70 850	28 260	78 865	26 600
银行对账2									62 830	67 390	84 230	112 310	59 440
合计	150 530	183 035	137 710	349 190	123 225	95 530	78 035		62 830	138 240	112 490	191 175	86 040
收取现金	151 000	151 000	151 000	151 000	151 000	151 000	151 000	151 000	151 000	151 000	151 000	151 000	151 000
考核收入合计	301 530	334 035	288 710	500 190	274 225	246 530	229 035	151 000	213 830	289 240	263 490	342 175	237 040
其他流水单	75 265	91 518	68 855	174 595	61 613	47 765	39 018	0	31 415	69 120	56 245	95 588	43 020
收入合计	376 795	425 553	357 565	674 785	335 838	294 295	268 053	151 000	245 245	358 360	319 735	437 763	280 060

六、交叉检验

对于生产型企业来说，销售、利润的交叉检验方式有很多。从能耗（水、电）到库存（原料库存、成品库存、出库单据），到回款（银行流水单、销售发票），再到一些细节（废料量、原材料进货量）等，都可以对客户提供的数据进行有效的检验。

1. 权益交叉检验

期初权益 2007 年 2 月　　　　　675 500 元（设备 850 500 元 7 折，应收款 10 万元，朋友借款 6.5 万元，流动资金 10 万元，库存 10 万元，贷款 60 万元，租金 6 万元）

+ 2007 年 2 月至 2007 年 12 月盈利　　　400 000 元
+ 2008 年 1 月至 2009 年 9 月 17 日盈利　　682 382 元
- 2008 年村长选举　　　　　　　　　400 000 元
- 2007 年厂房装修　　　　　　　　　20 000 元
+ 期间车贷归还本金　　　　　　　　117 611 元
+ 期初设备折旧　　　　　　　　　　364 500 元
期末预期权益　　　　　　　　　　1 819 993 元

实际权益 = 资产负债表权益 + 折旧

实际权益 = 1 001 589 + 793 500 = 1 795 089（元）

差额 = 1 795 089 - 1 819 993 = -24 904（元）

总收入 = 1 082 382 元

比率 = -2.301%

2. 毛利交叉检验

（1）套餐盒（产量占比 20%）；出厂价 400 元，内含 1 000 件。

盒底材料配比：PP 粒 2 吨 19 600 元，PP 粉 1 吨 9 600 元，填充料 3 吨 7 500 元，色膜 0.5 吨 8 000 元，辅料（石蜡、某酸等）0.2 吨 1 800 元，合计 46 500 元，每吨料 6 940 元，每只套餐盒盒底 25 克，边角料 3 克，成本 0.19432 元。

盒盖材料配比：PP 粒 2 吨 19 600 元，PP 粉 1 吨 9 600 元，填充料 3 吨 7 500 元，辅料（石蜡、某酸等）0.2 吨 1 800 元，合计 38 500 元，每吨料 6 209 元，每只餐盒盒盖 10 克，边角料 2 克，成本 0.0745 元。

（0.19432 + 0.0745）×1 000 + 5 元的纸箱 = 274 元，成本率为 68.5%。

（2）普通快餐盒（产量占比 80%），出厂价 92 元，内含 660 件。

材料配比：PP 粒 1 吨 9 800 元，PP 粉 1 吨 9 600 元，填充料 4 吨 10 000 元，辅料（石蜡、某酸等）0.1 吨 900 元，合计成本 31 200 元，每吨料 4 967 元，每只快餐盒 18 克左右，边角料 2 克，成本 0.09934 元。

$0.09934 \times 660 + 2$ 元纸箱 $= 67.56$ 元，成本率为 73.44%。

综上，合计成本为 72.45%。

3. 电费交叉检验

当地工业用电 0.85 元/度，主要设备的功率总计为 94 千瓦，其中快餐盒机器 15 千瓦，两班倒，估计平均 16 小时工作，套餐盒机器 79 千瓦，不倒班，估计平均 8 小时工作，共计电费 22 236 元，与客户口述的 20 000 元电费相符。

4. 废料交叉检验

套餐盒废料：月销售套餐盒 76 000 元，19 万个，每个废料 5 克，得 0.95 吨；快餐盒废料：月销售 304 000 元，217 万个，每个废料 2 克，得 4.34 吨，合计 5.29 吨，与客户口述的每月产生四五吨的废料相符。

5. 最大生产能力检验

目测生产 2 个快餐盒的时间为 3～5 秒，一天工作 16 个小时，3 台机器，每天能生产 86 400 个，一个月能生产 259 万个。套餐盒生产能力相差不大，1 台机器，3～5 秒生产 2 个底盒或 2 个盒盖，得每月能生产 21.6 万个。

七、贷款审批

审贷会经过慎重考虑，决定授予客户 20 万元的信贷额度，期限为 12 个月，月利率为 1.4%。

（整理人：朱炜骞）

塑胶磨具生产企业贷款

受理机构：深圳分行　行业：生产加工业　客户经理：马昕

这个客户是典型的受金融危机影响的企业，从事塑胶模具生产，申请 30 万元贷款用于进原材料及发放员工工资和房租。

一、业务受理

客户是看到我行的微小企业贷款广告后，主动联系我行的。

二、客户情况

客户祖籍山东，41 岁，大学学历，是天津科技大学塑料工程专业毕业的。客户 1994 年来到深圳，1997 年接触到塑胶模具行业，到 2004 年，与原公司同事一同注册了现在的塑胶模具有限公司，注册资本为 50 万元。当时工厂主要业务是来料加工和模具的生产。客户原材料采购主要从东莞某贸易公司以及深圳某贸易有限公司，结款方式有的是现结有的是后付。其下游客户主要有某股份有限公司，还有一些小的公司。结款是按照合同约定，账期为 3 个月。

三、贷前调查

客户的企业是劳动密集型企业，有 100 多名工人，总资产有 200 多万元，但是固定资产比较多，还有应收账款 90 万元。客户说，去年的金融危机他受到很大的影响，现在的问题是固定开支比较大，这次计划贷了款一部分用于付材料款，一部分用于付工人工资。

四、财务分析

调查时，客户的总资产是 200 多万元，其中现金和银行账 12 万多元，应收账款 90 多万元（主要是下游客户所欠）；存货主要是原材料，进行了盘点，总价是 15 万多元，固定资产 70 多万元（主要是设备，不含法人的房产），表外折旧 80 多万元。客户预付房租 6 万多元（包含押金两个月，每月厂租 28 000 元）。客户负债情况：应付账款主要是欠的 14 万多元材料款，还有应付工人工资 90 000 元；欠香港银行 2 000 多元，向浦东发展银行的商业贷款余额还有 16 万元。权益就是 160 多万元。

具体的资产负债情况见表 1。

表 1   资产负债表   单位：元

资产		负债	
现金和银行账		应付账款	
现金	0	应付原材料款	143 788
公司账户 1	116 843	应付工人工资	90 000
公司账户 2	5 034		
公司账户 3	6 199		
总计	128 076	总计	233 788
应收账款（名称及到期日）		短期负债（名称及到期日）	
详见应收款清单	933 028	香港银行贷款	2 300
总计	933 028	总计	2 300
存货和原料		长期负债	
原材料	153 088	浦东发展银行贷款	160 000
成品	91 770		
总计	244 858	总计	160 000
流动资产	1 305 962		
固定资产		权益和保留资金	1 772 341
详见固定资产清单	799 000		
合计	799 000		
其他资产 预付房租（含押金）	63 467	总负债和权益	2 168 429
总计	862 467		
总资产	2 168 429		

客户的收入主要包含 4 个部分：一部分是开票收入占 80%～90%，但其中包含一部分来料加工收入，还有一部分未开票的来料加工收入占 10%，还有就是加工费收入。具体的权益情况如表 2 所示。

表2

基于现金流的损益表

单位：元

经营收入	2008年6月	7月	8月	9月	10月	11月	12月	2009年1月	2月	3月	4月	5月	6月1日至6月22日	月平均	总计
开票收入	224 196	276 960	301 380	211 476	250 763	529 755	521 858	8 530	395 873	300 933	205 626	92 904	164 410	290 389	3 484 663
开票来料收入	55 000	55 000	55 000	55 000	55 000	55 000	55 000	55 000	55 000	55 000	55 000	55 000	40 334	58 361	700 334
不开票来料收入	8 333	8 333	8 333	8 333	8 333	8 333	8 333	8 334	8 333	8 334	8 334	8 334	6 110	8 843	106 110
赚加工费收入	25 000	25 000	25 000	25 000	25 000	25 000	25 000	25 000	25 000	25 000	25 000	25 000	18 334	26 528	318 334
总收入	312 529	365 293	389 713	299 809	339 096	618 088	610 191	96 864	484 206	389 267	293 960	181 238	229 188	384 120	4 609 441
可变成本															
开票收入成本40%	89 678	110 784	120 552	84 590	100 305	211 902	208 743	3 412	158 349	120 373	82 250	37 162	65 764	116 155	1 393 865
开票来料收入成本	0	0	0	0	0	0	0	0	0	0	0	0	0	0	0
不开票来料收入成本	0	0	0	0	0	0	0	0	0	0	0	0	0	0	0
赚加工费收入成本90%	22 500	22 500	22 500	22 500	22 500	22 500	22 500	22 500	22 500	22 500	22 500	22 500	16 501	23 875	286 501
成本总计	112 178	133 284	143 052	107 090	122 805	234 402	231 243	25 912	180 849	142 873	104 750	59 662	82 265	140 030	1 680 366
毛利	200 351	232 009	246 661	192 718	216 291	383 686	378 948	70 952	303 357	246 394	189 209	121 577	146 923	244 090	2 929 075
经营费用															
厂房、办公楼租金	28 000	28 000	28 000	28 000	28 000	28 000	28 000	28 000	28 000	28 000	28 000	28 000	20 533	29 711	356 533
员工工资	90 000	90 000	90 000	90 000	90 000	120 000	120 000	80 000	80 000	80 000	80 000	80 000	66 000	96 333	1 156 000
社会保险费	2 000	2 000	2 000	2 000	2 000	2 000	2 000	2 000	2 000	2 000	2 000	2 000	1 467	2 122	25 467

续表

	2008年6月	7月	8月	9月	10月	11月	12月	2009年1月	2月	3月	4月	5月	6月1日至6月22日	月平均	总计
经营收入															
增值税17%	9 987	6 439	12 573	3 534	5 392	15 166	19 279	0	3 280	5 147	4 012	0		7 067	84 809
地税	399	258	503	141	216	607	771	0	131	206	160	0		283	3 392
水电费	49 000	49 000	49 000	49 000	49 000	49 000	49 000	49 000	49 000	49 000	49 000	49 000	35 933	51 994	623 933
机器维修费	1 250	1 250	1 250	1 250	1 250	1 250	1 250	1 250	1 250	1 250	1 250	1 250	917	1 326	15 917
办公费用	2 000	2 000	2 000	2 000	2 000	2 000	2 000	2 000	2 000	2 000	2 000	2 000	1 467	2 122	25 467
通信费	750	750	750	750	750	750	750	750	750	750	750	750	550	796	9 550
交通费（含运费）	7 000	7 000	7 000	7 000	7 000	7 000	7 000	7 000	7 000	7 000	7 000	7 000	5 133	7 428	89 133
应酬费	2 500	2 500	2 500	2 500	2 500	2 500	2 500	2 500	2 500	2 500	2 500	2 500	1 833	2 653	31 833
费用总计	192 886	189 197	195 576	186 175	188 108	228 273	232 550	172 500	175 911	177 853	176 672	172 500	133 833	201 836	2 422 034
分期付款——浦东发展银行	6 232	6 202	6 171	6 142	6 111	6 081	6 051	6 021	5 991	5 961	5 931	5 901	4 305	6 425	77 100
净利润	1 232	36 610	44 914	401	22 072	149 332	140 347	-107 569	121 454	62 580	6 606	-56 824	8 785	35 828	429 941
其他收入（废料收入）	1 500	1 500	1 500	1 500	1 500	1 500	1 500	1 500	1 500	1 500	1 500	1 500	1 100	1 592	19 100
房子出租收入	1 500	1 500	1 500	1 500	1 500	1 500	1 500	1 500	1 500	1 500	1 500	1 500	1 100	1 592	19 100
家庭开支	5 000	5 000	5 000	5 000	5 000	5 000	5 000	5 000	5 000	5 000	5 000	5 000	3 667	5 306	63 667
月可支配收入	(768)	34 610	42 914	(1 599)	20 072	147 332	138 347	(109 569)	119 454	60 580	4 606	(58 824)	7 318	33 706	404 474

制造生产型的大多数客户是根据毛利率来确定销售价格的，而在这个毛利率的计算过程中，客户的算法是把财务上的成本、费用合而为一来计算（收入－固定成本/费用－可变成本/费用），但是根据我行的算法是分开计算（收入－成本－费用），有时候容易把费用算两次，减少了客户的利润。

五、软信息分析

在还款意愿方面，信贷员主要看征信记录，同时在聊天中看客户对待银行和征信的态度，以此作为切入点跟他谈。此外，还要看现金情况。信贷员总结认为：微小型的企业看老板，中型企业看制度，大型企业看文化。微小企业主要看老板，如果经常会留下一定现金富余，说明客户有危机意识。如果客户长期保持很少量的现金，则说明客户缺乏对资金的有效管理和危机意识，需要拆解来周转资金，这样的客户就比较危险。

六、交叉检验

1. 销售额检验

客户说：淡季为1月、2月、3月，旺季为7月、8月、9月，一般季节为4月、5月、6月、10月、11月、12月，客户说淡季的销售额一般在20万~30万元，旺季销售额在60万~70万元，一般季节在30万~40万元，30×3＋60×3＋35×6＝480（万元），与客户所说的年产能在480万~500万元基本保持一致。同时，信贷员查看了客户缴纳增值税记录中4月产值302 293元，与客户所说的基本一致。

2. 成本核算

生产流程：图纸→设计模具→（用钢材）加工模具→（用苯乙烯＋色粉）注塑→喷油→丝印→检验→烘干→成品

苯乙烯600克（每千克20元）＋色粉100克（每25千克需要色粉100克，100克色粉2元）＋喷油0.48元/个＋丝印1元/个＝12＋2＋0.48＋1＝15.48（元），再加上包装费用每个0.5元，合计每个产品的成本为15.98元，与客户所说的每个产品成本大概16元一致。卖价每个产品为44~48元，利润率在64%~67%，客户说，毛利率大概在60%，保守原则，取可变成本率为40%。

3. 原材料检验

根据客户提供的进货单，统计2009年1—5月进货量为500 868元，2008年6—12月进货量为720 000元，根据进货量占总进货量的80%，计算出近一年进货总量为：（50＋72）/80%＝152.5（万元），客户说虚大2009年1—5月和2008年6—12月的进货量分别是50万元和883 635元，合计138万元，总的进货量合计为290万元左右。根据客户提供的报税单统计，2008年6月至2009年

5 月进项税总和是 613 880 元，计算得出进项为 613 880/ 17% = 3 611 059（元），其中，电费统计为 58.8 万元，所以购原材料为 3 023 059 元，3 023 059 – 100 000（替开票）= 2 923 059（元），与上述进货量 290 万元相差 12 万元，也基本符合。

七、贷款审批

审贷会考虑到客户资产负债情况也比较好，所以决定授予客户贷款 200 000 元，分 12 个月还款，利率为 14‰（申请贷款额度为 50 万元）。

（整理人：朱炜骞）

牛羊肉生产加工企业贷款

受理行：赤峰分行　行业：生产加工业　信贷员：申伟东

由于具有显著的行业特点，生产加工型行业在微小企业信贷业务中算是一个比较典型的行业。但由于地域和加工产品的不同，其中的每个微小企业仍有各自不同的特点，这需要信贷员注重对生产流程和生产成本的考察。另外，一些较为成熟的生产加工型企业虽然有较为详细的财务信息，但仍需信贷员在财务分析中甄别财务信息的真假，这不仅能取得真实、客观的财务信息，更是对贷款人软信息的一个考察。下面以一个羊肉生产加工的微小企业为案例进行分析。

由于得天独厚的自然条件，赤峰地区的畜牧养殖业资源丰富，从而使得当地的肉类加工行业具有成熟的市场环境和广阔的市场前景。虽然传统的作坊屠宰和肉类的销售方式仍然存在，但已经形成一定程度的产销一体化的经营模式并拥有现代化的加工设备。

一、业务受理情况

支行的客户经理小申一上班就接待了一位来申请贷款的客户王先生。经过简单的了解，小申得知客户王先生是赤峰人，在锡林浩特市经营了一家牛羊屠宰加工厂，经营的 3 年当中每年的净利润大约都在六七十万元。由于行业原因，每年的 5 月、6 月份即进入生产的旺季，此时需要大量地填充库存。目前，客户尚有 60 万元的资金缺口，特前来申请贷款。小申对当地市场有着丰富的经验，认为这是一个目标客户，随即让王先生填写了客户申请表，并嘱咐王先生要准备贷款中需要的一些基础材料。

第二天，小申便和王先生电话沟通，要求去经营场所进行现场调查。按照程序，小申打电话之前登录了后台系统，得知王先生在包商银行还没有业务往来，因此，小申也知道了在调查过程中要掌握哪些重要信息。

二、客户基本情况

从赤峰去加工厂，要走七八个小时的车程，小申充分利用这段时间对客户王先生进行了详细的了解，主要还是以聊天、拉家常的方式进行了解。客户已经从事几年的屠宰加工，对自己的经营情况了熟于心，在聊天的时候几乎是脱口而出。王先生在 1999 年时担任赤峰一家食品加工上市公司的办公室主任，后来又先后担任该上市公司某分厂的总经理助理、分厂厂长。2006 年，该公司债务重组的时候，王先生承包了该分厂，注册为肉食品加工厂，并申请了商标，以牛羊屠宰加工和销售为主。当时投入了 82.5 万元，厂房租金为 6.5 万元，购买机器设备 10 万元（切片机 1 万元，真空包装机 7 万元，包装铁盒 2 万元），舍内维修 6 万元，并有 60 万元作为流动资金。

客户王先生从事肉食品加工十年有余，拥有丰富的行业经验和客户资源，生意上的供应商和销售商都比较稳定。活羊主要从羊贩子那里收购，屠宰加工后销往青岛、济南、哈尔滨、河南、河北等地。牛羊屠宰加工有明显的淡旺季，一般 1—5 月份基本上停产，6—12 月份是生产期。

三、现场调查

由于路上的时间很充裕，小申又与客户聊到了一些关于生产流程和生产成本的内容。在客户王先生家里，他爱人负责生产加工，他本人主要负责进货和销货，而财务由他们的儿子管理。客户讲到，去年一年下来宰杀了大概有 5 万只羊，平均一只羊的重量大约在 14 公斤，每公斤的收购价是 22 元，平均一只羊的收购价大约在 300 元。一只羊经过宰杀后，出的羊皮会退还给羊贩子，羊血、羊头、羊蹄、内脏加起来差不多总共能卖 7 元左右。白条羊可加工成 4 卷羊肉，每卷 5 斤，市场上能卖到 13 元/斤，还有带骨肉 7 斤左右，能卖到 23 元/公斤。另外，还有一些经营费用，如包装费、人员工资、国税、地税、环保费、动物检疫费，再加上平时用的水电费和通信费。由于厂里有专人管理财务，对于这些费用都做了记录。小申为了做一下检验，对生产流程和包装过程问的比较详细。

包装过程中，每个肉卷外面都需要有包装膜，再打上打包扣和打包袋，每 10 卷要装一箱。一个箱子的价格大约在 5.5 元，一个包装膜大约是 0.36 元，一吨肉卷将用 30～40 元的包装扣和包装袋。

为了获得更多的财务信息填写资产负债表和损益表，小申还在经营场所对库存和固定资产进行了点货。在加工厂内，客户出示了 35 000 元的现金和存有 130 多万元的银行卡，有存货 3 300 元的包装膜、3 500 元的冷冻油、25 000 元的机器配件、55 000 元的包装箱和 20 000 元的包装扣。由于小申对这些存货的市场成本价都比较了解，因此只是点了一下数量。厂里的固定资产就是一些加工设备，有真空包装机、切片机、包装铁盒。加工厂里的账目也是比较清楚的，对每个月的现金流入都有详细记录。

客户王先生每年的利润在 60 万 ~ 70 万元，2008 年由于"白灾"，羊的数量有些减产，不容易收购活羊，所以 2008 年的利润只有 50 万元左右。按照牛羊屠宰加工的经验，每年都要在 5 月份左右收购一些活羊，填充库存，以应对进入旺季时活羊收购价格上涨。现在客户手上有 140 万元的现金，前期需要 200 万元，往年都是向亲戚朋友借，今年看到了包商银行的业务宣传后，想到了向银行融资，所以要申请 60 万元的贷款。抵押物是现有的一套房产和车库。担保人是客户王先生的亲戚，是赤峰科技局的公务员，月收入在 2 000 元左右。随后小申又了解了一下客户的大项开支和大项收入：2007 年买了一辆伊兰特轿车，花费 12 万元，2008 年买了一套房子带车库花费 40 万元，装修并购置家电花了 10 万元。这几年厂子里厂房维修总共花了 6 万元左右，招待费大约有 10 万元。借给小舅子 8 万元。

四、财务信息分析

在对客户王先生做完现场调查和访谈后，小申第二天回到行里为上审贷会作准备，按照审贷会的要求，需要对客户的基本情况、非财务情况、资产负债表、基于现金流的损益表、交叉检验和担保人信息进行整理。

表1　　　　　　　　　　　　资产负债表　　　　　　　　　　单位：元

现金及银行存款	1 402 249		
现金	35 000	应付账款	0
银行存款	1 367 249		
应收账款	0		
预付账款	0	短期负债	0
存货	168 000		
包装膜	33 000		
包装箱	55 000		
冷冻油	35 000		
机器损件	25 000	长期负债	0
包装扣	20 000		
流动资产	1 570 249		
固定资产合计	50 000	负债合计	0
其他资产合计	30 000		
		所有者权益	1 650 249
资产总计	1 650 249	总负债及权益	520 200

表2　基于现金流的损益表

单位：元

经营收入		2008年6月	7月	8月	9月	10月	11月	12月	2009年1月	2月	3月	4月	5月	总计
	1	358 640	2 634 385	3 966 336	3 773 087	3 047 406	2 322 407	347 747	0	0	0	0	0	16 450 008
总计 (1)		358 640	2 634 385	3 966 336	3 773 087	3 047 406	2 322 407	347 747	0	0	0	0	0	16 450 008
可变成本														
	1　90%	322 776	2 370 947	3 569 702	3 395 778	2 742 665	2 090 166	312 972	0	0	0	0	0	14 805 007
总计 (2)		322 776	2 370 947	3 569 702	3 395 778	2 742 665	2 090 166	312 972	0	0	0	0	0	14 805 007
毛利 = (1) - (2)		35 864	263 439	396 634	377 309	304 741	232 241	34 775	0	0	0	0	0	1 645 001
营业费用														
房租		5 000	5 000	5 000	5 000	5 000	5 000	5 000	5 000	5 000	5 000	5 000	5 000	60 000
雇员工资		23 560	106 545	131 897	130 656	104 975	64 359	41 006	2 300	2 300	2 300	2 300	2 300	614 498
包装费		7 581	54 120	64 011	60 248	51 154	50 109	26 985	0	0	0	0	0	314 208
工商		240	240	240	0	0	0	0	0	0	0	0	0	720
国税		500	500	500	500	500	500	500	500	500	500	500	500	6 000
地税		300	300	300	300	300	300	300	300	300	300	300	300	3 600
油钱		1 500	1 500	1 500	1 500	1 500	1 500	1 500	1 500	1 500	1 500	1 500	1 500	18 000
水电费		1 200	3 600	3 600	3 600	3 600	3 600	3 600	200	200	200	200	200	23 800
通信费		450	450	450	450	450	450	450	200	200	200	200	200	4 150
环保费		833	833	833	833	833	833	833	0	0	0	0	0	5 831
动检费		1 666	1 666	1 666	1 666	1 666	1 666	1 666	0	0	0	0	0	11 662
总计 (3)		42 830	174 754	209 997	204 753	169 978	128 317	81 840	10 000	10 000	10 000	10 000	10 000	1 062 469
分期付款 (4)		0	0	0	0	0	0	0	0	0	0	0	0	0
营业利润 = (1) - (2) - (3) - (4)		-6 966	88 685	186 637	172 556	134 763	103 924	-47 065	-10 000	-10 000	-10 000	-10 000	-10 000	582 532
家庭开支		4 000	4 000	4 000	4 000	4 000	4 000	4 000	4 000	4 000	4 000	4 000	4 000	48 000
月可支配收入		-10 966	84 685	182 637	168 556	130 763	99 924	-51 065	-14 000	-14 000	-14 000	-14 000	-14 000	534 532

五、交叉检验

1. 毛利润的检验

根据客户王先生之前的口述，2008 年一年大约宰杀了 5 万只活羊，一只活羊大约能出 7 元（羊下货）+4 卷 ×5 斤/卷 ×13 元/斤（羊肉卷）+7 斤 ×11.5 元/斤（带骨肉）= 347.5（元）。一只羊平均 14 公斤，每公斤的收购价为 22 元，所以毛利润为（347.5 - 14 × 22）/347.5 = 11.4%，与客户提供的 10% 基本一致。

2. 包装费的检验

客户口述 1 吨肉需要 40 个包装箱，每个纸箱 5.5 元。1 吨肉是 400 个肉卷，需要 400 个包装膜，一个包装膜是 0.36 元。1 吨肉大约需要 35 元的包装扣和包装带。1 吨肉的包装费大约是 5.5 × 40 + 400 × 0.36 + 35 = 399（元）。1 吨肉大约靠 70 只羊出肉，这样计算下来一只羊平均需要包装费 5.7 元，按去年一年 5 万只羊计算，一共需要包装费 285 000 元左右，而客户提供的利润表中显示的是 314 208 元，因带骨肉包装比较麻烦，所以推算与客户叙述基本一致。

3. 权益检验

表 3　　　　　　　　　　　　权益检验表　　　　　　　　单位：元

2006 年 7 月初始投资	租金 6.5 万元/年，流动资金 60 万，切片机 1 万，真空包装机 2 台共 7 万，包装铁盒 2 万。
2006 年 7 月至 2007 年 5 月	60 万
2007 年 6 月至 2008 年 5 月	70 万
2007 年支出	12 万（买一辆伊兰特轿车）
2008 年 6 月至 2009 年 5 月	53 万左右
2008 年支出	40 万（买了一套房子带车库），10 万（装修并购置家电）
2006 年 7 月至今	6 万（厂房维修），10 万（招待费），5 万（广告费）
合计	1 699 532
现有权益	1 650 248
权益交叉检验的误差	（1 699 532 - 1 650 248）/2 134 532 = 2.3%

六、客户软信息

客户王先生在自己开办公司之前曾在一家肉类加工的上市公司担任过中层管理人员，后承包了该公司的一家加工分厂，并注册了商标，说明客户具有丰富的行业经验和敏锐的经营头脑。客户家住在赤峰市区，在赤峰有车有房，而担保人也是赤峰的公务员，对客户的还款能力也比较放心。

七、贷款审批及贷后维护

经过对客户王先生的财务分析，小申认为客户这几年的经营状况比较良好，客源比较稳定，利润可以承受贷款余额。虽然经营场所比较偏远，不易于贷后监控，且考虑到 2008 年的利润下降，小申给审贷会建议的贷款金额是 50 万元。基于半年生产、半年停产的生产周期而带来的月可支配收入，小申又给客户王先生做了在生产时期多还款，停产时期少还款的还款计划。审贷会批准了这笔贷款，金额为 50 万元，年利率为 16.8%，期限为 12 个月。

在客户贷后还款的 11 个还款期内，客户经理会不定时地在还款日前几天打电话与客户沟通，询问进货情况及贷款使用情况，并提醒客户及时还款。目前客户的还款情况良好，无逾期情况发生。

（整理人：王大鹏）

手电筒生产制造企业贷款

受理机构：宁波分行　行业：生产加工业　客户经理：於浩军

江浙一带的生产、加工型中小企业比较集中，只要有一定的经验和资金的人都愿意自己做生意。由于江浙地区的个体工商户和私营企业比较多，金融市场活跃，自发地形成一种信用文化，企业主的信用意识都比较强。总体来说，这一地区的客户都比较重视自己的信用状况，有良好的还款意愿。

一、业务受理

该客户是经过其他客户介绍而来的，2009 年 8 月打电话给宁波分行的信贷员咨询了贷款的相关情况，两天之后来到宁波分行填写贷款申请表。

二、客户情况

客户经营铝手电筒制造的生意，是宁海县竹溪村人，是竹溪村当地党支部书记。2004 年以前在一家较大的手电筒公司工作，给公司老板开车，经常会从老板那里接收一些单子，自己做一些手电筒的代加工，3 年净赚 15 万元，同时也积累了一些相关经验。2007 年的时候，租了一个场地，购买了数控车床，增加了用来精加工手电筒的仪表车床，开始做全套的手电筒生意，员工有四五十人左右。由于客户生意较忙，订单已经可以做到 9 月中旬，外贸公司的订单陆续增加，缺乏资金购买材料，因此，申请 80 万元贷款用于流动资金和购买材料。实际资金用于偿还部分的铝材应付账款和灯泡应付账款，留下 30 万元左右流动资金用于购买材料应付突然增加的订单。客户没有提供抵押物，提供了法人担保，担保人是一家生产并销售卫浴产品配件的公司，公司法人是竹溪村的村长，与客户住在同一条街道。担保公司的经营状况较好，且法人担保意愿良好。

三、贷前调查

客户填写好申请表，并签字授权我们查看他们的信用记录之后，我们的贷前调查工作就正式开始了。客户需要提供给我们营业执照、税务登记证、结婚证、银行流水单等相关证件。这样，信贷员就对客户的情况有一个大致的了解了。然后是整个贷前调查中最关键的部分——实地考察，就是到客户的经营场所了解客户的经营状况和资产情况。在这个过程中，信贷员不可能仅仅依靠客户所提供的数据进行判断，还需要用到交叉检验和软信息分析等方法，这些都是我行微小贷款技术的关键环节。

四、财务分析

1. 客户资产状况。该客户目前总资产为 413 万元，其中负债共 231 万元，包含向宁海桃源信用社贷款 100 万元，权益为 182 万元，负债率为 56%。客户所拥有的资产必须经由信贷员亲自见过才可以列入资产负债表。对于应收账款的审查，信贷员主要是审核相应的发货单据。信贷员了解到该客户的下游公司分为两块，外贸公司订单一块，义乌宁波市场一块，每块各占 50%，其中，外贸公司和宁波汇丰国际贸易有限公司合作最多。义乌方面的结款方式现在基本为款到发货，外贸公司为发货后 50 天左右，加上生产的一个月时间，做外贸单子的生产周期大概在 90 天。存货和固定资产都需要信贷员清点、查验。该客户的存货主要包括铝材、精加工的铝件、电灯泡和成品手电筒等，大约价值 726 820 元。客户的固定资产主要有厂房一间（1 600 平方米左右），数控车床 22 台，仪表车 72 台，车辆 2 台。信贷员编制的资产负债表如表 1 所示。

表 1　　　　　　　　　　　　资产负债表　　　　　　　　　单位：元

资产		负债和权益	
现金	59 072	应付账款	1 312 389
应收账款	1 900 000	长期负债	0
存货	726 820	短期负债	1 000 000
固定资产	1 443 750	负债合计	2 312 389
资产合计	4 129 642	权益合计	1 817 253

2. 客户收入状况。客户生产铝手电筒，有一定的淡旺季。往年 3 月、8 月和 9 月为淡季，5 月、11 月、12 月为旺季，其余月份平常。生产手电筒过程中产生的铝废料还可以卖出，形成一定的收入。铝手电筒的制作工艺流程为：铝管（下料）→精加工→表面氧化处理（交由其他厂家加工）→车床再加工（研磨、导电）→装配。客户主要从宁海蒙欧铝业（90%）、宁波精欧铝业（5%）和虹波铝业（5%）3 个厂家购进铝件的原材料，灯泡从江苏、深圳等地进货，线路板从嘉善进货。下游公司分为两块，外贸公司订单一块，义乌宁波市场一块，每块各占 50%，其中外贸公司和宁波汇丰国际贸易有限公司合作最多。客户的利润表如表 2 所示。

利润表

单位：元

表 2

		2008年8月	9月	10月	11月	12月	2009年1月	2月	3月	4月	5月	6月	7月	月平均	总计
经营收入															
1	销售收入	1 564 450	235 694	1 029 580	809 836	270 238	333 816	466 034	38 894	779 468	779 364	1 066 588	319 146	641 092	7 693 108
	总计（1）	1 564 450	235 694	1 029 580	809 836	270 238	333 816	466 034	38 894	779 468	779 364	1 066 588	319 146	641 092	7 693 108
可变成本															
1	原料成本 66.04%	1 033 163	155 652	679 935	534 816	178 465	220 452	307 769	25 686	514 761	514 692	704 375	210 764	423 377	5 080 529
	人工成本 10.3%	161 138	24 276	106 047	83 413	27 835	34 383	48 002	4 006	80 285	80 274	109 859	32 872	66 033	792 390
2	总计（2）	1 194 301	179 929	785 981	618 229	206 300	254 835	355 770	29 692	595 046	594 966	814 233	243 636	489 410	5 872 919
	毛利=（1）-（2）	370 149	55 765	243 599	191 607	63 938	78 981	110 264	9 202	184 422	184 398	252 355	75 510	151 682	1 820 189
营业费用															
	工资	13 800	13 800	13 800	13 800	13 800	13 800	13 800	13 800	13 800	13 800	13 800	13 800	13 800	165 600
	租金	2 916	2 916	2 916	2 916	2 916	2 916	2 916	2 916	2 916	2 916	2 916	2 916	2 916	34 992
	交通费用	4 166	4 166	4 166	4 166	4 166	4 166	4 166	4 166	4 166	4 166	4 166	4 166	4 166	49 992
	维护设备	2 000	2 000	2 000	2 000	2 000	2 000	2 000	2 000	2 000	2 000	2 000	2 000	2 000	24 000
	水电费	7 215	9 832	5 608	3 620	3 750	3 545	2 765	6 166	7 428	8 769	4 611	4 200	5 626	67 509

143

续表

经营收入	2008年8月	9月	10月	11月	12月	2009年1月	2月	3月	4月	5月	6月	7月	月平均	总计
交际费	5 000	5 000	5 000	5 000	5 000	5 000	5 000	5 000	5 000	5 000	5 000	5 000	5 000	60 000
税费	15 000	30 098	11 659	17 523	58 883	24 634	8 881	11 545	3 366	11 670	13 070	14 931	18 438	221 260
其他（电话费）	300	300	300	300	300	300	300	300	300	300	300	300	300	3 600
其他（汽油费）	4 000	4 000	4 000	4 000	4 000	4 000	4 000	4 000	4 000	4 000	4 000	4 000	4 000	48 000
朋友借款利息	3 500	3 500	3 500	3 500	3 500	3 500	3 500	3 500	3 500	3 500	3 500	3 500	3 500	42 000
总计（3）	57 897	75 612	52 949	56 825	98 315	63 861	47 328	53 393	46 476	56 121	53 363	54 813	59 746	716 953
贷款利息支出（4）	4 800	4 800	4 800	4 800	4 800	4 800	8 000	8 000	8 000	8 000	8 000	8 000	6 400	76 800
营业利润＝(1)-(2)-(3)-(4)	307 452	-24 647	185 850	129 982	-39 177	10 320	54 936	-52 191	129 946	120 277	190 992	12 697	85 536	1 026 436
家庭开支	3 000	3 000	3 000	3 000	3 000	3 000	3 000	3 000	3 000	3 000	3 000	3 000	3 000	36 000
其他收入（铝材废料）	35 000	35 000	35 000	35 000	35 000	35 000	35 000	35 000	35 000	35 000	35 000	35 000	35 000	420 000
月可支配收入	339 452	7 353	217 850	161 982	-7 177	42 320	86 936	-20 191	161 946	152 277	222 992	44 697	117 536	1 410 436

表3 主要经营项目月均毛利组合分析

	项目名称	进价（元）	售价（元）	差价（元）	销售比率	毛利率
1	九灯	4.89	5.9	1.01	20%	17%
2	草帽灯	3.75	5.3	1.55	25%	29%
3	大功率手电筒	15.37	20	4.63	40%	23%
4	三灯草帽灯	2.91	4.06	1.15	15%	28%
	加权毛利	24.24%		平均毛利率		24%

五、软信息分析

客户是竹溪村的村支部书记，村里做生意的居民经常找他作担保，客户在当地也算是小有名气，因此，比较注重自己的身份和信誉，有良好的还款意愿。客户所居住的桃源街道有56个行政村口，绝大部分在行政拆迁规划内，也就是说，客户的房子以后会有拆迁补偿，应该会有较好的第二还款来源，当地的信用社都愿意借钱给竹口、竹溪当地的计划村内厂家。

六、交叉检验

1. 资产交叉检验

为了对资产进行交叉检验，信贷员还需要了解一下客户的初始投资、其间收入以及与经营无关的大项支出情况。

客户2007年搬厂到现在的生产场地，当时投入150万元，其中，厂房45万元，设备50万元，原料半成品15万元，车辆30万元，流动资金10万元。2007年净赚30万元，2008年净赚50万元，2009年1月至7月净赚690 976元。这一期间与经营无关的大项支出主要有人情费15万元，女儿大学期间的学费7万元，设备折旧993 750元。因此，截至2009年7月，客户的权益为1 777 226元。客户表上权益为1 817 253元，差额为40 027元，误差率为2.68%，属于可以接受的范围内。总体来说，客户口述的资产状况与信贷员调查的结果基本一致。

2. 销售交叉检验

客户口述2008年销售额为800万元左右，基本上一半开票，一半不开票；通过加总每月的销售发票得3 846 554元，二者基本接近。另外，客户近11个月，公司账户的流量为4 691 555元，自身工商银行的账户流量为1 242 812元，信用社账户的流量为1 490 000元，总和为7 424 367元。折算为

12 个月，则总流量为 8 099 309 元，与客户口述基本接近。

3. 铝材成本的交叉检验

表 4　　　　　　　　　　　铝材成本交叉检验表

产品	占比（%）	销售价（元）	铝材（克）	铝成本（元）	铝成本率（%）
九灯	20	5.9	105	1.89	32.03
草帽灯	25	5.3	55	0.99	18.68
大功率灯	40	20.0	265	4.77	23.85
三灯	15	4.06	55.4	0.9972	24.56

根据以上内容所得的加权成本率为 24.3%。客户 2008 年 8 月至 2009 年 7 月的全年销售额为 7 693 108 元，2008 年 8 月至 2009 年 7 月全年共进铝材 110 吨，按均价 18 000 元/吨计算，为 1 980 000 元，占比约为 25.7%，与信贷员的计算结果基本接近。

4. 废料交叉检验

表 5　　　　　　　　　　　废料交叉检验表

产品	占比（%）	净料（克）	毛料（克）	损耗（克）	损耗率（%）
九灯	20	45	105	60	57.14
草帽灯	25	47	55	8	14.55
大功率灯	40	125	265	140	52.83
三灯	15	43	55.4	12.4	22.38

根据以上内容计算所得的加权损耗率为 39.55%。客户口述平均每月的废料收入为 3 万~4 万元，如果按每月 35 000 元计算，废料每吨售价 10 000 元，则全年产生废料 42 吨，按每年消耗铝材 110 吨计算，损耗率为 38.2%，与之前计算结果接近。

七、贷款审批

客户与其妻子一同经营公司，都为公司股东，客户拥有股份 55%，客户的妻子和女儿各占 10% 的股份，另外 25% 的股份为客户的朋友所拥有，她并不参与公司的实际经营，只是参与年底分红。客户与其妻子已经经营手电筒的制造生意多年，经验丰富，经营情况也一直比较稳定，信贷员调查的过程中客户也一直很配合，还款意愿良好。客户申请 80 万元贷款，用于购进手电筒的原料铝材和大功率的手电筒的灯泡。但在实际调查中，信贷员也了解到借款人可能会先用一部分贷款支付铝件和灯泡的应付账款，预留 20 万~30 万元用于进料。审贷会经过综合考虑，决定批给客户 50 万元贷款，期限为 12 个月，利率为

16.8%，按月等额还款。

八、贷后管理

贷后的监控也是贷款流程中非常重要的一环。在贷款发放后，信贷员需要定期进行回访，了解客户生意运行情况，并在还款出现问题时，及时与客户进行联系了解情况。

（整理人：妥佳媛）

农用地膜生产企业贷款

受理机构：赤峰分行　　所属行业：生产加工业　　客户经理：刘思北

一、业务受理

一般来讲，我们的营销、推广方式以扫街为主，但是那些没有在繁华街道设有摊点的潜在客户，往往就无法覆盖得到，所以除了扫街发放宣传单之外，平面广告对于我们产品的推广也是不可缺少的。本案例中的客户就是看到了在公交车站的广告才了解到我行提供微小企业贷款业务的。申请微小企业贷款的客户比较多样，从事批发、零售类行业的客户往往比较集中，而生产制造行业的客户则比较分散，因此，营销方式也是多种多样的，只有多种渠道结合起来才能更深、更广地挖掘潜在客户。

二、客户情况

客户是赤峰下属旗县人，53岁，高中文化，与爱人在赤峰林东镇经营农用地膜的生产加工生意，并且直接销售给最终用户。家里一共四口人，大女儿在新疆某大学任教，小女儿在天津读书。客户夫妻双方2007年底开始经营地膜厂，曾在农村信用合作社贷款过三四次，每年的流动资金都从信用合作社贷款，十几万元到几十万元的都有，信用记录一直不错。2009年购置一处面积60多平方米的住房及步行街内面积38平方米的商厅，未来均有升值可能。客户不动产较多，每年除了经营收入之外，还有租金收入。

客户申请贷款额度为50万元，期限1年。客户抵押的是林东镇一个步行街附近三道街内的商用房，面积330平方米左右。保守评估价值130多万元，但附近商厅售价均为1万元/平方米。抵押物价值超过了贷款额度的两倍，且客户也签了留宿人协议。担保人是客户的侄子，在林东镇城市管理局工作，在当地也有房产。

三、贷前调查

客户在公交站牌广告上看到了我们的广告，来我行进行咨询并填写了贷款申请表。支行的微贷主管安排了信贷员对客户进行调查和分析。在调查的过程中，客户需要向我们提供营业执照、税务登记证、生产许可证等相关证件，并授权信贷员查看客户的征信记录。在了解了客户的基本情况之后，信贷员就可以去客户的经营场所进行实地调查，这是整个贷前调查过程中最重要的步骤。

四、财务分析

1. 客户资产情况。客户所拥有的资产必须经由信贷员亲自见过才可以列入资产负债表，对于现金类的资产信贷员需要查看客户的存折、借记卡或者保险柜，对于应收账款需要信贷员查看相关的发货单据，对于存货和固定资产也需要信贷员清点。信贷员根据客户提供的信息以及自己所见到的资产所编制的资产负债表见表1。

表1　　　　　　　　　　资产负债表　　　　　　　单位：元

资产		负债和权益	
现金	27 003	应付账款	0
应收账款	113 790	长期负债	0
存货	55 000	短期负债	0
固定资产	314 578	负债合计	0
资产合计	510 371	权益合计	510 371

2. 客户经营收入状况。地膜的生产和销售有明显的季节性，每年的12月到来年1月生产，2月、3月、4月、5月份销售，2009年的销售收入约为200多万元，地膜的生产成本是销售价格的80%左右，客户的利润表见表2。

表2　基于现金流的损益表

单位：元

日期　項目	2008年12月	2009年1月	2月	3月	4月	5月	6月	7月	8月	9月	10月	11月	月平均	总计
经营收入														
地膜收入	0	0	552 010	456 121	726 014	398 608	0	0	0	0	0	0	177 729	2 132 753
可变成本														
地膜成本	0	0	441 608	364 897	580 811	318 886	0	0	0	0	0	0	142 184	1 706 202
毛利润	0	0	110 402	91 224	145 203	79 722	0	0	0	0	0	0	35 546	426 551
营业费用														
工资	4 400	4 400	4 400	4 400	4 400	4 400	0	0	0	0	0	0		
水电费	1 200	1 200	1 200	1 200	1 200	1 200	0	0	0	0	0	0		
总计	5 600	5 600	5 600	5 600	5 600	5 600	0	0	0	0	0	0		33 600
营业利润	-5 600	-5 600	104 802	85 624	139 603	74 122	0	0	0	0	0	0	35 546	392 951
家庭开支	3 000	3 000	3 000	3 000	3 000	3 000	3 000	3 000	3 000	3 000	3 000	3 000	3 000	36 000
租金收入	8 333	8 333	8 333	8 333	8 333	8 333	8 333	8 333	8 333	8 333	8 333	8 333	8 333	99 996
工资收入	2 040	2 040	2 042	2 042	2 042	2 042	2 042	2 870	2 870	2 870	2 870	2 870	2 387	28 644
月可支配收入	1 775	1 775	112 177	92 999	146 978	81 497	7 375	8 203	8 203	8 203	8 203	8 203	43 266	485 591

五、软信息分析

客户夫妇勤劳、节俭，具有较强的投资意识，此前投资的不动产都有较高的升值幅度，在销售和生产的淡季，客户基本休闲在家，生活比较舒适。客户的两个女儿都已经成人，大女儿在新疆医科大学研究生毕业之后留校任教，小女儿在天津读大学一年级，家庭情况良好，基本没有负担。客户与厂里的雇工相处状况良好，每年生产季节都集中在 12 月到来年的 1 月，有较长一段时间不进行生产，但是每年还没到生产季节，那些雇工就会准时来到客户的厂里开工，因此足见客户与雇工关系不错，不会拖欠工人工资。

六、交叉检验

1. 资产交叉检验。为了对资产进行交叉检验，信贷员还需要了解一下客户的初始投资、期间收入以及与经营无关的大项支出情况。

客户 2007 年底开始经营地膜生产加工生意，初始投资 55 万元，其中，用于购买厂房 16 万元，购买设备 14 万元，流动资金 25 万元。

2007 年底至 2009 年底的利润总和约为 785 591 元，而这段时间与经营无关的大项支出约为 820 000 元，分别用于买车 270 000 元，给女儿买房 140 000 元，给父亲买房 310 000 元，设备折旧 100 000 元。最终得出的资产为 515 591 元，与客户资产负债表中的资产权益基本相符。

2. 销售额交叉检验。客户口述的 2009 年收入是 200 多万元。信贷员通过账本和进货量对销售收入进行交叉检验。

以下是客户在账本上记录的 2009 年的销售额：

表 3 账本检验表

时间	销售量（千克）	销售额（元）
2009 年 2 月	37 298	552 021
2009 年 3 月	30 819	456 121
2009 年 4 月	49 055	726 014
2009 年 5 月	26 933	398 608

除此之外，信贷员还询问了客户地膜所用的纸芯（地膜都是成卷出售的，每卷地膜都有一个纸芯）的进货量情况用来检验地膜的销售量。2007 年底客户进了 45 000 个纸芯，2008 年用掉将近 10 000 个，现库存还有 20 000 个，因此说明 2009 年用掉 15 000 个。每卷地膜售价 148 元，并要用掉一个纸芯，则 2009 年的营业额为 15 000 × 148 = 2 220 000（元），基本与客户所述相符。

3. 成本检验。地膜的原材料主要是从吉林石化购买的聚乙烯颗粒，地膜的生产流程大致是：把各种颗粒混合，然后经过塑化、挤出、吹胀、牵伸、冷却、分切、收卷这几个阶段，基本上每吨聚乙烯颗粒可以生产 0.97 吨地膜。每 0.97 吨地膜的成本包括 3 项，分别是：聚乙烯颗粒 1 吨，价格 11 000 元；纸芯 97 根（每 10 千克地膜需要一根纸芯，0.97 吨地膜需要 97 根纸芯），纸芯进价 2 元/根，则 97 根需要 194 元；商标 97 张（每卷地膜需要一个商标，一共 97 卷），每张商标 0.09 元，则 97 卷地膜需要 8.73 元，0.97 吨地膜的生产成本共 11 202.7 元，地膜每吨售价 14 800 元，则 0.97 吨地膜的价格为 14 356 元，成本占售价的 78%，与客户口述的 80% 基本相符。

七、贷款审批

地膜的生产和销售虽然有很强的季节性，但是 6 个月的收入已经可以覆盖各项开支，并有相当可观的盈余，所以客户的现金流能够覆盖每月的还款。客户所抵押的房产价值也超过了所贷金额的两倍，抵押物质量良好，客户以前也在其他金融机构有过多次的贷款经历，还款状况良好，综合来看，客户的还款能力和意愿都比较好。审贷会最终决定发放给客户 50 万元的贷款，期限为 12 个月，按期等额还款。

八、贷后管理

贷款发放之后，信贷员经常与客户进行电话联系，了解客户的经营状况，这是贷后控制风险的关键。

（整理人：妥佳媛）

钢材生产加工企业贷款

受理行：赤峰分行　行业：生产加工业　信贷员：张东明

按照小企业贷款的调查流程，财务信息是信贷员掌握的第一手材料。对于财务管理稍正规的小企业来说，从公司财务人员和公司管理者两个渠道了解财务信息，有助于信贷员检验公司的财务状况。

下面以钢铁制造加工小企业为例进行说明。

一、业务受理情况

从事钢材生产加工的客户因为接到一笔订单，需要购买原材料，有资金缺口 120 万元，特向银行申请贷款。因客户的原材料供应商允许使用银行承兑汇票，客户申请的是银行承兑汇票，但客户经理经过成本核算后建议客户申请贷款。客户经理在接到客户填写的贷款申请表后，对该企业法人及法人代表和股东进行了信用查询，获取的信用信息均显示良好，并对客户的经营范围和贷款目的进行调查，认为此客户适合我行的小企业贷款条件，遂与客户电话沟通，对接下来的现场调查事宜进行商定。

二、客户基本情况

在去客户经营场所调查的路上，客户经理就对该企业的经营历史、股东个人情况等非财务信息进行了解。法人代表陈先生在 1990 年到 1995 年任职于外贸局下属的一家企业，1995 年下海成为个体工商户，从事钢材加工，2007 年和几个股东共同出资注册了企业，注册资本为 60 万元。通过客户经理的了解，该公司是当地较有规模的钢结构、彩钢板、车库门生产制造厂，虽 2007 年建厂，但在当地有较高的知名度。在区内外有巨大的市场，客户源比较稳定。有较为完善的组织结构，设有总经理 1 人，负责日常事务和产品的销售，副总经理 1 人，负责各种生产，财务 2 人，分别负责现金管理和日常账务管理，员工 30 人。

公司虽没有专门的财务软件系统，但由于设有专门的账务管理人员，每月的原材料采购、销售和费用开支都有完整的记录。保存的销售合同完整，结算方式按购销合同结算。2008年因企业的流动资金周转不开，在当地农村信用社贷款60万元，期限为3年。

三、现场调查

在经营场所，客户出示了企业的股东会关于申请贷款的决议。信贷员通过公司负责人和财务管理人员两个渠道对资产负债表中的相关财务信息进行了检验，同时根据企业列出的存货清单进行抽样核实。按照当时的购销发票来核算存货的价格，逐一验证了存货的真实情况。

因企业是接订单式生产，并同时购进原材料，所以根据接收的订单可以判断出企业的进货和销售情况，并与财务的账务进行核实。企业的经营费用一般包括员工工资、水电费、税、交通费、电话费、招待费、差旅费和广告费。

四、财务信息分析

客户经理对该客户的财务分析见表1、表2。

表1　　　　　　　　　　　　　资产负债表　　　　　　　　　　单位：元

现金及银行存款	116 056		
现金	681		
银行存款	115 375	应付账款	0
应收账款	5 066 528		
预付账款	0		
存货	905 602		
车库门	145 934		
板材	228 444	短期负债	0
钢构	8 329		
其他	522 896		
固定资产合计	8 582 780	长期负债	2 600 000
房产	4 046 496		
土地	2 424 284		
机器设备	2 000 000	负债合计	2 600 000
车辆	112 000		
其他经营资产	0	所有者权益	12 070 966
资产总计	14 670 966	总负债及权益	14 670 966

表2

基于现金流的损益表

单位：元

经营收入	2008年6月	7月	8月	9月	10月	11月	12月	2009年1月	2月	3月	4月	5月	总计
1 钢构彩板	1 758 920	1 866 667	1 858 690	1 842 570	1 866 667	3 547 820	2 866 540	0	0	1 866 758	1 866 325	1 866 250	21 207 207
2 门收入	466 450	475 667	466 548	567 500	1 466 667	866 667	1 466 578	0	0	66 667	87 500	548 007	7 265 751
总计（1）	2 225 370	2 342 334	2 325 238	2 410 070	3 333 334	4 414 487	4 333 118	0	0	1 933 425	1 953 825	2 414 257	28 472 958
可变成本													
1 钢构彩板	1 512 671	1 605 334	1 598 473	1 584 610	1 605 334	3 051 125	2 465 224	0	0	1 605 412	1 605 040	1 604 975	18 238 198
2 门成本	349 838	356 750	349 911	425 625	1 100 000	650 000	1 099 934	0	0	50 000	656 250	411 005	5 449 313
总计（2）	1 862 509	1 962 084	1 948 384	2 010 235	2 705 334	3 701 125	3 565 158	0	0	1 655 412	2 261 290	2 015 980	23 687 511
毛利＝（1）-（2）	362 861	380 250	376 854	399 835	628 000	713 362	767 960	0	0	278 013	-307 465	398 277	4 785 447
营业费用													
工资	28 030	28 030	28 030	28 030	28 030	28 030	28 030	28 030	28 030	28 030	28 030	28 030	296 354
财务费用	24 603	24 603	24 603	24 603	24 603	24 603	24 603	24 603	24 603	24 603	24 603	24 603	295 236
电话费	1 000	1 000	1 000	1 000	1 000	1 000	1 000	1 000	1 000	1 000	1 000	1 000	12 000
燃油费	4 000	4 000	4 000	4 000	4 000	4 000	4 000	4 000	4 000	4 000	4 000	4 000	48 000
招待费	4 000	4 000	4 000	4 000	4 000	4 000	4 000	4 000	4 000	4 000	4 000	4 000	48 000
水电费	3 798	3 798	3 798	3 798	3 798	3 798	3 798	3 798	3 798	3 798	3 798	3 798	45 576
税	6 010	6 010	6 010	6 010	6 010	6 010	6 010	6 010	6 010	6 010	6 010	6 010	72 120
广告费	3 000	3 000	3 000	3 000	3 000	3 000	3 000	3 000	3 000	3 000	3 000	3 000	36 000
差旅费	6 000	6 000	6 000	6 000	6 000	6 000	6 000	6 000	6 000	6 000	6 000	6 000	72 000
取暖费	2 000	2 000	2 000	2 000	2 000	2 000	2 000	2 000	2 000	2 000	2 000	2 000	14 000
总计（3）	80 441	80 441	80 441	80 441	82 441	82 441	82 441	82 441	82 441	82 441	82 441	80 441	979 292
分期付款（4）													0
营业利润＝（1）-（2）-（3）-（4）	282 420	299 809	296 413	319 394	545 559	630 921	685 519	-82 441	-82 441	195 572	-389 906	317 836	3 806 155
家庭开支	0	0	0	0	0	0	0	0	0	0	0	0	
其他收入	0	0	0	0	0	0	0	0	0	0	0	0	
月可支配收入	282 420	299 809	296 413	319 394	545 559	630 921	685 519	-82 441	-82 441	195 572	-389 906	317 836	3 806 155

五、交叉检验

1. 销售额的检验。

（1）企业有完整的账务，各月销售额都有完整的记录，加上企业全年账本显示数额，共计2 847万元，客户口述2008年全年销售收入2 800万元，累加全年账本销售额与客户口述基本一致。

（2）企业提供了2008年6月至2009年5月的银行对账单，累加企业银行流水总计2 900万元左右，其中可能包括企业间的转账，所以银行流水单基本体现出企业的全年销售额。

2. 毛利润检验。车库门生产流程为下料→覆膜→分条→压花→起轧机→出轨道→合扇→发胞→打包→装件→入库→装车。客户口述车库门的销售分为安装和不安装两部分，安装部分的毛利润为25%左右，不安装部分毛利润为16%左右，彩钢板的毛利润为20%。和同行业及企业的工程成本进行对比，基本一致。

3. 存货的交叉检验。企业老总口述的企业基本不积压购进大量原材料，基本上是根据企业现有的工程量和工程进度购入存货，在企业库管那里得到清单，并对企业的存货进行抽样检查，和清单上反映的基本相符。

4. 权益的交叉检验。

表3 交叉检验表 单位：元

2007年的初始投资	400万
2007年	300万
2008年	350万
2009年至今	160万
折旧总计	4.8万
应有权益	1 205万
现有权益	1 207万
权益交叉检验的误差	（1 207 – 1 205）/736 = 0.3%

六、客户软信息

该客户早年在外贸局下属企业上班，1995年下海后就开始从事钢材加工行业。所注册的公司在当地具有一定的知名度，公司内部的管理比较正规，组织结构较完善。与银行打过多年的交道，有银行融资经历。

担保人是一家企业的法人，担保企业的年利润在300万元左右，担保实力较强，且与客户是朋友关系，对客户的经营能力和还款能力放心，并同意为借款人担保。

七、贷款审批及贷后维护

客户经理经过对客户的财务信息和非财务信息的掌握，获取每月的可支配现金流，并结合现有的银行贷款，认为客户可承受贷款余额。根据其订单的完成情况来看，该借款人诚实经营，人品可靠，有较强的还款意愿。客户经理建议此笔贷款额度为 120 万元，执行年利率为 16.8%，期限为 12 个月，审批会批准了这笔贷款，还款方式是按月等额还款。

对于贷后的还款情况，客户经理一开始会不定期地进行实地查看，以监测客户是否把此笔贷款用在购买原材料上。在随后的几个月中，信贷员会在还款日前几天进行电话沟通，询问近期的经营状况，并对客户的还款进行提醒和监督。在此笔贷款已还款的 10 个月中，客户还款情况良好，且企业经营状况也十分稳定。

（整理人：王大鹏）

食品加工企业贷款

受理行：赤峰分行　行业：生产加工业　信贷员：王智磊

对于一个申请贷款额度在 10 万元以下的微小企业来说，信贷员在了解和分析财务信息时会比较困难，因为客户本身没有完整的财务报表和经营数据，都是凭着经营经验在发展。这样往往需要信贷员在对其提供金融服务时，帮助客户完整地表述出经营信息，并编写出财务报表来，同时也培养了客户依据财务信息寻求金融服务的意识。

下面以一个生产加工月饼和糕点的个体户为例作一下说明。

赤峰当地以农业为主，这能给食品加工行业带来充足的原材料和辅助材料，再加上北方人的传统节日和饮食品味，地方传统月饼销路十分走俏。

一、业务受理情况

2009 年 9 月，中秋节又快到了，经营一家食品加工的赵老太太，又要赶在中秋节前给月饼生产备料了。以前赵老太太在包商银行为她的朋友作担保人，这次则是她自己选择了微小贷款服务。因为曾经在我行作过担保人，客户经理对她的基本信息也有一些了解。老太太是当地工程局的退休工人，2006 年开了一家食品加工店，平时主要加工蛋糕和面包等，到中秋节时，则主要加工一些月饼。除了在店里有一些零售外，主要还是对外批发送货。

二、客户基本情况

加工店刚成立时的初始投资大约是 60 万元，包括盖房子、装修、买设备和车辆等，其中有 9 万元是从亲戚朋友那里借来的，目前已经全部还完了借款。老太太平时对朋友比较慷慨大方，也赢得了不少客户。目前工人的工资每个月平均 1 万元左右。加工食品所需的原料如面粉、粮油等来源也比较固定，都是当地比较大的粮油公司和面粉公司，主要客户是当地市区的几家超市，付款方式都是现金结清。在了解客户基本的经营情况后，客户经理深入了解客户进货和销售两个主要的生产环节。据老太太口述，糕点加工有很明显的淡季、旺季。对于月饼加工来说，中秋节是旺季，那个月能销售大约 7 万斤（其中有损失和低价销售的月饼），每斤 7 元，此时的进货主要是月饼皮（11 吨）和馅（3 吨）；淡季是 7 月、8 月和 2 月，原料主要是面包粉（200 袋）和蛋糕粉（40 袋），每天的进账平均是 3 000 元；其余月份每天的流水账能在 4 000 元左右，需要 300 袋面包粉和 85 袋蛋糕粉。

三、现场调查

前期通过沟通和了解，客户经理大体掌握了客户的这些非财务和财务信息，下一步去她的经营场所进行现场调查和核实。在加工厂里，客户经理看到客户的现金（12 000 元的现金）及银行存款情况、预付账款的收据（57 000 元的预付款）和借出钱的欠条（20 000 元）。客户经理观看了生产加工过程，并对存货、原料和设备进行了清点和检验。由于老太太的年龄已大，有一个儿子，客户经理便让她的儿子和老太太一起作为共同借款人，于是也对她的儿子进行了询问，并核实和检验老太太口述的信息。客户还有其他的一些经营费用，房租每月 500 元、工商每月 140 元、税务每月 560 元（国税 240 元/月，地税 320 元/月）、手机费 400 元/月、水电费 2 800 元/月、质检费 833 元/月。

客户的生意逐年变好，2006 年的利润是 10 万元左右，2007 年一年是 20 万元左右，2008 年在 26 万元左右。每年的中秋节都需要大量备料，以供急需。2009 年需要 10 万元，因自有资金不足，特向我行申请 6 万元的贷款。客户没有抵押物作担保，担保人是她的一个原料供应商，月收入在 5 万元左右，同时也很认可客户的人品和经营能力，愿意为她担保。这几年客户的大项开支有：3 年期间更新设备花费 2 万元，更换车辆花费 15 000 元，人情份子 3 万元，买新车 6 万元，买电脑 5 000 元。3 年的中秋节为月饼销售宣传做条幅 3 000 元，给销售人员奖励 25 000 元，给大儿子用来做生意前后投入了 20 万元。

四、财务信息分析

表1　　　　　　　　　　　　资产负债表　　　　　　　　　单位：元

现金	12 000	应付账款	0
应收账款	77 400		
预付油款	33 000		
预付面粉款	24 400		
生意应收款	20 000	短期负债	0

存货和原料	108 696		
原料	96 128		
半成品	11 570	长期负债	0
成品	998	负债合计	0
流动资产	198 096	所有者权益	718 846
固定资产	520 750	总负债及权益	718 846
厂房	350 000		
设备（烤箱等）	118 200		
车（5辆电瓶车，1辆摩托车）	38 000		
仪器（电子天平等）	10 000		
预付房租（2009年6月至2010年6月）	4 550		
总资产	718 846		

五、交叉检验

1. 营业额的交叉检验

客户口述销售额：旺季 600 000 元

平常 4 000 × 30 = 120 000（元）

淡季 3 000 × 30 = 90 000（元）

（1）客户口述旺季 70 000 斤月饼和淡季的面包收入，其中 70 000 斤月饼送客户亲戚朋友约 1 500 斤；有 3 000 斤月饼会低价销售，卖 4 元/斤，共 12 000元；有 3 000 斤的损失，其中有跑外的损失会给 2 元/斤的补偿，这大约占损失里的 70%，算下来就有 4 200 元；其余损失 900 斤。面包比淡季略少，占 90%左右。面包糕点此时为淡季，按淡季每月 90 000 元的收入计算，面包糕点有90 000 × 90% = 81 000（元）。总计收入是（70 000 − 1 500 − 3 000 − 3 000）×7+ 12 000 + 4 200 + 81 000 = 534 500（元），与 600 000 元基本一致。

客户口述旺季进特一粉 10 吨到 12 吨，取 11 吨算，按照 100 斤月饼需要 30斤面粉计算，11 吨的面粉大约生产出 22 000 ÷ 30 × 100 = 73 333（斤），这与客户所说的一年能生产 70 000 斤的月饼基本一致。

（2）从卖蛋糕的收入检验：在平时蛋糕每天卖 700 ~ 800 元，占当天收入的20% 左右。我们按取 750 元算，则 750/20% = 3 750（元）。一个月就是 3 750 ×30 = 112 500（元）。

表2 　基于现金流的利润表

单位：元

项目＼日期	2008年9月	10月	11月	12月	2009年1月	2月	3月	4月	5月	6月	7月	8月1日至28日	合计	平均
营业额	534 500	120 000	120 000	120 000	120 000	90 000	120 000	120 000	120 000	120 000	90 000	81 290	1 755 790	147 545
成本68.45%	273 005	84 540	82 140	82 140	82 140	61 605	82 140	82 140	82 140	82 140	61 605	55 643	1 111 378	93 393
毛利润	261 495	35 460	37 860	37 860	37 860	28 395	37 860	37 860	37 860	37 860	28 395	25 647	644 412	54 152
费用														
工人工资	25 050	10 350	10 350	10 350	10 350	10 350	10 350	10 350	10 350	10 350	10 350	9 348	137 898	11 588
工人吃饭	6 000	3 000	3 000	3 000	3 000	3 000	3 000	3 000	3 000	3 000	3 000	2 710	38 710	3 253
工商	140	140	140	140	140	140	140	140	140	140	140	126	1 666	140
国税	240	240	240	240	240	240	240	240	240	240	240	217	2 857	240
地税	320	320	320	320	320	320	320	320	320	320	320	289	3 809	320
质检	833	833	833	833	833	833	833	833	833	833	833	752	9 915	833
检证	10	10	10	10	10	10	10	10	10	10	10	9	119	10
煤	10 000	4 000	4 000	7 000	7 000	7 000	7 000	4 000	4 000	4 000	4 000	3 613	65 613	5 514
电费	7 500	2 500	2 500	2 500	2 500	2 500	2 500	2 500	2 500	2 500	2 500	2 258	34 758	2 921
手机费	400	400	400	400	400	400	400	400	400	400	400	361	4 761	400
水费	400	200	200	200	200	200	200	200	200	200	200	71	2 582	218
固定电话	200	100	100	100	100	100	100	100	100	100	100	90	1 290	108
房租	500	500	500	500	500	500	500	500	500	500	500	452	5 952	500
修车	2 000	1 000	1 000	1 000	1 000	1 000	1 000	1 000	1 000	1 000	1 000	903	12 903	1 084
费用总计	53 593	23 593	23 593	26 593	26 593	26 593	26 593	23 593	23 593	23 593	23 593	21 310	322 833	27 129
净利润	207 902	11 867	14 267	11 267	11 267	1 802	11 267	14 267	14 267	14 267	4 802	4 337	321 579	27 023
给儿媳	1 155	1 155	1 155	1 155	1 155	1 155	1 155	1 155	1 155	1 155	1 155	1 043	13 748	1 155
家庭开支	3 000	3 000	3 000	3 000	3 000	3 000	3 000	3 000	3 000	3 000	3 000	2 710	35 710	3 001
给老人钱	500	500	500	500	500	500	500	500	500	500	500	452	5 952	500
月可支配收入	203 247	7 212	9 612	6 612	6 612	-2 853	6 612	9 612	9 612	9 612	147	133	266 170	22 367

从使用的蛋糕粉进行检验：蛋糕粉每月使用 90 ~ 100 袋。我们取 95 袋计算。按照蛋糕的制作流程，$95 \times 15 \times 26 \div 4 \times 2.7 \div 0.2 = 125\ 043$（元）。这两个检验与口述的 120 000 元基本一致。

（3）从使用面包粉上检验：$230 \times 300 \div 75\% = 92\ 000$（元），从使用蛋糕粉上检验：$80 \times 15 \times 26 \div 4 \times 2.7 \div 0.2 = 105\ 300$（元），与客户口述的 90 000 元基本一致。

另外，我们可取客户在销售点的销售比例来检验平时和淡季的销售收入。客户口述在销售点每月的利润在 1 000 元/月 ~ 1 100 元/月，比例占 10%，我们取利润为 1 050 元/月。面包的成本价是 1 元，卖价 1.1 元，蛋糕成本价 2.7 元，卖价是 2.9 元。我们算一下两者的加权平均利润率为（$0.1/1 + 0.2/2.7$）$/2 = 0.087$（元）。所以，我们得出在平时的销售收入是 $1\ 050 \div 0.087 \div 10\% = 120\ 689$（元）。

淡季的时候，每月的利润是 800 ~ 900 元，我们取 850 元，所以，我们得出在淡季时销售收入是 $850 \div 0.087 \div 10\% = 97\ 701$（元）。

以上对营业额的检验与客户口述基本一致。

2. 成本的交叉检验

客户口述在平时主要产品有面包、蛋糕、绿豆糕和油炒面。

面包分为加馅、表皮和省发三种。根据客户生产经验，加馅面包 50 斤面粉能出 300 个，其中要用到 10 斤糖（2.5 元/斤），1 袋酵母，半斤盐，30 元的果酱，油 2 斤（5 元/斤），黄油 4 斤（7 元/斤），鸡蛋 2.5 斤（3.5 元/斤），防腐剂半袋（10 元/袋），优力 1/3 袋（15 元/袋），则 300 个面包的成本是 184.25 元，再加上包装费总共是 215.75 元，这样的面包卖价是 1 元，成本率是 $215.75/300 = 71.92\%$。表皮面包和加馅原料一样，成本差不多。二次省发的是每袋面出 230 个面包，并且没有馅，成本是 199.4 元，卖价是 1.4 元，成本率是 $199.4/（230 个 \times 1.4 元）= 61.93\%$。加馅占的比例是 40%，表皮占 45%，二次省发占 15% 左右，所以面包的加权平均成本率是 $71.92\% \times 40\% + 71.92\% \times 45\% + 61.93\% \times 15\% = 70.2\%$。

蛋糕是 50 斤面出 15 锅，一锅 26 个，每 4 个一袋，卖 2.7 元，所以一袋面粉出的蛋糕能卖 263.25 元，其中要用到 8 斤鸡蛋、6 斤糖、6 斤油和包装袋，所以蛋糕的成本率是 158.185 元/263.25 元 = 60.09%。

1 斤豆（3 元/斤）能出 0.85 斤绿豆糕，8 两绿豆糕装一袋，能卖 4.2 元/袋，所以绿豆糕的成本率是 69.73%。油炒面每包卖 2.8 元，每包能赚 0.7 元，所以成本率是 75%。

面包占营业额的 2/3，蛋糕占 20% 左右，绿豆糕或油炒面占 5% 左右。

月饼有伍仁和绿豆两种，出 100 斤伍仁月饼要用到 30 斤特一面（63 元/

袋），14 斤糖浆（2.5 元/袋，1.3 斤/袋），9 斤油，18 斤熟面（50 斤/袋，53 元/袋），3 斤瓜子（6 元/斤），3 斤芝麻（9 元/斤），3 斤花生（4 元/斤），1 斤杏仁（15 元/斤），10 斤糖（2.5 元/斤），8 斤油（5 元/斤），3 斤青红（4 元/斤），再加上包装费，算下来 100 斤月饼的成本是 306.6。绿豆的原料有 18 斤绿豆（3 元/斤），7 斤黄油（7 元/斤），22 斤糖（2.5 元/斤），再加上包装费，成本是 296.52 元。月饼的平均成本是 301 元，因为 7 万斤月饼有损失，所以按销售收入算，月饼的成本率是 3.01 元 × 70 000 斤/（534 500 元 - 81 000 元）= 46.6%。

加权平均成本率是 70.2% × 67% + 60.09% × 20% + 75% × 5% + 69.73% × 5% + 46.6% × 3% = 67.68%，与客户口述基本相符。

3. 权益的交叉检验

表3　　　　　　　　　　　　　　　　交叉检验表

2006 年 7 月初始投资	59 000 元的料，45 000 元的现金，35 万元的房子，118 200 元的设备，38 000 元的车
	借亲戚的 9 万元
2006 年 7 月至 2007 年 7 月	10 万元
2007 年 7 月至 2008 年 8 月	20 万元
2008 年 9 月至 2009 年 8 月	266 170 元
2007 年支出	20 000 元　3 年间更新设备
	15 000 元　3 年间换车
	60 000 元　买货车
	800 元买手机
	5 000 元买电脑
	30 000 元　3 年间人情
	25 000 元　销售人员奖励（3 年的中秋节）
	3 000 元　条幅（3 年的中秋节）
	200 000 元　给大儿子生意投入
合计	727 570 元
现有权益	718 246 元
权益交叉检验的误差	（727 570 - 718 246）/566 170 = 1.6%

六、客户软信息

客户是一位退休后才开始开店加工糕点的老太太，虽然经营时间不算长，但凭借北方人特有的那种朴实和善良，赢得了不少客户，既有批发又有零售。

从调查中发现，客户对待身边的人很慷慨，每年光送给亲戚和朋友的月饼就达 1 500 斤。

担保人是客户的一个原料供应商，在平时的业务往来中，深知客户的为人和经营状况，所以为客户担保表达出很强烈的担保意愿。

七、贷款审批及贷后维护

经过客户经理的财务分析和检验，认为客户在经营的 3 年中，生意一直比较稳定，利润可以承受每月的还款。由于客户对亲戚朋友比较大方，每年送人的月饼都有 3 000 斤左右，可见客户的人品比较好，还有较好的还款意愿。客户经理给客户做的贷款金额为 6 万元，贷款期限为 12 个月，贷款年利率为 16.8%，实行按月等额还款方式的贷款建议得到了审贷会的批准。对于贷后的还款情况，客户经理每月都进行定期的电话沟通和不定期的实地查看。在已还款的 8 个月中，客户还款情况良好，且企业经营状况也十分稳定。

（整理人：王大鹏）

卫生纸品生产企业贷款

受理机构：赤峰分行　行业：生产加工业　客户经理：耿小强

一、业务受理

该客户是通过老客户介绍而来的，客户从事卫生纸品的生产制造。拿到客户的贷款申请表时，信贷员发现自己对该细分行业的生产流程比较陌生，询问同事后，发现之前本地区没有先例可以借鉴，在与其他地区分行沟通后，依然没有查到相近的客户资料。面对这个挑战，信贷员同时也发现了机遇，一是按照经验，老客户推介的客户一般相对优质；二是该客户所在地属于赤峰市下辖的旗县区，属于还未开发的市场，如果成功开发出一个案例，就能以点带面，挖掘出数名客户，这是一个很好的营销策略。所以，信贷员决定迎接这一挑战。在约客户现场调查之前，信贷员查阅了很多纸品生产的工艺技术资料，做足了准备功课。通过这些功课，信贷员了解到，造纸行业涉及比较复杂的生产流程，对每一步的流程都应有所了解，将生产流程跟成品成本挂钩，注意不同工艺下的损耗。

二、客户情况

信贷员在进行分析时首先从客户的基本信息入手。客户姓张，当地人，39岁，家里四口人，妻子与客户共同经营纸品厂，有两个孩子，2007年，按揭9万元购买了自住房屋。此次申请贷款是用于购进生产设备和卫生纸原料。

三、贷前调查

现场调查时，信贷员先与客户聊天，询问客户的生意情况、客户的一些经历和当时选中从事该行业的原因，从什么时候开始经营，初始投资多少，来源何处等。

卫生纸品厂成立于 2007 年 11 月，主要生产卫生卷纸，当时的初始投资为 112 万元（自有资金 82 万元，借亲戚朋友 30 万元），目前已经还了全部借款。信贷员接下来询问了客户的现金和银行存款情况，要求出示客户储蓄存折，有 6 万余元。现在房租已经预付，另外有向供货商预付的保证金。

对照客户工厂的工商经营执照，信贷员发现卫生纸品的经营范围为卫生纸和餐巾纸，客户介绍，卫生纸大约占 70% 的产销量，餐巾纸大约占 30% 的产销量，客户自己估计销售毛利率在 25% 左右。

卫生纸品的销售也有淡旺季之分，会随着季节变化而变化，所以好的销售月份为 6 月和 7 月（天气热，人容易出汗，月销售量为 40 吨），差的月份为 1—5 月份以及 8 月份（月销售量为 20 吨，淡季有时还停止供货），其他月份是一般月份（月销售量为 30 吨）。

旺季的时候有 60 多个雇员，实行 3 班倒，20 人为一班次，底薪每人每月 600 元，其他按提成走，基本上，每一班次由 12 个人负责包装，工资能拿到 1 000 元/月；6 个人负责裁切，工资在 1 400 ~ 1 500 元/月；两个人负责主机操作，工资在 2 000 元左右。照此计算，旺季的工资支出有（1 000 × 12 + 1 500 × 6 + 2 000 × 2）× 3 = 75 000（元）。

淡季的时候有 20 多个雇员，每天一班，一个月生产 20 天，一天生产 1 吨，能生产 20 吨。工资支出在 30 000 元左右。一般季节工资支出在 50 000 多元。后来信贷员又简要问了 2009 年 1 月（最近一个月）的工资支出，客户称不到 60 000 元。

客户有固定的 5 个地区的顾客，签了 1 年期的供货合同，缴纳了保证金，销售量有保证，这类批发业务占了销量的 90%，其余 10% 的做零售，以盈亏平衡为原则。一般都是压一批货款，当月货款下月结算，但金额不会超过保证金金额，现在有应收账款大约 20 万元。

客户旺季每月进货量在 50 吨左右，一般季节约 30 吨左右，淡季在 40 吨（提前囤货）左右，每吨的平均进价为 9 100 元。进货也都签订了保证金合同。

当问到财务信息时，客户说自己的账目不是很细致，他估计自己毛利率在 20%，纸品的售价相对固定，基本在一提 11.5 元。但原料的价格波动性很大，此次贷款，一部分资金要用于囤货。因为市场竞争激烈，纸品的售价基本已成定式，所以增加利润的关键就是降低变动成本，在淡季期间客户想囤一批原料，在原料最低价时买进，以期增大利润。

随后，信贷员跟随客户去了生产车间，生产车间占地面积很大，自动化水平较高，现场调查是在 2 月份，属于一般季节，信贷员数了数当班的有 19 名工人，客户很耐心，详细地介绍了生产流程，分为两个阶段。

第一阶段：在主机操作台进行生产

下卷 → 打压 → 压印 → 半成轴 → 轴库

第二阶段：打码和封口（在打码机和封口机进行）

质检员检查 → 分切纸轴 → 包装打码 → 封口机封口 → 质检

四、财务分析

通过对生产流程的了解，信贷员发现，其实生产制造型的行业有一个有利于分析的优势，是生产流程的每一步骤都能提供很多信息，可供交叉检验的方法增加了。例如，既可以通过工人工资表中的计件工资核对生产的件数，也可以通过"下卷"工艺中的"下卷"数确定生产量，甚至每一个生产流程的生产日志都可以确认产量。纸轴是成品进货，通过检查进货单、纸轴数量也可以计算生产量，甚至通过与客户核对一个班次的生产需要多少电，然后查用电量，也能确定生产量，因此客户很难隐瞒或虚增产量。

信贷员详细地记录下了这些信息，以供交叉检验之用。然后又通过各种凭证，与客户核对其当前的资产负债情况。

该客户比较保守，非常不愿意别人知道他的银行流水单。在信贷员的劝说下，他仅提供了一张银行卡，每个月的营业额在银行卡上都有记录，银行每个月都有几十万元的流水账，截取最近一年的流水账有500多万元。信贷员询问，这张卡是否是全部的记录，客户这才承认，有两张卡，自己一张，妻子也有一张，这张卡大约占了流水账的60%。由于客户不愿意出示妻子的银行卡，信贷员也没有强求。

固定资产情况比较明晰，客户保留有完整的生产设备购买合同，通过合同比较容易确定设备的原值。客户的生产设备包括：全自动复卷机（40万元）、全自动气泵（1.8万元）、全自动电锯（5.7万元）、打码机（3 200元）、封口机（1 800元）、电脑（3 000元）、吸尘器（6 000元）、稳压器（1 000元）、办公用品（1.2万元）等，原值合计50.2万元。其他设备如汽车、办公家具等也有详细记录。

在问完基础财务信息以后，信贷员针对客户的贷款目的和担保人进行谈论，讨论客户能提供的抵押物和保证人的情况。在即将结束谈话的时候，为了其他的交叉检验，信贷员问了一下客户的日常开支、大项开支和大项收入。

客户相对固定的支出有：每月工厂电费500元（客户解释，因为机器负荷小，并不太费电，而且按照居民户用电价），招待费10 000元，电话费1 500元，运输费20 000元，另外，每月家庭开支2 000元左右。此外，每年缴纳取暖费10 000元，差旅费40 000～50 000元。

以下是信贷员作的财务分析。

表1

基于现金流的损益表

	2008年3月	4月	5月	6月	7月	8月	9月	10月	11月	12月	2009年1月	2月1日至19日	总计	平均
营业收入	480 000	535 896	587 866	746 195	380 550	460 500	225 833	577 491	640 000	640 000	250 000	157 500	5 681 831	499 721
成本65%	312 000	348 332	382 113	485 027	247 358	299 325	146 791	375 369	416 000	416 000	162 500	102 375	3 693 190	324 819
毛利润	168 000	187 564	205 753	261 168	133 193	161 175	79 042	202 122	224 000	224 000	87 500	55 125	1 988 641	174 902
费用														
房租	3 333	3 333	3 333	3 333	3 333	3 333	3 333	3 333	3 333	3 333	3 333	1 233	37 896	3 333
工资	40 000	40 000	40 000	35 000	35 000	50 000	55 000	55 000	55 000	55 000	30 000	11 100	501 100	44 072
电费	500	500	500	500	500	500	500	500	500	500	500	185	5 685	500
取暖费	2 000	2 000	0	0	0	0	0	0	0	2 000	2 000	740	8 740	769
招待费	10 000	10 000	10 000	10 000	10 000	10 000	10 000	10 000	10 000	10 000	10 000	3 700	113 700	10 000
电话费	1 500	1 500	1 500	1 500	1 500	1 500	1 500	1 500	1 500	1 500	1 500	555	17 055	1 500
运输费	20 000	20 000	20 000	20 000	20 000	20 000	20 000	20 000	20 000	20 000	20 000	7 400	227 400	20 000
差旅费	4 167	4 167	4 167	4 167	4 167	4 167	4 167	4 167	4 167	4 167	4 167	1 542	47 379	4 167
总计	81 500	81 500	79 500	74 500	74 500	89 500	94 500	94 500	94 500	96 500	71 500	26 455	958 955	84 341
净利润	86 500	106 064	126 253	186 668	58 693	71 675	−15 458	107 622	129 500	127 500	16 000	28 670	1 029 686	90 562
家庭开支	2 000	2 000	2 000	2 000	2 000	2 000	2 000	2 000	2 000	2 000	2 000	740	22 740	2 000
月可支配收入	84 500	104 064	124 253	184 668	56 693	69 675	−17 458	105 622	127 500	125 500	14 000	27 930	1 006 946	88 562

五、交叉检验

1. 权益交叉检验

表2　　　　　　　　　　　　　权益交叉检验表　　　　　　　　　单位：元

2007 年 11 月初始投资	1 126 170（包括设备 616 170，房租 200 000，存货 270 000，装修 40 000）
	资金来源：自有资金 820 000，从亲戚处借来 300 000
2007 年 12 月至 2008 年 2 月	+ 200 000（净收入）
2008 年 3 月至调查前	+ 1 006 946（净收入）
2007 年 12 月办评估报告	− 40 000
2008 年 4 月办卫生许可证及资质	− 370 000
2008 年全年人际关系支出	− 80 000
2008 年 11 月还亲戚借款	− 300 000
期间折旧	− 184 947
理论权益值	1 358 169
实际权益值	1 339 707
差额比率 = （1 358 169 − 1 339 707）/1 206 946 × 100% = 1.5%	

权益误差为 1.5%，在 0 ~ 5%，为可接受范围。

2. 销售额的交叉检验

根据客户口述，销售有淡季、旺季之分。

表3　　　　　　　　　　　　客户口述销售情况

销售季区分	月份	销售量（吨）	单价（元/吨）	销售额（元）
淡季	6 月、7 月	20	16 000	320 000
旺季	9 月、10 月、11 月、12 月	40	16 000	640 000
一般	1 月、2 月、3 月、4 月、5 月、8 月	30	16 000	480 000
小计	320 000 × 2 + 640 000 × 4 + 480 000 × 6 = 6 080 000（元）			

客户出示的对账单显示如表4所示，客户说这部分对账单大约占了全部销售额的 60%。

表4　　　　　　　　　　　　客户对账单显示销售情况

月份	2009 年 1 月	2009 年 2 月	2009 年 3 月	2009 年 4 月	2009 年 5 月	2009 年 6 月	2009 年 7 月	2009 年 8 月	2009 年 9 月	2009 年 10 月	2009 年 11 月	2009 年 12 月
对账单	402 110	—	—	535 896	352 720	746 195	380 550	460 500	135 500	346 495	—	—

合计 3 359 966 元，所以全部销售额估计为 3 359 966/0.6 = 5 599 943（元），利润表显示 5 681 831 元，客户凭回忆，上年收入 5 800 000 元。

3. 存货的交叉检验

表5   客户 2008 年原材料进货单

月份	2008 年 1 月	2008 年 2 月	2008 年 3 月	2008 年 4 月	2008 年 5 月	2008 年 6 月	2008 年 7 月	2008 年 8 月	2008 年 9 月	2008 年 10 月	2008 年 11 月	2008 年 12 月
进货量（吨）	14	25	25	15	—	40	29	25	34	14	14	—

这些进货单总计 235 吨，客户口述这些记载大约占到总体进货的 60%，则总计为 235/0.6 = 392 元；进货费约为 9 100 元/吨，则年进货成本为 392 吨 × 9 100 元/吨 = 3 567 200 元。利润表显示，进货成本为 3 693 190 元。

4. 成本的交叉检验

成品纸规格为 1 提 10 卷，1 卷 80 克，每提售价 11.5 元。

1 吨原材料（1 000 千克）的生产过程中，能产生 60 千克纸边和 20 根纸管，这些纸边返到供货商的价格是 4 500 元/吨，则得到返现 270 元，这些纸管返到供货商的价格是 12 元/根，则得到返现 240 元。因此，这些原料共能生产出 1 000 - 60 = 940（千克）卷纸，折合 940 000/800 = 1 175（提），售价 1 175 × 11.5 = 13 512.5（元）。

因此，利用 1 吨原材料，能获得收入 13 512.5 + 270 + 240 = 14 022.5（元）。每吨原料的进价为 9 100 元，则销售成本率为（14 022.5 - 9 100）/14 022.5 × 100% = 35%。

六、软信息分析

客户和爱人 1996—2002 年在医院工作了 6 年，两人合计平均每年有 8 万元左右的收入，后来 2002—2007 年陆续承包了两家医院，一年有 20 万~30 万元的效益。两人觉得经营医院风险越来越大，收入也不高，所以从 2007 年底开始，经朋友介绍，投资经营该卫生制品厂。根据客户夫妻二人的从业经历，初步判定客户的多半初始投资来源于自己的积累的信息比较真实可信。

七、贷款审批

综上所述，该客户的经营实力雄厚，有稳定的供货商和客户源，客户多次提到要和银行长期合作，还款意愿较强。该客户表述清晰，详细介绍了生产流程，多个侧面介绍了生产状况，所谈及的情况与信贷员交叉检验的结果基本吻合。在见担保人的时候，担保人也认为客户有实力偿还贷款，作担保很放心。

客户另外提供了一处商亭作为抵押物，虽然抵押物价值不及贷款申请额度，但经过以上财务信息及软信息的综合考虑，审贷会仍决定批准此笔贷款，金额为50万元，期限为12个月，客户每月偿还4.6万元。

八、贷后管理

贷款放出后，第一个月，信贷员通过电话联系，确认客户已将设备购回，并投入生产。接下来一个月，又借别的分析机会，到客户厂子里回访，发现客户生产、生意良好，又发展了很多新顾客，要求供货。

在本案例中，我行微贷产品吸引客户的一个重要原因是，贷款过程公正透明，手续简便，没有其他收费。另外，信贷员总结经验是，这么远的客户，有不易监控的缺点，所以必须进行尤其细致的分析，要拿到的资料尽可能详尽。特别是提前要做功课，把提前要做的准备列出一个明晰清单，把需要客户提供哪些资料提前告知客户准备，列好分析提纲。

（整理人：徐婷芳）

电器配件及塑料制品加工企业贷款

受理机构：宁波分行　行业：生产加工业　客户经理：黄江涛

制造业连接着上下游企业，一方面它要有固定的供应商，另一方面他还要有固定的进出口公司，不管哪个方面出现问题，都会牵扯它的生产与销售。因此对该种行业的调查应该更多地关注其上下游企业的稳定性，即材料采购及结款方式、原材料的市场行情及现行价格、订单来源、销售方式及销售地区、回款情况等。如果用于进出口的话，还应该了解该产品的出口贸易规则、是否贸易壁垒较多、行业的一般利润率等。下面将通过具体的案例来说明生产加工行业的调查及分析情况。

一、业务受理

宁波分行的微小企业贷款的主要宣传方式有高速路上的路牌广告、信函、公交车车身广告，还有公交车报站的广播、电台广播，另外，还在东南商报、现代金报上每周都刊登 3～4 次广告。客户是通过报纸上的宣传得知我行开展此项小额贷款业务的。客户在有贷款需求的时候来到我行咨询，他申请的额度是200 万元，预计贷款期限是 18 个月。

二、客户情况

客户孙某是宁海某电器有限公司的法人代表，股东是其妻子李某。公司是2005 年成立的，其经营项目主要是电器配件塑料制品、铝制品。孙某此前一直做饮用水的生意，从 2004 年开始从事手电筒的生产，2006 年 4 月份注册成立该电器有限公司，初始考虑到税务的原因注册资本是 3 万元，与妻子共同出资。客户 2006 年开始生产销售，当时一年的销售额有 600 万元左右，利润较高，净利 13%～15%，2007 年订单量增加，产值 1 000 万元，2008 年因下半年略受到经济环境的影响，销售额下降到 700 万元左右，加上原料价格的不稳定，净利下降到 11%～12%，2009 年初客户在某村购得土地 4 亩，约 70 万元，现厂房已接近完工。2009 年 1—9 月份共开出发票 391 万元，占总销售额的 80%，客户主要是宁波、上海、江苏等地的外贸公司，客户多，订单量充足，7 月底又与某公司订立年总订单约 500 万元的货物，现已投入生产的有 102 万元，约 50 万元已经发货。目前，客户总资产约 557 万元，在信用社有 10 万元的贷款余额。

该公司现有员工 40 人左右，管理部门有 3 名业务员，3 名技术师傅，1 名管理装配人员，3 名会计办公人员，30 名生产及装配工人，夫妻共同管理，孙某主要管理外部销售及生产，妻子主要是内部管理和账务管理，企业的主要材料是铝棒、铝管等，从宁海本地的某铝业公司购进，成型全部自主生产，再需要外加工的是烤漆等，加上辅料电池、电板等便出成品，销售主要是外贸公司，但多数订单是自己营销得来的，目前合作的主要是宁波本地的贸易及进出口公司，订单量比较充足，加总 9 月份出货订单有 92 万元，10 月份的有 24 万元。公司所在地的文具制造业比较发达，手电筒行业也比较成熟，且侧面从当地该公司接触认识的客户了解到，该公司近两年的销售与利润均比较可观。

在过去的一年中，他的主要投资状况是，投资于新厂房的建设。截至信贷员调查的时候，他一共投入资金约 70 万元，厂房主体工程已接近完工，预计 2 月份能装修完毕入住。未来一年中，孙某预计对厂房再投入约 50 万元；在搬进新厂房后会陆续购置新设备以提高企业的生产能力，预计精雕床一台约 19 万元，10 台数控机床约 50 万元。此次贷款的目的就是用于购买原材料和设备，他申请的额度是 200 万元，预计贷款期限是 18 个月。

通过检查其银行的对账单可以发现其每个月的现金流入流出情况。

表 1   现金流表   单位：元

月份	存入		支出	
	金额	次数	金额	次数
2009 年 1 月	826 249		790 181	
2009 年 2 月	80 564		85 165	
2009 年 3 月	479 928		511 103	
2009 年 4 月	467 633		461 986	
2009 年 5 月	251 478		258 835	
2009 年 6 月	668 268		633 761	
2009 年 7 月	337 705		324 513	
2009 年 8 月	243 689		218 293	
2009 年 9 月	453 162		448 426	

三、财务分析

根据客户的描述，他有现金 50 000 元，折子上的存款有 32 887 元。通过征信系统可以查到他有短期负债 520 000 元。通过实地去客户的工厂调查，清点货物发现客户有铝管、铝棒存货 502 681 元，塑料电板等配件有 502 681 元，塑料电板等配件 54 000 元，半成品 303 190 元，成品 997 000 元。厂房里有固定资产——数控机床 360 000 元、精雕车床 114 000 元、仪表车等 20 000 元。同时，客户还有土地及在建工程价值共 1 400 000 元。由于客户进货和销售之后都有一定的结账期限，因此，客户有应收账款 1 758 069 元，应付供应商账款 997 494元。根据上述数据可制作资产负债表，如表 2 所示。

表 2		资产负债表	单位：元
现金及银行存款		应付供应商账款	996 494
现金	50 000		
银行存款	32 887		
合计	82 887		
应收账款	1 758 069		
预付账款	0		
存货	1 856 871		
铝管、铝棒	502 681	其他应付款	0
塑料电板等配件	54 000	预收账款	0
半成品	303 190	短期负债	520 000
成品	997 000	长期负债	0
固定资产合计	2 460 000		
土地及在建工程	1 400 000		
数控车床	360 000		
精雕车床	114 000		
仪表车等	20 000		
车辆	566 000		
其他经营资产	19 500		
其他资产	0	负债合计	1 516 494
		所有者权益	4 660 833
资产总计	6 177 327	总负债及权益	6 177 327

客户的营业收入和可变成本是根据客户口述及客户未来订单量等因素编制的，租金、水电费及日常办公的费用是根据年成本平均得来的。因此，根据客

户的一些口述数据可以编制利润表，如表3所示。

表3

利润表

2008 年 11 月至 2009 年 10 月 15 日　　　　　　　　单位：元

	2008 年 11 月至 2009 年 4 月	2009 年 5 月至 2009 年 10 月 15 日	合计	平均
经营收入	3 807 452	3 234 405	7 041 857	614 115
可变成本	2 756 596	2 341 709	4 929 300	429 881
毛利	1 050 856	892 696	2 112 557	184 234
营业费用				
工资	216 000	196 800	412 800	36 000
营销及招待费	150 000	136 667	286 667	25 000
租金	39 000	35 533	74 533	6 500
交通费用	18 000	16 400	34 400	3 000
日常办公	18 000	16 400	34 400	3 000
水电费	36 000	32 800	68 800	6 000
税	89 003	60 618	149 621	13 048
其他	0	0	0	
合计	566 003	495 218	1 061 221	92 548
分期分款	0	65 600	65 600	5 721
营业利润	484 853	331 878	985 736	85 965
家庭开支	0	0	0	0
其他收入	60 000	54 667	114 667	10 000
月可支配收入	544 853	386 545	1 100 403	95 965

四、交叉检验

1. 交叉检验——权益检验

初始投资 1 810 000 元（2006 年 4 月注册，当时投资情况：36 万元的设备，30 万元的材料，20 万元的存货，10 万元的租金，20 万元的流动资金，应收应付差额约 50 万元，现代车 15 万元）。期间收入有 900 000 元（2006 年净可支配收入）、1 200 000 元（2007 年净可支配收入）、900 000 元（2008 年 1—10 月份净可支配收入）、1 100 403 元（2008 年 11 月至 2009 年 10 月份净可支配收入），合计为 5 910 403 元。在这期间的大项支出包括 47 000 元（车贷还款本金）、562 778 元（海南宝安江南城三期首付）、550 000 元（累计折旧）。经过计算后的权益为 4 750 625 元，与报表中的权益 4 660 833 元的差额为 89 792 元。差异率在 2.2% 较为合理。

2. 交叉检验——毛利率检验

表4　　　　　　　　　　　　毛利的交叉检验　　　　　　　　单位：元、%

产品	线路板	氧化	铝管	加工工资	装配工资	合计	销售价格	成本率
KZ1901	3.5	4.2	3.2	1.2	0.9	13	18	72.22
KZ0120	2.4	3.8	2.7	1	0.8	10.7	15	71.33
KZ908	2.9	3.9	3.1	1	0.9	11.8	16.8	70.24
合计	8.8	11.9	9	3.2	2.6	35.5	49.8	71.29

不开发票部分约占 20%，一般价格下降 9 个百分点，算得成本率是 78%，加权后得 72.4%，毛利率 27.6%，与客户口述的 30% 略有偏差。

3. 交叉检验——销售额检验

（1）加总企业 1—9 月份的销售发票总额是 3 910 284 元，其中 9 月份发票金额是 733 588 元，加总客户 9 月份出货订单是 921 988 元，客户表示有一些销售确实不开票，约占 20%。经计算，发票金额与订单总金额的比例是 79.6%，基本相符，由此推出 1—9 月份的销售是 4 887 855 元。

（2）客户描述 5—7 月是淡季约 40 万元/月，8—12 月是旺季约 85 万元/月，1—4 月是普通月约 60 万元/月，按这样算下来一年销售额约 785 万元。现在计算 2008 年 11 月至 2009 年 10 月的销售额是 774 万元，相差 11 万元。

（3）通过毛利的交叉检验，工资约占销售的 11.65%，统计 7—9 月份生产及装配工人工资总计是 255 766 元，7—9 月销售额总计 2 193 174 元，比率是 11.66%，基本一致。

五、软信息分析

该客户的担保人是其两个朋友，戴某和石某。戴某经营自有的宁海某塑料五金厂，土地厂房都是自有约 300 万元，主要业务是注塑机生产手电筒外壳，购进灯泡，组装成品后出售。目前有设备 60 万元左右，主要也是外贸居多，月平均销售额 33 万元，年净可支配收入在 60 万 ~ 80 万元，担保能力较好。戴某同时是孙某的客户，对我行贷款产品比较了解，并表示与孙某关系良好，愿意给其作担保。石某，与戴某和孙某都有业务上的关系，孙某接到的塑料产品订单均交给他们二人生产，现石某有注塑机 4 台，自己的主要业务是给某知名品牌的电动剃须刀做塑料外壳，目前发票已开出 881 472 元，净利率在 15% 左右，另外，不开票塑料产品部分约有 50 万元。厂房是年初建好的，在 5 月份搬进，自建，没有证件。

通过上面的软信息可以看出，该客户的优势在于，企业的客户资源比较丰富，且目前还有持续性的长期订单，对企业利润来源的稳定性是个保障，另外，企业本身在订单的获得方面投入也较大；而且孙某为人比较和善，能较好地配合调查工作，家庭和睦。劣势在于，要在较短的时间内完成较多的投资，对企业来说资金运用要求较高，另外，宁海同行业的竞争使净利率有所下降。

六、贷款审批

根据信贷员自己制定的利润表可以看出，该客户的平均月可支配收入大约9.5万元，根据微贷技术原理，客户每个月的还款额占其平均月可支配收入的70%左右较为合适，因此，其每个月的还款额应该在6万元及以下。结合上述软信息的分析结果，最后审贷会决定给客户贷款50万元，期限为12个月，按月等额还款，每个月还款额度为4.5万元左右。同时追加孙某为共同借款人。截至目前，孙某还款记录良好，经营收入由于生产能力的提高而实现了快速的增长。

（整理人：杜　萍）

注塑机底座制造企业贷款

受理机构：宁波分行　行业：生产加工业　客户经理：王葵海

这个案例是来源于包商银行宁波分行，是关于宁波市五金加工行业的小企业的贷款业务。中小企业在宁波市国民经济发展中占有绝对优势，而且表现出旺盛的生命力。宁波市小企业的产业集群现象日趋明显，块状经济已占全省总数的30%以上，主要的加工行业有电气机械、金属制品、塑料制品、通用设备、服装、纺织、工艺品等。

在此次调研中，笔者发现宁波市的小企业与经济较不活跃地区的小企业相比较，主要特征体现在：一是小企业的金融借贷活动更多；二是正在逐步建立现代企业制度，小企业可以提供的正规书面凭证更多；三是平均寿命更长，我国中小企业平均寿命为 3~4 年，宁波民营企业的平均寿命在 5 年左右。这些特征对于小企业贷款的调查，有利的方面是更易收集、整理较多的交叉检验凭证及财务信息，不利的方面是影响小企业经营的因素较多，信贷员需要作更为全面的贷款安全分析。

一、业务受理

包商银行宁波分行是 2008 年成立的，微小企业金融部门在市场营销方面，采取的手段主要是发放传单、各种形式广告宣传、借助媒体等。

信贷员与客户的第一次接触是客户来到行里填写了申请表，统一交给业务主管后，主管根据贷款金额分配给不同经验的信贷员。信贷员与客户简单交流了一下，主要是交给客户需要准备的资料清单，如存货清单、银行对账单等，并与担保人约好，去担保人家中拜访，约定第二天早上信贷员先去经营场地了解情况。

二、客户情况

客户 2003 年之前在派出所当协警，2003—2005 年担任村书记，同时客户从

2003 年开始从事注塑机配件（包括油箱、机架、底座）的生产，初始投资约 300 万元，自有 200 万元，其中，包括厂房 170 万元，设备 71 万元，流动资金 59 万元。另外，共同借款人为企业法人，不参与管理，是实际经营者的父亲（由于企业成立之时客户还是村长，不方便出面办企业）。还有一名股东是挂名股东，不参与经营，是宁波一家有名的机械制造公司的法人代表，同时又是财务总监。客户主要生产注塑机、空压机等机器的底座，所进材料为铁板，经过切割焊接后得到产品，即机器底座毛坯。目前场内有员工 33 名，有一个生产车间和两幢（一层）办公室。

案例中的客户已经是申请第三笔贷款了，第一笔贷款是于 2008 年 9 月发放，贷款 50 万元，贷款用途是建造厂房，一年期限已经结清，客户的还款记录较好；第二笔贷款是于 2009 年 5 月发放，贷款 70 万元，贷款用途是由于订单的增多需要购买原材料，贷款期限是 18 个月。截至第三笔贷款，客户的还款记录较好，还款意愿较强，2009 年 12 月 22 日提出第三笔贷款的申请，贷款用途是购买设备，申请金额是 30 万元，期限是 12 个月，主要原因是客户的企业生产规模不断扩大，接到的下游大企业的订单增多，因而需要提高生产力，购买新的设备。

三、贷前调查

一般，信贷员在第一次拜访客户之前，一是通过各种渠道了解行业信息，比如上网查资料，宁波地区的小企业的网上资料较全，产品价格能够随时监测，另外可以向有相关经验的同事打听行业信息；二是要求客户事先准备好各种书面凭证，如存货清单、应收账款清单等，并同时与客户确认与担保人见面的时间；三是如果不是第一次借款，则会侧重向客户了解距离上次贷款期间客户的家庭近况及企业的经营变动信息。

四、财务分析

信贷员在第二天整理出前一天的调查数据，编制出资产负债表及损益表，并对客户的权益、存货及净利润率进行了交叉检验。

1. 资产负债表分析

表 1   **资产负债表**

2009 年 12 月 22 日   单位：元

资产		负债及所有者权益	
流动资产		流动负债	
现金	30 000	应付账款	2 562 021
银行存款	50 000	预收账款	0

资产		负债及所有者权益	
应收账款	6 181 174	短期借款	4 848 896
预付账款	0		
存货	1 725 614		
原材料	726 699		
半成品	978 915		
废料	20 000		
流动资产合计	7 986 788	流动负债合计	7 410 917
固定资产	2 645 793	负债合计	7 410 917
厂房	1 300 000		
办公楼、食堂	300 000		
设备	889 854		
桑塔纳、皮卡车	155 939		
其他经营资产	450 000		
设备预付款	300 000		
贷款保证金	150 000		
非流动资产合计	3 095 793	所有者权益合计	3 671 664
资产总计	11 082 581	负债及权益	11 082 581

具体分析如下：

（1）由于信贷员与客户已经较为熟悉，客户非常信任信贷员，按照规定客户出示了自己的现金 30 000 元，主要是为应付临时的经营支出及家庭的正常开销。客户的原材料主要从宁波地区进，结款方式为压 3 个月后月结。

（2）客户的产品主要销往宁波、杭州等地，宁波占 70%，杭州占 30%，结款方式为压 3 个月货后月结。因此，客户的应收账款较多，账本中显示主要来自 3 名固定的厂商。

（3）对于客户的存货，原材料主要是铁片，库房中的原材料占到 42%，半成品占 57%，其余是生产加工产生的废品。信贷员是通过抽样的方法确定原材料及半成品的数量，与账本对比基本一致。

（4）信贷员通过土地的租赁合同、厂房建筑商合作合同核实大项资产，客户的固定资产主要是公司厂房，是 2003 年购置的，造价是 1 695 940 元，现价是 1 300 000 元，新建造的办公楼及食堂，价格是 300 000 元，他的设备现价是 889 854 元，属于公司的车辆有一辆桑塔纳，一辆皮卡，现价是 155 939 元。

（5）客户的其他经营资产主要包括：一是购买设备的预付款，信贷员查看了设备购买的合同，证实了这项资产有 300 000 元；二是客户在其他金融机构的贷款的保证金有 150 000 元。

（6）客户距离上次贷款 2009 年 5 月，净赚 630 699 元，上期的权益是 3 570 249 元，客户按月的还贷本金是 251 104 元，宝马车首付是 280 000 元。

2. 利润表分析

由于客户是第三笔贷款，因此对客户的经营情况分析是从上次分析截止日开始的，客户有自己的会计，账本记录很清晰，对损益表的分析每月单列，从 2009 年 6 月到 2009 年 12 月的营业收入及利润等如表 2 所示。

表 2 利润表

2009 年 6 月至 2009 年 12 月　　　　　　　　　　单位：元

	6 月	7 月	8 月	9 月	10 月	11 月	12 月 22 日
经营收入（1）	1 449 110	1 284 855	125 733	1 194 921	1 504 354	1 613 554	1 534 884
开票销售	1 416 176	1 255 654	1 228 754	1 167 764	1 470 164	1 576 882	1 500 000
废料	32 934	29 201	28 576	27 157	34 190	36 672	34 884
可变成本（2）	1 093 288	969 365	948 598	901 514	1 134 967	1 217 353	1 158 000
材料 64.2%	909 185	806 130	788 860	749 704	943 845	1 012 358	963 000
损耗 5%	70 809	62 783	61 438	58 388	73 508	78 844	75 000
工人提成 8%	113 294	100 452	98 300	93 421	117 613	126 151	120 000
毛利	355 822	315 490	308 732	293 407	369 387	396 201	376 884
营业费用（3）	172 521	162 752	161 115	157 403	175 807	182 302	152 559
固定工资	12 000	12 000	12 000	12 000	12 000	12 000	8 516
租金	8 333	8 333	8 333	8 333	8 333	8 333	5 914
税	86 188	76 419	74 782	71 070	89 474	95 969	91 290
水电费	30 000	30 000	30 000	30 000	30 000	30 000	21 290
运费	20 000	20 000	20 000	20 000	20 000	20 000	14 194
设备维护费	3 000	3 000	3 000	3 000	3 000	3 000	2 129
交际费	5 000	5 000	5 000	5 000	5 000	5 000	3 548
差旅费	5 000	5 000	5 000	5 000	5 000	5 000	3 548
通信费	2 000	2 000	2 000	2 000	2 000	2 000	1 419
办公费	1 000	1 000	1 000	1 000	1 000	1 000	710
分期还贷（5）	44 367	44 367	44 367	44 367	44 367	44 367	31 486
贷款利息（4）	13 950	13 950	23 250	23 250	42 250	42 250	29 984
营业利润 = (1)−(2)−(3)−(4)−(5)	124 984	94 421	80 000	68 387	106 963	127 282	162 855
家庭开支	20 000	20 000	20 000	20 000	20 000	20 000	14 194
月可支配收入	104 984	74 421	60 000	48 387	86 963	107 282	148 661

具体分析如下：

（1）客户的销售收入大部分可以通过发票看到，进货及销售都会开具发票，因而有利于对经营情况进行分析检验，客户每月的销售发票金额会有100多万元，与客户口述的每月有140万元流水账基本相符。同时也看到客户未来3个月的订单较多，它的下游客户主要在宁波与杭州，一般第5个月结第1个月的货款，有时会以承兑汇票作为货款。另外，客户口述每月产生的损耗大概是销售收入的5%。

客户提供每月的开票收入明细（部分）格式见表3。

表3　　　　　　　　　　　　　　开票收入明细　　　　　　　　　　　　单位：元

单位	产品名称	规格	单位	数量（个）	单价（含税）	金额（含税）
公司1	合模机机身	SX100B	千克	21 762	7.30	158 862.60
公司1	翻模机	10T	千克	4 894	7.30	35 726.20
公司1	油箱	SX100JM	千克	270	7.30	1 971.00
公司2	砂箱制作加工		千克	32 990	1	32 990.00
公司3	机架体	480.5.1	台	1	24 832.50	24 832.50
公司4						824 805.50
……						……
总计						1 228 754.00

生产过程中会有损耗，客户口述大概是5%，产生的废料销售价格是每吨2 000元，而材料的进价是4 300元，因此，可以通过每月的损耗量计算废料的销售收入＝损耗量/4 300×2 000。

（2）客户进货数量及价格、工资提成、扣税单、税收是根据开票量计算的。客户现场拿出账本，较完整地记录了进货数量及价格，进货的渠道一般是当地的建材市场，主要购进普通的钢板，钢板分为不同的厚度，客户生产的注塑机也有不同的型号，根据不同的要求制造，采购款一般是两三个月付款，所以有较多应付款。客户的产品所用的材料几乎都是铁片，因此，可以用铁片的进价与产品销售价格，大致估算客户的材料成本率＝4 500（元）（铁片进价）/7 000元（产品销售价格）＝64.2%。

此外，经营成本还有生产工人的计件工资，大概是销售收入的8%，信贷员根据会计账本每月支付的工资占销售收入的比重，检验后与客户口述相符。

（3）客户的营业费用主要包括：客户一共有6名管理工人，每名工人每月是2 000元；客户的经营场地是租用的，每月租金平均是8 333元；税收主要是增值税，每月缴纳＝（开票收入－材料进价）×0.17；水电费是每月支付，平均每月30 000元；材料及货物每月的运输费用是20 000元，信贷员通过运输的单据查证；每月平均设备维护费用是3 000元；客户每月的交际费用及差旅费大概都是5 000

元,客户每月的手机通信费是 2 000 元,每月的办公费平均是 1 000 元。

(4)另外,客户属个体经营,要计入家庭开支,客户的家庭开支主要是房子及车子的按揭贷款,他买的是一辆宝马车 56 万元,首付 28 万元,还有一个小孩的花费。另外,客户在我行还有一笔贷款未还清,在其他银行及信用社有贷款,每月需要还利息,客户每月的分期还贷是 44 367 元,贷款利息支出是 13 950 元,家庭开支每月平均是 20 000 元。

(5)计算得出客户的月可支配收入平均为 93 998 元,而每月的还款额是 27 300 元,每月还款占可支配收入的比重是 29%。因此,客户有稳定的现金流保证其还款能力。

五、软信息分析

在作贷款分析时,信贷员通过人民银行的征信系统查询客户的征信记录,查到客户信息,如表 4 所示。

表 4　　　　　　　　　　　　征信记录　　　　　　　　　单位:元

贷款机构	贷款目的	贷款金额	发放日期	贷款期限	分期还款	贷款余额
信用社	购买原材料	1 500 000	2009 年 1 月 13 日	12 个月	按月付息	1 500 000
信用社	购买原材料	1 000 000	2009 年 7 月 15 日	12 个月	按月付息	1 000 000
宁波韵升小额贷款公司	购买原材料	1 900 000	2009 年 9 月 17 日	24 个月	按月付息	1 900 000
包商银行宁波分行	购买原材料	700 000	2009 年 5 月 22 日	18 个月	44 367	448 896

从表 4 可以看出,客户从 2009 年 1 月开始先后从金融机构贷款 4 笔,但是由于征信系统的滞后没有显示出在包商银行的第二笔贷款记录,从中看出客户的还款情况很正常,没有逾期记录。但是需要注意的是,客户目前的欠款较多。

从第一笔贷款开始,信贷员已经多次到过客户家中,每次都可以看出客户的生产经营规模不断扩大,经营较稳定。信贷员上网查到,客户 2003 年之前在派出所当协警,2003—2005 年担任村书记,其间,客户曾被评为优秀共产党员,十大杰出青年。客户爱人是派出所民警,小孩两岁,按揭贷款房子有 100 多平方米,还有一套单身公寓,家庭稳定、和睦。后来信贷员还与其爱人电话沟通,爱人非常支持客户的事业,并说客户起早贪黑,上进心很强。信贷员还到客户妻子的派出所拜访,打印了妻子的工资单。

担保人是客户朋友,在宁波市一家电机公司任销售部经理,一年销售有四五百万元,家中有两层楼,女儿上初二,妻子开服装店,信贷员到担保人家中核实确认了客户口述的情况,与担保人情况相符,复印了担保人的房产证明、经营执照等证明。因此，客户的共同借款人和担保人的担保意愿都较好。

信贷员按照约定来到客户的经营场所，信贷员看到，客户的经营场地很大，客户介绍大概是 1 500 平方米，厂房的下面是水泥，上面是钢结构，厂里繁忙，堆满了材料。

最后，信贷员向客户再次确认了贷款目的：由于受到金融危机的影响，客户的产品不再为单一化的注塑机底座，而是灵活地根据市场需求生产了一些空压机底座和风力发电机框架等，需要相应地增加其他的设备。

六、交叉检验

交叉检验方法包括但不限于销售额检验、权益交叉检验、存货检验等。

表5　　　　　　　　　　　　　交叉检验　　　　　　　　单位：元

1. 权益检验		
上期权益（2009 年 5 月）		3 570 249
2009 年 6 月至今赚		630 699
加：按月还贷本金		251 104
减：宝马车首付		280 000
实际权益		4 172 052
表上权益	3 671 664	
折旧	464 821	
合计	4 136 485	
（4 172 052 － 4 136 485）／630 699 = 5.6%		
2. 存货的交叉检验		
客户在 2009 年 5 月 6 日的存货量为 81 万元，客户说每月进材料 100 万元左右，即 5 月 6 日至今的进货量约为 750 万元。目前存货 1 725 614 元，即在此期间消耗了材料 810 000 ＋ 7 500 000 － 1 725 614 ＝ 6 584 386（元），即月均销售材料 877 918 元，与表上计算得到的月均销售材料 920 027 元基本相符。		
3. 净利润率的交叉检验		
客户说经营净利润在 12% ~ 13%，信贷员通过损益表的计算得出客户月均销售额为 1 433 064 元，月均可变成本为 1 106 325 元，月均费用为 173 549 元（不包括贷款利息），月均废料收入为 33 327 元，即净利润率为 ［1 433 064 ＋ 33 327 － （1 106 325 ＋ 173 549）］／（1 433 064 ＋ 33 327）＝ 12.7%，与客户所说基本相符。		

七、贷款审批

审贷委员会基于这是这个客户的第三笔贷款，主要核实了客户近期经营变动及担保人的实力，证实客户生产稳定，规模逐渐扩大，并且担保人的实力较强，承担连带责任的股东的资金实力也很强，将本笔贷款的每月还款日期调整至与前一笔贷款相同，而且由于客户上笔贷款已正常还款超过 10 个月，且无逾期，因此申请月利率下浮 0.5‰，即年利率执行 16.2%，期限是 1 年。

一周后，信贷员去客户的工厂，拜访客户，看到已经有新的设备购入，工厂的生产经营状况稳定，每隔一周，信贷员与客户电话联系，向客户了解经营情况，得知客户的经营情况较稳定。这笔贷款到 2010 年 12 月 24 日到期，目前客户每月按时还款。

信贷员总结这笔贷款的积极方面就是客户的交际面广，朋友多，个人实力较强，而且客户从业经验丰富，客源稳定，贷款还款记录良好，而对还款不利的方面就是客户的应收款较多，银行负债较多。

总结这个案例，这笔贷款的客户是连续贷款，一方面是银行高效放贷及超过一定的正常还款时间就可获得优惠的措施吸引了客户，另一方面银行对客户的贷款也需要加强风险控制。另外，信贷员通过与客户一段时间的接触，了解到客户的贷款及金融服务需求较多，同时有承兑汇票等融资需求，而目前的小企业金融服务多是简单的贷款发放，因而对于小企业的金融服务来说，需要不断探索研究为小企业客户提供更加全面的金融服务。

（整理人：朱庆花）

美工刀加工企业贷款

受理机构：宁波分行　行业：生产加工业　客户经理：黄江涛

制造业连接着上下游企业，一方面它要有固定的供应商，另一方面它还要有固定的进出口公司，不管哪个方面出现问题，都会牵扯它的生产与销售。因此，对该种行业的调查应该更多地关注其上下游企业的稳定性，即材料采购及结款方式、原材料的市场行情及现行价格、订单来源、销售方式及销售地区、回款情况等。如果用于进出口的话，还应该了解该产品的出口贸易规则、是否受贸易壁垒较多、行业的一般利润率等。下面将通过具体的案例来说明生产加工行业的调查情况及分析情况。

一、业务受理

该案例客户是通过我行邮寄的信函方式得知我行有微小企业贷款业务的，那时客户资金比较紧张，因为其近期正好有几项资金运作，所以客户亲自到我行进行贷款申请，申请额度为 200 万元，期限为 2 年。

二、客户情况

客户陈某，1978 年出生，男，他经营的宁波某塑业有限公司是 2006 年 1 月份成立的，拥有雇员 150 人，到 2009 年 6 月 5 日申请贷款时，已经有 3 年的经营历史，其经营范围为文具及工具类刀具。他的父母在国有单位工作，现已退休，父亲在某大厦有 1% 的股份。妻子在某银行工作，任营业部经理，月收入10 000 元左右，她支持丈夫企业，并给企业做出纳工作。客户以前在舅舅家的厂子做厂长。有一个女儿，上幼儿园。他有两套房子，但是现在与父母一起住，还有 14 亩的土地。

该公司有两个股东，他和她爱人郑某，陈某先后出资 90 万元占 60%，郑某出资 60 万元占 40%，陈某任法定代表人即总经理，下设会计部，业务部，3

个车间（注塑车间、锌铝合金车间和装配车间）和仓库，部门设置合理，管理较为完善。客户的主要产品是刀具，分为文具美工类和工具类，2008 年工具类占 1/3，文具类占 2/3，不过客户表示要向工具类转化，工具类单价和利润都较高。客户主要的材料是塑料、锌和铝、刀片，直接外购。塑料主要从余姚进货，一般现结，目前价格为 1 万元/吨～1.6 万元/吨，月用量在 70 吨左右，一般现金结付，锌和铝的价格在 1.4 万元/吨左右，月用量在 30 吨左右，在本地采购，结款期一般为 45 天，刀片价格为 0.04～0.2 元，在宁波采购 60%，在广东等地采购 40%，结款期为 45～60 天。产品主要销往广东和上海，另有40% 左右自营出口，客源稳定，销售量较好。通过银行的电子回账单可以看到客户的回款情况。

表1   客户电子回账单   单位：元

月份	存入		支出		月末余额
	金额	次数	金额	次数	
2008 年 12 月	5 740 562		5 449 946		374 727
2009 年 1 月	3 154 721		3 408 315		121 133
2	1 147 703		1 179 850		88 986
3	3 820 450		3 752 530		156 906
4	2 937 448		3 009 559		84 795
5	1 095 559		1 100 733		79 621
6	275 288		250 355		104 554

客户计划购买城关镇一处厂房，总价为 642 万元，预计过户手续费 100 万元，目前已付定金 42 万元，其余 600 万元分两次，分别在 6 月 20 日和 7 月 30 日付清，且在 6 月 20 日付清 300 万元后便可开始办理过户手续。客户表示近期要尽快回笼资金及收取预付款，自筹 200 万元资金，向我行申请 200 万元贷款，期限为两年。

生产加工行业需要特别注意设备等相关情况，因为生产和销售跟设备直接相关。表 2 是该公司的设备清单，总计有 980 万元左右，经过折旧计算后，现价是 420 万元左右。其他贷款 970 万元，其中汇票有保证金 118 万元左右。

客户提供了存货明细，由于存货数量较多，因此信贷员进行了相应的抽查检验。

表2　　　　　　　　　　　设备清单　　　　　　　　单位：元

名称	数量（台）	原价	购买时间	现价	折旧额
高频机	1	79 000	2004 年 9 月	34 892	44 108
注塑机	1	164 000	2005 年 1 月	77 900	86 100
打碎机	1	3 000	2005 年 1 月	1 425	1 575
干燥机	1	2 000	2005 年 1 月	950	1 050
高频机	1	176 000	2005 年 3 月	86 533	89 467
台式冲床	1	260 000	2005 年 6 月	134 333	125 667
手动推高车	1	3 400	2005 年 7 月	1 785	1 615
注塑机	2	524 000	2005 年 9 月	283 833	240 167
包装一套	1	36 000	2006 年 4 月	21 600	14 400
注塑机	5	832 000	2006 年 4 月	499 200	332 800
LK 压铸机	1	340 000	2006 年 8 月	215 333	124 667
电熔机	1	23 000	2006 年 8 月	14 567	8 433
低压机	1	7 500	2006 年 8 月	4 750	2 750
高周波同步熔断机	2	1 409 000	2006 年 9 月	904 108	504 892
空压机	1	5 800	2006 年 10 月	3 770	2 030
注塑机	1	245 000	2006 年 11 月	161 292	83 708
冲床	1	6 700	2006 年 12 月	4 467	2 233
高周波同步熔断机	1	54 000	2007 年 1 月	36 450	17 550
储气罐	1	2 200	2007 年 1 月	1 485	715
研磨机	1	10 000	2007 年 4 月	7 000	3 000
砂带机	1	9 000	2007 年 4 月	6 300	2 700
注塑机	1	376 000	2007 年 6 月	269 467	106 533
离心泵	1	3 200	2007 年 7 月	2 320	880
冷室压铸机	1	255 000	2007 年 8 月	187 000	68 000
椭圆炉	1	59 000	2007 年 9 月	43 758	15 242
脚踏小冲床	1	2 600	2007 年 9 月	1 928	672
注塑机	1	260 000	2007 年 12 月	199 333	60 667
收缩炉	1	2 200	2008 年 4 月	1 760	440
奇瑞汽车	1	117 300	2008 年 4 月	82 110	35 190
办公设备		58 900		35 340	23 560
模具		4 500 000		900 000	3 600 000
合　　计		9 825 800		4 224 989	5 600 811

三、财务分析

该企业现金及银行存款共计 104 554 元，固定资产 6 674 989 元，应收账款约 516 万元，存货约 426 万元，客户有短期负债 5 638 681 元，应付供应商账款 1 949 600 元。根据客户经理抽查的库存，看到的固定资产以及其在征信系统的贷款额度，编制资产负债表见表 3。

表3	资产负债表		单位：元
现金及银行存款		应付供应商账款	1 949 600
现金			
银行存款			
合计	104 554		
应收账款	5 165 005	其他应付款	1 633 312
预付账款	81 903	预收账款	4 000
存货	4 260 940	短期负债	5 638 681
		长期负债	0
固定资产合计	6 674 989		
其他经营资产	473 333		
其他资产	0	负债合计	9 225 593
		所有者权益	7 535 181
资产总计	16 760 774	总负债及权益	16 760 774

客户的销售分为两个部分，一部分生产后销往广东、上海，一部分委托外贸公司销往国外，因此，在记录经营收入的时候要分开记录。销售收入扣除的成本包括以下 3 种：原材料、包装费和人工费，即直接成本。这是根据客户提供的账目记录计算出来的，而其他费用是根据客户的经验及口述计算得来的。通过整理相关数据得到该公司的利润表，如表 4 所示。

表4	利润表			单位：元
	2008 年 7 月至 2008 年 12 月	2009 年 1 月至 2009 年 6 月 9 日	合计	平均
经营收入				
开票内销	7 855 351	4 404 543	12 259 894	1 084 946
开票外销	1 017 660	672 896	1 690 556	149 607
总计	8 873 011	5 077 439	13 950 450	1 234 553
可变成本				

	2008 年 7 月至 2008 年 12 月	2009 年 1 月至 2009 年 6 月 9 日	合计	平均
原材料	5 057 617	2 894 140	7 951 757	703 695
包装	1 153 492	660 068	1 813 560	160 492
人工	354 920	203 098	558 018	49 382
总计	6 566 029	3 757 306	10 323 335	913 569
营业费用				
工资	384 211	383 287	767 498	67 920
租金	178 998	144 501	323 499	28 628
交通费用	48 000	42 400	90 400	8 000
运费	180 000	159 000	339 000	30 000
水电费	203 521	153 852	357 373	31 626
办公费	30 000	26 500	56 500	5 000
税	91 462	64 614	156 076	13 812
业务招待费	30 000	26 500	56 500	5 000
其他	0	0	0	
合计	1 146 192	1 000 654	2 146 846	189 986
分期付款	38 270	107 059	170 810	25 481
营业利润	1 122 520	212 420	1 309 459	105 516
家庭开支	0	0	0	0
其他收入	0	0	0	0
月可支配收入	1 122 520	212 420	1 309 459	105 516

四、交叉检验

1. 交叉检验——权益检验

2006 年 2 月份初始投资为 5 859 400 元，其中租金 28 万元，注塑机等设备 2 079 400 元，模具等 100 万元，存货 300 万元，资金 50 万元；有负债 100 万元。2006 年净赚 2 000 000 元，2007 年净赚 3 000 000 元，2008 年 1—6 月份净赚 781 255 元，2008 年 7 月至今赚 1 309 459 元，2008 年退税额 65 694 元；上述相加合计为 13 015 808 元。2008 年所得税为 142 442 元，固定资产折旧 5 600 811 元，通过初始投资加期间收入减大项支出计算后得到的权益值为 7 272 555 元，而报表权益为 7 535 181 元。两者权益间的差额为 262 626 元，与期间收入的比率为 3.7%。

2. 交叉检验——毛利率检验

客户的主要产品分为文具和工具两大类，文具占 2/3，工具占 1/3，销量较好的产品的价格都在 2 元左右，各项成本如表 5 所示。

表5   **毛利率交叉检验**   单位：元、%

	文具	占比	工具	占比	加权
原料	1.10	55	1.20	60	57
包装	0.35	18	0.10	5	13
工资	0.08	4	0.10	5	4
合计	1.53	77	1.40	70	74

从会计部了解到，测算过企业的实际成本率是 79%，包括原料、包装、工资和水电、租金等。与上述计算出的 74% 相差 5%，但未包括水电和租金，这两项在损益表中占到销售的 4.8%，按保守原则，取 74%。

3. 交叉检验——销售额检验

客户的销售分两个部分，内销和外销，都是自己开票，从开票系统可查见2008 年 12 月到目前各月内销开票情况，且这个数字是企业实际的开票数字；外销部分，企业各月数据无法得到，但有 2008 年底和 2009 年 5 月底的汇总数字，再由企业统计各月实际数字，最后得出：2008 年下半年企业销售 992 万元左右，2009 年上半年销售 403 万元左右。企业 2009 年平均每月银行进账 243 万元，这也可反映企业目前的销售完全可能实现。另外，企业有 8 台注塑机，目前有一半全天工作，从员工处了解到每台一天可做 1 000 模左右，每模 4 套，按每套 2元计算，企业月产值有 96 万元，锌铝合金压铸每模生产 2 套，每天平均也有1 000 模左右，按 3.2 元计算，月产值是 19 万元左右，合计 105 万元，与利润表中平均销售额 108 万元基本相符，且上述所得产值不是企业的最大生产能力。

五、软信息分析

陈某妻子郑某为共同借款人，也是公司股东之一，郑某在某银行做营业部经理，收入可观，熟悉公司情况，且很在意自己的征信记录，可起到监督陈某经营企业的作用。担保人是某文具有限公司的总经理，与陈某是朋友，现在我行仍有贷款，对企业也有了解，担保意愿良好，与客户有生意往来，也能及时关注客户企业的情况。

从企业员工处了解到法人陈林辉为人低调诚恳，不铺张浪费，这几年经营企业比较稳定，与客户接触下来也大致如此。客户工作计划性强，比较诚恳，个人消费方面也能看出比较节俭，而且现有贷款还款状况良好，没有逾期记录。整个企业区域划分明确，条理性强，但仓库局部较乱，整个企业在管理上还是比较得体的，厂房地理位置较好，运输方便。

六、贷款审批

客户近几个月的资金运作如下：如果客户6月份得到我行贷款100万元，从应收账款融资220万元，支出300万元厂房款，15万元办理土地权证费用，并开始盖办公楼；7月份得到土地权证后抵押贷款，预计土地价值400万元，打6折贷出240万元，到工商银行转贷到期的100万元贷款，预计3天就可办好，转贷后再付300万元的厂房款；8月份预计厂房未办理妥当，要再支付一个季度的租金，约9万元；预计10月左右会销售自有的14亩土地，销售方式是买家先预付一部分，办理注销后再付余下部分，客户口述现在价格是32 000元/亩，但预计会提到35 000元。客户未来的支出较多，而且客户的负债率较高，贷款分散，担保责任较大，存在一定的风险，因此，审贷会决议给客户100万元的贷款额度。按照这个额度，客户每个月的还款额度为6万元左右，占其月可支配收入的60%左右，对于客户后期的现金支付来说，负担不是很重。客户从我行获得贷款后，成功地实现了资金的运作，并且生意规模逐渐扩大，有较好的收益。

（整理人：杜　萍）

包装印刷公司贷款

受理机构：深圳分行　行业：服务业（出版）　客户经理：刘增业

深圳地区的电子行业非常发达，手机、相机、DVD 等产品的生产销售十分活跃，大多数的民营企业和个体工商户都从事该行业或与之相关的上下游行业。我们要介绍的客户就是一个典型的例子，他经营一家印刷包装公司，主要经营手机包装盒生产，贷款的目的是要与哥哥再开一家公司，投资兴办手机电芯生产厂。总之，其从事的行业都是围绕手机来开展的，不论是电芯生产还是包装生产。下面，我们通过分析来看该客户是如何经营包装印刷公司的以及其申请贷款的全部过程。

一、业务受理

客户通过温州老乡介绍来深圳做生意，老乡生意经营稳定，规模较大，是包商银行深圳分行较早的客户之一。在客户需要资金的时候，老乡将该客户介绍到我们深圳分行，信贷员接待了客户，并就其提出的问题给予了解答。通过简单的沟通之后，客户于三日后打电话给信贷员，希望可以从我行申请贷款，用于创办一家新公司，信贷员受理了该项业务。

二、客户情况

客户小余很年轻，"80 后"，温州人，高中学历。2001 年经温州老乡介绍来深圳打工，一直在老乡的工厂里学习电池加工，2006 年出国前往迪拜卖手机电池，没挣到什么钱，但是增长了见识，积累了经验。一年后再回到深圳，同时在老乡的介绍下，2007 年 4 月开始经营现在的印刷厂，并在 9 月注册成立了现在的公司。注册资本 10 万元，位于宝安区某工业区，小余为公司法人代表，占100% 的股份，公司经营面积 1 500 平方米，经营范围主要是印刷包装的设计、生产与销售，属生产加工型企业。客户贷款的主要目的是与堂兄及表兄共同合伙在东莞开设一家电芯生产厂，申请金额 70 万元。本次投资合作的共 3 人，其堂兄一直都在手机电芯行业经营生意，同时，自己也对该行业比较熟悉，预计向新项目投入 200 万元左右，前期已经投入 100 万元用于购置设备，前期的准备工作基本上是其堂兄负责的，通过此次贷款客户小余希望可以增加其在新项目中的占股，按照初期的投资计划，打算在 2009 年 9 月开始投产，每天的产量在 2 万个左右，主要的投放市场是深圳及珠三角地区。小余在深圳没有住房，居住在厂里的职工宿舍内，其姐姐、姐夫也一同在工厂里帮忙打理生意。

三、贷前调查

1. 通过老乡介绍，客户小余到深圳分行进行了贷款咨询，信贷员就其提出的问题给予了解答，客户在咨询后的第三天打电话给信贷员，希望向包商银行申请贷款，并约定了填写申请的具体时间。

2. 按约定时间，客户到包商银行申请，分行进行详细的咨询并填写了申请，同时带来了营业执照、税务登记证等相关证件。

3. 把客户申请表录入包商银行系统，查看客户是否在包商银行有其他贷款（如果有的话，只能从以前贷款维护的信贷员那里申请，而不能再找新信贷员申请）。

4. 查看人民银行征信系统，客户拥有 5 张信用卡，状态显示都为正常在用，没有逾期记录。

5. 去客户公司进行详细的调查分析，包括财务数据分析、软信息分析及生产流程。客户印刷包装公司的生产流程如下：产品设计→用料的采购→原料的入库→切纸→啤切→手工（定位、包边、刮边）→贴纸→组装→检验→包装→入库→出货。

6. 客户小余申请贷款较为特殊，即 2009 年 7 月份信贷员作了调查分析，而贷款发放的时间是 9 月 17 日，中间间隔时间长达 3 个月之久，问题主要有两个方面，一是担保人问题，客户前后共找了 3 名担保人，第一名由于长期出差，迟迟不能回到深圳而搁置；第二名是由于非深圳户口，而且在私企打工，担保能力较差而被拒绝；第三名担保人也是客户小余的老乡，从事手机生产行业，考证相关信息后符合担保人要求。二是由于客户的包装供应以现金结算为主，即开立增值税发票较少，其开立的一般账户成为久闲账户，注销需花费一周时间，客户从我行深圳分行重新开户又需一周时间。

7. 上报审贷会。审贷会通过信贷员的陈述，综合考虑给客户发放了 35 万元的贷款，具体分析见后。

从接收申请开始，整个受理过程 2 ~ 3 个工作日完成。

四、财务分析

1. 客户经营情况分析

客户小余主要负责公司业务拓展，姐姐和姐夫负责日常的生产经营管理，姐姐同时负责公司的财务管理工作。公司设有单独的产品设计师，主要进行包装的外形及图像设计。同时，公司下设财务部、业务部、仓管部、生产组 A 与 B 两条生产线和包装组，第二条生产线是在 2009 年 3 月份随着订单的增加而新设的。印刷包装公司主要从深圳关外地区采购原料，结款的方式基本上采用月结方式，即 30 天内结款，其中对特别材料的采购是用现金结算的。主要的客户有三家，结款方式是月结 30 ～ 60 天；分别占其总体销售收入的 30%、20% 和 20%。其他客户结款方式都是采用月结 30 天之内方式。主要的客户都是生产手机等电子设备的温州老乡，拖欠情况较少发生，结款较为正常。

2. 资产负债表

表 1

资产负债表

2009 年 7 月 30 日 单位：元

现金及银行存款			
现金	23 000	应付账款	1 571 263
银行存款	61 621	应付工资（6月、7月）	159 114
合计	84 621		
应收账款	2 039 760		
存货和原料			
存货和原料总计（详见库存清单）	364 934	短期负债	1 730 377
固定资产		长期负债	0
设备及办公设备（折旧后）	687 900	负债合计	1 730 377
其他资产			
预付厂房押金	24 000	所有者权益	1 470 838
总资产	3 201 215	负债及权益	3 201 215

（1）客户现金及银行公司账户存款共计为 84 621 元，通过查看客户保险柜现金及账户流水余额确定。银行存款数额较大，是客户小余的下游客户刚刚打入的包装盒结算款，小余同样需要用这笔资金支付上游供应商的到期款。

（2）应收账款主要是由于发货后收款需要有 30～90 天的滞后期而形成的。客户主要固定的下游客户有 28 家，其中 10 家采用 30 天结款方式，9 家采用 60

天结款方式，另外9家采用90天结款方式，这样，客户产生了大量的应收账款，每月都有详细的账单记录显示应收账款明细，通过加总确定了资产负债表中的应收账款金额。

（3）客户的固定资产数目繁多，通过盘点相关设备确定设备的数量，查看设备购货单确定固定资产的总值，由于机器的耗损较大，信贷员统一按年限折旧法予以折旧，折旧后固定资产净值为资产负债表所列数值。

表2　　　　　　　　　　固定资产折旧列表　　　　　　　单位：元

类别	固定资产名称	规格型号	占有方式	开始使用日期	数量	原值	使用部门	折旧后
办公	电脑		购入	2004年12月	1	5 800.00	办公室	1 500
	电脑		购入	2004年12月	1	4 500.00	办公室	1 500
	电脑		购入	2005年12月	1	4 000.00	办公室	1 500
	电脑		购入	2007年10月	1	5 500.00	办公室	1 500
	电脑		购入	2008年7月	1	6 800.00	办公室	3 000
	戴尔电脑	Vostro 220s	购入	2009年3月	1	3 799.00	办公室	3 500
	手提电脑		购入	2008年4月	1	8 799.00	办公室	6 500
	空调	Fujitsu-0.75	购入	2007年5月	1	2 300.00	办公室	1 000
	空调2	Midea-1	购入	2007年5月	1	2 650.00	办公室	1 000
	HP3015打印机	HP-1120MFP	购入	2005年10月	1	2 260.00	办公室	1 000
	针式打印机	实达牌600	购入	2008年8月	1	3 300.00	办公室	2 500
	空调3		购入	2006年7月	1	4 350.00	办公室	1 500
机械	卧式送料机1号	ESN-520	购入	2005年10月	1	4 000.00	车间	2 000
	卧式送料机2号	ESN-520	购入	2006年10月	1	4 000.00	车间	2 000
	材料整平机	JP-110	购入	2006年7月	1	7 200.00	车间	3 500
	63T材料送料机	RF-201518	购入	2007年12月	1	19 000.00	车间	13 000
	收料机	GT-3S	购入	2006年7月	1	3 900.00	车间	2 000
	叉车	XL-1000	购入	2006年10月	1	2 000.00	车间	1 000
	剪板机	JB-1.0/5.0	购入	2004年12月	1	8 000.00	车间	4 000
	普边冲床	J23-25T	购入	2004年12月	1	12 000.00	车间	6 000
	普边冲床	J23-25T	购入	2004年12月	1	12 000.00	车间	6 000
	普边冲床	J23-25T	购入	2005年9月	1	14 000.00	车间	7 000
	普边冲床	J23-16T	购入	2004年12月	1	8 000.00	车间	4 000
	普边冲床	J23-16T	购入	2004年12月	1	8 000.00	车间	4 000
	普边冲床	J23-16T	购入	2004年12月	1	8 000.00	车间	4 000

类别	固定资产名称	规格型号	占有方式	开始使用日期	数量	原值	使用部门	折旧后
机械	普边冲床	J23 – 16T	购入	2004 年 12 月	1	8 000.00	车间	4 000
	高速冲床	Micron25	购入	2005 年 10 月	1	190 000.00	车间	120 000
	高速冲床	Micron25	购入	2006 年 5 月	1	180 000.00	车间	120 000
	气动冲床	JFC21 – 63T	购入	2007 年 12 月	1	120 000.00	车间	100 000
	磨床 1 号（旧）	MS – 150	购入	2008 年 12 月	1	11 000.00	车间	8 000
	磨床 2 号	HB – 618	购入	2007 年 12 月	1	35 500.00	车间	20 000
	磨床 3 号	HB – 618	购入	2004 年 12 月	1	35 500.00	车间	15 000
	铣床	CAT – 6	购入	2006 年 12 月	1	26 500.00	车间	15 000
	钻床	H5 – 32	购入	2007 年 12 月	1	4 800.00	车间	2 000
	线切割 1 号	DK7740	购入	2006 年 11 月	1	26 500.00	车间	20 000
	线切割 2 号	DK7732	购入	2006 年 11 月	1	32 500.00	车间	25 000
	电火花打孔机	88 703	购入	2008 年 12 月	1	22 500.00	车间	20 000
	复盛空压机	W – 1.0/7	购入	2006 年 7 月	1	8 200.00	车间	5 000
	精密盐雾试验机	ZT – 60	购入	2009 年 3 月	1	3 400.00	车间	3 400
	线割		购入	2006 年 11 月	1	3 400.00	车间	2 000
	比德堡冷干机	JHD – 10AC	购入	2007 年 1 月	1	3 616.00	车间	2 500
	程控交换机	WS – 824	购入	2007 年 12 月	1	2 250.00	办公室	1 500
	发电机	TSL – 50 – 4	购入	2007 年 7 月	1	28 500.00	车间	20 000
	投影仪	VMS – 250	购入	2007 年 11 月	1	23 500.00	车间	20 000
车辆	捷达		购入	2008 年 12 月	1	109 000.00	办公室	80 000
					合计	1 038 824		687 900
							折旧	350 924

（4）客户的负债主要为应付账款和应付工资，其中应付账款为其客户供应包装所产生的短期负债，通常付款有 30 ~ 60 天的宽限期。应付工资从公司的工资统计表中调出，由于工人工资是计件工资，每名工人的生产能力不同，其工资收入也不同，通过加总未发的两个月工资确定客户的应付工资。

从而最终确定了客户的总资产、负债及权益。

3. 利润表

表 3

利润表

单位：元

	2008年7月	8月	9月	10月	11月	12月	2009年1月	2月	3月	4月	5月	6月	7月	月平均	总计
经营收入															
销售收入	631 105	652 216	898 548	847 707	432 828	488 987	541 376	748 904	591 737	862 519	705 078	764 457	790 794	688 943	8 956 256
总收入	631 105	652 216	898 548	847 707	432 828	488 987	541 376	748 904	591 737	862 519	705 078	764 457	790 794	688 943	8 956 256
可变成本															
销售成本 77.8%	491 000	507 424	699 070	659 516	336 740	380 432	421 191	582 647	460 371	671 040	548 551	594 748	615 238	570 445	6 967 967
损耗 5%	31 555	32 611	44 927	42 385	21 641	24 449	27 069	37 445	29 587	43 126	35 254	38 223	39 540	34 447	447 813
成本总计	522 555	540 035	743 998	701 901	358 382	404 881	448 259	620 093	489 958	714 166	583 805	632 970	654 777	570 445	7 415 780
毛利	108 550	112 181	154 550	145 806	74 446	84 106	93 117	128 811	101 779	148 353	121 273	131 487	136 017	118 498	1 540 476
经营费用															
厂房、办公楼租金	13 134	13 134	12 346	17 520	17 520	17 520	17 520	12 000	20 199	22 656	22 656	22 656	22 656	17 809	231 517
管理人员工资	12 000	12 000	12 000	12 000	12 000	12 000	12 000	12 000	14 865	14 865	14 865	14 865	14 865	13 102	170 325
社会保险费	480	480	480	480	480	480	480	720	720	720	720	720	720	591	7 680
增值税	615	615	615	615	615	615	615	615	615	615	615	615	615	615	8 000
水电费	4 931	4 936	5 221	6 063	4 379	13 463	3 382	475	6 060	6 304	7 775	8 277	6 346	5 970	77 612
购买基金	400	400	400	400	400	400	400	400	400	400	400	400	400	400	5 200
办公费用	500	500	500	500	500	500	500	500	500	500	500	500	500	500	6 500
通信费	2 500	2 500	2 500	2 500	2 500	2 500	2 500	2 500	2 500	2 500	2 500	2 500	2 500	2 500	32 500
机器维护费	1 000	1 000	1 000	1 000	1 000	1 000	1 000	1 000	1 000	1 000	1 000	1 000	1 000	1 000	13 000
员工福利费	3 846	3 846	3 846	3 846	3 846	3 846	3 846	3 846	3 846	3 846	3 846	3 846	3 846	3 846	50 000
运营和快递费	15 000	15 000	20 000	20 000	15 000	15 000	15 000	20 000	15 000	20 000	20 000	20 000	20 000	17 692	230 000
费用总计	54 406	54 411	58 908	64 924	58 240	67 324	57 243	54 056	65 705	73 406	74 877	75 379	73 448	64 025	832 327
净利润	54 144	57 770	95 642	80 882	16 206	16 782	35 874	74 755	36 074	74 947	46 396	56 108	62 569	54 473	708 149
其他收入（废纸）	5 683	7 661	13 293	7 361	3 500	3 535	4 304	9 780	3 132	3 132	2 455	5 246	5 000	5 699	74 082
个人开支	15 000	15 000	15 000	15 000	15 000	15 000	15 000	15 000	15 000	15 000	15 000	15 000	15 000	15 000	195 000
月可支配收入	44 827	50 431	93 935	73 243	4 706	5 317	25 178	69 535	24 206	63 079	33 851	46 354	52 569	45 172	587 231

利润表中显示的包装印刷公司的经营收入是通过核查客户账本和出货单加以对照确定的。其中，据客户账本记录显示，其销售的淡季集中为 11 月和 12 月，旺季为 2 月、5 月、6 月、7 月、9 月、10 月，其他月份为一般季节。主要是由于 2 月过年需求量的增大，以及 5 月、6 月、7 月、9 月、10 月份是深圳旅游的旺季所造成的，随着手机销售量的增大，包装销售量也急剧增加。

客户的成本主要由原料的进价成本及工人的计件工资两大部分构成。共有生产工人 35 人，底薪为 800 元，计件和计时考核工人绩效工资。据客户介绍，其销售的产品分为三个档次，信贷员通过抽查出货记录单加以确认。

表4　　　　　　　　　　　　　　产品列表

档次（售价）	销售占比	加价	毛利
A 档（4.5 元）	30%	30%	23%
B 档（3~4 元）	60%	30%	23%
C 档（2~3 元）	10%	20%	16%

从而可以计算出客户的加权平均利润为 30%×23%＋60%×23%＋10%×16%＝22.3%。

这样，我们确定出客户的毛利为 22.3%，其可变成本率为 77.8%，从而计算出客户的毛利润。

包装印刷公司的经营费用主要包括厂房、办公楼的租金费用，租金支出中房租的费用为其主要的大项支出，按年支付，平均分摊在每个月上。客户小余为所有的工人及管理人员购买了社会保险费，同时，开票的经营收入需要缴纳增值税，税率为 17%，每月按照一般纳税人向税务局申报。除了计件计算收入的工人外，还需要支付管理人员工资，同时包括水电费支出。此外，客户小余每月的银行账户流水都有固定的 400 元网银转账支出，信贷员询问得知客户每月都有购买基金定投。其他的经营费用为办公费用、通信费、机器维护费、员工福利及运费支出，具体明细如表 3 所示，全部都按月分摊计入每月的经营费用。这样，信贷员确定了客户的净利润，同时，客户的废纸可以卖给废纸回收站，每月卖废纸得到的收入和客户的销售收入成正比，即客户销售得多，就会生产更多的包装，从而产生更多的剩余边角料，作为客户的其他收入列支。客户个人开支较大，每月 15 000 元左右，这样客户的平均月可支付额为 45 172 元。

五、软信息分析

客户是典型的"80 后"，为人开朗活泼，有闯劲，善于交际，高中毕业后就外出打工，积累了丰富的经验。虽然客户学历不高，但是客户的分析能力极强，对印刷包装公司的经营情况十分了解，同时也整理并记录了一本关于包装印刷行业内部利润、成本的统计单，只是给信贷员简单地翻看了，并不允许信贷员复印或者抄写，这算是行业运行经营的宝典，客户小余视为珍宝，也是其多年积累的宝贵经验。

客户为人仗义，对朋友、亲戚及员工都很好，大家有求于他，他都会尽最大努力帮助大家，口碑较好，虽然年龄较小，但大家都很尊重和佩服他。

客户的担保人是其温州老乡，40多岁，是很好的忘年之交，经营手机生意，资金实力雄厚，担保能力较强，同时担保意愿较好，也非常支持同乡投资创办电芯厂，并打算发展为其公司的上游供应商。

六、交叉检验

1. 销售额的交叉检验

据客户介绍，印刷包装公司的销售旺季集中在 2 月、5 月、6 月、7 月、9 月、10 月，淡季为 11 月、12 月，一般季节为 1 月、3 月、4 月、8 月，客户说旺季的销售额一般在 80 万元左右，淡季销售额在 40 万元左右，一般季节 60 万元左右，$80 \times 6 + 40 \times 2 + 60 \times 4 = 800$（万元），与客户所说的 2008 年销售额大概在 800 多万元基本一致。同时，根据客户 2008 年 7 月至 2009 年 7 月损益表加总确定的销售收入为 8 956 256 元，与客户口述基本相符。

另外，信贷员通过现场抽查了客户 2008 年 11 月和 2009 年 5 月份的出货记录单进行比对，显示的销售收入分别为 432 828 元和 705 078 元，同时，统计核查了公司 7 月份的销售单，显示的销售记录为 790 794 元，与客户口述基本一致。客户口述从 2008 年 7 月到 2009 年 7 月，纯利润为 60 多万元，根据损益表核算该期间的可支配收入总计 58 万多元，二者相比，基本相符。

2. 历史权益的交叉检验

表 5 　　　　　　　　　　　权益的交叉检验　　　　　　　　　单位：元

初始投资（2008 年 7 月） 2007 年 4—9 月投入建厂，包括厂房的租赁、设备的采购、原材料的购进	1 000 000
期间收入 2007 年利润收入 2008 年 1—6 月利润收入 2008 年 7 月至现在利润收入	 + 150 000 + 200 000 + 587 231
期间开支 2008 年 9 月现办公装修支出 2009 年 6 月投资东莞项目 设备折旧（期初至现在） 2008 年、2009 年过年花销 孝敬父母	 − 50 000 − 100 000 − 300 000 − 20 000 − 50 000

期末权益合计	1 417 231
实际权益（资产负债表）	1 470 838
权益交叉检验的误差	（1 470 838 − 1 417 231）／1 417 231 = 3.78%，权益误差在 1% ~ 5% 为可接受范围

七、贷款审批

通过对以上案例的分析，我们可以看出，客户在深圳的温州老乡比较多，涉及的行业也比较集中，主要是手机行业，客户本身对该行业情况较为熟悉，同时个人的信用记录情况比较好，还款意愿好，公司的业务也在不断提升，稳步向前发展。但是客户比较年轻，同时在深圳没有自己的产权房，因此，审贷会综合考虑，决定受理该项贷款业务，但审批的金额为客户申请金额的一半，即 35 万元，期限 12 个月，年利率 16.8%，按月等额还本付息。

八、贷后管理

贷款发放后，信贷员多次进行了电话回访，并于客户小余新公司电芯公司筹备开业阶段进行了实地回访，了解到客户印刷包装公司生意稳定，最近忙于新公司的配套设施的购进和开业准备，客户小余对自己的生意前景充满信心，表示如果新公司运营顺畅，还会增资扩股，扩大规模，到时他还会到包商银行来申请贷款，扩充自己的资金实力。他还说，到时自己的经济实力更强，包商银行应该会多给他些贷款，真正满足其资金需求。同时，信贷员查看了客户的还款记录，客户都是在每个月还款日的前 3 天就把钱打入银行账户，还款记录非常好。

（整理人：张　莎）

商业地产租赁

受理机构：赤峰分行　行业：服务业（租赁和商务）　客户经理：高　尚

　　在赤峰的很多县城，主要的零售商业渠道是大型的综合商场。这种商场既不同于超市，也不同于大城市里的百货公司，在形态上更接近批发市场：一般都是各家商户在商场内租用柜台自行销售，内容也是五花八门，接近于农村的集市。

一、业务受理

　　客户所在地是赤峰下辖的一个县城，是通过朋友介绍来的。

二、客户情况

　　某有限责任公司2006年注册，注册资本160万元，是翁牛特旗乌丹镇一家综合性商场。于2005年投资800多万元兴建了翁牛特旗新时代商贸有限公司商用楼，2006年成立了翁牛特旗新时代商贸有限责任公司，主要负责经营商场内的柜台租赁业务、场地租赁业务。

　　该商场是乌丹镇规模较大的一家综合性商贸城，新时代公司即负责该商场的租赁工作、管理工作。公司股东3人，1家法人公司（建筑、房地产公司），2名自然人股东，其中一人为法人代表肖某，公司的法人股东为商场的建筑方，同时肖某也是建筑公司的股东。

三、贷前调查

　　商场建筑面积3 993平方米，一共两层，在镇的主要商业街上，临街。当时是粗装修，出租情况良好。因为竞争压力，打算重新装修后再出租。一年租金收入接近250万元，平均每月20多万元。申请贷款200万元用于重新装修，期限为12个月。以公司名义借款，法人为共同借款人。

由于该商场建成时间较长，各方面的配套设施已经陈旧，并且2007年乌丹镇又新开发了都市购物广场，对该公司经营的商场有一定冲击，所以公司决定对商场进行全面装修。同时，原来的出租方式是合同签一年，按月收租金。装修后打算按年收租金。

四、财务分析

表1　　　　　　　　　　　　　资产负债表　　　　　　　　　单位：元

资产负债结构分析	流动资产合计	30 000	流动负债	0
	现金及银行存款	30 000	应付账款	0
	应收账款	0	预收账款	0
	预付账款	0	短期借款	0
	存货	0	长期借款	0
	固定资产	13 080 000	负债合计	0
	其他经营资产	0	所有者权益	13 110 000
	资产合计	13 110 000	负债加权益	13 110 000
比率分析	月均营业额	206 895	平均净利润	181 654
	月均可支配收入	181 654	净利润率	0.88

公司的主要费用是：管理人员工资4 000元／月，税金5 000元／月，水电6万元／年。

客户介绍说，平均每月净收入18万元。信贷员认为，主要的风险控制点：一是装修后的生意情况能否延续，二是商场租金回收的及时性。同时，害怕法人转移贷款用途，对法人的情况进行了细致的调查，包括装修所需资金的测算。

五、软信息分析

经过信贷员的仔细观察，包括跟承租的商户聊天，发现该商场在乌丹开业时间较久，也相当有知名度和忠实客户，因此，装修不会影响到后期的生意。同时，装修前商场已经跟大部分租户续签了合同（一年期，按季收租金），保证了承租户不会流失，租金的回收也不存在问题。

作为小企业主，该公司法人的背景比较复杂，生意也五花八门。同时，参股和经营的公司有好几家，而且公司只有4名雇员，没有明确的财务账，日常资金往来也基本不通过公司基本账户，无法对公司的具体资金往来、客户个人花费等进行有效的预测和监控。

利润表

单位：元

表2

	2008年4月	5月	6月	7月	8月	9月	10月	11月	12月	2009年1月	2月	3月	月平均	总计
经营收入														
1	206 895	206 895	206 895	206 895	206 895	206 895	206 895	206 895	206 895	206 895	206 895	206 895	206 895	2 482 740
合计 (1)	206 895	206 895	206 895	206 895	206 895	206 895	206 895	206 895	206 895	206 895	206 895	206 895	206 895	2 482 740
成本 (2)	0	0	0	0	0	0	0	0	0	0	0	0	0	0
毛利 (3)=(1)-(2)	206 895	206 895	206 895	206 895	206 895	206 895	206 895	206 895	206 895	206 895	206 895	206 895	206 895	2 482 740
费用														
工资	4 000	4 000	4 000	4 000	4 000	4 000	4 000	4 000	4 000	4 000	4 000	4 000	4 000	48 000
税	5 000	5 000	5 000	5 000	5 000	5 000	5 000	5 000	5 000	5 000	5 000	5 000	5 000	60 000
工商费用	1 200	1 200	1 200	1 200	1 200								500	6 000
取暖							20 000	20 000	20 000	20 000	20 000	20 000	10 000	120 000
水电	8 000	2 500	2 500	2 500	2 500	2 500	2 500	8 000	8 000	8 000	8 000	8 000	5 250	63 000
其他	500	500	500	500	500	500	500	500	500	500	500	500	500	6 000
总计 (4)	18 700	13 200	13 200	13 200	13 200	12 000	32 000	37 500	37 500	37 500	37 500	37 500	25 250	303 000
净利润 (5)=(3)-(4)	188 195	193 695	193 695	193 695	193 695	194 895	174 895	169 395	169 395	169 395	169 395	169 395	181 645	2 179 740
家庭开支	N/A	N/A	N/A	N/A	N/A	N/A	N/A	N/A	N/A	N/A	N/A	N/A	N/A	N/A
月可支配收入	188 195	193 695	193 695	193 695	193 695	194 895	174 895	169 395	169 395	169 395	169 395	169 395	181 645	2 179 740

但是作为当地的知名企业家，肖某在当地有一定的社会知名度和社会地位，不太可能因为 200 万元的贷款放弃自己的产业和积累起来的名誉。尤其是该商场经过第三方中介机构评估后价值为 800 万元，将其抵押后向我行贷款 200 万元，风险还是比较低的。同时，新时代商城本身也是"现金奶牛"，每月 18 万元左右的租金收入足够支付贷款。客户本来打算用自有资金进行装修，但是考虑到目前资金积累还不够，而新开业的商场对新时代商城又造成了较大的竞争压力，所以急于贷款装修。同时考虑到每年商场的淡季在 6—7 月，如果错过这一阶段，就需要再等一年时间。出于多方面的考虑，客户才决定向我行贷款尽快装修。

六、交叉检验

1. 权益

初始资金：800 万元

盈利情况：

2006 年 9—12 月：50 万元

2007 年：200 万元

2008 年：220 万元

2009 年 1—3 月：50.8 万元

总资产：1 320.8 万元

权益：1 311 万元

检验：（13 208 000 − 13 110 000）/13 110 000 = 0.7%

2. 销售收入

客户口述，公司每个季度的租金收入是 60 多万元。信贷员经过对租赁合同、商场管理人员上报账目的仔细核对，与客户的口述基本相符。

七、贷款审批

审贷会仔细分析了客户的情况，一方面客户的月还款 17 万多元，接近了他的月均收入 18 万元，按理是不能贷这么多款的。同时，商场建成时间也比较久，存在折旧的问题。但是另一方面，客户除该商场外还有其他产业，且收入可观（房地产开发）。另外，商场面积接近 4 000 平方米（3 993.06 平方米），即使按照 2 000 元/平方米的建筑成本价计算，其价值也可达 800 万元。按照其抵押价值 200 万元计算，每平方米 500 元已经大大低于建筑成本。所以，客户不可能为了 200 万元贷款放弃价值 800 万元的不动产物业。综合多方面因素考虑，最后审贷会还是按照客户申请授予 200 万元一年期抵押贷款，利率 12%。

（整理人：朱炜骞）

清洁球生产企业贷款

受理机构：赤峰分行　行业：生产加工业　客户经理：李　智

一、业务受理

由于客户的仓库在我行某支行的办公楼下面，他经常出入仓库，看到我行的小额贷款的广告，当他有贷款需求的时候，就想到了我行的小额贷款业务，于是就前来咨询。这是他第二次来贷款了，上一笔贷款是在 2008 年 8 月份，贷款目的是进原料，因为 2008 年爆发的金融危机，使得国际钢材价格下降，而他生产钢丝球的原料正好就是钢材，他想趁此压点存货。这次他来贷款的目的是想开超市。申请的贷款金额为 150 000 元，期限为 1 年。该客户的此次贷款是第二次贷款，是并行贷款。

二、客户情况

客户朱广，1973 年出生，虽然是第二次贷款，之前对客户有一定的了解，但是客户经理还是需要认真地去实地考察。经了解得知，该客户经营的企业名称为某清洁具厂，主要是加工清洁球，2004 年成立。初始投资设备大约 2 万元，材料 3 万元左右，加上流动资金一共大约 10 万元，至今经营状况良好。他的主要客户是批发给商场，周边各个旗县百货，而其销量最大的地方是房地产和饭店。由于在本市生产钢丝球的企业只有两家，而且另一家的经营者与客户是亲兄弟，可谓是具有市场垄断的优势，产品经常供不应求。

该客户的工厂属于夫妻经营，拥有一个小货车，用来送货，有一处自己的房产，还有一辆家庭用车。夫妻俩有一个 6 岁的小孩。工厂里有 14 名工人，工人的工资是基本工资加提成，提成就是指计件工资。一名工人加提成之后一年的工资在 14 000 ~ 15 000 元。他们的厂房、库房和办公室都是租用的。一般租金是预付一年的，其中办公室的租金是一年 8 000 元，库房的租金是一年 3 500 元，厂房的租金是一年 14 000 元。厂房里现有扒丝机 14 台，价值 210 000 元，打球机 5 台，价值 100 000 元，编织机 2 台，价值 260 000 元，封口机 2 台，价值 36 000 元。

他们进货时一般是看行情进货，钢材价格低的时候多存点货，钢材价格高的时候就少进点。一般是按吨进钢材，做成钢丝球之后按克卖出去。具体的操作过程是把 0.7 毫米的钢丝，用扒丝机旋转挤压拉伸成 0.04 毫米的钢丝，然后打成卷，再经过打球机做成成品，然后用包装袋进行包装。一般是一个包装袋装 20~60 个钢丝球不等，每个包装袋的成本大概是 1 分钱。现有在途货物 400 件，价值为 38 400 元。

三、财务分析

客户现有现金 47 300 元，存款 48 875 元，无应收账款，存货有 1 吨的原料，价值为 5 300 元，有价值 4 000 元的包装袋。由于客户是加工清洁球的，因此有一些加工设备，算做其固定资产，经过客户经理的实地勘察，了解到客户拥有扒丝机 14 台、打球机 5 台、编织机 2 台、封口机 2 台。询问了固定资产的原价之后，根据其使用的年限，进行了折旧。客户还有一笔短期负债，前面提到过客户这笔贷款是并行贷款，因此该短期负债是我行贷款余额。根据上述数据作出资产负债表，如表 1 所示。

表 1 资产负债表 单位：元

现金及银行存款		应付账款	0
现金	47 300		
存款	48 875		
合计	96 175		
应收账款	0		
存货	0	短期负债	18 015
原料线材	5 300	长期负债	0
包装袋	4 000		
流动资产合计	9 300		
固定资产合计	290 000		
扒丝机 14 台 210 000 折旧后现值	100 000		
打球机 5 台 100 000 折旧后现值	42 000		
编织机 2 台 260 000 折旧后现值	130 000		
封口机 2 台 36 000 折旧后现值	18 000	所有者权益	484 510
其他资产			
预付房租	9 250		
在途货物	38 400		
原料线材 2009 年 7 月 9 日	59 400		
资产总计	502 525	总负债及权益	502 525

销售收入和成本是通过客户会计自己的一些记录得到的，下面要通过交叉检验来检验真实性。各项费用的取得是通过与客户的交谈大致了解到的，在一定的经验值范围内。这样我们就可以制作利润表，如表 2 所示。

表 2 利润表 单位：元

	2008 年 9 月至 2008 年 12 月	2009 年 1 月至 2009 年 7 月 1 日	合计	平均
销售收入	480 000	640 000	1 120 000	108 738
可变成本	322 000	384 000	706 000	68 544
成本	274 000	320 000	594 000	57 670
提成工资	36 000	76 000	112 000	10 874
毛利润	158 000	256 000	414 000	40 194
费用				
房租	8 500	13 458	21 958	2 132
税	2 680	4 243	6 923	672
工资	9 200	14 567	23 767	2 307
设备配件	8 000	12 667	20 667	2 006
货车费用	4 000	6 333	10 333	1 003
电费	32 000	50 667	82 667	8 026
通信费	1 200	1 900	3 100	301
差旅费	3 600	2 600	6 200	602
招待费	8 000	12 667	20 667	2 006
小车费用	3 600	8 800	12 400	1 204
净利润	77 220	128 098	205 318	19 934
家庭开支	8 000	12 667	20 667	2 006
还贷款	27 600	64 400	92 000	8 932
月可支配收入	41 620	51 032	92 652	8 995

四、交叉检验

1. 交叉检验——毛利率检验

0.7 毫米的钢材的现价是一吨 5 300 元。该客户主要生产四种型号的清洁球，即特 1（34 克）、B2（28 克）、B6（20 克）、B9（14 克），它们的出厂价格分别是每包 9 元、7 元、5 元、3.5 元。每包有 20 个清洁球。对于特 1 清洁球，一包大约是 680 克，那么 1 吨钢材可以生产 1 470 包，每包的成本是 3.6 元，由此可以算出生产特 1 的毛利率是 60%。同样的方法可以算出 B2 的毛利率是

57.5%，B6 的毛利率是 57.6%，B9 的毛利率是 57.4%。由于在生产过程中钢丝会有损耗，是 3%~5%，而且包装袋的成本未计入，因此可以推定毛利率大约接近 55%。

2. 交叉检验——权益检验

由于客户在我行有过一笔未还清的贷款，因此初始权益按照其在我行第一次接受检查时的得出的权益计算。经查阅，其初始权益为 601 419 元。期间收入为 92 652 元和 81 985 元（还贷本金）。期间支出有：2008 年 12 月投资超市 45 000 元，2009 年买车花费 111 800 元，购置税 16 244 元，原料棉丝 54 000 元，成品洗碗布 52 000 元，机器设备折旧 46 000 元，经过计算得出期末权益为 451 012 元，差异率为 2.94%，在 5% 的合理范围内。

五、软信息分析

由于是续贷，银行对客户的经营状况和客户本人都有一定的了解，而且上次贷款的还款情况良好，通过与担保人，即其合作伙伴的接触，了解到客户本人做生意诚信，为人谦和，有良好的还款意愿，因此可以放款。

六、贷款审批

从表 2 中可以看到客户的月可支配收入为 92 652 元，如果没有银行贷款，其月可支配收入为 92 652 + 92 000 = 184 652（元），乘以 70% 之后，得到 12 万元左右。报经审贷会，审贷会认为客户经营时间比较长，收入稳定，客源也稳定，可以贷给客户 12 万元，但是前提是必须提前还清上一笔贷款。另外，需要再增加一位担保人，其两位担保人均为其合作伙伴，符合担保人的条件。

客户得到我行贷款后，加之其对市场的敏感度，钢材以比较低的价格进货，因而提升了客户的利润空间。

（整理人：杜　萍）

批发零售业

五金销售门市贷款

受理机构：赤峰分行　行业：批发零售业　客户经理：高　峰

包商银行于 2009 年在原有微贷业务的基础上，推出了五大系列 15 种新型微小贷款产品，产品设计更加灵活，从客户角度出发，设计了全新的、多样的还款期限和担保方式，从而更好地满足了客户多样化的融资需求。这些产品分别为商赢保系列、保时节系列（3 个工作日拿到贷款，保证致富好时节）、好贷系列（贷过方知好贷）、诚信系列（送给优质诚信老客户的礼物）和富农宝系列（农民致富"助推器"）。案例中的五金商店贷款就属于好贷系列中的"抵好贷"产品，是根据客户的特殊情况设计的最优产品选择。

一、业务受理

案例业务的受理支行位于内蒙古赤峰市，该支行是包商银行赤峰分行成立后最早一批开展微贷业务的支行，名叫华夏支行。信贷员采用的市场推广方式为上门发放宣传单（也被信贷员称为"扫街"做市场）的主动营销方式，这种宣传方式是包商银行微贷业务最主要的市场推广手段，有一半以上的客户是通过这个渠道了解到微贷业务的。此外，各支行也会定期进行媒体宣传、广告宣传等活动，而且，随着赤峰分行微贷业务进入快速发展期后，老客户介绍新客户的口碑宣传也起到了极大的业务推广作用，为包商银行赢得了广泛的客户。

通常，信贷员每天会抽 1~2 个小时的时间去做市场，上门营销发传单，同时对已有客户进行回访。该客户的店面位于赤峰市区一道街，华夏支行位于二道街，信贷员做市场的区域范围不受限制，可以到任何区域进行营销，该客户通过信贷员的上门介绍，对我行微小企业贷款业务有了一定的了解，并于营销后的第七天主动给华夏支行打电话进行咨询。

通过与客户电话沟通，得知客户是经营五金商店的个体工商户，需要 5 万元贷款来充实自己的五金产品，从而满足旺季的产品销售。

二、客户情况

客户小常，经营五金商店，属于贸易流通类行业，客户门市的性质是个体工商户，客户自己经营，开业时间为 2005 年 10 月。客户的店面门市属于夫妻店，夫妻俩共同经营，两人都是"80 后"，妻子的父母本身也是经营五金批发生意的，有自己的店面。夫妻俩的店面是自己购买的，2009 年之前是租店经营，2009 年初夫妻俩用经营收入购入了自己租用的店面，并居住在店里。客户对门市的经营状况十分了解，并有详细的账本记录。

客户通过前期宣传和电话咨询了解包商银行微贷业务后，于 2010 年 1 月 15 日提出贷款申请，申请金额为 5 万元，贷款目的是为了满足即将到来的旺季销售需求，充实自己的五金产品种类。

通过信贷员介绍，客户选择了好贷系列中的"抵好贷"产品进行申请，"抵好贷"产品是对原有微贷业务的创新产品，是按照银监会"六项机制"中要求的"差别定价"改良设计的，专门针对本身有不动产可以抵押的客户。如果客户可以提供不动产作抵押，我们可以根据客户的需求，在提供抵押物的前提下，差别定价，从而降低客户的利息支付成本。同时银行可以更好地进行风险控制，是一种改良的双赢模式。

但是，这种贷款产品也需要担保，因为，微贷业务看重客户的还款意愿和还款能力，强调现金流。对于微贷业务来说，抵押物只是一种辅助工具而已。担保方式及保证人的选择也灵活多样，根据不同的客户有不同的选择。同时，抵押物的价值如果超出贷款金额的 2 倍以上，是允许客户不再进行担保的。

三、贷前调查

营销客户，上门发放传单→7 天后客户电话咨询，电话中告知客户需要到银行填写申请，并带全相应证件→客户到银行填写申请，信贷员解答客户咨询→信贷员主管将客户分配给合适的信贷员→把客户申请表录入包商银行系统，查看客户是否在包商银行有其他贷款（如果有的话，并且贷款尚未结清，只能从现行贷款所在支行那里申请）→去客户店里及家里分析（经营情况和家庭情况全面分析）→整理数据→上报审贷会→贷款发放→通知客户→发放贷款后的定期回访，进行贷款后续监控。

从接收申请开始，整个受理过程 2~3 个工作日完成。

四、财务分析

1. 资产负债表

表1　　　　　　　　　　　　　　资产负债表　　　　　　　　　　单位：元

现金及银行存款			
现金	35 532	应付账款	10 000
银行存款	0		
合计	35 532		
应收账款	0	短期负债	0
存货（五金）	160 214		
合计	160 214		
流动资产	195 746	长期负债	0
固定资产			
货架	8 000		
大厅/门市	560 000	负债合计	0
固定资产合计	568 000	所有者权益	753 746
总资产	763 746	负债及权益	763 746

具体分析如下：

（1）客户现金金额较大，35 532 元的现金是客户准备进货所需，客户本身有固定的供应商，主要从山东和唐山两个地方进货，从 2005 年一直合作，以预先打款进行支付结算。因此，客户的现金准备近 1～2 天给供货商打款，存放至家中，也让信贷员进行了查看。由于客户与信贷员年龄相仿，对于信贷员提出查看现金较为理解和配合，也显示了客户的诚意。

（2）客户主要采用现金结算方式进行销售，销售区域也限于赤峰市区和较近的几个旗县，不涉及应收账款，因此应收账款为零。

（3）存货分析，由于五金类存货种类繁多，数目较大，信贷员通过对照存货的进货单价格抽样 15% 确定存货利润率，并在清点产品的数量后，最终确定存货金额。

（4）客户的房产大厅为其经营的固定场所。由于房产大厅是客户经营后用经营所得购买的，因此属于资产负债表中的固定资产，需要放在固定资产项下，如果大厅为五金商店经营之前购买的，则可放可不放。对房产的评估价格是结合其买价和市场价格综合考虑确定的，一般为了控制风险，选择二者中较低者为房产的评估价格，因此，根据客户的购买价格，查看购买合同和房产证明确定了客户的大厅价值为 560 000 元。

（5）其他固定资产为货架，主要用于摆放存货，通过对客户的询问和按市场价估值，并考虑折旧后，确定其价值为 8 000 元。

2. 利润表

由于客户生意淡季、旺季不很明显，同时客户每月都有详细的账单记录，对损益表的分析每月单列，从 2009 年 2 月至 2010 年 1 月的营业收入及利润等如表 2 所示。

（1）客户每月的营业收入根据其销货单计算确定，同时对照客户的账本进行比较，发现基本一致。

（2）客户口述其毛利润在 30% ~ 35% ，参照客户的进货单确定其进货成本，与相应的产品的销货单对比分析，从而估算客户的成本率为 70% 左右，从而计算每月的成本及毛利润。

（3）客户的费用主要包括以下几个方面：一是国税费用和地税费用，由于客户的个体工商户性质，通常都采用定税缴纳税金，查看客户税金缴纳单确定其每月固定税额。二是水电费，由于客户的水电费与其生意的经营收入无关，只是日常经营费用，因此结合其一年的水电费缴费单确定一年的总额，再平均分摊在每月的费用之中。三是通信费，客户的通信费每月支出固定，而且主要用于经营所需，因此在费用中列支。

（4）通过以上分析确定了客户的净利润，由于个体经营，还需扣除家庭日常开支所需，客户夫妻两人有个处于哺乳期的女儿，因此家庭开支的大部分都花费在她的身上，用于买奶粉及其他婴儿用品，加上每月的伙食费大约开销 2 000 元。

（5）最后确定了客户的月可支配收入为 1 万 ~ 1.9 万元，通常月还款额为月平均可支配资金的 70% 左右，即客户的月还款为 7 000 元为其可承受范围之内，这样客户有稳定的现金流作保障。

五、软信息分析

在分析阶段，首先要进入人民银行征信查询系统，查看客户的征信情况，征信系统显示客户小常的征信记录是"查无此人"，虽然小常没有征信记录，但可以表明，小常没有逾期等不良记录。

客户选择"抵好贷"产品，需要不动产抵押登记，需要客户到房产局办理抵押登记手续，费用为 120 元，所需耗时 1 ~ 2 个小时。客户抵押的是父亲老常的房产，市场估价 20 万元，可抵押价值 10 万元，为贷款金额的 2 倍，因此，客户不再需要提供担保。同时，抵押人还需提供留宿人，并签署留宿协议，留宿人姓名为小王，是老常的亲戚。亲戚在签订留宿协议时就表示常家人很老实，很有信用，绝对不会发生抵押物被收，需要留宿他家的可能。

利润表

单位：元

表 2

	2009年2月	3月	4月	5月	6月	7月	8月	9月	10月	11月	12月	2010年1月	总计	平均
营业收入	45 000	75 000	75 000	45 000	45 000	45 000	75 000	75 000	75 000	45 000	45 000	22 500	667 500	58 043
成本70%	31 500	52 500	52 500	31 500	31 500	31 500	52 500	52 500	52 500	31 500	31 500	15 750	467 250	40 630
毛利润	13 500	22 500	22 500	13 500	13 500	13 500	22 500	22 500	22 500	13 500	13 500	6 750	200 250	17 413
费用														
国税	450	450	450	450	450	450	450	450	450	450	450	225	5 175	450
地税	220	220	220	220	220	220	220	220	220	220	220	110	2 530	220
水电	300	300	300	300	300	300	300	300	300	300	300	150	3 450	300
通信	400	400	400	400	400	400	400	400	400	400	400	200	4 600	400
总计	1 370	1 370	1 370	1 370	1 370	1 370	1 370	1 370	1 370	1 370	1 370	685	15 755	1 370
净利润	12 130	21 130	21 130	12 130	12 130	12 130	21 130	21 130	21 130	12 130	12 130	6 065	184 495	16 043
家庭开支	2 000	2 000	2 000	2 000	2 000	2 000	2 000	2 000	2 000	2 000	2 000	1 000	23 000	2 000
月可支配收入	10 130	19 130	19 130	10 130	10 130	10 130	19 130	19 130	19 130	10 130	10 130	5 065	161 495	14 043

同时，客户属于"80后"，精力旺盛，身体健康，由于客户和信贷员年龄相仿，在沟通上很融洽，也非常配合调查。客户待人也很热情，也对自己生意的前景很有信心。客户是本地人，乡土观念较强，打算挣了钱在赤峰市区买楼房，而且由于客户的岳父、岳母经营五金生意多年，也言传身教了客户很多经营经验，为客户提供了稳定的供应商客户源。

客户本身的经营时间较长，2005年开始经营，而且已用经营收入购买了门市大厅，表明其经营具有稳定性。在经营期间，客户始终都是自己经营门市，且有详细清晰的账本，对自己的经营状况十分了解。

最后，通过向邻居和周围商户的侧面打听，都表明客户小常为人忠厚老实，家庭和睦，生意经营稳定。

六、交叉检验

1. 营业收入检验

客户口述营业额如下：

客户旺季为（3月、4月、8月、9月、10月）营业收入为7万~8万元。客户淡季为（1—2月，5—7月，11—12月）营业收入为4万~5万元。

通过抽查客户的记账本发现，旺季月份每天的平均收入为2 400~2 800元，淡季月份每天的平均收入为1 500~1 700元，客户近3天的营业额分别为1 613元、1 725元和1 702元。

把客户口述收入与账本记录营业收入进行对比，旺季账本记录2 500×30 = 75 000（元）与旺季口述7万~8万元一致，淡季账本记录1 500×30 = 45 000（元）与淡季口述4万~5万元一致。

2. 毛利润交叉检验

客户口述毛利润在30%~35%；通过点货、结合进销货单确定的毛利润与客户口述毛利润基本一致，秉着"利润取低、成本取高的原则"，取毛利润30%为宜。

3. 权益交叉检验（2005年10月至2010年1月）

表3	交叉检验表	单位：元

初始投资（2005年10月）	存货 80 000 流动资金（房租货架）20 000 总计 100 000
2005年10月至2006年10月收入	+150 000
2006年10月至2007年10月收入	+ 150 000
2007年10月至2008年10月收入	+ 150 000

续表

2008 年 10 月至 2009 年 2 月收入	+ 50 000
2009 年 2 月至 2010 年 1 月收入	+ 161 495
期末权益合计	761 495
实际权益（资产负债表）	763 746
权益交叉检验的误差	（763 746 − 761 495）/761 495 = 0.296%，权益误差在 5% 之内为可接受范围

七、贷款审批

通过以上案例的分析，我们可以看出，客户可以提供比较完整的经营信息，信贷员通过各种形式的交叉检验后，也验证了所收集客户资料的真实性，通过详细的财务分析，信贷员确定客户有稳定的现金流，具备还款能力；同时，根据和客户的交流，以及各方面的软信息分析也表明客户有稳定的家庭和经营收入，并且为人诚实、热情，对生意的前景充满信心，有非常好的还款意愿。

因此，审贷会根据信贷员提供的信息，决定受理该项贷款业务，并发放 5 万元贷款，期限 2 年，年利率为 8.4%，按月等额还本付息，每月还款计划为 2 500 元左右。

八、贷后管理

发放贷款 15 个工作日内，信贷员上门回访，确定客户贷款使用在指定用途之上，用于购进更加种类繁多的五金产品，同时信贷员每月定期对客户进行电话回访和上门回访，与客户维持良好的关系。

（整理人：张　莎）

建材城家具销售商铺贷款

受理机构：宁波分行　行业：批发零售业　客户经理：李学存

宁波地区经济发达，金融行业竞争激烈，小企业及各种形式的个体工商户及手工作坊集中分布在各个角落，在这样的大市场中，一方面，要求我们以微小企业贷款为主体业务的小银行提供丰富的产品满足顾客的需要；另一方面，需要我们在激烈的竞争环境中，办出特色，走差异化道路，以快速的办理流程，热情的服务赢得客户，服务好客户。下面我们以流通行业的建材城中一家销售家具的商铺为例来了解宁波市场环境，分析宁波客户特征，以及在这样的市场中如何开拓业务。

一、业务受理

信贷员在宁波市的一家综合家具建材城做市场时接触到该客户。当时，信贷员给建材城中的某些商户发放了传单，信贷员在发放传单做市场时，并不是毫无目的地将传单发放到每一个商户的手中，信贷员通常会选择甄别一些较为合适的商户进行宣传，比如，信贷员不会打扰那些正在谈生意的商户，选择一些不忙的商户发放传单，并适时地介绍包商微贷的相关产品，信贷员认为只有配合业务的讲解，传单的发放才算是有效发放。其中一家的营业员表示出极大的兴趣，与信贷员交流了较长时间，并咨询了具体的业务办理流程。最后她主动要求信贷员留下电话，并说和老板沟通后尽快给信贷员回话。

第二天一早，信贷员就接到了客户的电话，客户介绍说昨晚去收钱时，营业员向他介绍了包商银行微小企业贷款业务的无抵押贷款产品，他觉得很新鲜，于是一早就打来电话进行了咨询。

客户介绍了其贷款的目的。客户打算参加宁波近期举行的一次家博会，宁波每年都会定期举行 4 次家博会，按季举行。客户希望通过家博会展示其代理的家具品牌，扩大名牌知名度，从而提高销售量和顾客的认知度。参加此次家博会需要的资金为 13 万~14 万元，3 万~4 万元的场地租赁费和装修费用，10万元备货，引进新产品进行展销。客户目前自有资金 4 万元，因此还需贷款 10万元作为补充资金。信贷员了解了客户的基本贷款需求后，与客户约定到宁波分行面谈。

二、客户情况

客户小包，1979 年出生，与丈夫小陈共同经营该商铺。商铺位于宁波某综合家具建材城，地理位置优越，客流量较大，而且属于老牌家具建材城，信誉度较高，市民的认知度也相对较好。同时，夫妻俩在另外的家具建材城同样拥有一家商铺，经营项目相同，主营藤条家具，以紫藤为主。客户是广东怡藤园家具生产商的特约经销户，合作时间长达 6 年之久。早期，丈夫小陈到广东打工，在编藤家具厂加工紫藤家具，对紫藤家具的构造、成本及价值都较为了解。回到宁波之后开始从事紫藤家具的经销生意，并先后开设了两家商铺，就是我们前面提到的两家商铺。

由于建材城是老牌子，客流量充裕，商铺全部出租，没有空缺。在此承包商铺租金每年为 5 万~6 万元，但是另一笔较大的开支是转让费支出，由于商场和老客户有协议约定，租金虽为一年一交，但商场承诺客户可以有 5 年的租赁使用权，在此期间，新商户想要进驻商城，必须支付给老商户一笔转让费。当时，客户小包一次性支付的转让费为 7 万元，据客户介绍，目前商铺的转让费已达到 20 万元，这也从侧面反映出该商城人气较旺，经营业绩突出。

三、贷前调查

1. 前面已经详细地介绍了营销客户的基本程序，即信贷员通过主动上门发放传单做市场，引起了客户的兴趣，在对客户提出的问题作出简单的解释和回答后，约定了具体时间进行面谈。

2. 按约定时间，客户到包商银行宁波分行进行详细的咨询并填写了申请，同时带来了营业执照、税务登记证等相关证件。

3. 把客户申请表录入包商银行系统，查看客户是否在包商银行有其他贷款（如果有的话，只能从以前贷款维护的信贷员那里申请，而不能再找新信贷员申请）。

4. 查看客户在人民银行征信系统里的信息，这里我们发现宁波发达地区与西部地区的客户存在明显的不同。通常，西部地区的小企业主没有申请和使用信用卡的记录，而宁波的客户会持有 2~3 张信用卡。客户的信用记录中显示，夫妻双方都有信用卡账户逾期记录，分别为 1 次和 3 次，信贷员询问了客户逾期的原因，客户介绍说主要是由于生意忙起来，或者出差进货，一时忘记了，但随后都会立即偿还。同时，客户也认识到了逾期记录对其信用影响的重要性，保证以后会按期归还。按信贷员要求，客户去信用卡申领银行办理了相关证明文件，证明所有逾期金额都已全部归还。

5. 信贷员去客户商铺进行详细的调查分析，包括营业额等财务数据分析以及对营业员的询问等软信息考核。

6. 上报审贷会。该笔贷款在上报审贷会之前，先进行了内审，主要是由于信贷员入行以来，该笔业务是其独立接手的第一个案例，此前都是跟着师傅在学习。另外，是由于客户本身的信用问题，审贷委需要着重考虑客户的信用问题，而且是初次合作，抱着谨慎的态度，内审负责人建议信贷员为客户提供7万元的贷款，以此金额报送外审委员会。

7. 贷款发放→通知客户→发放贷款后的定期回访，进行贷款后续监控。

从接收申请开始，整个受理过程2～3个工作日完成。

四、财务分析

1. 资产负债表

表1	资产负债表		单位：元
现金及银行存款			
现金	7 000	预收定金	16 300
银行存款	5 000	短期负债	16 300
合计	12 000		
应收账款	68 702		
商城1预付租金	22 350	长期负债	0
商城2预付租金	29 262	负债合计	0
存货	145 000	所有者权益	261 014
总资产	277 314	负债及权益	277 314

具体分析如下：

（1）资产负债表中现金为7 000元，为客户持有的流动资金，是客户当天的现金净流入。

（2）客户银行存款5 000元，通过查看客户流水账发现，5 000元是客户进货后的剩余款。流水账显示了客户每天的现金流入及流出的详细记录，客户在信贷员调查分析的前两天，购进了一批家具，并支付了家具款，余额为5 000元。

（3）客户资产负债表中显示了两家商城的预付租金，一个是我们调查分析的老建材城，其预付租金为22 350元，另一个商城是前面提到的客户另一家商铺所在地，随着经营收入的增加，为了扩大经营规模，客户刚刚盘下了这家商铺，因此，商铺目前没有处于经营状态，没有经营收入，其预付租金显示在老建材城中商铺的资产负债表中，为 29 262 元，客户提供了相应租赁合同的复印件。

（4）存货为 145 000 元，即客户刚刚购进了一批新款紫藤家具，摆放在商铺里，信贷员进行了初步盘点，并对照购货合同确定了存货的金额。

（5）客户的负债主要是预收定金，为 16 300 元，这些预收定金的产生是由于有些购买家具的客户，在选购家具的时候，房屋尚在装修，就先预付一部分定金，等到装修完毕后来商城提货并支付剩余款项。通常，预付定金会给购买家具的客户开具收据，通过底联查询，从而确定了预收定金的金额。

通过资产负债表的制作和填写，我们确定了客户的权益为 261 014 元。

2. 利润表

客户小包销售家具都会有详细的账本记录及出货单，对照账本记录和出货单记录从而确定了客户的销售收入。同时，我们看到 2008 年 7 月份客户的销售收入较高，是平时的 3 倍之多，这主要是由于 7 月份客户参加了一场家博会，通过宣传和促销活动，客户的销售量迅速增加。可见，家博会对客户销售收入增加的促进作用十分显著。

客户的可变成本即客户家具的进价，由于客户只代理一个品牌的紫藤家具，有常年的供货协议及不同种类家具的报价单，通过核查报价单、发货单及进货收据确定了客户的进价。其中，抽样了 50% 的家具品种，包括畅销款、最新品，从而通过加权平均确定了客户的成本率为 53.1%。

客户的费用主要包括以下几个方面：一是雇员的工资，客户有两名雇员，倒班上班，各工作半天，工资一共为 3 500 元。二是另一个较大的费用开支，即电费，由于客户商铺常年使用照明灯，每月的电费基本保持不变，为 300 元。三是向税务局缴纳的定额税金，每月定额 300 元。四是客户最主要的一笔费用是家具的配送费，客户的配送方式采取雇用商场的配送车进行配送，客户需要定期结算交纳配送费，平摊到每个月为 600 元。五是客户的商铺租金支出，同样平均分摊到每个月。

计算出客户每月的净利润收入后，扣除客户的家庭开支即为客户的可支配收入，但该客户较为特殊的一点是，虽然客户经营商铺，营业执照上的名字为小包的，但是，商铺的经营以客户的丈夫小陈为主，客户小包平时还在宁波某货代公司上班，月收入为 3 000 元，可贴补家用。这样就大大增加了客户的可支配收入。

表2　利润表

单位：元

	2007年10月	11月	12月	2008年1月	2月	3月	4月	5月	6月	7月	8月	9月1日至9月2日	总计	平均
销售收入	49 380	35 600	78 800	59 600	55 800	33 370	45 820	45 700	40 540	159 670	52 150	5 400	661 830	59 802
可变成本53.1%	26 369	19 010	42 079	31 826	29 797	17 820	24 468	24 404	21 648	85 242	27 848	2 884	353 395	31 932
毛利润	23 011	16 590	36 721	27 774	26 003	15 550	21 352	21 296	18 892	74 388	24 302	2 516	308 395	27 866
费用	9 519	9 519	9 519	9 519	9 519	9 519	9 519	9 519	9 519	9 519	9 519	633	105 342	9 519
工资	3 500	3 500	3 500	3 500	3 500	3 500	3 500	3 500	3 500	3 500	3 500	233	38 733	3 500
电费	500	500	500	500	500	500	500	500	500	500	500	33	5 533	500
税	300	300	300	300	300	300	300	300	300	300	300	20	3 320	300
运费	600	600	600	600	600	600	600	600	600	600	600	40	6 640	600
租金	4 619	4 619	4 619	4 619	4 619	4 619	4 619	4 619	4 619	4 619	4 619	307	51 116	4 619
净利润	13 492	7 071	27 202	18 255	16 484	6 031	11 833	11 777	9 373	64 869	14 783	1 883	203 052	18 348
家庭开支	2 000	2 000	2 000	2 000	2 000	2 000	2 000	2 000	2 000	2 000	2 000	133	22 133	2 000
家庭收入	3 000	3 000	3 000	3 000	3 000	3 000	3 000	3 000	3 000	3 000	3 000	200	33 200	3 000
月可支配收入	14 492	8 071	28 202	19 255	17 484	7 031	12 833	12 777	10 373	65 869	15 783	1 950	214 120	19 348

五、软信息分析

由于信贷员最早接触的是客户店铺的雇员，客户侧面从雇员那里打听到客户的基本人品。雇员称老板为人爽快正直，从没有拖欠工资的现象发生过，而且由于经营时间较长，之前过了保修期的客户打电话需要修整家具，老板都会主动上门服务，而且不再收取任何费用（不含配件收费）。同时，客户小陈早期在紫藤家具厂做工，对紫藤家具的工艺和技术较为了解，有助于其了解所进家具的成本构造，从而有效地防范由于质量问题引起的信用风险，同时也大大提高了客户的营业收入。

客户的担保人是小陈的哥哥，两人长相十分相近，而且当年一同去广州打工，兄弟两人感情很好。哥哥也是经营家具生意的，但不是零售，主要是批发代理，有自己的家具集散中心，信贷员也进行了实地考察。

六、交叉检验

1. 营业额的交叉检验

客户口述一个月的平均销售额为 5 万元左右，一年 60 万 ~70 万元的销售额，平均每 10 天进货 1 次，每次 1 万元，而且可以通过客户银行对账单确定，所以客户 1 年的总进货量大约为 36 万元，加权平均成本率为 43.1%，这样，可以确定客户的营业总额，均与客户的损益表中的销售额基本一致。

2. 利润的交叉检验

举例来说，客户口述店里出售的紫藤家具抱架、花架的进价分别为 120 元和 75 元，系列产品 8026 型号的组合产品进价分别为 2 757 元、1 800 元、4 085 元和 5 700 元，售价通过账本和发货单查询分别为 230 元、160 元、5 000 元、3 000 元、8 800 元和 10 000 元，通过这些可以看出客户的成本率为 43.5%，即其利润率为 40% ~50%，与客户口述 40% ~45% 的毛利基本相符。

3. 权益的交叉检验

表3   权益交叉检验   单位：元

初始投资（2007 年初）	家具购进及代理费用支出 40 000 店铺租金 20 000 店铺转让费支出 70 000 店铺装修费支出 20 000 总计 150 000
期间收入（2007 年 8 月至 2008 年 8 月） 期间收入（2008 年 8 月至分析时）	+ 200 000 + 17 733

期间开支（2008 年 8 月盘下了第二个店铺，装修及转让费支出）	− 80 000
期末权益合计	287 733
实际权益（资产负债表）	261 014
权益交叉检验的误差	（287 733 − 277 314）/277 314 = 3.76%，权益误差在 1% ~5% 之内为可接受范围

七、贷款审批

通过以上案例的分析我们可以看出，客户提供了完整的账本记录，信贷员通过营业收入、利润和权益交叉检验后，验证了所收集客户资料的真实性，通过详细的财务分析和成本核算，信贷员确定客户的利润率，显示客户有稳定的现金流，具备还款能力；同时，根据和客户的交流，以及各方面的软信息分析也表明，客户有稳定的家庭和经营收入，对雇员很好，得到了雇员的认同，同时由于客户本身的技术和收益，有助于其更好地经营管理，具有较好的还款意愿。

此外，加上客户小包的工资收入，客户家庭的月平均可支配收入为 19 290 元，这样按照月还款额为月可支配收入的 70% 来计算，即 19 290 × 70%/912 = 14.8（万元），其中，912 元为 1 万元平均每月的还款额，银行为客户提供 10 万元的贷款方案具有可行性。因此，审贷会根据信贷员提供的信息，决定受理该项贷款业务，并发放 10 万元贷款，期限为 12 个月，年利率为 15%，按月等额还本付息，每月还款计划为 9 180 元左右。

八、贷后管理

贷款发放后，信贷员进行了回访，回访的地点不是客户的商铺，而是客户家博展览的会场中心，信贷员 11 点左右与客户约好，到达了家博中心，当时，客户商铺的人流量很大，熙熙攘攘，有的在挑选家具，有的在讲价，有的已经付定金了，信贷员为了不打扰客户生意，在旁边静静地观察着。到中午时间，信贷员在客户小包和小陈不太忙的时候，进行了简单的交谈，客户称这次家博会的效果比 7 月份的效果还要好，估计该月的销售收入可达到 25 万元左右，并说十分感谢包商银行贷款这么快速方便，以后每届家博会之前，他都会来包商银行申请贷款的。

（整理人：张　莎）

大米批发经营店贷款

受理机构：成都分行　行业：批发零售业　客户经理：唐海东

成都地区人口密集度高，是西部地区商品批发和零售的主要集散地，因此小企业及个体工商户数量庞大。同时，伴随着西部大开发战略以及四川地区灾后重建等发展机遇，小企业的数量和规模都显著增加。包商银行成都分行微小企业贷款业务自 2010 年 1 月 25 日开业以来，依托自身的技术优势，结合当地市场实际情况，已累计受理了 112 笔业务，迎来了成都地区的开门红。下面，我们来看一个大米批发生意的贷款受理情况，从而了解成都分行的贷款流程。

一、业务受理

成都分行开业以来，微小企业信贷员为了迅速开发市场，扩大营销范围，每天会抽出 3 个小时的时间进行市场宣传，该客户是信贷员在成都粮油市场做市场营销时接触到的。客户一直将信贷员的名片留在办公桌的玻璃板下面，在其有融资需求时，打电话给信贷员进行了贷款申请和咨询。客户想要申请 50 万元的贷款，用来购进并储备大米。

二、客户情况

客户小王经营的大米批发店是夫妻双方共同经营的个体工商店，营业执照上是客户小王的名字，但实际经营以其丈夫小陈为主，两人都是 70 年代出生的，现在正值中年，精力旺盛。成都地区做生意的也是以外来人居多，小王和小陈都不是成都本地人，是从四川其他地区来成都做生意的，丈夫小陈早期在成都某大米厂工作，从事大米营销工作，有着丰富的营销经验，也积累了一定的销售渠道和客户源。于是，客户 2005 年底开始自己做大米生意，主要经营陕西的汉中米，其客户源也比较集中，成都市区的客户源占到 30%，成都三环之内的客户源占到 40%，四川其他地区的客户源占到 30%，客户只是从事大米的批发生意，没有零售业务。同时，客户 2009 年 10 月份开始经营黑龙江的珍珠米，至此客户的营业额大大增加了，珍珠米颗粒更加饱满，口感更加筋道，很受欢迎。因此，从客户经营品种可以看出，客户主要经营汉中米和东北珍珠米，占比分别为 60% 和 40%。

客户夫妻有一个女儿，11 岁，上小学五年级，丈夫的父母以及妻子的母亲都和客户一起生活，居住在一套房子里，位于成都市某村，房子是全款购买的，没有月供，但房子属于小产权房。

三、贷前调查

1. 通过信贷员的营销宣传，客户小王在自己有资金需求时想到了包商银行，主动打电话给信贷员，讲述了自己的贷款需求和贷款目的，信贷员与客户小王进行简单的沟通后，约见客户两日后进行面谈，并填写相关申请。

2. 按约定时间，客户到包商银行成都分行进行详细的咨询并填写了申请，同时带来了营业执照、税务登记证等相关证件。

3. 把客户申请表录入包商银行系统，查看客户是否在包商银行有其他贷款（如果有的话，只能从以前贷款维护的信贷员那里申请，而不能再找新信贷员申请）。

4. 查看客户在人民银行征信系统的信息，客户夫妻双方的征信记录都为空白记录，即客户没有申请贷款或者信用卡使用的记录，反映出客户至少没有不良记录，同时也反映出客户没有从正规融资渠道融通过资金，相对缺乏融资经验。

5. 去客户公司进行详细的调查分析，包括财务数据分析及软信息分析，详见后面的分析。

6. 上报审贷会。审贷会通过信贷员的陈述，综合考虑客户经营情况及融资情况，最终决定给客户发放了 20 万元的贷款，具体分析见后。

从接收申请开始，整个受理过程 2~3 个工作日完成。

四、财务分析

1. 客户经营情况分析

客户小王的经营对象比较固定，由于以批发为主，销售额也较为固定，平均每天的销售量大约为 20 吨。据客户介绍，大米销售的淡、旺季并不十分明显。通常情况下，2 月份属于销售淡季，由于 2 月份过年，大多数都会在过年之前进行储备和销售，同时，9 月、10 月份也是相对的淡季，这是由于 10 月份以后会有新米产出，大多数成都人都会等到新米产出后，购买新米。

客户从 2009 年 9 月份以后开始引进经销东北珍珠米，因此从 10 月份开始，客户的销售额大量增加。平均每月销售 700~800 吨，其中珍珠米为近 300 吨，汉中米为 400～500 吨。客户的营业利润很薄，据客户介绍，其营业毛利率为 2%，净利率为 1% 左右。

客户购进大米的付款方式较为灵活，因为都是合作多年或者是认识多年的老客户，有时会在进货时先打一部分款给对方，货到后给付剩余款项，有时候会在下次进货前支付上次进款款项。客户购进的大米抵达成都客运站后，在没有购进珍珠米之前，所有的大米都运回市区门市进行仓储，在开始购进珍珠米之后，客户在火车站附近租用了仓库进行仓储。这样，客户销往市区内外的大米会运回门市，销往省外的大米会直接存储在火车站的仓库里，等待发货。

客户 11 月份的时候，又在城北租了一个新的店面，打算日后也在那里经营。通常火车站仓库的大米发货时，由对方客户支付运费，客户小王不用支付运费；而运往门市的大米涉及搬运费，从火车站到店面的运费大约为 15 元/吨，门市内搬运上下楼的运费为 6 元/吨。客户的雇员有两人，一人负责门市看店，每月工资 1 000 元；另一人负责和客户共同维护上下游客户，跑营销，每月工资 2 500 元。

2. 资产负债表

表 1　　　　　　　　　　　**资产负债表**　　　　　　　　　单位：元

现金及银行存款			
现金	37 000	应付账款	350 000
银行存款（工商银行）	41 615		
银行存款（农业银行）	45 294		
合计	123 909	短期负债（从姐姐那里借的）	50 000
应收账款（见应收账款清单）	244 276		
预付货款	150 000		
合计	394 276		
存货（见存货清单）	466 558		
固定资产		长期负债	0
汽车（2008 年购进的长安之星，原价 19 500 元）	5 000		
预付房租	4 375	负债合计	400 000
市场保证金	20 000	所有者权益	614 118
总资产	1 014 118	负债及权益	1 014 118

具体分析如下：

（1）资产负债表中现金为 37 000 元，为客户持有的流动资金，以备进货之需。客户的银行存款都以存折的形式出示给信贷员，这是客户近一年的收入结余后的存款。

（2）客户发货后有些是需要等待客户收货后付款，而且付款也有相对灵活的滞后期，使客户产生了大量的应收账款，具体见客户账本显示的应收账款清单。

表2   应收账款明细表   单位：元

客户	应收金额
资阳徐某	67 700
都江堰曾某	44 980
温江蒋某	45 760
市区吴某	27 200
其他较小金额（共6户）	58 636
合计	244 276

（3）存货为466 558元，由于客户的存货分散在2个门市及1个仓库之内，而且储量较大，以吨为单位计价，信贷员很难通过点货方式予以确定，因此，信贷员跟随客户到每个仓储点进行实地检验后，以客户提供的存货单记录为准，加总确定了客户的存货价值。

表3   存货明细单

库房	名称	规格（斤/袋）	数量（袋）	净重（吨）	进价（元/吨）	价值（元）
老门市6栋7号	同江	20	700	7	3 840	26 880
		50	380	9.5	3 840	36 480
	汉谷源	20	50	0.5	3 450	1 725
		50	60	1.5	3 420	5 130
老门市6栋4号	汉源	20	1 800	18	3 450	62 100
		50	520	13	3 420	44 460
	福乐	20	200	5	3 320	16 600
		50	700	7	3 350	23 450
	金刚	20	450	4.5	3 400	15 300
		50	35	0.875	3 360	2 940
新门市（11月新租门市）	同江	20	1 450	14.5	3 840	55 680
		50	608	15.2	3 840	58 368
	汉源	20	1 080	10.8	3 450	37 260
		50	20	0.5	3 420	1 710
	福乐	20	50	0.5	3 350	1 675
火车站仓库	同江	20	1 500	15	3 840	57 600
		50	200	5	3 840	19 200
合计			9 803	128		466 558

（4）固定资产中汽车净值为 5 000 元，按购入后使用情况及使用时间予以折扣，预付房租为新粮油市场租金，市场保证金为原门市 8 000 元，新门市 12 000 元，均显示在资产负债表中。

（5）客户的应付账款为湖北汉源米厂 150 000 元，同江米厂 150 000 元，其他米厂 50 000 元，共计 350 000 元。同时，短期负债还包括 2009 年 11 月份向姐姐借的 5 万元，目前尚未归还，列支在资产负债表中的短期负债项下。

（6）这样信贷员计算出客户的资产为 1 014 118 元，权益为 614 118 元。

3. 利润表

在前面客户经营情况分析中已经介绍了客户营业额的三大组成部分及每部分的占比，通过查看客户账本记录确定客户营业额及三大地区的分配情况。客户口述其毛利为 2% 左右，查看客户大米进价及出价记录，确定相应的毛利为 2% 左右，在成本及毛利的计算过程中，由于涉及的大米搬运费属于可变成本，因此包含在成本之内，计算毛利时应将其一并扣除。同时前面也已经介绍了搬运费的计算过程，即只有搬到店面的大米才计算搬运费，每吨为火车站到店面 15 元的运费加上楼费 6 元，共计 21 元/吨。

客户小王的费用主要有店面租金、水电费、电话费、工人工资、小车费用、仓库租金、物管及定额税收，这些费用都以年为单位计算，并采取平均法分摊到每个月上。需要注意的是，其中店面租金从 2009 年 12 月份增加到 5 500 元，这是客户在新粮油市场又租了一个店面所形成的。另外，客户的仓库租金也是在 2009 年 10 月份开始产生的，这是由于从 10 月份开始，客户购进东北珍珠米开始销售后，在火车站附近开始租用仓库。

通过这些分析，信贷员确定了客户每月的净利润，扣减家庭开支 3 000 元后，客户的每月可支配收入平均为 18 040 元。信贷员根据上述财务分析，发现由于利润过薄，其月可支配收入根本无力负担 50 万元贷款的每月还款额。但是考虑到客户 10 月份以后，引进珍珠米后的销售额和利润都有大幅度的提升，10 月份的月平均可支配收入约为 25 000 元，这样根据公式 25 000 × 70% / 912 = 19.1 左右，同时预期客户的营业额会不断地增加，并结合其贷款申请金额考虑后，信贷员建议给客户小王 25 万元的贷款额度。

表 4

利润表

单位：元

	2009年4月	5月	6月	7月	8月	9月	10月	11月	12月	2010年1月	2月	3月13日	合计	平均
营业额	1 500 000	1 500 000	1 500 000	1 500 000	1 500 000	1 200 000	1 200 000	2 400 000	2 400 000	2 400 000	946 220	917 885	18 964 105	1 663 518
市区（30%）	450 000	450 000	450 000	450 000	450 000	360 000	360 000	720 000	720 000	720 000	283 866	275 366	5 689 232	499 055
郊县（40%）	600 000	600 000	600 000	600 000	600 000	480 000	480 000	960 000	960 000	960 000	378 488	367 154	7 585 642	665 407
其他地区（30%）	450 000	450 000	450 000	450 000	450 000	360 000	360 000	720 000	720 000	720 000	283 866	275 366	5 689 232	499 055
成本（98%）	1 470 000	1 470 000	1 470 000	1 470 000	1 470 000	1 176 000	1 176 000	2 352 000	2 352 000	2 352 000	927 296	899 527	18 584 823	1 630 248
毛利润	30 000	30 000	30 000	30 000	30 000	24 000	24 000	48 000	48 000	48 000	18 924.4	18 358	379 282	33 270
费用	10 510	10 510	10 510	10 510	10 510	10 510	10 510	14 110	15 860	15 860	14 060	5 905	139 365	12 225
店面租金	3 750	3 750	3 750	3 750	3 750	3 750	3 750	3 750	5 500	5 500	5 500	2 310	48 810	4 282
水电费	200	200	200	200	200	200	200	200	200	200	200	84	2 284	200
电话费	500	500	500	500	500	500	500	500	500	500	500	210	5 710	501
工人工资	3 500	3 500	3 500	3 500	3 500	3 500	3 500	3 500	3 500	3 500	3 500	1 470	39 970	3 506
小车费用	1 500	1 500	1 500	1 500	1 500	1 500	1 500	1 500	1 500	1 500	1 500	630	17 130	1 503
仓库租金	0	0	0	0	0	0	0	3 600	3 600	3 600	1 800	756	13 356	1 172
物管	450	450	450	450	450	450	450	450	450	450	450	189	5 139	451
税	610	610	610	610	610	610	610	610	610	610	610	256	6 966	611
净利润	19 490	19 490	19 490	19 490	19 490	13 490	13 490	33 890	32 140	32 140	4 864.4	12 452.5	239 917	21 045
家庭开支	3 000	3 000	3 000	3 000	3 000	3 000	3 000	3 000	3 000	3 000	3 000	1 260	34 260	3 005
月可支配收入	16 490	16 490	16 490	16 490	16 490	10 490	10 490	30 890	29 140	29 140	1 864	11 193	205 657	18 040

五、软信息分析

客户的丈夫小陈有多年的大米销售经验，销售渠道广泛，为自己开办大米批发经销点积累了宝贵的经验和客户源，从而保证其经营稳定。同时，客户夫妻双方的征信记录上并没有显示出其二人有任何不良记录。客户的父母都和客户生活在一起，而且没有任何收入来源，但信贷员到家里访谈时，一家人其乐融融，非常和睦，父母对儿女的评价很高，就是觉得自己年老了拖累了儿女的生活。这些家庭场景反映出夫妻二人孝敬父母，家庭和谐，有利于生意的经营和发展。而且，客户小陈是大专学历，知识面较宽，对其经营和管理有着积极的促进作用。

客户的担保人是小陈的大学同学，名叫小李，是做医疗器械生意的，担任公司法人代表及总经理。小李在成都市区有两套自置住房，信贷员去了其中的一套住房，房子装修豪华，面积近 150 平方米，非常气派，显示了担保人的经济实力。同时，客户在成都某工业园区有一栋三层楼房，用于日常经营办公。每年的收入为 100 多万元。但是，担保人小李的征信记录中有 3 次逾期记录，到目前为止已全部还清，担保人说是由于常年出差在外而忘记归还造成的，但都会在过后及时偿还。

六、交叉检验

1. 营业额的交叉检验

（1）全年营业额检验

客户口述全年的营业额为 2 000 万元左右。其中，4—8 月的营业额为 150 万元左右，9 月、10 月份淡季的月营业额为 120 万元左右，11 月份后，客户开始新增东北珍珠米的销售，月营业额扩大至 240 万元，2 月春节假期时候，月营业额为 100 万元，这样我们可以计算出客户的全年营业额为 $150 \times 5 + 120 \times 2 + 240 \times 4 + 120 = 2\,070$（万元）。与客户口述的全年营业额基本相符，同时结合信贷员制作的损益表对照发现，其营业额基本为 2 000 万元左右。

（2）月营业额检验

客户口述 11 月之后，月营业额扩大至 240 万元。

每月大米的销售额约为 700 吨，其中东北米销售约占 30%，12 月份客户东北米销售单显示：该月销售量为 218.135 吨，东北米的销售价格约为 3 950 元/吨，则其销售收入为 $3\,950 \times 218 = 861\,100$（元）；汉中米的销售量约占 70%，该月的销售量为 482 吨，销售价格为 3 550 元/吨，则其销售收入为 $482 \times 3\,550 = 1\,711\,100$（元），加总后 12 月销售额为 $86 + 171 = 257$（万元），与客户口述一致。

客户银行流水账显示，客户3月1日—13日，现金流入为917 885元，按此流量计算，3月份全月的营业额约为218万元，考虑到客户部分收入为现金收入，则与其月营业额240万元基本相符。

2. 毛利率检验

客户口述毛利率为2%左右，净利率为1%。

客户的产品仅为两大类，分别是陕西的汉中米和东北的珍珠米。

1—10月份，客户仅销售汉中米，11月份开始，汉中米的销售量约占70%，东北米的销售量约占30%。

客户销售区域分为成都市三环内、郊县及省内其他市县。

汉中米的毛利率为（售价3 550元/吨 – 进价3 450元/吨 – 可变成本运费及装卸费30元/吨）/3 550元/吨 = 1.97%，东北米的毛利率为（售价3 950元/吨 – 进价3 840元/吨 – 可变成本运费及装卸费30元/吨）/3 950元/吨 = 2%，则客户2009年1月—10月份的毛利率为1.97%。

从2009年11月份开始，客户加权毛利率为1.97% × 70% + 2% × 30% = 1.98%，与客户口述基本相符。

3. 权益的交叉检验（2005年12月至2010年3月13日）

表5	权益交叉检验	单位：元
初始投资（2005年12月） 店面租金、市场保证金、预付货款及存货		165 000
期间收入		
2006年经营收入		+100 000
2007年经营收入		+150 000
2008年经营收入		+225 000
2009年1月至2010年3月经营收入		+246 882
2006年孝敬父母		+30 000
期间开支 汽车折旧		−14 500
买房		−118 488
装修		−70 000
家具		−28 000
未见预付		−100 000
期末权益合计		585 894
实际权益（资产负债表）		614 118
权益交叉检验的误差		（614 118 − 585 894）/585 894 = 4.8%，权益误差在1% ~5%之内为可接受范围

七、贷款审批

通过以上案例的分析，我们可以看出，客户提供了完整的账本记录，信贷员通过营业额、毛利和权益交叉检验后，验证了所收集客户资料的真实性。通过详细的财务分析和成本核算，信贷员建议给予客户 25 万元的贷款额度，因为结合客户 10 月份以后的月可支配收入以及未来可预见的月可支配收入，客户可以承受的月还款额为 16 000 ~ 17 000 元，因此，信贷员建议贷款额度为 25 万元。同时，根据与客户的交流，以及各方面的软信息分析，也表明客户有稳定的家庭和经营收入，经营管理经验丰富，有较好的还款意愿。

审贷会根据信贷员提供的信息，决定受理该项贷款业务，并发放 20 万元贷款，期限为 12 个月，年利率为 14%，按月等额还本付息，每月还款计划为 18 000 元左右。审贷会之所以在信贷员建议的额度之上又减少 5 万元额度，是因为一方面，审贷会考虑到客户 10 月份才开始经营东北珍珠米，经营时间较短，不具有稳定性，不能以预计的现金流来确定贷款额度；另一方面，客户的住房没有房本，是村盖房，属于小产权房，固定资产相对较少。

八、贷后管理

贷款发放后，信贷员定期进行了电话回访，并按客户所说进货完成后去客户的店面进行了实地回访，客户确实已经购进了大批大米，集中储备在新租店面内。而且，一个月之后，信贷员回访客户时，客户非常高兴地告诉信贷员，大米价格如他预期一样，上涨了，每斤上涨 1 分钱，给客户带来了可观的利润。

（整理人：张　莎）

副食品批发业贷款

受理机构：成都分行　行业：批发零售业　客户经理：姚　楠

一、业务受理

这是我行微贷产品进入成都市场后的第一笔业务。客户原来在成都某百货商场做过两年销售经理，对商业信息比较关注。2009 年底，我行在《成都商报》刊登成都分行开业志喜广告，通过广告，客户了解到我行"服务中小"的经营理念。正巧客户的生意急需周转资金，所以抱着试一试的态度打电话咨询。成都分行的信贷员接待了她，详细地介绍了我们的贷款产品，建议客户来行填写贷款申请表。但随后客户迟迟不来，信贷员便打电话询问原因，客户表示，她委托了一家担保公司帮忙申请贷款，结果花了 8 万元费用，贷款没批下来，她表示失去了对金融机构的信任。了解到这种情况，并且得知客户融资需求仍未得到满足，信贷员又详细介绍了我行微贷产品"不收任何手续费"的优势，表示我们看重客户的生意，评估还款能力和还款意愿，流程透明，放款便捷。

在这样的保证下，客户再次抱着试一试的心态，来行里填写了贷款申请。

二、客户情况

通过初步沟通，信贷员了解到客户是浙江人，因嫁给一个成都人而到成都定居，后来没多久因为感情破裂而离异，自己跟女儿一起生活，独自打拼了五六年，生意才达到现在的规模。此前有过多次贷款，在邮政储蓄银行成都分行、浙江民泰银行成都分行、重庆银行成都分行等机构都有信用记录。汶川地震时客户损失了一批货，当时也选择过小额贷款公司做短期资金周转。这次是因为浙江民泰银行取消了无抵押小额贷款业务才导致了客户无法融资。这种情况，也与成都分行微贷部门所作的市场前期调研的情况相一致，调研了解到，在成都，做中小企业贷款的银行机构还是相当多的，小额贷款公司也非常活跃。

三、贷前调查

在与客户约定好的时间，信贷员到客户的经营场所作了现场调查。

信贷员先请客户大体介绍一下生意的基本情况，客户介绍道，自己没有门市，只有仓库，客户都是熟客，直接过来仓库拿货，仓库位置非常偏僻，在成都郊区，也是租来的，但有长期租用合同。客户的主要经销品种分为三类：面食，副食品（粉丝，粉条），调味料，其中面食部分的客源主要是成都以外市场的大超市、二级经销商、零售商铺三类客户。针对这三类客户的销售定价不同，采用扣点加价的方式，因为售价不同，决定了客户的利润结构有所不同。

接下来，信贷员要求查验客户的基础证件，包括经营证件和个人身份证件等，客户开始产生抵触情绪，信贷员发现客户生意的营业执照用的是她母亲的名字，就询问了原因，客户很不耐烦地说："现在银行太奇怪了，怎么问些私人问题，这有什么关系呢。"信贷员便没有继续追问，转而问她的主要供货商，她的抵触情绪越加浓烈，说："这些都是商业机密。"

于是现场调查一度陷入僵局，客户闷闷不乐地自顾自在一边上网。信贷员主动凑上去，发现客户在摆弄自己的QQ空间，空间里有很多照片，便与客户拉家常，发现由于客户是离异家庭，与女儿相依为命，所以对女儿非常疼爱，一谈起她女儿的话题，整个人就健谈了起来。找到这个切入口，信贷员跟客户逐渐熟悉起来，客户开始把信贷员当做朋友，跟信贷员讲了她来成都的历史和创业史。客户打开了话匣子，多年的生意充满了艰辛让她滔滔不绝，通过这些看似不相关的故事，信贷员得出了基本判断：客户多年生意的市场开拓完全靠自己，是一位很能吃苦、性格要强的女性，而且很在乎自己的声誉。这些都是有助于判断客户还款意愿的软信息。

通过以上铺垫，信贷员和客户已经熟稔起来，信贷员借机向客户说明，自己还是需要了解她的全面财务信息，这是工作需要，客户便没有那么抵触了。客户果然抱出了很多报表，光报税报表就有很多套，是应付不同对象的，这其实给信贷员造成了一定困扰。信贷员发现尽管报税报表都是应付税务部门的，但客户的发货单、出库单是齐全详尽的，而且客户给了一大袋子的发货单，竟然是完整的经营记录。客户是个很细致的人，经营生意的记录非常详尽，信贷员从中能够按照发货单严格计算销售收入，这能保证数字的真实性。

信贷员从资料中发现，客户经营的品种繁多，有300多种。信贷员想出了两个维度的分类方法，首先根据客户叙述的三个销售对象："一部分零售、大超市、二级市场"然后再根据三大产品品种——"挂面类，副食品类，调味料"。

根据两种分类方法，信贷员进入客户近300平方米的仓库，点货花费了3个小时，对照点货结果是否与客户所说相符，并与进货单子抽样对照，同时根据点货品种询问卖家售价。在点货过程中，信贷员还与客户的库管人员攀谈，同时还跟财务聊进出货价格，与客户所述对照。信贷员发现，员工对客户的评价都很好，认为客户性格直爽，按时发工资，有一名新员工刚来，临时找不到地方住，还让这个女孩住到自己家里，客户是个对员工比较不错的老板。信贷员了解到，客户现有员工 20 人，包括促销员 11 个，内勤 9 个。

四、财务分析

由于接触到了客户的员工，信贷员也充分掌握了工资信息，在询问部分员工拿多少钱的同时，再问财务发多少钱。在聊天过程中，从客户所述的"当初我只有多少多少钱"确定初始权益，从 2006 年一开业做权益检验，几年来资产积累情况与销售记录情况都相符。应收账款是有明细的，抽查了一部分欠条，基本确定数字。固定资产是可见的，存货是进行了具体盘点的。根据这些信息，信贷员制作了具体的财务报表，如表 1 所示。

表1　　　　　　　　　　　　资产负债表　　　　　　　　　单位：元

资产			负债		
现金和银行账			应付账款（名称及到期日）		
现金	20 000		欠母亲（2009 年 12 月）		30 000
银行存款	251 000				
总计	271 000		总计		
应收账款（名称及到期日）			短期负债（名称及到期日）		
应收账款 大型超市	824 706		0		0
总计	824 706		0		
存货和原料			长期负债		
调味料	106 460		0		0
面食	222 520				
副食品	46 525		权益和保留资金		1 459 727
总计	375 505		总负债和权益		1 489 727
流动资产	1 471 211				
固定资产					
面包车 2007 年买	8 000				
封口机 2007 年买	300		折旧：26 000		
打日期机 2007 年买	300				
预收房租	9 916				
总计	18 516				
总资产	1 489 727				

表2

现金流量表

单位：元

项目		2009年1月	2月	3月	4月	5月	6月	7月	8月	9月	10月	11月	12月	2010年1月20日	总计
期初现金		20 000	247 135	306 559	368 860	431 992	417 259	533 363	404 837	328 179	290 643	305 020	312 404	384 688	4 530 939
期间收入	流入	253 868	172 572	194 916	162 336	123 034	568 451	241 406	341 894	469 379	423 469	556 253	520 994	57 449	4 086 021
	营业收入	119 500	52 653	44 916	42 836	70 381	223 535	198 570	231 513	245 844	224 899	324 740	245 150	57 449	2 081 986
	民泰贷款	0	0	0	0	0	300 000	0	0	0	0	0	0	0	300 000
	应收收回	134 368	119 919	150 000	119 500	52 653	44 916	42 836	70 381	223 535	198 570	231 513	245 844	0	1 634 035
	私人借贷	0	0	0	0	0	0	0	40 000	0	0	0	30 000	0	70 000
期间支出	营业性	194 300	100 715	120 182	86 771	125 334	339 914	304 999	351 119	439 482	341 659	481 436	370 210	235 163	3 451 284
	进货	167 300	73 715	62 882	59 971	98 534	312 914	277 999	324 119	344 182	314 859	454 636	343 210	80 429	2 914 750
	国税	1 500	1 500	1 500	1 500	1 500	1 500	1 500	1 500	1 500	1 500	1 500	1 500	1 500	19 500
	地税	250	250	250	250	250	250	250	250	250	250	250	250	250	3 250
	水电费	600	600	400	400	400	600	600	600	400	400	400	600	400	6 400
	员工工资	21 000	21 000	21 000	21 000	21 000	21 000	21 000	21 000	21 000	21 000	21 000	21 000	21 000	252 000
	电话与宽带	450	450	450	450	450	450	450	450	450	450	450	450	450	5 850
	运输	700	700	700	700	700	700	700	700	700	700	700	700	467	8 867
	油费	2 500	2 500	2 500	2 500	2 500	2 500	2 500	2 500	2 500	2 500	2 500	2 500	1 667	31 667
	仓库租金	0	0	30 500	0	0	0	0	0	28 500	0	0	0	0	59 000
	预付货款	0	0	0	0	0	0	0	0	0	0	0	0	150 000	150 000
	还借款	0	0	0	0	0	0	0	0	40 000	0	0	0	0	40 000
	非营业性	12 433	12 433	12 433	12 433	12 433	112 433	64 933	67 433	67 433	67 433	67 433	78 500	6 000	593 763
	家庭开支	3 500	3 500	3 500	3 500	3 500	3 500	3 500	3 500	3 500	3 500	3 500	3 500	3 500	45 500
	民泰贷款	0	0	0	0	0	0	52 500	52 500	52 500	52 500	52 500	52 500	0	315 000
	邮政储蓄银行贷款	8 933	8 933	8 933	8 933	8 933	8 933	8 933	8 933	8 933	8 933	8 933	0	0	98 263
	房贷	0	0	0	0	0	0	0	2 500	2 500	2 500	2 500	2 500	2 500	15 000
	买房首付	0	0	0	0	0	100 000	0	0	0	0	0	0	0	100 000
	注册商标	0	0	0	0	0	0	0	0	0	0	0	20 000	0	20 000

表3

利润表

单位：元

	2009年1月	2月	3月	4月	5月	6月	7月	8月	9月	10月	11月	12月	2010年1月20日	总计	平均
销售收入	239 000	105 307	89 832	85 673	140 762	447 020	397 141	463 027	491 689	449 799	649 481	490 300	114 898	4 163 929	330 471
可变成本(70.2%)	167 300	73 715	62 882	59 971	98 534	312 914	277 999	324 119	344 182	314 859	454 636	343 210	80 429	2 914 750	231 329
毛利润	71 700	31 592	26 950	25 702	42 228	134 106	119 142	138 908	147 507	134 940	194 845	147 090	34 469	1 249 179	99 141
费用	27 000	27 000	26 950	26 800	26 800	27 000	27 000	27 000	26 800	26 800	26 800	27 000	4 734	327 534	25 995
国税	1 500	1 500	1 500	1 500	1 500	1 500	1 500	1 500	1 500	1 500	1 500	1 500	1 500	19 500	1 548
地税	250	250	250	250	250	250	250	250	250	250	250	250	250	3 250	258
水电费	600	600	400	400	400	600	600	600	400	400	400	600	400	6 400	508
员工工资	21 000	21 000	21 000	21 000	21 000	21 000	21 000	21 000	21 000	21 000	21 000	21 000	0	252 000	20 000
电话与宽带	450	450	450	450	450	450	450	450	450	450	450	450	450	5 850	464
运输	700	700	700	700	700	700	700	700	700	700	700	700	467	8 867	704
油费	2 500	2 500	2 500	2 500	2 500	2 500	2 500	2 500	2 500	2 500	2 500	2 500	1 667	31 667	2 513
仓库租金	4 750	4 750	4 750	4 750	4 750	4 750	4 750	4 750	4 750	4 750	4 750	4 750	4 750	61 750	4 901
净利润	44 700	4 592	150	-1 098	15 428	107 106	92 142	111 908	120 707	108 140	168 045	120 090	29 735	921 645	73 146
家庭开支	3 500	3 500	3 500	3 500	3 500	3 500	3 500	3 500	3 500	3 500	3 500	3 500	3 500	45 500	3 611
月可支配收入	41 200	1 092	-3 350	-4 598	11 928	103 606	88 642	108 408	117 207	104 640	164 545	116 590	26 235	876 145	69 535

五、交叉检验

1. 权益交叉检验

	期初权益	182 000	
+	期间收入	140 000	2006 年 8 月至 2007 年 1 月
		520 000	2008 年
+		876 145	2009 年
−	买房首付	100 000	2009 年 6 月
−	注册久九香商标	20 000	2009 年 11 月
−	浙江民泰贷款利息	15 000	2009 年 12 月结清
−	邮政储蓄银行贷款	7 200	2009 年 11 月结清
−	个人房贷	12 500	2009 年 8 月起
−	折旧	26 000	
	预期权益	1 537 445	

$$\Delta = （1\ 537\ 445 - 1\ 459\ 727）/1\ 536\ 145 \times 100\% = 5\%$$

权益误差为 5%，在 0 ~ 5%，为可接受范围。

2. 员工工资检验

（1）2009 年 12 月属于销售旺季，客户叙述销售人员工资一般为 1 100 元左右。平均销售人员工资为保底 15 000 元销售额，保底工资为 500 元，保底提成为 1%，因此完成销售额后可收入 650 元。提成工资为超额部分的 5%，由（1 100 − 650）/5% 推出销售超额 9 000 元，那么 11 位销售人员总销售额大约为 264 000 元。客户客源中小超市与二级经销商占比 50%，推算出 11 月销售额大约为 528 000 元，与实际销售 490 300 元基本相符。

（2）根据应付工资单据显示，11 月总体员工工资为 23 590 元。客户办公室员工 9 名，平均工资 1 000 元。12 月销售人员工资为 12 100 元左右，总共工资大约为 21 100 元，与单据数据相符。

3. 毛利润率检验

客户销售分为三类：面食、副食品（粉丝和粉条）、调味料，并且客户面食部分的客源主要分为大超市、二级经销商、零售商铺，客户销售定价采用扣点加价的方式。例如，客户销售量最高的白玉筋道面。

表4 各客源利润率分析表

	大超市扣40个点	二级经销商扣30个点	小超市扣18个点
实际进价	3.5	3.5	3.5
实际卖价	6.8	5.4	4
利润率	48%	35%	13%

通过计算,客户叙述的定价方式与实际价格基本相符。

表5 面食利润率核算 单位:%

面食的利润率	利润率	销售占比	加权面食利润率
大超市	40	50	
二级经销	30	10	30.20
零售店铺	18	40	

通过核实其他部分面食,利润率基本在30%左右。客户副食品定价为扣50个点,如新竹粉丝,进价4元,售价7元,基本符合定价原则。调味料定价为扣20个点,如莲花味精,进价1.7元,售价2.15元,基本符合定价原则。

表6 利润率核算 单位:%

	利润率	销售占比	加权总利润率
面食	30	80	
副食	50	6	29.80
调味料	20	14	

加权后,客户毛利润率为29.8%,与客户提供的销售额与成本比例基本相符。

4. 销售额检验

通过统计客户仓库出货单,2009年客户营业额为4 050 000元,与客户口述的2009年销量为410万元左右基本相同。客户叙述生意的旺季主要是9月至次年3月,销售额40万~60万元,淡季为4—8月平均销售额在30万元左右,与统计数据也相符。

5. 应收账款检验

客户提供的应收账款单据统计,应收账款为82万元,根据合同,大型超市结款方式为“30+30”,即压2个月货款与已销现结。客户2009年10月至2010年1月共销售1 700 000元。客户客源大超市占比50%,因此,可以推算出客户应收账款为80万元左右。

六、软信息分析

客户之前借其他银行的贷款都还清了，没有逾期，信用记录良好。担保人有 2 名，资质都较为良好，其中一人为狱警，没有住房，但工作稳定；另外一人为客户在百货大楼工作时的老同事，现在担任某大型连锁超市的销售总监。两人都对客户的人品表示充分信任。

七、贷款审批

客户的贷款目的之一是做贴牌豆瓣酱，跟莲花味精合作，用莲花味精的生产线生产，贴自己的牌子销售。贷款目的之二是春节前急需要补货。客户初始申请 40 万元贷款，处于谨慎性考虑，由于客户没有固定经营场所（只有库房），审贷会最终给她批了 25 万元贷款，为完全担保无抵押贷款，客户选择按月等额还款，目前还款良好。由于客户生意还有其他资金需求，当前行里考虑第一笔还款观察期满后给予其并行续贷。

（整理人：徐婷芳）

废旧金属回收站贷款

受理机构：赤峰分行　行业：批发零售行业　客户经理：孙　昌

本案例来源于包商银行赤峰分行，赤峰市有"中国有色金属之乡"之称，冶金、能源、食品、医药等行业是重点行业，当地的小企业及微小企业大多是重点行业的上下游相关企业。从 2008 年下半年开始特别是 9 月份以后，金融危机对赤峰市经济的冲击开始显现，尤其以工业经济最为明显，钢铁价格也大幅下跌，一方面许多钢铁厂停工或限产，但另一方面也有许多小企业趁机增加存货，如案例中的客户是 2009 年 1 月认为钢铁价格处于较低水平，想趁机贷款囤积货物。

一、业务受理

包商银行赤峰分行的微贷业务的营销方式主要是：一是上门发放传单，这也是最主要的方式；二是通过媒体、广告的方式。这个案例中的客户是通过传单的形式了解到包商银行微贷业务的优势，自己到银行来填写了申请表格。

受理这笔业务的信贷员是 2007 年 7 月入行，已经做了将近 300 笔贷款，是一名经验较丰富的微小企业信贷员。他介绍在调查过程中会特别注重与客户的互动、聊天过程，首先，为拉近与客户的心理距离，先是简单询问其家庭基本情况，基本了解家庭的收入和支出；其次，进一步了解经营的具体情况：经营的历史情况→销售情况→进货情况→成本、费用→其他收入及支出→贷款目的，这基本就形成损益表；最后，会了解一些细节的敏感数据，如资产负债表中的各科目，现金、银行存款等。

由于赤峰地区的小企业，特别是微小企业，经营管理较粗放，几乎没有可提供的书面经营凭证，同时民间金融活动十分不活跃，因此信贷员在实地调查中十分注重客户所处行业的风险及个人品质、家庭情况。对于整个流程：贷款申请→访问客户→贷款评估→贷款决定→贷款发放→后续监督和访问→还清贷款，更应注重与客户的深入交流获取完整的财务信息及软信息，并进行恰当的交叉检验，这同时要求信贷员对行业有全面了解。

二、客户情况

客户是一对夫妻，二人共同经营这个店面，两人都是 40 多岁，原来是赤峰市的旗县居民，此前就是做废旧物品收购的小商贩，但是没有固定的经营场所，2003 年来到赤峰市，全家就住在租用的经营场所里，2006 年利用一部分积蓄付了 17 万元首付，按揭 12 万元购置了一套住宅，同时经营规模不断扩大。

客户有一个儿子，目前正在上高中三年级，假期都要补习，补习的费用是每月一千多元，会占到家庭开支的一半，夫妻二人的生活很节俭，平时的开支除了生意外，就是房贷、儿子补习费和吃喝费用。

三、贷前调查

信贷员从业务主管处接到这个客户的申请表后，了解了客户的申请额度是12 万元，期限是 1 年，主要用于进设备及进货的流动资金。此外，一方面整体了解客户基本信息即家庭及经营业务概况；另一方面事前对于收购废旧钢铁行业进行了解。主要通过三个途径：一是上网查找相关资料；二是向之前已有的相关行业客户了解市场行情走向；三是向其他有相关行业经验的信贷员了解。

于是，客户在 2009 年 1 月 10 日填申请表后，当天信贷员就与客户约时间见面，订好是第二天上午在经营场所见面，同时询问了担保人情况，并也约好是第二天下午去担保人家中了解情况。

四、财务分析

信贷员在第二天上午利用半天时间，整理出前一天的调查数据，编制出资产负债表及损益表，并对客户的权益、销售收入及成本进行了交叉检验。

1. 资产负债表分析

表 1 　　　　　　　　　　　资产负债表

2010 年 1 月 20 日　　　　　　　　　　　单位：元

资产		负债及所有者权益	
流动资产		流动负债	
现金	22 000	应付账款	0
银行存款	15 000	长期负债	0
存货	350 000	短期负债	0
废钢铁（120 吨）	264 000		

续表

资产		负债及所有者权益	
旧轮胎（30 吨）	36 000		
其他	50 000		
流动资产合计	387 000	流动负债合计	0
固定资产	65 000		
剪切机（2005 年 60 000 元）	10 000		
打包机（2006 年 30 000 元）	5 000		
解放车（单机 2008 年车 150 000 元）	50 000		
其他资产	14 000		
预付房租（到 2009 年 10 月）	14 000		
非流动资产合计	79 000	所有者权益合计	466 000
资产总计	466 000	总负债和所有者权益	466 000

具体分析如下：

（1）信贷员是通过一上午的接触、聊天，最后提出要看客户的银行存款及现金，客户就很爽快地答应了，拿出家里的存折，上面有 15 000 元，客户也出示了现金有 22 000 元。现金主要是准备每天收购小商贩送来的废旧金属。

（2）客户当时全部是以现金方式付给商贩，而供货也主要是 30% 送往河北、30% 送往唐山一带钢厂的下一级工厂，其余 40% 送往其他的地方，销售的货款也都是当时结清，其中大概 70% 是通过银行存款结清。因此，客户没有应收款项及应付款项。

（3）对于客户的存货，信贷员是目测了废旧钢铁的面积和高度，存货都摆放得很整齐，然后通过对其中一部分进行称重，再还原整体的质量，与客户介绍废钢铁有 120 吨基本相符。另外，按照当时废旧钢材的收购价格比较，与客户所说的目前的市场价值是 264 000 元相符。客户还存有旧轮胎 30 吨，市场价值大概是 36 000 元。

（4）客户拥有的固定资产，主要是 2005 年购置的一台八成新剪切机，当时新机器市场价格是 60 000 元，目前的市场价格是 1 000 元；2006 年购置了一台二手打包机，新机器的价格是 30 000 元，目前的市场价格是 5 000 元；2008 年购置了一台半成新的货车，当时新的市场价格是 150 000 元，目前的市场价格大概是 50 000 元，基本是采用直线折旧法。

（5）另外，客户拥有的其他固定资产主要是，目前的经营场所的预付租金，因为每年的合同是到 10 月，所以截至 2009 年 10 月，预付的房租是 14 000 元。

（6）在客户的所有者权益方面，客户说明 2003 年企业成立时，初始投入的货物价值 15 万元，房租预付了 1 万元，手里的流动资金是 4 万元，2003—2006 年的纯收入总共约有 15 万元，2006—2007 年的纯收入总共约有 10 万元，2007—2008 年的纯收入总共约有 15 万元，2008 年至今收入有 141 494 元，其间的大项支出主要是 2006 年买房的首付款 17 万元，其中包括装修及家电的支出。

2. 利润表分析

通过每月的销售单据及银行流水账，可以明确计算每月的销售收入，再根据估算的成本收入比计算销售成本及费用。对损益表的分析每月单列，从 2008 年 1 月至 2008 年 12 月的营业收入及利润等如表 2 所示。

表 2

利润表

2008 年度

单位：元

日期	1 月	2 月	3 月	4 月	5 月	6 月	7 月	8 月	9 月	10 月	11 月	12 月
营业收入	159 620	62 930	369 460	394 752	429 650	469 870	354 690	347 250	287 620	227 360	121 450	102 460
销售收入	159 620	62 930	369 460	394 752	429 650	469 870	354 690	347 250	287 620	227 360	121 450	102 460
成本及费用	153 064	63 142	348 215	371 736	404 192	441 596	334 479	327 560	272 104	216 062	117 566	99 905
可变成本（93%）	148 447	58 525	343 598	367 119	399 575	436 979	329 862	322 943	267 487	211 445	112 949	95 288
房租	1 417	1 417	1 417	1 417	1 417	1 417	1 417	1 417	1 417	1 417	1 417	1 417
水电	200	200	200	200	200	200	200	200	200	200	200	200
工人工资	700	700	700	700	700	700	700	700	700	700	700	700
车费用	2 000	2 000	2 000	2 000	2 000	2 000	2 000	2 000	2 000	2 000	2 000	2 000
税	300	300	300	300	300	300	300	300	300	300	300	300
毛利润	11 173	4 405	25 862	27 633	30 075	32 891	24 828	24 307	20 133	15 915	8 501	7 172
净利润	6 556	−212	21 245	23 016	25 458	28 274	20 211	19 690	15 516	11 298	3 884	2 555
家庭开支	3 000	3 000	3 000	3 000	3 000	3 000	3 000	3 000	3 000	3 000	3 000	3 000
月可支配收入	3 556	−3 212	18 245	20 016	22 458	25 274	17 211	16 690	12 516	8 298	884	−445

（1）每月的营业收入，一是可以通过客户提供的销货单据计算，二是通过查客户的银行流水账，根据其占总收入 70% 的份额确定总收入，最后将这两项数据与客户的账本记录比较，基本一致。另外，客户介绍旺季时每月有三四十万元的流水账，淡季是一二十万元，一年是 300 多万元，当时废旧钢材的收购价格是 2 700 元/吨 ~ 3 000 元/吨，每吨赚 200 ~ 300 元。

（2）对于客户的经营成本的确定，由于客户的账本记得很零散，客户经营的钢铁品种简单不分类，尤其是进货时都是按斤数计算的，论斤收购，论吨出售。根据客户口述，经营旺季一般在 4 月、5 月、6 月份，淡季一般在 10 月、11

月、12月、1月、2月份，其余是平常季节。因此，信贷员抽取了4月、7月、12月份的账目计算进货成本，再根据检验的销售收入，计算成本收入比是93%左右，与客户口述的进货成本占销售收入的90%左右基本相符。

（3）对于客户的经营费用的确定，根据经营场所的房租合同，平均每月房租是1 417元；客户雇用的工人实际是他们的亲戚，住在店里，男方是残疾，女方也会在外面做其他的临时工作，夫妻二人每月工资一共是700元；客户的农用三轮车用于拉货、送货，车的费用总计2 000元/月（包括年检、保险、油费、维护费等）；水电费查看了单据是每月200元。

（4）另外，由于客户属个体经营单位，需要在计算出经营的净利润基础上，扣除家庭开支，计算每月的可支配收入，衡量客户的还款能力。客户的家庭开支每月约3 000元，包括孩子的补习费用1 000多元，房贷每月1 000多元，其余的开支很少，房贷还有13年还清。

（5）信贷员计算出的客户每月可支配收入，淡旺季的差距较为明显，除了11月、12月及2月份的可支配收入较少，其余几个月份可以超出月还款额的几倍，因此，可以认为客户的月还款额为4 000多元为其可承受的现金流量范围之内。

五、软信息分析

信贷员通过人民银行征信查询系统，查看了客户的征信情况，征信系统显示客户的征信记录是"查无此人"，证明客户此前没有贷款记录，同时也说明客户没有逾期等不良记录。

信贷员第一次调查到达客户的经营场所时，看到客户的院子面积很大，存货都整齐地码放在院子里，主要是普通的废旧钢材制品、钢丝等，另外还有一名工人正在打包钢丝，院子里还有一台剪切机和打包机，也在正常运行，还停着一辆不足半成新的农用三轮车。还有一个收购废品的小商贩正在从车上挑拣废的钢铁制品。可以看出，客户的经营稳定有序。信贷员走进屋子中，看到客户和他的爱人，屋子有房间可居住，还有简单的做饭用具，屋中用品很简朴，夫妻二人热情地与他交谈，言语中也显出朴实、真诚。

客户将其存货作为抵押物，在当时市场低迷的情形下，存货的价值大概将近30万元。担保人与客户是朋友，按照约定，信贷员与客户到了担保人家中，一是调查其是否具备担保能力，二是调查其是否愿意担保，并讲明担保责任，核实收入状况。到了担保人家中，看到担保人是出租车的司机，信贷员根据经验估计出出租车司机的收入在赤峰一般稳定在每月5 000元左右，车证是司机自己的，也查看了房本。

此外，男方父母都已经过世，女方的父母在老家，平时由兄弟照料，几乎不用女方支持父母的生活费用。在谈话中，信贷员也了解到客户夫妻二人的身体也很健康，几乎没有生过病，感冒也很少有，平时还能抬重货，因此家庭以前没发生过大项开支。

最后，信贷员再次确认客户的贷款目的：客户是想贷款 12 万元再进一台设备，还有趁钢铁价格下跌，囤积存货。

六、交叉检验

信贷员根据客户提供的财务信息和软信息做的交叉检验如下。

1. 营业收入检验

客户口述：每年有 300 多万元收入；旺季是 4 月、5 月、6 月份，每月收入是 30 万 ~40 万元；淡季是 10 月、11 月、12 月、1 月、2 月份，每月收入是 10 万 ~20 万元；其余是平常季节，每月收入是 20 万 ~30 万元。

客户口述收入状况与信贷员得出的损益表对比，没有太大差异，说明客户提供的收入数据是真实的。

另外，信贷员查看了客户的银行流水账单，根据客户说明银行流水账占收入的 70%，计算得出的总收入与损益表也没有大差距。

2. 成本的交叉检验

一是因为进货的品种单一，二是客户的记账很零散，信贷员抽取淡季、旺季、平常季节各一个月，根据账本加总算出进货的成本，再与销售收入相比，得出平均的成本收入比是 93%，这个结果与客户口述 90% 左右基本相符。另外，信贷员也调查过同行业的成本收入比也是在 90% 左右。

3. 权益的交叉检验

表3　　　　　　　　　　　　收益交叉检验表　　　　　　　　单位：元

初始投资（2003 年初）	20 万
货物	15 万
预付房租	1 万
流动资金	4 万
期间收入	541 494
2003—2006 年收入	15 万
2006—2007 年收入	10 万
2007—2008 年收入	15 万
2008 年至今	141 494
期间支出	−17 万
2006 年买房（装修、家电）	−17 万
合计	571 494
现有权益	591 000
权益交叉检验的误差	（591 000 − 571 494）/541 494 ＝3.4%

七、贷款审批

信贷员认为在金融危机的冲击下，钢铁行业有风险，根据客户的还款能力，建议贷款 5 万元作为囤积货物的资金。信贷员第三天将审贷报告上交审贷会，审贷委员有两名，是有相应的授权资格的，审贷会半小时内通过批复 5 万元贷款，月息为 1.5%，年息为 18%，期限为 1 年。

信贷员在 10 天后去客户的收购点查看，库房内的存货确实明显增多，大致估算后，确定实现了贷款目的，而且经营情况仍很稳定，有零散客户给他送废旧钢铁。在还款期内，信贷员每星期会打电话给客户询问家庭及经营情况，并且可联络感情，每个月会随机找一天，不与客户联系，上门问候并查看客户的经营情况，家庭是否发生意外情况等。

信贷员现在回忆当时的贷款决策过于保守，应该支持客户进设备，后来资金周转正常后，客户已经买了设备检修机，而且客户的还款意愿较强，每月是提前两天还款。通过一年多的接触，信贷员认为客户是踏实、善良的，品质较好。

总结这个案例，信贷员对客户的家庭信息及财务信息作了充分的了解，并进行了交叉检验，分析了还款能力与还款意愿，但是信贷员自身不满意的是他认为低估了客户的还款能力，主要原因是对这个行业不太了解，因此，信贷员在分析案例时应充实自身的行业知识，对于贷款风险有准确的评估，也能更加客观地评定最终的还款额度。

此外，开展小企业信贷业务的机构可以通过各渠道系统地收集、整理当地贷款业务涉及的各个行业的信息，以及其中的典型企业的描述。所有的信贷员参与建立信息和知识的总结、交流、分享机制，在可能的条件下，小企业信贷机构可以对信贷员按行业进行适当的专业化分工，注意培养善于在几个相关行业中开展信贷业务的专家型信贷员。

（整理人：朱庆花）

建材销售门市贷款

受理机构：赤峰分行　所属行业：批发零售业　客户经理：刘思北

一、业务受理

许多信贷员都会反映，自从作了微贷业务之后都像患了职业病似的，经常在买东西的时候下意识地会估算一下货品的成本，老板的获利；看到小商贩、个体经营者就不自觉地向他们介绍我们的微贷产品。我想微贷的事业也许就是需要这样在生活中善于发现、善于观察、抓住任何机会的精神。以下案例中的客户就是我们的信贷员在坐火车回家的途中遇到的，了解到客户是做建材销售生意的，信贷员就立即向客户介绍了我们的微贷产品。起初客户还半信半疑，不相信银行会愿意贷款给她这样的个体户，还不收取除了利息之外的任何额外的费用，直到客户回到赤峰之后来到我行的新华支行，再次见到了我们的信贷员，才相信了确实有提供快捷、方便的微小贷款的银行。

二、客户情况

客户35岁，高中文化，家庭成员3人，儿子10岁，在平庄附属小学读书。2003年开始与其丈夫在赤峰平庄镇铁东区购买一处商厅，开始经营建材销售门市，有雇员2人。2009年11月来我行申请贷款，客户申请金额为21万元，期限为1年，用于购买客户店面隔壁的商厅，此前客户一直租用该商厅作为库房，年租金为1万元。客户生意比较稳定，客源主要是镇上的及农村的居民，因为面向的是个人客户，基本没有赊账的情况。客户曾经贷过两次款，一次在农业银行，一次是在平庄的农村银行，贷款用途都是进货，信用记录一直比较好。

客户抵押自己的商厅，商厅面积为149平方米，价值五六十万元，超过了贷款金额的两倍。担保人是客户的朋友，是做饭店、水族馆生意的，也拥有自己的商厅，面积 100 平方米左右。

三、贷前调查

从客户打电话咨询贷款到上报审贷会的过程是贷前调查。该案例中的客户是经由信贷员的推销而了解到我行的贷款的，在几日之后来我行咨询并填写贷款申请表格，之后又约定时间来提交了客户的相关证件和资料，并授权信贷员查看人民银行征信系统中客户的信用情况。最后也是最重要的一步，就是信贷员去客户的经营场所调查、了解客户的生意状况。

四、财务分析

1. 客户资产状况

客户从事的是建材销售生意，因此主要的资产就是客户所拥有的商厅和建材存货。信贷员在调查的过程中，都必须看到相应的资产证明才可以把资产列入资产负债表，因此信贷员会要求客户出具商厅相关的所有权证明文件，并要求清点客户的建材存货。客户的存货一般都保持在 40 万元以上的水平，低于这个水平的时候客户就会补充存货，每次购买存货都有打款的单据，客户都会保留下来。以下是信贷员根据客户记账以及自己调查的客户的存货和固定资产状况编制的资产负债表，如表 1 所示。

表 1　　　　　　　　　　　　资产负债表　　　　　　　　　单位：元

资产		负债和权益	
现金	20 000	应付账款	0
存货	512 350	长、短期负债	0
应收账款	0	负债合计	0
固定资产	451 000	所有者权益	983 350
资产合计	983 350	权益和负债合计	983 350

2. 客户收入状况

根据客户口述，每年的建材销售状况可以分为淡季、旺季和普通季 3 个阶段。淡季一般在 11 月到 2 月，销售额大约 2 000 元/天；旺季是 5 月到 10 月，销售额为 7 000 元/天~8 000 元/天；普通季节是 3 月和 4 月，销售额在 3 000~4 000 元。进货成本约为销售价格的 80%。

根据以上信息，信贷员编制了客户的利润表，如表 2 所示。

利润表

表2　　　　　　　　　　　　　　　　　　　　　　　　　　　　　　　　单位：元

	淡季				平季		旺季						淡季		
	2008年11月	12月	2009年1月	2月	3月	4月	5月	6月	7月	8月	9月	10月	11月16日	总计	月均
营业额	60 000	60 000	60 000	60 000	90 000	90 000	220 000	220 000	220 000	220 000	220 000	220 000	30 000	1 770 000	141 600
成本	48 000	48 000	48 000	48 000	72 000	72 000	176 000	176 000	176 000	176 000	176 000	176 000	24 000	1 416 000	113 280
毛利	12 000	12 000	12 000	12 000	18 000	18 000	44 000	44 000	44 000	44 000	44 000	44 000	6 000	354 000	28 320
费用	5 170	5 170	5 170	5 170	5 170	5 170	5 170	7 170	7 170	7 170	7 170	7 170	2 585	74 625	5 970
国税	120	120	120	120	120	120	120	120	120	120	120	120	60	1 500	120
工资	1 200	1 200	1 200	1 200	1 200	1 200	1 200	1 200	1 200	1 200	1 200	1 200	600	15 000	1 200
水电	100	100	100	100	100	100	100	100	100	100	100	100	50	1 250	100
库房租金	1 750	1 750	1 750	1 750	1 750	1 750	1 750	1 750	1 750	1 750	1 750	1 750	875	21 875	1 750
运费	2 000	2 000	2 000	2 000	2 000	2 000	2 000	2 000	2 000	2 000	2 000	2 000	1 000	25 000	2 000
车费用	0	0	0	0	0	0	0	2 000	2 000	2 000	2 000	2 000	1 000	11 000	880
净利润	6 830	6 830	6 830	6 830	12 830	12 830	38 830	36 830	36 830	36 830	36 830	36 830	3 415	279 375	22 350
家庭支出	2 000	2 000	2 000	2 000	2 000	2 000	2 000	2 000	2 000	2 000	2 000	2 000	1 000	25 000	2 000
月可支配收入	4 830	4 830	4 830	4 830	10 830	10 830	36 830	34 830	34 830	34 830	34 830	34 830	2 415	254 375	20 350

五、软信息分析

客户夫妇年纪都不算大，正是创业的适当年龄，而且为人谦和、淳朴，在邻居之中的人缘也不错，比较注重名誉，在整个的调查过程中比较配合信贷员。客户的家里和店里都比较整齐、干净，收拾得井井有条，说明客户是一个勤劳而且懂得计划的人，家里只有一个还在上小学的儿子，家庭负担不算重。客户的父亲经济实力比较强，客户初始投资的一部分都是向父亲借的。

六、交叉检验

1. 资产交叉检验

为了对资产进行交叉检验，信贷员又询问了一下客户的初始投入以及这几年的收入情况和花销情况。客户2003年初开始经营建材生意，初始投资47万元，其中27万元为自己所有，其余20万元是向其父亲借的。这笔投资主要用于购买店面、进货及流动资金。

2003—2008年10月，这段时间的利润约为70万元，2008年12月至2009年11月，这段时间的利润约为254 375元（这段期间有详细的记账，所以数字比较精确），商厅从购买到2009年11月这段时间升值了18万元。

从2003年开业到2009年11月，这段期间与经营无关的主要大项支出有：偿还父亲借款20万元；2009年6月买车花费14万元；2008年在老家买了5亩地，盖房子，花费16万元；2008年底，借给弟弟2万元；2004年装修商厅并在后面接了一个阳台花费3万元；过年花销6万元，设备折旧为3 000元。根据以上内容计算所得的客户资产为991 375元，与资产负债表中的资产状况基本相符。

2. 销售额交叉检验

该客户有记账的习惯，信贷员根据账本记账的情况交叉检验客户口述的销售情况。

表3　　　　　　　　　　　销售额交叉检验　　　　　　　　单位：元

时间	销售额
2009年2月25日	1 850
2009年3月17日	3 990
2009年5月10日	6 508
2009年7月29日	7 290
2009年9月12日	9 177
2009年9月20日	5 716
2009年11月6日	2 685
2009年11月15日	1 950

另外，2009年11月17日，信贷员在客户店里作调查时，刚好有顾客购买地板砖及外墙砖，付款2 080元，与客户所述的淡季每日销售额2000元左右基本相符。综上所述，客户口述销售情况比较真实。

3. 进货量交叉检验

客户口述每月最低库存40万元左右，上年一年大概进货150万元，现存货价值512 350元，客户有进货的打款单据可供检验。

因此可知，期间销货量为400 000 + 1 500 000 - 512 350 = 1 387 650（元），客户建材成本是销售价格的80%，得出上年的营业额大约为1 387 650/80% = 1 734 563（元），该值与利润表中所取得营业额1 770 000元比较相符。

4. 成本交叉检验

客户商店内主要销售地砖、墙砖和水泥。

表4   **成本交叉检验**

建材	规格	进价	售价	成本占比	平均成本占比
砖（80%）	80×80	24元/块	30元/块	80%	74.3%
	60×60	9元/块	12元/块	75%	
	25×40	13元/块	19元/块	68%	
水泥（20%）		275元/吨	300元/吨	91%	91%

加权后的成本占比约为：80% × 74.3% + 20% × 91% = 77%，与客户口述的80%基本相符，成本占比保守取80%。

七、贷款审批

客户经营建材生意已有6年，收入状况一直比较稳定。在调查过程中，客户一直比较配合，所提供的信息经过交叉检验之后也基本与实际情况吻合，有稳定的还款来源，客户与担保人关系不错，担保人是做餐饮生意的，收入稳定，担保意愿良好，客户的抵押物价值也足以覆盖申请贷款的额度。由于面向当地客户，因此基本上没有应收账款，过去在其他的金融机构也有过多次的贷款记录，还款状况一直不错，客户有良好的还款意愿。审贷会最终决定批给客户贷款21万元，期限为12个月，按月等额还款。

八、贷后管理

在贷款发放之后，信贷员会定期对客户进行回访，掌握客户的经营状况，以避免发生风险我们却不了解情况。信贷员还要时常与客户联系，帮助客户形成良好的还款习惯，使之成为客户自发的行为。信贷员多次对客户进行电话回访，了解到客户之后又对新购买的商厅进行了一番装修和扩大，客源也比之前更充足了一些，生意状况也比较稳定。

（整理人：妥佳媛）

化肥经销商贷款

受理行：赤峰分行　行业：批发零售业　信贷员：杨志江

对于资产规模稍大点的流通贸易企业，如果经销的产品品种比较单一，则其经销过程比较容易分析。但由于没有健全的财务报表，信贷员在财务分析上仍注重财务信息的收集和交叉检验，完善其资产负债表和利润表。该行业还款的来源依赖于每月的现金收入流，因此，在调查和分析时重点分析进、销货的合同、发票等单据和银行对账单。下面以化肥经销企业为例说明信贷员是如何编写贸易流通行业的资产负债表、利润表和进行交叉检验的。

在赤峰，主要还是以农业为主，因此对农业材料的需求巨大。每年的10月份，当地都会进入一个为春耕储备肥料的时期，包括供销社系统和各级农资销售部门在内，都将在这段时间积极开展农业肥料的经销和代理。因此，一些化肥经销商也会在这时期或之前几个月内有着强烈的资金需求，以储备农资材料，来应对后几个月的大量销售。

一、业务受理情况

支行微贷客户经理小杨有一个老客户，是做化肥等农产品销售的。此前客户在他那里贷过一笔款，现已全部还清，还款情况比较好。同时，该客户也感觉到银行提供金融服务所带来的方便，为了在化肥销售旺季到来之前买入大量的库存，以应对后期购买成本的上涨，又找到小杨要求贷300万元，为期1年。小杨也比较认可这个客户，于是让他填写了客户申请表，并于第二天到经营场所进行调查。

二、客户基本情况

虽然此前在贷那笔款的时候，小杨对客户的企业进行了详细的调查，但时隔一年，客户企业的情况也发生了变化，因此，还需要对客户重新进行细致的调查。在前去调查之前，通过此前的了解和这次客户填写的申请表，小杨对客户的基本信息和这次的贷款目的有了一个基本的掌握。客户在 2002 年注册了这家农业生产资料销售公司，开始股东是他及妻子，2005 年的时候，因想申请农业发展银行的专项资金贷款，进行了一次增资，又有两人入股该公司，但因后来没有申请下来，那两个股东就由股转债。刚成立那几年，企业稳步发展，收入也逐年增加，尤其是 2007 年和 2008 年，肥料价格上涨过快，该公司收益较多。客户是法人代表，负责肥料的进销，妻子负责财务，另外一个集资者（现已退股）负责库管。共同借款人是这夫妻二人。客户早年在供销社上班，1999年下岗后一直从事化肥经销生意。家里有两个儿子，都在外地上班，家庭无负担。

公司的主要供应商有 3 家：云南一家公司（占 30%）、安徽红四方公司（10%）、山东华丰（占 5%），还一些随进随补货的供应商。主要客户是当地的两家供销社，各占 10%。在旺季时，进货都是先打预付款，在淡季时，会代理一些化肥，不用预付，是先代销后结算。销货全部是现金结算。公司的资金来源一般是股东的实收资金，银行融资，然后再是民间借资。该公司自从向银行融资后，存储了大量的化肥，再加上肥料涨价，客户盈利不少。

三、现场调查

在现场调查时，客户经理查看了客户的现金、存折和银行卡等，掌握了现金及银行存款等资产信息。此时，正处于化肥销售的淡季，客户一般在这个时候会把一些闲钱拆借出去，为了验证真假，小杨抽取一些借条进行检验，总共借出 135 万元。这个时候的库存也比较少，很容易点货，只有一些价值 23 000元的钾肥和有机肥。此时还没有开始进货，因此，也没有预付款项。客户拥有经营场所的产权，小杨查看了房产证，并按照市场价格对其估价。客户还拥有一辆本田思域私家轿车，并拿出当时购买的发票和行驶证让客户经理看。在负债方面，客户只有当时股东退股时的股转债，总共 150 多万元。

为了解客户的损益表和现金流量表的情况，接下来，客户经理小杨对销售情况和经营费用进行了现场调查。公司里有人专门负责财务，具备较为详细的账目。通过客户口述去年大致的一个销售总量，再结合当时的市场价格，小杨算出了大体的销售收入。并询问了哪个月份的销售量最高、是多少，大体做了一个检验。对于进货成本，客户经理查看了公司财务做的往来账目和进货合同以及银行流水账，从其中选取最大的供应商，并依据 3 个数据做了交叉检验。

随后，又对其他的经营费用进行了解。因为公司的进出货大部分通过铁路货运，库房就设在火车站的附近，只需要车站上的工人进行装卸，并付给这些工人一些装卸费。再有一些就是水电费、租金和人工成本，燃油费和招待费。公司不需要上缴增值费，只缴纳一定税率的税费，这些都在公司做的账目上表现出来。

公司为了赚取更多的利润，会在销售淡季时低价买进大量的肥料充当库存，再在旺季时高价卖出。按照往年的销售经验，前期需要存储 3 200 吨左右的肥料，共需要资金 700 万元左右。目前尚有 200 多万元的资金缺口，特向我行申请 300 万元的贷款支持。抵押物是正在使用的仓库和土地，价值 150 万元左右。担保人是客户的朋友，做粮食生意的，月收入在 5 万元左右。随后小杨又了解了公司的一些大项开支和收入。大项开支主要是股东分红，几年来共计 263 万元左右。收入主要是 2002 年以来的历年利润。

四、财务信息分析

客户经理小杨回来后对客户的基本信息、非财务情况、资产负债表、基于现金流的损益表、交叉检验和担保人信息进行整理，提交给支行的审贷会。在提交的建议中，考虑到客户的每月现金流和收入，并结合上次在银行的贷款余额，对客户的贷款余额建议的是 100 万元。

表 1 　　　　　　　　　　　　资产负债表 　　　　　　　　　单位：元

现金及银行存款	3 055 447	应付账款	0
现金	0		
银行存款	3 055 447		
应收账款	1 350 000		
预付账款	0	短期负债	0
存货	23 000		
钾肥	10 000		
有机肥	13 000		
流动资产	4 428 447	长期负债	1 536 000
固定资产合计	0	负债合计	1 536 000
其他经营资产	0	所有者权益	2 892 447
资产总计	4 428 447	总负债及权益	4 428 447
仓库、土地	900 000		
车	160 000		
其他非经营资产*	1 060 000		

注：* 仓库、土地和车的所有权都是股东个人的，作为此笔贷款的抵押物，计入表外资产中。

表2

基于现金流的损益表

单位：元

项目	2008年8月	9月	10月	11月	12月	2009年1月	2月	3月	4月	5月	6月	7月	总计
经营收入	0	960 086	920 840	2 015 358	345 883	0	1 530 333	6 411 243	5 786 487	2 201 336	5 767 829	1 620 624	27 560 019
总计（1）	0	960 086	920 840	2 015 358	345 883	0	1 530 333	6 411 243	5 786 487	2 201 336	5 767 829	1 620 624	27 560 019
可变成本													
化肥购进成本		897 720	896 530	1 957 900	295 780		1 332 108	5 651 197	5 157 337	2 021 320	5 425 389	1 568 003	25 203 284
总计（2）		897 720	896 530	1 957 900	295 780		1 332 108	5 651 197	5 157 337	2 021 320	5 425 389	1 568 003	25 203 284
毛利=（1）-（2）		62 366	24 310	57 458	50 103	0	198 225	760 046	629 150	180 016	342 440	52 621	2 356 735
营业费用													
工资	1 000	1 000	1 000	1 000	1 000	1 000	1 000	1 000	1 000	1 000	1 000	1 000	12 000
财务费用	8 350	8 350	9 800	11 300	16 400	9 960	9 960	73 293	57 483	10 422	7 000	7 000	229 318
租金	4 983	4 983	4 983	4 983	4 983	4 983	4 983	4 983	4 983	4 983	4 983	4 983	59 796
燃油费	500	500	500	500	500	500	500	500	500	500	500	500	6 000
装卸费	0	33 887	3 718	20 658	31 800	0	79 191	56 894	83 847	60 734	76 794	76 001	523 524
水电费	100	100	100	100	100	100	100	100	100	100	100	100	1 200
招待费	2 000	2 000	2 000	2 000	2 000	2 000	2 000	2 000	2 000	2 000	2 000	2 000	24 000
税	210	210	210	210	210	210	210	210	210	210	210	945	3 255
总计（3）	17 143	51 030	22 311	40 751	56 993	18 753	97 944	138 980	150 123	79 949	92 587	92 529	859 093
营业利润=（1）-（2）-（3）	-17 143	11 336	1 999	16 707	-6 890	-18 753	100 281	621 066	479 027	100 067	249 853	-39 908	1 497 642
家庭开支	0	0	0	0	0	0	0	0	0	0	0	0	
其他收入	0	0	0	0	0		0	0	0	0	0	0	0
月可支配收入	-17 143	11 336	1 999	16 707	-6 890	-18 753	100 281	621 066	479 027	100 067	249 853	-39 908	1 497 642

五、交叉检验

1. 销售收入的检验

（1）公司的销售都有出货单据，通过所有的销售单据和购货合同的单价，可以得到公司的一个整体销售收入。

（2）通过客户口述，得知两个销售客户的大体比例，并且这些客户都通过银行汇款付款，客户经理抽取公司记录这两个销售客户的往来账目，并结合付款的银行流水账，对整体的销售收入进行检验。

2. 成本的交叉检验

（1）公司每次进货都会记录入库凭证，通过这些入库凭证，并结合当时的进价可以获得公司的进货成本。

（2）公司在购买肥料时，都是外地一些供应商，通过银行汇款，通过公司记录的进货凭证和银行汇款的打款明细进行检验。

3. 权益的交叉检验

表3　　　　　　　　　　　权益交叉检验表　　　　　　　　　单位：元

2002 年的初始投资	200 万
2002 年	8 万
2003 年	10 万
2004 年	20 万
2005 年	30 万
2006 年	50 万
2007 年	60 万
2008 年	150 万
公司大项开支	历年分红合计 263 万
应有权益	265 万
现有权益	289 万
权益交叉检验的误差	24/（12.5 万×70）＝2.74%

六、客户软信息

该笔借款的共同借款人是夫妻二人，同为该公司的主要股东。客户是该公司的法人代表，并且负责肥料的进货和销货。早年就在供销社上班，后下海成立了这么一家经销公司，经营已经有 8 年的时间。在农资销售上摸爬滚打了十几年，积累了丰富的供货渠道和销售渠道。家里只有一个儿子，在外地上班，基本上没有什么负担。

七、贷款审批及贷后维护

客户经理小杨经过对客户的财务分析和非财务信息的掌握，认为该客户的生意是稳步发展的，利润是逐年提高的，每月的可支配现金流可承受贷款余额。而且上次的贷款还款情况良好，无逾期。抵押物足额担保。通过看到公司进销货的合同，可以获得该客户对其上下游客户的信用较高，因此，其还款意愿应该可以信赖。担保人与客户是朋友关系，并且对客户的经营能力和还款能力都十分放心，愿意为其担保。小杨又根据客户的月销售情况制定了不规则的还款方式。审贷会批准了这笔贷款，贷款金额为100万元，期限为9个月，年利率为14.4%。由于化肥销售有明显的淡旺季，因此，实行不规则的还款方式。

在客户贷后的9个还款期内，客户经理会不定时地在还款日前打电话与客户沟通，询问经营情况及贷款使用情况，并提醒及时还款。客户的整个还款情况良好，无逾期情况发生。

（整理人：王大鹏）

茶叶经销商贷款

受理机构：成都分行　行业：批发零售业　客户经理：范鹏飞

成都是西南商贸重地，自古商贸往来十分发达，现已成为西南地区重要的商贸流转中心。茶叶经销是成都商贸生活中的重要品种之一，成都人喜爱喝茶自不必说，西南广大地区对茶叶的需求也十分旺盛，由此在成都形成了众多大型茶城，数以万计的茶商聚集在此。

一、业务受理

时值早春3月，正是春茶上市的时节，茶商们为了抢占市场先机，在销售旺季到来前纷纷囤积新茶，等待大赚一笔。成都分行的信贷员们借此良机，专门针对大型的茶叶交易市场进行了市场营销（俗称"扫街"活动）。他们在交易市场中一家一户地散发宣传材料，介绍我行微小企业贷款业务无须抵押、审批迅速的特点；宣传我行微贷业务更注重现金流和还款能力，而不苛求客户提供详细正规的财务报表。此次宣传取得了较好的营销效果，许多目前资金紧张的茶商纷纷过来咨询办理。

二、客户信息

本案例中的客户在西南茶城经营一个铺面，贷款目的是购进一批春茶进行销售。通过申请表信贷员了解到：客户是一对夫妻，共同经营茶叶生意，曾接触过正规金融信贷服务（邮政储蓄银行贷款），本次申请贷款金额为15万元，期限为12个月，已联系好了两名担保人。

咨询过程中，信贷员进一步了解到，客户夫妻共有两家铺面，分别位于两家茶城，夫妻二人每人名下各有一间。客户是四川雅安人，已来成都经营茶叶生意许多年。雅安是茶叶产地，丈夫在最近一次去雅安采购的途中遗失了全部证件，因此此次贷款只能由妻子进行申请。信贷员注意到，客户夫妻看起来比较朴实,尽管在成都做生意多年,生意状况稳定但发展得并不迅速,至今未能在成都本地购置房产(这引起对客户还款能力的担忧)。根据这些情况,信贷员基本掌握了分析的重点,随后与客户约好去店面作现场调查。

三、贷前调查过程

客户的铺面位于成都西南茶城,位置比较偏,铺面面积普通。店铺中摆放着一些茶叶,存货主要放在库房。客户边领着信贷员看生意环境边在信贷员的询问下介绍自己的生意情况。客户说茶叶的销售一年大约分为两个季节,包括春茶和夏秋茶。客户这次贷款就是想抓紧时机,进一批春茶进行销售。信贷员询问了客户的铺面租金、日常成本开销情况(包括水电、杂费等)、销售状况等。客户说茶叶销售有比较明显的淡旺季,销售淡季一般在 7—9 月,那时天气炎热,茶叶产销都不旺;其余时间相对较好,旺季集中在 10 月至次年 2 月,余下的时间销售一般。旺季每月大约销售收入能有 35 万元,淡季大约只有 10 万元,平常季为 18 万~20 万元。

客户介绍说,她经营的茶叶主要是川茶,品种包括铁观音、毛峰等。在老家雅安有亲戚种茶,是其主要的进货渠道之一,也会从其他客商处进货。旺季时每月进货约花费 28 万元,茶叶的销售价格为进货价上浮 15% 左右。客户的茶叶除了销售给固定的几家茶楼外,也有批发销售。生意比较稳定。

客户家里有 1 个小孩,还在念书,每月全家开支大约 12 000 元,主要花在孩子身上。另外,客户目前住的房子是租的,需要按月交纳房租。

随后客户带领信贷员到仓库清点货物。点货清单如表 1 所示。

表1 　　　　　　　　　　　　　　货物清单

点货	进价 (元/斤)	批发 (元/斤)	零售 (元/斤)	批发毛利 润率(%)	零售毛利 润率(%)	库存量(斤)
竹叶青	145	168	210	14	31	73 042
毛尖	28	32	35	13	20	21 234
龙井	125	157	220	20	43	24 348
铁观音	155	185	280	16	45	48 695
花茶	115	135	165	15	30	76 156
总计						243 475

鉴于客户在本地没有房产,而大西南茶城商户流动性较大,在信贷员的要求下,客户分别找到两位生意上的朋友作担保,一位经营茶楼,常年从客户家采购茶叶;另一位是西南茶叶的经销商。两位在本地均生活多年且均有房产,两位年收入足以覆盖借款金额,信贷员观察到借款人在让两位朋友作担保时

表2

利润表

单位：元

月份	N3月6日至4月	N4月	N5月	N6月	B7月	B8月	B9月	G10月	N11月	G12月	G1月	N2月	N3月1日至3月6日	总计	平均
营业额	160 000	200 000	249 060	200 000	90 000	90 000	90 000	350 000	200 000	350 000	350 000	170 580	31 920	2 531 560	194 735
成本	131 200	164 000	204 229	164 000	73 800	73 800	73 800	287 000	164 000	287 000	287 000	139 876	26 174	2 075 879	159 683
费用	7 034	8 793	8 793	9 593	9 593	9 593	9 593	8 793	8 793	8 793	8 793	8 793	1 759	108 716	8 363
房租	3 520	4 400	4 400	4 400	4 400	4 400	4 400	4 400	4 400	4 400	4 400	4 400	880	52 800	4 062
水电	320	400	400	1 200	1 200	1 200	1 200	400	400	400	400	400	80	8 000	615
税	848	1 060	1 060	1 060	1 060	1 060	1 060	1 060	1 060	1 060	1 060	1 060	212	12 720	978
工资	866	1 083	1 083	1 083	1 083	1 083	1 083	1 083	1 083	1 083	1 083	1 083	217	12 996	1 000
通信费	320	400	400	400	400	400	400	400	400	400	400	400	80	4 800	369
交通费	800	1 000	1 000	1 000	1 000	1 000	1 000	1 000	1 000	1 000	1 000	1 000	200	12 000	923
应酬费	360	450	450	450	450	450	450	450	450	450	450	450	90	5 400	415
毛利润	28 800	36 000	44 831	36 000	16 200	16 200	16 200	63 000	36 000	63 000	63 000	30 704	5 746	455 681	35 052
净利润	21 766	27 207	36 038	26 407	6 607	6 607	6 607	54 207	27 207	54 207	54 207	21 911	3 987	346 965	26 690
家庭开支	9 600	12 000	12 000	12 000	12 000	12 000	12 000	12 000	12 000	12 000	12 000	12 000	2 400	144 000	11 077
月可支配收入	12 166	15 207	24 038	14 407	-5 393	-5 393	-5 393	42 207	15 207	42 207	42 207	9 911	1 587	202 965	15 613

注：表中 G 代表旺季，N 代表平常季，B 代表淡季。

很是不好意思，从而可以说明担保人对其制约力较好。从而使我们这笔贷款的安全性大大提升。信贷员问担保人是否愿意为该客户担保时，两位担保人都非常热情积极地表示"非常愿意"，信贷员认为，这也从侧面体现出客户为人诚挚、商誉良好。

四、财务分析

信贷员根据客户的介绍和调查得到的信息作出利润表和资产负债表，如表2、表3所示。

表3 资产负债表 单位：元

资产		负债			
现金和银行账		应付账款（名称及到期日）			
现金	15 793	邮政储蓄	11 000		
存折	40 668				
总计	56 461	总计			
应收账款（名称及到期日）		短期负债（名称及到期日）			
应收货款	256 710				
总计	256 710				
存货和原料		长期负债			
存货	243 475				
		总计			
		权益和保留资金	568 646		
总计	243 475	总负债及权益	557 646		
流动资产					
固定资产		负债率	流动比率	资本化比率	
设备	3 750				
预付房租	8 250				
		投资，商业和私人（最近12个月）			
总计	12 000				
总资产	568 646				
经营（活动，发展历史，产品，销售结构，市场需求，主要的供应商和客户）					
折旧：3 750					

五、交叉检验

1. 权益检验

表4   权益检验表   单位：元

期初权益	407 500	（现金50 000，应收账款150 000，存货200 000，设备7 500）		
期间收入	202 965			
大项开支	过年	20 000	丢钱包 2 500 2010年1月	
	答礼	2 500	买电脑 5 000 2009年6月	
邮政储蓄银行利息	7 055			
应有权益	573 410			
实际权益	557 646	折旧	3 750	
差值	9 514			
浮动	4.7%			

权益误差为4.7%，在1%~5%，数值可取。

2. 营业额检验

客户口述2009年全年营业额在270万元。其中，旺季是10月至次年2月，销售额为30万~40万元；一般时节是3月、4月、5月、6月，月销售额为20万元；淡季是7月、8月、9月，月销售额10万元。

信贷员抽查了客户的账本，发现平时销售额：5月是249 060元、2月是170 580元；淡季销售额：8月是91 000多元；旺季销售额：12月是380 000多元、1月是330 000元。合计与客户口述相符。根据3月1—6日（当月）的详细销售记录，可推算当月销售额约为31 920/6×30 = 159 600（元），也与客户的口述和市场平均情况相符。

3. 成本检验

客户口述其利润率为20%。

表5   客户口述利润核算   单位：%

	份额	口述毛利	加权毛利
批发	70	15	19.5
零售	30	30	

根据点货发现：

表6   **存货清点利润核算**   单位：元、%

点货（斤）	进价	批发	零售	批发毛利	零售毛利	各自加权	比例	加权
竹叶青	145	168	210	14	31	19	20	
毛尖	28	32	35	13	20	15	50	
龙井	125	157	220	20	43	27	10	18
铁观音	155	185	280	16	45	25	10	
花茶	115	135	165	15	30	20	10	

加权计算利润率约为 18%，和口述基本相符，取点货保守利润率。

六、软信息分析

客户接受过正规金融信贷服务（邮政储蓄银行贷款）。客户征信记录良好，同时根据和客户及担保人的交流，从各方面的软信息也表现出客户的人品很好，有一个稳定的家庭，有比较稳定的客户群体以保证生意的稳定。

七、贷款审批

通过信贷员的调查可以看出，虽然客户没有专业的账目，但是在引导下，客户能够比较完整地提供出自己的经营信息和所需的单据，信贷员通过各种形式的检验后，验证出所收集客户信息的真实性。

在审贷会上，信贷员陈述了客户信息、经营状况、财务分析、担保人情况等，认为客户是一位诚实、守信的生意人，并且也有非常好的还款意愿和信用意识；其劣势是客户有较大的应收账款。作为一笔新贷款，审贷会经过讨论，最终根据信贷员提供的信息和建议，决定为客户批准金额为 12 万元、期限为 12 期、年利率为 16.8% 的贷款，即按月等额还款 10 986 元左右，既可以满足客户的资金需求，又适合客户的现金流承受能力。本笔贷款从递交申请到贷款发放，总共仅用时 3 天。

八、贷后追踪

信贷员按规定进行了定期回访和还款情况追踪。贷款发放后，客户用部分资金迅速购进了春茶进行销售。由于春茶时节短暂，因此客户决定将余下的款项用于充实流动资金，并等待购进夏秋茶。客户的还款状况非常好，每次都在还款日前就打款过来，整体经营状况也保持稳定。

（整理人：王紫帆）

钢铁批发零售企业贷款

受理机构：成都分行　行业：批发零售业　客户经理：范鹏飞

成都地区商贸繁荣，是西南地区重要的物流和商贸中心、金融中心、交通枢纽、现代化制造业和服务业基地。成都经过几十年的发展，形成了以电子、机械、食品、冶金、化工、纺织、建材、家具制造等为主的综合工业体系。相关的上下游产业也逐步成熟。下面让我们通过一个具体案例来了解建材销售企业的贷款流程。

一、业务受理

本案例中的客户在材料市场从事钢材批发零售贸易。因 2009 年底国内钢材市场价格节节攀升，客户希望抓紧时机囤积一批钢材，逢高价时出售。我行成都分行正于此时开业，开业之初，微小企业信贷部门的信贷员们针对成都市场的特色——西南商贸流通集散地，开展了大规模的市场营销活动。他们在成都各大市场进行"扫街"式的宣传，挨家挨户介绍我行的微贷产品和特色：不需抵押、审批快速、还款方便等。由此，客户认识了我行的微贷业务，抱着尝试的心理前来分行进行咨询。

二、客户情况

通过见面的详细沟通，信贷员对客户的基本情况有了一定了解。客户在成都的金府钢材市场从事钢材的批发生意，生意规模约为年销售 200 万元。客户想申请贷款 30 万元，用于购货。客户 1996—2006 年曾在广州打拼，开办了一家铝制品加工厂，经营了 10 年。2006 年后，在朋友介绍下，客户回到成都开始了钢材的批发生意。由于为人可靠，在朋友的帮助和辅佐下，客户的生意规模日渐扩大，也有了十分稳定的大客户和保持长期供货关系的零散客户。

在贷款咨询过程中，信贷员对客户有了个简单的印象：客户性格腼腆、慢条斯理的，看起来十分憨厚，但矛盾的是，当客户接到生意上的电话时却显得情绪激动，表现得很不稳定。信贷员不免有些疑虑。咨询时客户还带了部分账目记录，表现得十分诚恳。于是信贷员一边简单询问了客户的经营情况，一边翻看了客户最近一年的报表，发现账目比较详细、清晰，符合行业特色。信贷员与客户约定，当天下午就去客户公司进行现场调查。

三、贷前调查

客户的公司位于成都金牛区，路上需要花费 1 个多小时的时间。于是信贷员的"交流调查"从车上开始。由于客户性格内向，不主动开口交谈，信贷员就婉转地先开始询问客户的生意和家庭情况。"您怎么想到回成都做钢材了？""这边生意和在广州比哪个好些？"客户介绍说，因为朋友在成都做相关生意，建立了一定的业务关系，而他原本从事的铝合金加工和钢材也算是近似行业（都算是五金材料），朋友就建议他回成都做钢材买卖。通过交谈，客户渐渐与信贷员熟悉起来，对信贷员的提问能够详细地回答。

这家钢材批发公司由客户和妻子二人共同经营，尽管只做了三四年，业务发展得很好、很快。除了夫妻俩，客户的公司还有两个雇员。客户说，钢材销售的淡旺季比较明显，通常过年前后的月份即 2 月、3 月以及 6 月、7 月生意比较不好，月销售额也就在六七万元左右，10—12 月以及次年的 4 月、5 月为销售旺季，每月能有 20 万元的销售收入，其余时间比较普通，每月营业额约为 10 万元。

谈到经营成本，客户说，主要的成本项是房租，包括客户的公司（店面）租金为每年 4 万元，用来存货的堆场每年租金为 6 万元。然后是付给两个员工的工资，为 2 500 元。其余的税费金额不大，每月的生意往来所需的杂费大约 2 000 元。

四、财务情况分析

根据客户口述和货物往来单据，信贷员制作利润表和资产负债表，如表 1 所示。

表 1

利润表

2009 年 3 月 19 日至 2010 年 3 月 19 日

单位：元

	2009年3月19日至4月	4月	5月	6月	7月	8月	9月	10月	11月	12月	2010年1月	2月	3月1日至3月19日	总计	平均
营业额	366 667	2 000 000	2 000 000	650 000	650 000	1 000 000	1 000 000	2 000 000	2 000 000	2 000 000	1 000 000	650 000	633 333	15 950 000	1 226 923
成本96.5%	353 833	1 930 000	1 930 000	627 250	627 250	965 000	965 000	1 930 000	1 930 000	1 930 000	965 000	627 250	611 167	15 391 750	1 183 981
费用	5 379	14 671	14 671	14 671	14 671	14 671	14 671	14 671	14 671	14 671	14 671	14 671	9 292	176 056	3 333
房租	1 222	3 333	3 333	3 333	3 333	3 333	3 333	3 333	3 333	3 333	3 333	3 333	2 111	40 000	3 333
堆场租金	1 833	5 000	5 000	5 000	5 000	5 000	5 000	5 000	5 000	5 000	5 000	5 000	3 167	60 000	5 000
水电	73	200	200	200	200	200	200	200	200	200	200	200	127	2 400	185
工资	917	2 500	2 500	2 500	2 500	2 500	2 500	2 500	2 500	2 500	2 500	2 500	1 583	30 000	2 308
税	312	850	850	850	850	850	850	850	850	850	850	850	538	10 200	785
通信	106	288	288	288	288	288	288	288	288	288	288	288	182	3 456	266
出差	183	500	500	500	500	500	500	500	500	500	500	500	317	6 000	462
应酬	733	2 000	2 000	2 000	2 000	2 000	2 000	2 000	2 000	2 000	2 000	2 000	1 267	24 000	1 846
毛利润	12 833	70 000	70 000	22 750	22 750	35 000	35 000	70 000	70 000	70 000	35 000	22 750	22 167	558 250	42 942
净利润	7 454	55 329	55 329	8 079	8 079	20 329	20 329	55 329	55 329	55 329	20 329	8 079	12 875	382 194	29 400
家庭开支	1 467	4 000	4 000	4 000	4 000	4 000	4 000	4 000	4 000	4 000	4 000	4 000	2 533	48 000	3 692
月可支配收入	5 987	51 329	51 329	4 079	4 079	16 329	16 329	51 329	51 329	51 329	16 329	4 079	10 341	334 194	25 707

表 2　　　　　　　　　　　　　　**资产负债表**　　　　　　　　　　单位：元

资产		负债	
现金和银行账		应付账款（名称及到期日）	
现金	7 300	负债	100 000
银行卡	430 200		
总计	437 500	总计	100 000
应收账款（名称及到期日）		短期负债（名称及到期日）	
应收货款	312 000		
总计	312 000		
存货和原料		长期负债	
存货	227 372		
		权益和保留资金	192 317
		总负债和权益	292 317
总计	227 372		
流动资产			
固定资产		负债率　　　流动比率　　　资本化比率	
预付房租	36 382		
		投资，商业和私人（最近 12 个月）	
总计	36 382		
总资产	292 317		

资产负债表内数据的确认过程包括：

1. 现金和银行账户：客户不存有较大数额的现金，由于销售规模较大，且多针对稳定销售对象，客户多采用银行转账方式收取货款。另外，因为客户正准备购进一批钢材，因此银行账户内有较大数额的存款。

2. 应收账款的确认：根据客户介绍，钢材销售的货款一般需要 1~2 个月才能结清。客户提供了详细的出货单据供信贷员查看。信贷员计算得出客户现有应收账款 312 000 元，数额较大。

3. 存货的确认。

表3 存货列表

	进价 (元/吨)	卖价 (元/吨)	存量 根数	份额 (%)	利润率 (%)	平均利润率 (%)	每吨 根数	吨位
钢板1	153	160	42	75	4.38		6	1 071.0
钢板2	4 100	4 250	236				10	96 760.0
钢板3	4 500	4 600	460				62	33 387.1
钢板4	4 200	4 300	190				71	11 239.4
焊管1	4 000	4 150	420	20	3.61	4.25	117	14 359.0
焊管2	4 100	4 300	440				80	22 550.0
型钢1	3 900	4 100	120	5	4.88		75	6 240.0
型钢2	4 450	4 650	466				52	39 878.8
型钢3	490	600	154				40	1 886.5
合计								227 371.8

客户公司所在地的一层有少量存货,根据点货,得到存货状况。表3内所示进价/卖价为单位吨价,存货价值的计算需注意单位转换。客户表示平时另有堆场用于存货,信贷员走访发现,堆场现在没有钢材,暂时都销售一空。由此计算客户存货价值=进价/每吨根数×存量根数,合计227 371.8元。

根据客户销售记录,2009年3月年存货约为200 000元,一年中补货1 543万元,期间销售1 595万元,理论存货价值为308 250元,与点货情况基本相符。

4. 利润的确认。尽管存货多样,但客户主要销售3个品种的材料,即表3中的钢板1、焊管1和型钢1,分别占比约75%、20%和5%。点货确认的利润率如表4所示。

表4 利润率核算

		进价 (元/吨)	卖价 (元/吨)	份额(%)	利润率	加权(%)
点货	钢板	153	160	75	0.04375	
	焊管	4 300	4 400	20	0.022727	4.20
	型钢	3 900	4 300	5	0.093023	

加权得出点货平均利润率约为4.20%。

但根据信贷员的调查,客户除正常销售收入外还会收取钢材买家的逾期补偿金(未按时提货付款对客户造成的影响),这是本案例的注意点之一。

逾期付款补偿金为8元/吨/天,由于腾达加工厂是客户的主要客户,享有5元/吨/天的优惠价。通常约定的提货天数是21天,但大约60%的吨位都会逾期10～15天,按平均12.5天进行计算,只有约30%的交易可以现金结算。根据客户口述,腾达加工厂的逾期吨位占到80%左右,阮×占20%,而销售的钢材均价为 4 100 元，则逾期补偿的计算见表 5。

表 5 逾期补偿列表

腾达补偿（元）	14 122	14 122	4 590	4 590	7 061	7 061	14 122	14 122	14 122	7 061	4 590	4 472
阮×补偿（元）	3 530	3 530	1 147	1 147	1 765	1 765	3 530	3 530	3 530	1 765	1 147	1 118
初始利润（元）	36 000	36 000	11 700	11 700	18 000	18 000	36 000	36 000	36 000	18 000	11 700	11 400
毛利	53 652	53 652	17 437	17 437	26 826	26 826	53 652	53 652	53 652	26 826	17 437	16 990
垫资毛利率（%）	5.37	5.37	5.37	5.37	5.37	5.37	5.37	5.37	5.37	5.37	5.37	5.37
现金（元）	24 000	24 000	7 800	7 800	12 000	12 000	24 000	24 000	24 000	12 000	7 800	7 600
毛利相加（元）	77 652	77 652	25 237	25 237	38 826	38 826	77 652	77 652	77 652	38 826	25 237	24 590
毛利率（%）	3.88	3.88	3.88	3.88	3.88	3.88	3.88	3.88	3.88	3.88	3.88	3.88

计算可得，垫资毛利率为 5.37%，现金结算毛利率约为 3.88%，根据两者占结算量的权重，则逾期补偿的利润率约为 5.37% × 60% + 3.88% × 40% = 4.8%。可发现，客户在钢材的实际销售过程中价格会低于既定卖价。

根据客户之前的口述，其利润率在 3% ~ 4%，则取保守数值 3.5% 进行计算。

五、交叉检验

1. 权益检验

表 6 权益检验表 单位：元

期初权益	615 296	（现金 300 000，应收账款 100 000，存货 200 000，预付房租 7 796，设备 7 500，负债 100 000）		
期间收入	334 194			
大项开支	过年	20 000	2010 年 2 月	
	装修	110 000	2009 年 5 月	
	答礼	2 500		
	买办公用品	5 000		
应有权益	921 990			
实际权益	913 253.85	折旧		
差值	8 736			
浮动	2.6%			

权益误差约为 2.6%，在 1% ~5% 误差范围内，可取。

2. 销售额的检验

根据客户口述，2009 年全年销售额粗略估计在 2 000 多万元。其中，旺季为 4 月、5 月、10 月、11 月、12 月，每月销售额为 200 多万元；淡季为 2 月、3 月、6 月、7 月，月销售额为 60 万~70 万元；平时季节为 1 月、8 月、9 月，月销售额为 100 万元。

根据前期市场调查，五金类流通行业在农历年前后是销售淡季，其余时间比较平稳，结合客户的口述，可发现客户的销售情况基本符合行业整体规律。

抽查客户账本发现：2009 年 4 月、2009 年 11 月及 2010 年 1 月的账本显示，销售额分别为 1 893 000 元、2 141 000 元、1 205 000 元，均值和客户口述差别不大。

此外客户口述从过春节到现在销售额有 150 万元左右，查看销售账本记录具体为 153 万多元。从春节到信贷员来公司调查共计 44 天，可推算月均销售额为 1 530 000/44 × 30 = 1 043 181 元，客户口述属实。

3. 进销货检验

表7 进销货检验表 单位：元

期初存货	200 000
期间进货	15 500 000
期间销货	15 391 750
应有存货	308 250
实际存货	227 372
差值	80 878

检验发现，客户存货有一定误差。但综合考虑客户销售情况，信贷员认为误差可取。

六、软信息分析

客户家里有两个男孩，一个正在上高中，另一个 8 岁。家庭开支主要是孩子的学费和生活费，比较稳定。客户夫妻关系融洽，信贷员到客户家走访时已是傍晚，客户招呼妻子做晚饭，两人言语间相敬如宾，家庭氛围和谐。

在材料市场调查时信贷员发现，许多周围的商户都热情地和客户打招呼，显示出客户拥有良好的商誉和人际关系。由于成都是商贸重镇，人口流动较大，人际关系相对松散，许多贷款人都难以找到担保人。但该客户在表达了需要担保进行贷款的情况后，立刻有 3 人表示愿意提供担保，客户选择了其中两人。

七、贷款审批

综合以上信息可以发现，客户为人朴实、做生意诚恳，经营状况良好，征信记录良好。担保人的能力和意愿也不错。存在的劣势是应收账款数额较大。

信贷员根据客户的现金流情况和进货需要，建议为其提供 20 万元、12 期、年利率为 16.8% 的贷款，按月等额还款方式，即每月还款 18 254 元。

审贷会审慎分析了该客户的经营状况，也鉴于是首次贷款，采纳了信贷员的建议，为客户批准贷款 20 万元。

贷款批复后，信贷员按惯例对客户进行了回访和还款跟踪。客户经营状况稳定，已经将 12 万元用于了购进钢材。还款情况比较良好，在信贷员的提前提醒下都能按时到我行还款。

（整理人：王紫帆）

茶叶批发零售业贷款

受理机构：成都分行　行业：批发零售业　客户经理：车丽达

成都是西南地区的商业中心，有很多市场都是排名全国前列的，其中的茶叶市场就是西南地区茶叶的集散中心。

一、业务受理

这个客户是信贷员在作分析的时候，走访客户碰到的。当时信贷员跟同事一起去茶叶批发市场作分析，分析之后发现这个客户的摊位上正好没有顾客，比较空，于是上去攀谈，顺便向客户介绍我行的贷款产品。一开始客户表示对贷款并不感兴趣，因为并没有特别急需的项目。信贷员依然向他介绍了我行贷款产品的大概情况，同时留下了联系方式。几天后，客户打来电话说想申请20万元的贷款。于是信贷员上门进行分析。

二、客户情况

客户1969年出生，一直做茶叶生意，贷款目的是进春茶。客户自己在雅安老家有一个茶厂，厂里的生产由其妻子负责。他自己在成都经营这个茶叶店。但是厂跟店之间并没有什么直接联系，厂里负责加工茶叶，但茶叶并不是都销往成都这个销售店。同时，成都的这个店也卖其他厂生产的茶叶。

因为季节的关系，一般新茶从初春上市一直到夏初。上市前的茶叶进价和市场价之间有比较大的价差。如果资金允许，批发商可以大量囤积春茶，然后在市场行情好的时候卖出挣取差价，尤其在气候比较反常的时候，批发商进价和市场价有很大的差价。如果能在上市前大量订购，就可以赚取大笔的利润。

三、财务分析

客户的经营情况非常简单，具体的资产情况见表1。

表1 　　　　　　　　资产负债表 　　　　　　单位：元

资产		负债	
现金和银行账		应付账款（名称及到期日）	
手中现金	12 000	同行调货	21 000
店里保险柜	52 800	应付货款定金	6 000
农业银行	12 440		
总计	77 240	总计	27 000
应收账款（名称及到期日）		短期负债（名称及到期日）	
遂宁	206 542	邮政储蓄银行	60 000
锦阳熟客	172 489		
广元、罗江、闽中	95 210		
总计	474 241		
存货和原料		长期负债	
包装盒		欠供应商货款	35 000
铁观音	187 250		
飘雪	165 600		
毛峰	65 000		
总计	452 850	总计	122 000
流动资产		权益和保留资金	916 212
固定资产 设备（折旧后）			
预付房租2010年5月	3 480	总负债及权益	1 038 212
房屋押金	2 000		
总计	33 881		
总资产	1 038 212		

　　信贷员跟客户索要了客户的进货、库存单据进行了仔细的比对。重点看客户的进货频率和进货量，以及库存茶叶的价值。同时通过对客户单据的核对，也可以看出客户是否能有效管理自己的生意。由于茶叶批发零售大多没有发票，结款方式也以现结为主，所以进出库单据成了最重要的参考数据。经过信贷员整理的客户利润情况见表2。

表2

利润表

单位：元

	2009年4月	5月	6月	7月	8月	9月	10月	11月	12月	2010年1月	2月	3月11日	合计	平均
营业收入	180 000	180 000	180 000	130 000	130 000	130 000	200 000	200 000	220 000	220 000	200 000	72 000	2 042 000	179 754
批发收入	130 000	130 000	130 000	110 000	110 000	110 000	150 000	150 000	170 000	170 000	150 000	54 000	1 564 000	137 676
零售收入	50 000	50 000	50 000	20 000	20 000	20 000	50 000	50 000	50 000	50 000	50 000	18 000	478 000	42 077
成本	141 300	141 300	141 300	103 500	103 500	103 500	157500	157 500	173 700	173 700	157 500	56 700	1 611 000	141 813
批发成本	105 300	105 300	105 300	89 100	89 100	89 100	121 500	121 500	137 700	137 700	121 500	43 740	1 266 840	111 518
零售成本	36 000	36 000	36 000	14 400	14 400	14 400	36 000	36 000	36 000	36 000	36 000	12 960	344 160	30 296
毛利润	38 700	38 700	38 700	26 500	26 500	26 500	42 500	42 500	46 300	46 300	42 500	15 300	431 000	37 940
费用	13 637	13 637	13 637	13 637	13 637	13 637	13 637	13 637	13 637	13 637	13 637	4 909	154 916	13 637
房租	1 720	1 720	1 720	1720	1 720	1 720	1 720	1 720	1 720	1 720	1 720	619	19 539	1 720
水电	800	800	800	800	800	800	800	800	800	800	800	288	9 088	800
税	417	417	417	417	417	417	417	417	417	417	417	150	4 737	417
电话费	500	500	500	500	500	500	500	500	500	500	500	180	5 680	500
工人工资	7 200	7 200	7 200	7 200	7 200	7 200	7 200	7 200	7 200	7 200	7 200	2 592	81 792	7 200
运费	1 000	1 000	1 000	1 000	1 000	1 000	1 000	1 000	1 000	1 000	1 000	360	11 360	1 000
招待费	2 000	2 000	2 000	2 000	2 000	2 000	2 000	2 000	2 000	2 000	2 000	720	22 720	2 000
净利润	25 063	25 063	25 063	12 863	12 863	12 863	28 863	28 863	32 663	32 663	28 863	10 391	276 084	24 303
还邮政储蓄银行贷款	0	0	0	0	0	0	0	11 400	11 400	11 400	11 400	4 104	49 704	4 375
家庭开支	3 000	3 000	3 000	3 000	3 000	3 000	3 000	3 000	3 000	3 000	3 000	1 080	34 080	3 000
月可支配收入	22 063	22 063	22 063	9 863	9 863	9 863	25 863	14 463	18 263	18 263	14 463	5 207	192 300	16 928

四、软信息分析

客户是茶叶市场里的"坐商",已经经营了较长时间,跟附近的其他批发商也比较熟识,所以客户经理也从邻近的批发商那里侧面了解了客户的情况。除了正常的生意状况外,对于客户的为人、信誉度等都进行了询问。客户虽然很多生意是不开发票的,财务上也不是很规范,但是能提供完整的出入库单据,有明细的现金收支账目,说明内部管理也是比较仔细的。

五、交叉检验

1. 营业额检验

客户口述生意有明显的淡旺季,淡季是 7 月、8 月、9 月,由于天气炎热,销售一般,月销售额 13 万～14 万元,旺季是年前和年后的 12 月、1 月、2 月、3 月等,月销售额在 20 万～25 万元。剩下是平常季节,月销售额 20 万元。

客户有详细的账本,分别加总了其中 7 月、1 月和 5 月的收入,分别为 135 400 元、284 177 元和 195 200 元,和口述的基本相符,利润表中取保守收入。

客户口述去年一年的销售大概 200 万元,利润表中为 2 042 000 元,基本相符。

2. 银行流水检验

客户批发的收入一般是代收或者现金,但是零售的收入基本都是现金,会在当天存入银行。

3. 成本检验

客户主要经营川茶,口述批发利润率为 15%～20%,零售为 30% 左右。客户的产品主要分为以下几种。

表3　　　　　　　　　　　　产品明细　　　　　　　　　　单位:%

产品	占比	利润
铁观音	40	18.6
飘雪	20	17.5
毛峰	40	19.4

加权成本率为 81%,利润率为 19%,和口述基本相符,同行业对比,利润率水平符合行业情况。

4. 权益检验

2007 年 8 月	初始投资	房租 46 000 元
		货物 300 000 元

设备 30 000 元

流动资金 100 000 元

+期间收入	2008 年 1 月至 2008 年 12 月	200 000 元
	2009 年 1 月至 2009 年 12 月	220 000 元
	2010 年 1 月至 2010 年 3 月	37 933 元
	邮政储蓄银行贷款	100 000 元
−期间支出	过年	20 000 元
	云南旅游	2 500 元
	增加库房	6 000 元
	还邮政储蓄银行贷款	47 620 元

交叉检验：（957 813 − 951 212）/457 933 = 6 601/457 933 = 1%

六、贷款审批

审贷会认为客户虽然条件可以，但是因为本身贷款意愿并不太强，对于信贷资金的额度也具有较大的弹性，同时考虑到是初次合作，决定批给客户 12 万元的贷款，期限为 12 个月，月利率为 1.4%。

（整理人：朱炜骞）

超市禽蛋供应商贷款

受理机构：深圳分行　行业：批发零售业　客户经理：马　昕

深圳的超市分为 3 类（外资大型综合超市，如沃尔玛；本地大型综合超市，如新一佳；小型便利超市）。各类结款情况不一样，一般外资超市管理规范，所有的情况都公布在网站上。本地的超市一般结款会遇到拖欠的问题，但是也在逐步的规范中。所有供应商进货后自己组织包装、配送，供应商竞标然后供应给超市。

一、业务受理

客户是看到我行的微小企业贷款广告后，主动联系我行的。

二、客户情况

客户申请金额为 50 万元，期限为 12 个月。客户主要经营农产品的批发（主要做禽蛋的批发）。贷款主要目的为扩大经营，进鸡蛋。

这个客户注册资本为 50 万元（2005 年注册公司）。该客户是辽宁人，非深圳户口，39 岁（离异），职高学历，1998 年来深圳，一直做禽蛋生意。现在有 7套房子，都有按揭。她从辽宁老家的养鸡场进鸡蛋，通过海运运到深圳，结款方式是货到付款。运到深圳后注册品牌，进行分类和包装（按照不同的级别和类型，比如笨鸡蛋、绿色鸡蛋、普通鸡蛋等），然后销售给深圳的各大超市：沃尔玛、家乐福、人人乐、新一佳等。同时，自己在深圳两大农产品批发市场之一的福田农产品批发市场有自己的铺位，也做一些针对其他批发商的生意，但是以超市为主。

三、贷前调查

客户之前一直在建设银行等银行贷款，看到我行开业广告后就过来咨询。

当时客户的总资产是 256 万多元，其中，现金和银行账 22 万多元（现金 12 000 元，公司账户 16 万多元，个人银行存款 4 万多元）；应收账款 180 多万元（主要是因为与超市的运作模式有关，根据账期，必须押着这个钱，但每月保持基本一致的应收款，占比较大的应收款是新一佳和人人乐超市）；存货主要是鸡蛋，总价是 23 万多元，固定资产 24 万多元（不含法人的房产），表外折旧 21 万多元。客户预付房租 2 万多元（3 个档口 2 200 元，还有一个仓库 3 000 元，押金两个月）。客户负债情况是：应付账款主要是东北的王伟的 4 万多元，短期负债就是欠建设银行的贷款还有 40 万元余额。权益就是 210 多万元。

四、财务分析

表 1   应收账款汇总表

2009 年 6 月 6 日   单位：元

序号	欠款公司名称	余额
1	新一佳超市有限公司	402 624.00
2	深圳人人乐商业有限公司	431 923.00
3	深圳家乐福商业有限公司	60 300.00
4	深圳乐荣超市有限公司	20 000.00
5	东莞家乐福商业有限公司	15 000.00
6	东莞东盛超市有限公司	14 300.00
7	沃尔玛（中国）投资有限公司	397 599.00
8	深圳市福记标准送餐服务系统	492 300.00
	合计	1 834 046.00

客户的资产负债情况如表 2 所示。

表 2   资产负债表   单位：元

资产		负债/所有者权益	
现金和银行账		应付账款	
现金	12 000	供应商	45 000
公司账户 1	123 176		
公司账户 2	41 562		
个人存折	47 928		
总计	224 666	总计	45 000

续表

资产		负债/所有者权益	
应收账款		短期负债	
详见应收款清单	1 834 046	建设银行贷款	200 732
预付鸡蛋款	264 000	渣打银行贷款	401 021
总计	2 098 046	总计	601 753
存货和原料		长期负债	
仓库土鸡蛋	235 000	总计	0
总计	235 000	权益和保留资金	2 182 839
流动资产	2 557 712	总负债及权益	2 829 592
固定资产			
本田 901	140 000		
江淮粤 B	25 000		
江淮粤 B	25 000		
江淮粤 B	30 000		
江淮粤 B	25 000		
合计	245 000		
其他资产——预付房租	26 880		
总计	271 880		
总资产	2 829 592		

客户经营收入包括各超市的收入，客户公司的管理和财务制度很正规，也很健全，所有下游客户都是大型连锁超市，都有长期合作的供应商合同，并且返点及结算都有报表，在系统中可查。

表 3　　　　　　　　　各超市收入列表

超市名称	沃尔玛	家乐福	人人乐	新一佳	福记
合作时间	2008 年 9 月	2008 年 4 月	2007 年	2006 年	2006 年
期限	长期	长期	长期	长期	长期
扣点规定	4%	2.3%/4%	扣项金额	2% + 扣项金额	2% + 扣项金额

损益表情况如表 4 所示。

表 4

基于现金流的损益表

单位：元

经营收入	2008年6月	7月	8月	9月	10月	11月	12月	2009年1月	2月	3月	4月	5月	6月1日至6月6日	月平均	总计
沃尔玛销售收入	0	0	0	123 075	385 234	382 589	581 171	621 072	539 365	683 567	617 726	600 564	75 573	377 864	4 534 363
家乐福总部收入	193 013	121 028	161 022	287 695	347 094	263 549	235 958	380 312	302 617	289 516	265 796	243 068	51 511	257 556	3 090 668
人人乐销售收入	735 331	1 145 985	895 556	1 019 120	857 179	871 987	906 950	824 418	644 561	805 039	898 412	866 650	174 520	872 599	10 471 188
新一佳销售收入	457 255	406 278	335 263	368 419	242 750	350 080	313 858	255 777	250 849	289 207	230 708	406 809	65 121	325 604	3 907 253
福记销售收入	0	0	0	0	74 353	172 320	213 030	73 271	148 711	270 413	305 806	342 926	26 681	133 403	1 600 830
总收入	1 385 599	1 673 291	1 391 841	1 798 309	1 906 610	2 040 525	2 250 967	2 154 850	1 886 103	2 337 742	2 318 448	2 460 017	393 405	1 967 025	23 604 302
可变成本															
沃尔玛鸡蛋成本84%	0	0	0	103 383	323 597	321 375	488 184	521 700	453 067	574 196	518 890	504 474	63 481	317 405	3 808 865
家乐福鸡蛋成本84%	162 131	101 664	135 258	241 664	291 559	221 381	198 205	319 462	254 198	243 193	223 269	204 177	43 269	216 347	2 596 161
人人乐鸡蛋成本88%	647 091	1 008 467	788 089	896 826	754 318	767 349	798 116	725 488	567 214	708 434	790 603	762 652	153 577	767 887	9 214 645
新一佳鸡蛋成本84%	384 094	341 274	281 621	309 472	203 910	294 067	263 641	214 853	210 713	242 934	193 795	341 720	54 702	273 508	3 282 093
福记鸡蛋成本90%	0	0	0	0	66 918	155 088	191 727	65 944	133 840	243 372	275 225	308 634	24 012	120 062	1 440 747
沃尔玛扣点4%	0	0	0	4 923	15 409	15 304	23 247	24 843	21 575	0	24 709	24 023	3 023	12 836	154 032
家乐福扣点2.3%、4%	4 439	2 784	3 704	6 617	7 983	6 062	5 427	15 212	12 105	11 581	10 632	9 723	2 060	8 022	96 268
人人乐扣项金额	16 757	13 183	21 227	26 889	31 867	21 550	29 746	36 655	24 034	22 568	35 528	38 106	5 302	26 509	318 110
新一佳扣项金额	27 814	10 829	23 525	16 087	13 686	11 687	9 424	3 959	10 589	53 654	18 236	36 003	3 925	19 624	235 493
成本总计	1 242 327	1 478 199	1 253 424	1 605 860	1 709 246	1 813 862	2 007 716	1 928 116	1 687 334	2 099 932	2 090 886	2 229 510	353 352	1 762 201	21 146 414
毛利	143 272	195 092	138 417	192 449	197 364	226 663	243 251	226 734	198 769	237 810	227 562	230 507	40 053	204 824	2 457 889

续表

	2008年6月	7月	8月	9月	10月	11月	12月	2009年1月	2月	3月	4月	5月	6月1日至6月6日	月平均	总计
经营收入															
经营费用															
档口租金3个	6 600	6 600	6 600	6 600	6 600	6 600	6 600	6 600	6 600	6 600	6 600	6 600	1 320	6 600	79 200
仓库租金	3 000	3 000	3 000	3 000	3 000	3 000	3 000	3 000	3 000	3 000	3 000	3 000	600	3 000	36 000
员工工资（含社保）	40 000	40 000	40 000	60 000	60 000	60 000	60 000	60 000	60 000	60 000	60 000	60 000	11 000	55 000	660 000
国税1.5%	20 784	25 099	20 878	26 975	28 599	30 608	33 765	32 323	28 292	35 066	34 777	36 900	5 901	29 505	354 065
地税（国税0.4%）	83	100	84	108	114	122	135	129	113	140	139	148	24	118	1 416
水电费	500	500	500	500	500	500	500	500	500	500	500	500	100	500	6 000
运输、交通费用	10 000	10 000	10 000	18 000	18 000	18 000	18 000	18 000	18 000	18 000	18 000	18 000	3 200	16 000	192 000
通信费	750	750	750	750	750	750	750	750	750	750	750	750	150	750	9 000
人情费	8 333	8 333	8 333	8 333	8 333	8 333	8 333	8 333	8 333	8 333	8 333	8 333	1 667	8 333	99 996
费用总计	90 050	94 383	90 144	124 266	125 897	127 913	131 083	129 635	125 588	132 389	132 099	134 231	23 961	119 806	1 437 677
分期付款—房贷	19 398	19 398	19 398	19 398	19 398	19 398	19 398	19 398	19 398	19 398	19 398	19 398	3 880	19 398	232 776
分期付款—渣打银行			30 245	30 245	30 245	30 245	30 245	30 245	30 245	30 245	30 245	30 245	6 049	25 708	308 499
净利润	33 824	81 311	−1 370	18 540	21 824	49 107	62 525	47 456	23 538	55 777	45 820	46 633	6 163	39 911	478 937
其他收入	19 600	19 600	19 600	19 600	19 600	19 600	19 600	19 600	19 600	19 600	19 600	19 600	3 920	19 600	235 200
家庭开支	3 000	3 000	3 000	3 000	3 000	3 000	3 000	3 000	3 000	3 000	3 000	3 000	600	3 000	36 000
月可支配收入	50 424	97 911	15 230	35 140	38 424	65 707	79 125	64 056	40 138	72 377	62 420	63 233	9 483	58 310	693 669

成本核算：成本率检验，就是鸡蛋的现进价是 6.86 元/千克，通过鸡蛋在不同超市的卖价，计算鸡蛋在新一佳、家乐福的卖价都是 8.2 元/千克，（8.2 - 6.86）/8.2 = 16%，那么这两家超市的成本率就是 84%，沃尔玛和人人乐的卖价是 7.8 元/千克，（7.8 - 6.86）/7.8 = 12%，那么这两家超市的成本率就是 88%，与客户所说的鸡蛋毛利率保持一致。

经营费用：包括租金（3 个档口配送中心 + 仓库租金）6 600 元/月，员工工资包括财务人员 2 人，工资分别是 2 500 元和 3 000 元（含保险）；促销人员 11 300 元 + 1% 提成，做了员工工资的交叉检验；打包人员 8 人，每人 1 000 元；送货司机 5 人，每人 1 500 元；配车人员 5 人，每人 1 100 元，合计为 60 000 元左右。

五、软信息分析

这是我们接触的第一个超市供应商客户。调查还是非常清晰的，因为大超市的供应商平台上有客户名录、供货量、扣点、扣费情况。

从客户的基本面来看，似乎并不存在很大的问题，因为客户的公司人员配置和财务制度很健全，运作很正规。并且对客户自己的系统、内账、超市系统显示、银行流水单都进行了交叉检验，均不存在问题。下游客户都是大型连锁超市，也不存在大的经营风险问题。主要的风险点在于超市跟供应商的合同都是一年一签的，尽管续签的可能性非常高（只要没有对超市造成不良影响一般都续签），但是仍然存在隐患。

同时，信贷员注意到客户经营这么长时间，按理说应该有很多的结余，不至于造成目前这样的周转问题。经过和客户进一步聊天得知，客户之前将不少资金用于房地产投资（名下有 7 套房），造成了现金流紧张，加上二线超市回款比较慢，不得不考虑银行贷款。

六、交叉检验

1. 销售额检验

因为客户与超市是联营经营，所以通过客户的内账统计每个月的销货收入。根据下游客户提供的超市供应商结算单，和银行对账单来抽点检验。同时，统计客户的平均月销售收入为 196 万多元，与客户所说的销售收入每月在 200 万元左右基本一致。

2. 毛利的检验

鸡蛋的现进价是 6.86 元/千克，通过鸡蛋在不同超市的卖价，计算鸡蛋的毛利率：新一佳、家乐福的卖价都是 8.2 元/千克，（8.2 - 6.86）/8.2 = 16%，那么这两家超市的成本率就是 84%，沃尔玛和人人乐的卖价是 7.8 元/千克，

（7.8－6.86）/7.8＝12%，那么这两家超市的成本率就是88%。福记的卖价为7.6元/千克，毛利率为10%，成本率就是90%，与客户所说的鸡蛋毛利率保持一致。

3. 工人工资的检验

超市促销工人的工资标准为：底薪1 300元＋1%的提成，例如，沃尔玛超市，每月一个店销售额最少20 000元左右，那么，1 300＋20 000×1%＝1 500（元）和员工所说工资在1 500～1 800元保持一致。

4. 存货检验

客户说，一周大概进2个货柜的新鸡蛋，每个柜1 080箱，每箱22千克，计算出：2×1 080×22＝47 520（千克），每千克鸡蛋售价在6.84～6.86元，计算得出每月进货大概6.86×47 520×4＝1 303 949（元）。另外，每2～3天进500箱左右的土鸡蛋，每箱22.5千克，那么，计算得出进货量大概是500×22.5×6.86×10＝771 750（元），合计每月进货量为2 075 699元，与客户销售成本保持一致。

这个案例的主要难点是弄清楚客户跟超市合作的模式，了解内部程序，主要的费用情况，以及合作的详细合同、期限、回款、出货明细等（隐性负债和客户的流动性情况）。

七、贷款审批

审贷会主要考虑到第一还款来源比较好，资产负债情况也比较好，因此，决定授予30万元的信贷支持（申请50万元）。该客户一直还款良好。

（整理人：朱炜骞）

服务业

火锅店经营商贷款

受理机构：赤峰分行　行业：服务业（餐饮）　客户经理：尹长妹

餐饮行业有其自身显著的特点，比如利润高、存货少、以现金方式结账等，同时一次性投入较大，而且其地理位置及环境是需要重点关注的影响因素，对行业的收入及利润的影响十分显著。下面，我们来分析一家餐饮店的贷款业务，从而了解该行业的基本特点和贷款模式。

一、业务受理

客户是主动电话咨询包商银行赤峰分行营业部并说明其基本情况和贷款目的的。信贷员通过询问客户，知道客户是通过朋友介绍得知包商银行微小企业信贷业务的，他经营一家火锅店，希望贷款 7 万元租一辆出租车，主要用途是在跑车赚钱之余，方便中午给女儿回家做饭，同时满足自家火锅店进货所需，可谓一车多用。客户的想法很独特，但听他介绍也确实发现其利用十分充分，了解完基本情况之后，信贷员约客户抽时间到银行填写申请。

二、客户情况

客户小王，1972 年出生，高中学历，和丈夫共同在赤峰市喀喇沁旗经营一家火锅店，火锅店离市区较远。同时，客户家住赤峰市新城区某小区，女儿在赤峰市某中学上学。客户贷款的目的就是租用一辆出租车，这样一方面可以照顾火锅店的生意，不需要再雇车进货，完全可以自己进货，同时也可以中午回家给女儿做饭，另外，可以利用闲暇时间跑车拉客赚些钱来贴补家用。

小王夫妇的经营历史较长，一开始经营木材生意，后来转而经营酒店。目前该酒店仍然存在，在赤峰市区，酒店服务包括会议、餐饮和住宿，当时除了租店，光装修就花费了 46 万元，但由于规模限制及经营问题，目前该酒店基本处于停业状态，由于租赁合同尚未到期，还有 3 个月的期限，因此目前仍勉强维持经营。主要员工有：后厨6个，月工资2 000元；服务员4个，月工资1 000元；吧台1个，月工资1 200元；3个月的费用就是5万多元，但实际的经营进账收入几乎为零。夫妻打算3个月后彻底停业。

同时，客户小王拥有3处林权证，大概价值为20万元，由此可见，客户本身是具备一定的经济实力的，由于酒店经营不善，客户的经济状况大不如从前。

客户的丈夫老冯年龄比妻子大十多岁，以前曾是水利局下设的一个所的所长，1991年由于和单位其他领导存在意见分歧，申请办理了停薪留职，开始经营生意，当时打算复职，正在办理相关手续，如果复职成功的话，工资恢复正常，可以贴补家用。

客户的火锅店是在2008年10月份开业的，开业以来，生意一直非常红火，虽然是在旗县，但位于旗县的主干道上，人流量较大。

客户申请7万元微小企业贷款，期限为12个月，目的是租辆出租车和生意周转。租车后客户可以自己到市区进羊肉和配料，节省了运输费用，同时跑车收入可以贴补家用。在赤峰市，通常租出租车需要缴纳3万元的押金，同时每月租金3 000元，一次付清一年的租金，即36 000元，共计66 000元，其余4 000元用于火锅店的生意周转。

三、贷前调查

1. 客户经朋友介绍，主动打电话到赤峰分行营业部进行咨询。

2. 第二天，客户到分行营业部进行详细的咨询并填写了申请，同时带来了营业执照、税务登记证、卫生许可证和排放污染物许可证（餐饮业特殊行业许可证）等相关证件。

3. 客户填写申请后，由于贷款目的和主营业务关联性较低，而且业务独特，信贷员就客户贷款的目的进行了深入的问询——信贷员主管将客户分配给接待客户的信贷员。

4. 客户申请表录入包商银行系统，查看客户是否在包商银行有其他贷款。

5. 去客户店里及家里分析（经营情况和家庭情况全面分析）。由于客户店面地处喀喇沁旗，离市区较远，信贷员在去客户店里的路上和客户聊了很久，客户详细地介绍了她和丈夫的经营历史，同时下午也去了客户市区的住宅，房子很大，将近130平方米，装修也很时尚，到处可见一家三口的全家福。

6. 上报审贷会。

7. 贷款发放—通知客户—发放贷款后的定期回访，进行贷款后续监控。

从接收申请开始，整个受理过程2~3个工作日完成。

四、财务分析

1. 客户初始投资分析

客户火锅店于 2008 年 10 月开业，初始投资主要有，购买火锅底料配方 5 万元，房租 1.3 万元，与房东签订了 5 年的租赁协议，租金为一年一交。从客户一次签订 5 年房屋租赁协议，也可以看出客户打算长久经营，对生意前景充满信心。同时，客户花费了 5 万多元进行了店面装修，从饭店环境可以看出客户经营的是中高档餐饮，强调环境的舒适度和客户体验感。购进设备花费 6 万多元，明细详见表 1。羊肉、调料等食品类货物花费 1 万元左右，办理各类证件 1 500 元。

表 1 设备明细表

货物名称	数量	买进单价（元）	买进总价（元）
空调（大）	1	6 000	6 000
空调（小）	2	1 800	3 600
桌子	9	1 000	9 000
椅子	48	120	5 760
冰柜	2	3 000	6 000
保鲜柜	2	1 500	3 000
消毒柜（小）	4	700	2 800
消毒柜（大）	1	1 800	1 800
电磁炉	10	460	4 600
煤气灶	1	400	400
隔扇架	1 组	4 000	4 000
切肉机	1	11 000	11 000
换气扇	1	500	500
引风机	1	2 000	20 000
暖壶	10	10	100
水壶（小）	10	25	250
水壶（大）	1	65	65
锅碗等			2 000
合计		62 875	

2. 客户现有存货分析

信贷员通过对火锅店现有存货盘点计算后得出目前火锅店的存货价值，详见表 2。由于餐饮业存货较少，每天都会进货并销售，因此存货明细表中的存货数量较少。

表2 　　　　　　　　　　　存货明细表

货物名称	数量	买进单价（元）	买进总价（元）
燕京啤酒	10 件	18	180
雪花啤酒	30 瓶	2.1	63
乾御兴	11 件	28	308
银龙	5 瓶	9.7	48.5
宁城老窖	8 瓶	68	544
小迈篓	30 箱	60	1 800
老泥管	5 瓶	28	140
羊肉	25 卷	75	1 875
青菜			200
调料等			4 500
烧饼	100 个	1	100
合计			9 759

3. 客户经营情况分析

客户火锅店全部为包间，共 4 个大包间，均为 10 人间；3 个小包间，可容纳 4～5 人；据服务员介绍，平均每桌的消费为 200 元，人均消费为 40～50 元，由于目前是淡季，上座率为 70%～80%，一般不翻桌。

营业额收入情况见表3。

表3 　　　　　　　　　　　营业额列表

旺季（12月、1月、2月）	淡季（6月、7月）	普通月份
1 800～2 000 元/天	1 000 元/天	1 500 元/天
6 万元/月	3 万元/月	4.5 万元/月

这样估算，一年的营业收入为：$6 \times 3 + 3 \times 2 + 4.5 \times 7 = 55.5$（万元）。

4. 资产负债表

具体分析如下：

（1）资产负债表中现金为 35 000 元，为客户持有的流动资金，在客户火锅店中，信贷员说明查看现金的目的就是为了更好地调查分析，从而帮助客户尽快取得贷款，因此，客户很爽快地给信贷员查看了现金。

表4 资产负债表

现金及银行存款			
现金	35 000	应付账款	0
银行存款	0		
合计	35 000	短期负债	0
存货	9 759		
固定资产		长期负债	0
设备	50 300		
预付房租	1 911	负债合计	0
		所有者权益	96 970
总资产	96 970	负债及权益	96 970

（2）存货为9 759元，详见信贷员通过点货制作的存货明细单。

（3）固定资产中设备为50 300元，其中设备明细表中显示的设备总计为62 875元，在资产负债表中显示的设备是扣除折旧后的价格，考虑到设备都是新购进的全新设备，使用时间尚未超过一年，按80%的折旧率计算后，设备的净值为50 300元，显示在资产负债表中。

（4）预付房租是客户的资产，列支在资产负债表中的资产项下。

（5）客户没有负债，因此其权益等于总资产，为96 970元。

5. 利润表

表5 利润表 单位：元

	2008年11月	12月	2009年1月	2月	3月	4月	5月	6月	7月23日	总计	平均
营业额	18 994	42 665	42 540	52 527	44 875	39 190	36 029	21 128	19 758	317 706	36 518
成本42%	7 977	17 919	17 867	22 061	18 848	16 460	15 132	8 874	8 298	133 437	15 338
毛利润	11 017	24 746	24 673	30 466	26 028	22 730	20 897	12 254	11 460	184 269	21 180
费用	8 317	8 317	8 317	8 317	8 317	8 317	8 317	8 317	6 376	72 909	8 380
房店租	1 083	1 083	1 083	1 083	1 083	1 083	1 083	1 083	831	9 497	1 092
库房租金	250	250	250	250	250	250	250	250	192	2 192	252
工人工资	4 250	4 250	4 250	4 250	4 250	4 250	4 250	4 250	3 258	37 258	4 283
运费	500	500	500	500	500	500	500	500	383	4 383	504
水费	600	600	600	600	600	600	600	600	460	5 260	605
电费	1 000	1 000	1 000	1 000	1 000	1 000	1 000	1 000	767	8 767	1 008
煤气费	300	300	300	300	300	300	300	300	230	2 630	302

续表

	2008年11月	12月	2009年1月	2月	3月	4月	5月	6月	7月23日	总计	平均
取暖费	333	333	333	333	333	333	333	333	256	2 922	336
净利润	2 700	16 429	16 357	22 149	17 711	14 414	12 580	3 938	5 084	111 360	12 800
还房贷	1 750	1 750	1 750	1 750	1 750	1 750	1 750	1 750	1 342	15 342	1 763
家庭开支	1 500	1 500	1 500	1 500	1 500	1 500	1 500	1 500	1 150	13 150	1 511
月可支配收入	−550	13 179	13 107	18 899	14 461	11 164	9 330	688	2 592	82 868	9 525

由于客户每天都有详细的账本记录，月度营业额是通过核算加总每天账本记录确定的。通过详细的加权平均计算出客户火锅店的成本率为42%（详见交叉检验分析中的成本交叉检验过程），这样可以得出客户每天营业额对应的成本以及毛利润。

费用主要包括房租、工人工资、运费、水电费及煤气费和取暖费，其中房租、运费、水电费、煤气费和取暖费都是将一年的总费用平均分摊到每个月，每个月都是固定支出，通过查看相应水电表及缴费单确定。共雇用了5个工人，其中吧台1人，工资为1 250元/月，服务员2人，工资为750元/月，后厨2人，工资为750元/月，合计每月工资支出为4 250元/月。

通过以上分析计算出火锅店的净利润，减去每月在赤峰市区住宅的按揭房贷以及家庭开支后，确定了客户每月的可支配收入。客户开业的第一个月为净亏损，主要是由于处于开业初期，生意较为冷淡造成的，随着客流量的增大，火锅店逐渐开始盈利。

五、软信息分析

客户经营历史较长，先后从事多种经营，包括木材生意、酒店及餐饮业，而且客户本身的经济实力较强，具有很好的经营管理经验，但是由于经营酒店时出现了亏损，损失了大部分的积蓄，客户陷入了财务困境。客户并没有一蹶不振，而是继续开始经营火锅店，经过一年时间的经营，取得了不错的经营业绩。从客户贷款的目的来看，虽然客户从前有着较舒适的生活环境，但是为了生意及家庭，租车跑出租来贴补家用照顾孩子，可见客户有很强的吃苦耐劳精神，对家庭也具有很强的责任感，而且为人聪明，有着较好的经营头脑。

客户的担保人也姓王，在某银行上班，是客户的弟媳妇。同时担保人在广场附近有一家婚纱摄影店，在作担保的时候，担保人带来了自己的工资单和婚纱店的营业执照等作为担保。

六、交叉检验

1. 成本的交叉检验

客户口述其火锅店的毛利为60%，通过成本核算过程确定了火锅店的成本为42%，与客户口述一致，具体核算过程如表6所示。

表6   成本核算

大类名称	细分类名称1	细分类名称2	成本（元）	售价（元）	比例（%）	成本率（%）
锅底（2.5%）	鸳鸯锅		15	18	2.5%×100%	0.83
菜（70%）成本率0.371	荤菜（50%）成本率0.554	羊肉	15元/斤，损耗0.5元	13元/半斤	70%×50%×85%	0.59
		肥牛	12.5元/斤，无损耗	18元/半斤	70%×50%×15%	0.35
	素菜（50%）成本率0.554	茼蒿	0.8元/斤，1斤1盘	5元/盘	70%×50%×80%	0.16
		红薯	1.8元/斤，1斤1盘	6元/盘	70%×50%×20%	0.3
主食（10%）0.329	烧饼		1个0.8元，1盘2个，油1元	6元/盘	10%×60%	0.43
	小馒头		1元1袋，1袋1盘	6元/盘	10%×30%	0.17
	面条		1.6元1袋，出2盘	4元/盘	10%×10%	0.2
酒水（15%）0.516	啤酒（50%）0.472	燕京	18元/件/12瓶	3元/瓶	15%×50%×65%	0.5
		雪花	25元/件/12瓶	5元/瓶	15%×50%×35%	0.42
	白酒（50%）0.56	盘龙	58元/件/6瓶	18元/瓶	15%×50%×50%	0.54
		乾御头	28元/瓶	48元/瓶	15%×50%×50%	0.58
小料（2.5%）	自制芝麻酱		2元	2元	100%	1
加权平均总成本=2.5%×1+70%×0.371+10%×0.329+15%×0.516+2.5%×1=42%						

2. 营业额检验

（1）营业额如表7所示，开业至今销售额为318 400元，与客户口述30万元销售额一致。

表7   营业额表

旺季（12月、1月、2月）	淡季（6月、7月）	普通月份
1 800 ~ 2 000 元/天	1 000 元/天	1 500 元/天
6 万元/月	3 万元/月	4.5 万元/月

（2）据客户详细的账本显示，与上面口述一致，损益表是取账本数据得出的。

（3）据客户及服务员口述，淡季每天消毒餐具 25 ~ 30 套，取中间值 27.5 套，人均消费 30 ~ 40 元，取 35 元，则推出营业额为 27.5 × 35 = 963（元），与表 7 显示淡季营业额相符。

（4）据客户口述，平均消费 200 元/桌，共 9 个桌，旺季上座率基本是 90% ~ 100%，不翻台，则旺季销售额为 200 × 9 × 0.9 = 1 620（元），与表 7 显示旺季营业额相符；淡季上座率基本为 60% 左右，不翻台，则淡季销售额为 200 × 9 × 60% = 1 080（元），与表 7 显示淡季营业额基本一致。

3. 权益检验

表8   权益检验表   单位：元

初始投资（2008 年 11 月）	配方 50 000 房租 13 000 库房 3 000 装修 50 000 设备 62 875 存货 9 759 办证 1 500 总计 190 134
期间收入	72 868
期间开支	− 凯莱酒店赔 50 000 − 折旧 12 575 − 装修 50 000 − 配方 50 000 − 办证 1 500
期末权益合计	98 927
实际权益（资产负债表）	96 970
权益交叉检验的误差	（98 927 − 96 970）/96 970 = 2%，权益误差在 1% ~ 5% 之内为可接受范围

七、贷款审批

通过以上案例的分析，我们可以看出，客户提供了完整的账本记录，信贷员通过成本、营业额和权益交叉检验后，验证了所收集客户资料的真实性，通过详细的财务分析和成本核算，信贷员确定客户的利润率，显示客户有稳定的现金流，具备还款能力；同时，根据和客户的交流，以及各方面的软信息分析也表明，客户有稳定的家庭和经营收入，经营管理经验丰富，有较好的还款意愿。

通过信贷员介绍及分析计算，审贷会进行了双重考虑，一方面，客户月平均可支配收入为 9 525 元，这样按照月还款额为月可支配收入的 70% 来计算，公式如下：

9 525 × 70%/912 = 7.3，其中 912 元为 1 万元平均每月的还款额，银行可以为客户提供 7.3 × 10 000 = 73 000（元）的贷款。

同时，审贷会考虑到客户家庭的特殊情况，还为其作了一个预测分析，具体分析如下，因为，客户的爱人下个月就要复职了，具体的复职证明也提供给信贷员了，这样客户的工资收入 3 000 元/月可贴补家用和经营周转，另外，包车以后每月的运费 500 元也没了，包车月收入大概为 1 500 元，以此预测客户贷款额度为（9 525 + 3 000 + 500 + 1 500）× 70%/912 = 11.1。因此通过预测，客户现金流充裕，满足其月还款额的资金需求。

因此，审贷会根据信贷员提供的信息，决定受理该项贷款业务，并发放 7 万元贷款，期限 12 个月，年利率 16.8%，按月等额还本付息，每月还款计划为 6 300 元左右。

八、贷后管理

贷款发放后，信贷员首次回访是上门回访的，正好客户已经租用了一辆出租车用于营运及进货，火锅店不在市区，信贷员打电话给客户要求上门回访，客户很热情地答应了，还说顺便可以将信贷员捎到火锅店。于是按照约定的时间，客户去支行接信贷员一起去火锅店，路上，信贷员通过与客户聊天了解到，自从客户租用了出租车以后，不仅进货方便，省去了大量的运费成本，同时，客户通过抽空拉客营运，每月的收入对贴补家用起了很大的作用。而且，客户可以方便地往返于市区的家中和旗县的火锅店，家庭生意两不误。贷款给她带来的不仅是经济利益，还有家庭的照顾，她非常感谢信贷员。客户本身属于积极创业的生意人，吃苦耐劳，头脑灵活，客户说下次有好的投资项目，一定还找包商银行贷款。此后，信贷员也进行了多次电话回访和上门回访，客户生意兴旺，按月还款，保持了良好的信用。

（整理人：张　莎）

商业地产租赁商贷款

受理机构：赤峰分行 行业：服务业（租赁和商务） 客户经理：高 尚

在赤峰的很多县城，主要的零售商业渠道是大型的综合商场。这种商场既不同于超市，也不同于大城市里的百货公司，在形态上更接近批发市场：一般都是各家商户在商场内租用柜台自行销售，内容也是五花八门，接近于农村的集市。

一、业务受理

客户所在地是赤峰下辖的一个县城，是通过朋友介绍来的。

二、客户情况

客户的某有限责任公司2006年注册，注册资本为160万元，是翁牛特旗乌丹镇一家综合性商场。于2005年投资800多万元兴建了翁牛特旗新时代商贸有限公司商用楼，2006年成立了翁牛特旗新时代商贸有限责任公司，主要负责经营商场内柜台租赁、场地租赁业务。

该商场是乌丹镇规模较大的一家综合性商贸城，新时代公司即负责该商场的租赁、管理工作。公司股东3人，一个法人公司（建筑、房地产公司），2个自然人股东，其中一人为法定代表人肖某。法人公司股东为商场的建筑方，同时肖某也是建筑公司的股东。

三、贷前调查

商场建筑面积3 993平方米，一共两层，在镇的主要商业街上，临街。当时是粗装修，出租情况良好。因为竞争压力，打算重新装修后再出租。一年租金收入接近250万元，平均每月20多万元。申请贷款200万元用于重新装修，期限为12个月。以公司名义借款，法人为共同借款人。

由于该商场建成时间较长，各方面的配套设施已经陈旧，并且 2007 年乌丹镇又新开发了都市购物广场，对该公司经营的商场有一定冲击，所以公司决定对商场进行全面装修。同时原来的出租方式是合同签 1 年，按月收租金。装修后打算按年收租金。

四、财务分析

该公司的资产负债情况见表1。

表1 资产负债表 单位：元

资产负债结构分析	流动资产合计	30 000	流动负债	0
	现金及银行存款	30 000	应付账款	0
	应收账款	0	预收账款	0
	预付账款	0	短期借款	0
	存货	0	长期借款	0
	固定资产	13 080 000	负债合计	0
	其他经营资产	0	所有者权益	13 110 000
	资产合计	13 110 000	负债加权益	13 110 000
比率分析	月均营业额	206 895	平均净利润	181 654
	月可支配收入	181 654	净利润率	0.88

公司的主要费用是：管理人员工资 4 000 元/月，税金 5 000 元/月，水电 6 万元/年。

客户介绍说，平均每月净收入 18 万元。信贷员认为其主要的风险控制点是：一是装修后的生意情况能否延续。二是商场租金回收的及时性。同时害怕法人转移贷款用途，对法人的情况进行了细致的调查，包括的装修所需资金的测算。

信贷员做的利润表见表2。

单位：元

利润表

表2

经营收入	4月	5月	6月	7月	8月	9月	10月	11月	12月	1月	2月	3月	月平均	总计
1	206 895	206 895	206 895	206 895	206 895	206 895	206 895	206 895	206 895	206 895	206 895	206 895	206 895	2 482 740
合计(1)	206 895	206 895	206 895	206 895	206 895	206 895	206 895	206 895	206 895	206 895	206 895	206 895	206 895	2 482 740
成本(2)	0	0	0	0	0	0	0	0	0	0	0	0	0	0
毛利(3)=(1)-(2)	206 895	206 895	206 895	206 895	206 895	206 895	206 895	206 895	206 895	206 895	206 895	206 895	206 895	2 482 740
费用														
工资	4 000	4 000	4 000	4 000	4 000	4 000	4 000	4 000	4 000	4 000	4 000	4 000	4 000	48 000
税	5 000	5 000	5 000	5 000	5 000	5 000	5 000	5 000	5 000	5 000	5 000	5 000	5 000	60 000
工商费用	1 200	1 200	1 200	1 200	1 200								500	6 000
取暖							20 000	20 000	20 000	20 000	20 000	20 000	10 000	120 000
水电	8 000	2 500	2 500	2 500	2 500	2 500	2 500	8 000	8 000	8 000	8 000	8 000	5 250	63 000
其他	500	500	500	500	500	500	500	500	500	500	500	500	500	6 000
总计(4)	18 700	13 200	13 200	13 200	13 200	12 000	32 000	37 500	37 500	37 500	37 500	37 500	25 250	303 000
净利(5)=(3)-(4)	188 195	193 695	193 695	193 695	193 695	194 895	174 895	169 395	169 395	169 395	169 395	169 395	181 645	2 179 740
月可支配收入	188 195	193 695	193 695	193 695	193 695	194 895	174 895	169 395	169 395	169 395	169 395	169 395	181 645	2 179 740

五、软信息分析

经过信贷员的仔细观察，包括跟承租的商户聊天发现，该商场在乌丹镇开业时间较久，也相当有知名度和忠实客户，因此，装修不会影响到后期的生意。同时，装修前商场已经跟大部分租户续签了合同（1 年期，按季收租金），保证了承租户不会流失，租金的回收也不存在问题。

作为小企业主，该公司法人的背景比较复杂，生意也是五花八门。同时参股和经营的公司有好几个，而且公司只有 4 个雇员，没有明确的财务账，日常资金往来也基本不通过公司基本账户，无法对公司的具体资金往来、客户个人花费等进行有效的预测和监控。

但是作为当地的知名企业家，肖某在当地有一定的社会知名度和社会地位，不太可能因为 200 万元的贷款放弃自己的产业和积累起来的名誉，尤其是该商场经过第三方中介机构评估后价值为 800 万元，将其抵押后向我行贷款 200 万元，风险还是比较低的。同时，新时代商城本身也是"现金奶牛"，每月 18 万元左右的租金收入足够支付贷款。客户本来打算用自有资金进行装修，但是考虑到目前资金积累还不够，而新开业的商场对新时代又造成了较大的竞争压力，所以急于贷款装修。同时考虑到每年商场的淡季在 6—7 月，如果错过这一阶段，就需要再等一年时间，出于多方面的考虑，客户才决定向我行贷款尽快装修。

六、交叉检验

1. 权益

初始资金：800 万元

盈利情况：

2006 年 9—12 月：50 万元

2007 年：200 万元

2008 年：220 万元

2009 年 1—3 月：50.8 万元

总资产：1 320.8 万元

权益：1 311 万元

检验：（1 320.8 − 1 311）/1 311 = 0.75%

2. 销售收入

客户口述，公司每个季度的租金收入 60 多万元。信贷员经过对租赁合同、商场管理人员上报账目的仔细核对，与客户的口述基本相符。

七、贷款审批

审贷会仔细分析了客户的情况，一方面客户的月还款 17 万多元，接近了他的月均收入 18 万元，按理是不能贷这么多的，同时，商场建成时间也比较久，存在折旧的问题。但是另一方面，客户除该商场外还有其他产业，且收入可观（房地产开发）。另外，商场面积接近 4 000 平方米，即使按照 2 000 元/平方米的建筑成本价计算，其价值也可达 800 万元。按照其抵押价值 200 万元计算，每平方米 500 元已经大大低于建筑成本。所以，客户不可能为了 200 万元贷款放弃价值 800 万元的不动产物业。综合多方面因素考虑，最后审贷会还是按照客户申请授予 200 万元 1 年期抵押贷款，利率为 12%。

（整理人：朱炜骞）

网吧经营商贷款案例一

受理机构：赤峰分行　行业：服务业（网络服务）　客户经理：周新静

赤峰是一个经济虽然不发达，但是市民生活却非常丰富的城市。网吧是年轻人比较喜欢去的地方，所以赤峰的网吧也比较多。

一、业务受理

客户是通过亲戚朋友的介绍，了解到微小企业贷款业务的。但是在客户的印象中，银行都是做"大生意"的，能不能给自己这样的个体户做几万元的贷款，他心里也没底。于是抱着试试看的心情，到我行来咨询。没想到，听完他的介绍后，客户经理非常耐心地向他介绍了我行的微贷产品，并表示会尽快安排时间去他店里作贷前调查。

二、客户情况

在路上，信贷员通过聊天收集了客户的基本信息，信贷员和客户之间也逐渐熟悉起来，信贷员从聊天中了解到以下信息：客户姓李，是赤峰本地人。1980 年出生，中专毕业，学的是计算机专业，所以毕业后在父亲 9 万元的资助下，在赤峰繁华地段二道街开了一家网吧，当时只有 20 多台电脑。经过了几年的经营，到 2006 年积累了一定的资金和经验。由于原来的地方面积小、租金高，于是打算在靠近城边的地方开一间更大一点的网吧。选址在某中学对面，一家小钢铁厂的旁边。当时依靠自有资金租下了 140 多平方米的临街房（租金为一年 8 万元），同时将老电脑报废，重新添置了 104 台新电脑，并做了简单的装修。经营到 2009 年，以前购置的电脑又面临报废（一般网吧电脑的使用时间只有 3 年），因此，又重新购进了 104 台电脑。由于面临周边其他竞争对手的竞争，同时也为了配合新电脑到位，客户打算重新装修，遂向我行申请贷款 10 万元。

客户本人有较强的责任感，打算归还父亲的借款（父亲离异再婚）。目前夫妻二人，他经营网吧，妻子在一个卖服装的个体户那打工。两人都在工作地方吃饭，家里没有小孩，所以基本上没有什么家用开销。网吧一直经营情况良好、规范。

三、贷前调查

1. 把客户申请表录入包商系统，查看客户是否在包商银行有其他贷款（如果有的话，只能从以前贷款维护的信贷员那里申请，而不能再找新信贷员申请）。

2. 查看客户在人民银行的征信系统，客户有一套房屋按揭贷款，没有逾期记录。

3. 去网吧了解经营情况，分时段看网吧的上座率，并估算收入情况。看网吧在售商品的周转率，估算收入。

四、财务分析

1. 经营情况分析

由于客户这间网吧的开业是在 2006 年 6 月，因此，信贷员以此为起始点开始了解客户的具体经营情况。

首先是权益部分。2008 年 4 月买房首付 9 万元，每月按揭 1 000 元。

网吧有 104 台电脑，2 层楼，一年租金 8 万元。面积大概 140 平方米。从 2006 年 6 月开始经营，到 2009 年需要更新设备，更新后打算贷款 10 万元装修。初始投资是父亲提供的，因为原有地方房租太高，面积不够，所以搬到现址。从 2006 年开始到 2009 年已还完初始借款。为了更新设备又从父亲那里借款 10 万元，但是感觉装修跟不上，于是打算贷款装修。

2. 财务报表分析（2009 年 9 月）

从 2006 年 5 月开始作为起始点。初期的资产是 70 万元（含从亲戚借款 9 万元），到 2009 年 8 月，3 年收入是 67 万多元，除去折旧、报废、装修等余下约 556 657 元。主要资产负债情况见表 1、表 2。

表 1　　　　　　　　　　　　设备清单

2009 年 8 月 14 日　　　　　　　　　　　单位：元

名称	数量	购买时间	单价	原值	现值
电脑	104	2009 年 6 月	3 700	384 800	320 667
空调（落地）	2	2006 年 6 月	4 700	9 400	6 580
冷风机	2	2009 年 8 月	6 000	12 000	8 400

续表

名称	数量	购买时间	单价	原值	现值
桌子	104	2006 年 6 月	300	31 200	21 840
椅子	104	2006 年 6 月	140	14 560	10 192
路由器	1	2009 年 6 月	3 000	3 000	2 100
交换机	6	2009 年 6 月	1 200	7 200	5 040
主交换机	1	2009 年 6 月	2 500	2 500	1 750
千兆网线	1	2009 年 6 月	8 000	8 000	5 600
电影服务器	1	2009 年 6 月	11 000	11 000	7 700
游戏服务器	1	2009 年 6 月	3 700	3 700	2 590
监控服务器及设备	1	2009 年 8 月	1 000	1 000	700
冰箱	1	2006 年 6 月	2 000	2 000	1 400
鱼缸	1	2006 年 6 月	1 000	1 000	700
合计				491 360	395 259

表 2　　　　　　　　　　　　**资产负债表**
2009 年 9 月　　　　　　　　　　　　单位：元

资产		负债	
现金	2 500		
银行存款	15 600		
存货			
点卡	1 000		
饮料	1 000	父亲借款	100 000
固定资产			
设备（详见上表）	395 259		
网吧手续	150 000		
预付房租	67 000		
合计	632 359	权益	532 359

计算得出权益 532 359 元，约等于客户口述的 53 万元，差异为（532 359 –

530 000）/532 359 = 0.4%，在 -5% ~5% 以内，经过交叉检验说明客户提供的数据是比较真实的。

（1）营业情况（收入）：生意分淡旺季，每年2月、9月是淡季，每月3万元；旺季每月3万~4万元。全年在56万元左右。收入主要包括网费、饮料食品、点卡。客户有一套上网时间管理系统，能提供完善的网费收入明细表。抽查4个月的网费收入与客户提供的接近。饮料收入每月6 000元（毛利30%），点卡收入大约5 000元（毛利10%）。

（2）成本：电费2 500元每月（对照电表），饮料成本约70%，点卡成本约90%。

（3）费用：房租8万元/年（含取暖费），4个雇工，每月工资3 000元（合计）。网费4万元一年，保险4 000元/年，税费，200元/月（定额），维修每月500元，通信费400元/月，招待费12 000元/年（应付各类检查等）。

收入 - 成本 - 费用 = 净利润 - 家庭开销（2 000元/月）= 家庭净收入21万元（月18 000元）

客户申请10万元贷款，经过计算得出10/21 < 50%，可见还款对客户并不造成很大压力（贷款额度不超过年收入的70%）。

五、软信息分析

客户本人虽不善言谈，但是给人的感觉有较强的责任感，平时也喜欢钻研电脑技术。创业时从父亲那里借了钱，他一直打算归还父亲的借款（父亲离异再婚）。网吧一直经营良好（在学校对面，钢铁厂旁边），主要客户是学生和钢铁厂工人，但是一直不接收未成年人进入，经营规范。

客户的担保人是其远亲，对客户的评价也挺高，觉得这个年轻人非常踏实。

六、交叉检验

1. 营业额的交叉检验

在根据客户提供的情况做完报表后，信贷员需要进行交叉检验。

表3

利润表

2008 年 11 月至 2009 年 8 月

单位：元

	9月	10月	11月	12月	1月	2月	3月	4月	5月	6月	7月	8月	总计	月平均
网费收入	30 000	37 000	37 000	37 000	37 000	30 000	35 000	35 000	35 000	37 556	43 634	35 000	429 190	35 766
饮料收入	6 000	6 000	6 000	6 000	6 000	6 000	6 000	6 000	6 000	6 000	6 000	6 000	72 000	6 000
点卡收入	5 000	5 000	5 000	5 000	5 000	5 000	5 000	5 000	5 000	5 000	5 000	5 000	60 000	5 000
合计	41 000	48 000	48 000	48 000	48 000	41 000	46 000	46 000	46 000	48 556	54 634	46 000	561 190	46 766
电费	2 500	2 500	2 500	2 500	2 500	2 500	2 500	2 500	2 500	2 500	2 500	2 500	30 000	2 500
饮料成本70%	4 200	4 200	4 200	4 200	4 200	4 200	4 200	4 200	4 200	4 200	4 200	4 200	50 400	4 200
点卡成本90%	4 500	4 500	4 500	4 500	4 500	4 500	4 500	4 500	4 500	4 500	4 500	4 500	54 000	4 500
可变成本	11 200	11 200	11 200	11 200	11 200	11 200	11 200	11 200	11 200	11 200	11 200	11 200	134 400	11 200
毛利润	29 800	36 800	36 800	36 800	36 800	29 800	34 800	34 800	34 800	37 356	43 434	34 800	426 790	35 566
费用													0	0
房租	6 700	6 700	6 700	6 700	6 700	6 700	6 700	6 700	6 700	6 700	6 700	6 700	80 400	6 700
工资	3 000	3 000	3 000	3 000	3 000	3 000	3 000	3 000	3 000	3 000	3 000	3 000	36 000	3 000
网费	3 400	3 400	3 400	3 400	3 400	3 400	3 400	3 400	3 400	3 400	3 400	3 400	40 800	3 400
火灾险	326	326	326	326	326	326	326	326	326	326	326	326	3912	326
地税	200	200	200	200	200	200	200	200	200	200	200	200	2400	200
维修	500	500	500	500	500	500	500	500	500	500	500	500	6000	500
通信费	400	400	400	400	400	400	400	400	400	400	400	400	4 800	400
招待费	1 000	1 000	1 000	1 000	1 000	1 000	1 000	1 000	1 000	1 000	1 000	1 000	12 000	1 000
合计	15 526	15 526	15 526	15 526	15 526	15 526	15 526	15 526	15 526	15 526	15 526	15 526	186 312	15 526
净利润	14 274	21 274	21 274	21 274	21 274	14 274	19 274	19 274	19 274	21 830	27 908	19 274	240 478	20 040
家庭开支	2 000	2 000	2 000	2 000	2 000	2 000	2 000	2 000	2 000	2 000	2 000	2 000	24 000	2 000
月可支配收入	12 274	19 274	19 274	19 274	19 274	12 274	17 274	17 274	17 274	19 830	25 908	17 274	216 478	18 040

表4 营业额交叉检验 单位：元

根据客户账本统计	
2008 年 6 月	37 556
2008 年 12 月	37 304
2009 年 1 月	35 520
2009 年 2 月	29 142
2008 年 8 月至 2009 年 8 月	390 516
其中，5 月、6 月装修，停业	
结论：基本一致	

客户提供的情况是每年 2 月、9 月是淡季，每月 3 万元；旺季每月 3 万 ~ 4 万元，跟实际调查结果基本一致。

2. 月收入和毛利的交叉检验

客户目前有机器 104 台，平常 6 小时，90 台机器，周末 15 小时，100 台机器。根据客户提供的情况计算客户月收入情况见表5。

表5 客户月收入情况 单位：元

	单价	平常日	周末	合计
普通 30%	1.5	243	675	
会员 7%	1	378	1 050	
通宵	6	240	720	
合计		18 942	19 560	38 502

3. 权益的交叉检验

表6 权益的交叉检验 单位：元

期初投入	房租	40 000		
	装修	60 000		
	设备	400 000		
	椅子	41 600		
	服务器交换机	65 000		
	网费	30 000		
	办证	50 000	合计（期初投入）	706 600
	流动	20 000	期初权益（投入减去借款 90 000）	616 600
期间收入	2006 年 5 月至 2008 年 4 月	300 000		

续表

	2008 年 5 月至 2008 年 8 月		60 000	合计（期间收入）	676 478
	2008 年 9 月至 2009 年 8 月		216 478		
	手续增值		100 000		
期间支出	买房	2008 年 4 月	90 000		
	装修买家电结婚	2008 年 10 月	90 000	合计（期间支出）	736 101
	装修	2009 年 5 月	60 000		
	折旧		96 101		
	报废电脑损失		400 000		
根据计算得出的权益	616 600	676 478	736 101	556 977	
权益检验(资产负债表权益 − 实际权益)/实际权益	532 359	556 977		− 4.42%	

经检验，资产负债表权益结果与根据客户提供情况计算得出的权益差为4.42%，说明情况真实。另外，信贷员从其他客户处了解到，一般网吧 1.5 ~ 2 年回本。客户投入的电脑总计 30 多万元，年净利润 24 万多元，与市场平均水平相符合。另外，一般网吧装修在 8 万 ~ 10 万元（100 台电脑规模），跟客户申请的金额也相符合。要求装修的原因是边上几家网吧装修良好，怕竞争不过。根据信贷员实地调查情况来看，也确实存在这样的情况，与客户陈述一致，贷款的理由也很充分。

七、贷款审批

通过以上案例的分析，我们可以看出，客户是一个严谨、踏实的经营者。有多年的从业经验，同时对电脑技术也比较了解，个人的信用记录也比较好。另外，所有的社会关系也都在本地，违约的成本很高。家庭也逐渐步入稳定期，总体趋向于低风险、长期稳定的状态。因此，审贷会综合考虑，决定受理该项贷款业务，为其发放贷款 10 万元，期限为 12 个月，年利率为 16.8%，按月等额还本付息。

八、贷后管理

贷款发放后，信贷员多次进行了电话回访，也去了他的网吧（没有通知客户）查看网吧的装修情况和客流情况，发现客户确实将贷款用于装修。还款情况良好。

（整理人：朱炜骞）

旅店和洗浴经营商贷款

受理机构：赤峰分行　行业：服务业（住宿餐饮）　客户经理：张　丽

一、业务受理

我行的信贷员每周都有一定的时间是需要出去做市场推广的，根据不同的市场情况，每处支行的信贷员出去做市场的时间长短也不一样。一般来讲，新进入的区域，需要信贷员投入在市场开拓方面的工夫就要多一些，主要也是以上门发放宣传单的方式进行的，宣传单的发放区域一般选择在小商户比较集中的市场，如商业街、服装批发市场和餐饮街等。相对成熟一些的市场，则可以旧客户介绍新客户的方式进行推广。下面这个案例中的客户就是通过我们的信贷员所发放的宣传单了解到我行的微小贷款业务的。

客户打电话给信贷员说希望能够从我行贷款，信贷员简单了解了一下客户的情况之后，与客户约定了时间带着相关证件来支行填写申请表。

一般来讲，客户最初联系的哪位信贷员，或者说哪位信贷员接待的他，那么之后这位客户的一切事务就都由这个信贷员负责了。

信贷员在了解、调查客户的情况之前，首先需要向客户说明，由于我们不强调抵押物，而是重点关注客户的经营和财务状况，因此，在调查和分析的过程中会涉及一些客户的个人或者生意方面比较隐私的内容，但是信贷员和我们银行能够绝对保证为客户的信息保密，故需要客户务必提供真实的数据。

二、客户情况

客户是通辽人，来到赤峰已经很多年了，父母在通辽做房地产生意，因此在赤峰有几处房产，房产都在父母名下。客户的爱人在医院工作，收入比较稳定。客户起初在铁路工作，在铁路上的人脉也比较广，后来辞职在火车站附近经营饭店生意，火车站原本与长途汽车站在一起，因此饭店生意不错，但是后来汽车站搬走了，导致饭店盈利下降，于是把饭店交给别人打理。由于汽车站搬走了，许多需要火车倒长途汽车的人就不得不暂时住在火车站附近，客户看到了这个商机，于是在火车站附近又租了一个房子做旅店和洗浴的生意。客户的洗浴中心在2008年5月开业，初始投资80万元，其中40万元是父母资助的，其余40万元是他自己所有。客户经营的是服务行业，因此没有什么固定的供货商或者下游客户。

三、贷前调查

经过初步了解客户信息之后，信贷员要求客户提供相关的一些证件，以确保信息的真实性，证件包括银行流水单（证明资金流向和去向）、卫生许可证（洗浴行业）、建设项目影响报告、特许行业许可证、用水发票、身份证、结婚证、爱人身份证、房产证复印件、留宿协议、留宿协议人的相关证件的复印件。

客户申请的贷款金额是10万元，期限为1年，用于购买车和库房。担保人是客户的朋友，在赤峰铁路工作，月收入2 400元，家住赤峰红山区解放路，自有房产。抵押人是客户的姐姐，抵押物为房产103.97平方米，价值超过了申请贷款额的两倍以上。

在客户授权之后，信贷员就可以进入人民银行征信系统查看客户的信用状况。接下来就是信贷员去客户的经营场所进行实地的调查分析，这是整个贷前调查过程中最重要的环节。

四、财务分析

1. 客户资产状况

该客户是经营洗浴和住宿生意的，因此主要的资产包括预付的房租、洗浴设备、床、煤、洗浴用品和饮料等。由于客户所面对的都是散户，因此基本上没有什么应收账款。由于客户的洗浴中心出售一种洗浴的次卡，就是顾客先购买次卡，充入一定金额，以后每次去洗澡，只要直接从卡里扣除相应金额就可以了，因此，客户的资产负债表上就会有一项预付账款，即客户已经收取了金额，但是还未提供服务所产生的负债。信贷员根据客户信息编制的资产负债表见表1。

表1 资产负债表 单位：元

资产		负债和权益	
银行存款	7 390	预付账款	3 200
现金	43 000	短期负债	0
存货（煤、洗浴用品）	12 600 + 5 059	长期负债	0
预付房租	19 997	负债合计	3 200
固定资产	211 062	所有者权益	295 908
资产合计	299 108	负债和权益合计	299 108

为了对客户的资产状况作交叉检验，信贷员还需要了解一些客户的投入和支出情况：2008 年开业时，初始投资为 892 770 元，其中权益为 797 770 元，信用社借款为 95 000 元，用于购买设备 351 770 元、装修 458 000 元、房租 80 000 元、流动资金 3 000 元。从 2008 年 5 月开业至申请贷款这段时间的收入情况为：2009 年一年的净利润为 397 155 元，2008 年 5 月到年末的净利润为 40 万元。这期间的大项开支有 2008 年 10 月打井两口共 38 000 元，2009 年春节回通辽花费 5 万元左右，2009 年 8 月买车花费 17 万元，2009 年 10 月借给小舅子 5 万元，2009 年 11 月买大衣和项链花费 5 万元，2009 年 12 月买房花费 331 800 元，装修花费 458 000 元，总计 689 800 元，再加上折旧费用 140 708 元。

2. 客户收入状况

客户的收入来源主要有三项，分别是住宿收入、洗浴收入和洗浴用品销售收入，以下分别介绍这三项业务的经营状况。

住宿情况：客户口述每日住户基本全满，日销售收入为 700～850 元，月收入大约 25 000 元。现有床位 46 张，23 个房间（15 元 11 间，其中 9 间是两张床，2 间是 3 张床；20 元的 6 间，每间 2 张床；25 元的 4 间，每间 2 张床；30 元 2 间，每间 1 张床）。信贷员抽查了几天的入住率及收入情况，日均收入约为 774 元，取保守值 750 元/天，则月销售收入为 $750 \times 30 = 22\,500$（元），一年住宿的总营业额约为 270 000 元。

洗浴情况：洗浴有淡旺季之分，分为 3 个季节，旺季是 1 月份，1 月 23 日到 1 月 30 日，约为 900 人/天，因为是旺季所以价格也有所提高，为 5 元/人（平时为 4 元/人），则这段时间内的收入为 $900 \times 7 \times 5 + 200 \times 17 \times 4 + 350 \times 6 \times 4 = 5\,350$（元），2—5 月、9—12 月为淡季，淡季的月收入为 $200 \times 22 \times 4 + 350 \times 8 \times 4 = 28\,800$（元），淡季的总收入约为 223 680 元，平常季节 6—9 月 $220 \times 22 \times 4 + 350 \times 8 \times 4 = 30\,560$（元），平常季节总收入约为 122 240 元，那么一年收入合计为 351 270 元。这与客户口述的一年洗浴的总营业额为 350 000～360 000 元基本相符。

销售情况：客户还会在洗浴中心卖一些浴巾和饮料之类的物品，冬夏季销售量不一样，夏季销售额约为 3 000 元/月，冬季销售额为 2 000 元/月。信贷员根据客户口述及记账信息编制的利润表见表 2。

表2

利润表

单位：元

	2009年1月	2月	3月	4月	5月	6月	7月	8月	9月	10月	11月	12月8日	合计	月均
营业收入														
住宿	22 500	15 000	22 500	22 500	22 500	22 500	22 500	22 500	22 500	22 500	22 500	6 000	246 000	21 847
洗浴	53 500	28 800	28 800	28 800	28 800	30 560	30 560	30 560	30 560	31 200	28 800	7 680	358 620	31 849
卖货	2 000	2 000	2 000	2 000	2 000	3 000	3 000	3 000	3 000	2 000	2 000	1 333	27 333	2 427
总计	78 000	45 800	53 300	53 300	53 300	56 060	56 060	56 060	56 060	55 700	53 300	15 013	631 953	56 124
成本														
水费	500	500	500	500	500	500	500	500	500	500	500	133	5 633	500
煤	12 600	12 600	12 600	12 600	12 600	8 280	8 280	8 280	8 280	12 600	12 600	3 360	124 680	11 073
货物成本	1 200	1 200	1 200	1 200	1 200	1 800	1 800	1 800	1 800	1 200	1 200	320	15 920	1 414
总计	14 300	14 300	14 300	14 300	14 300	14 300	14 300	14 300	14 300	14 300	14 300	3 813	161 113	14 308
毛利润	63 700	31 500	39 000	39 000	39 000	41 760	41 760	41 760	41 760	39 000	39 000	11 200	468 440	41 602
费用														
电费	400	400	400	400	400	400	400	400	400	400	400	107	4 507	400
国税	350	350	350	350	350	350	350	350	350	350	350	93	3 943	350
房租	6 667	6 667	6 667	6 667	6 667	6 667	6 667	6 667	6 667	6 667	6 667	1 778	75 115	6 671
工资	4 400	4 400	4 400	4 400	4 400	4 400	4 400	4 400	4 400	4 400	4 400	1 173	49 573	4 403
总计	11 817	11 817	11 817	11 817	11 817	11 817	11 817	11 817	11 817	11 817	11 817	3 151	133 138	11 824
净利润	51 883	19 683	27 183	27 183	27 183	29 943	29 943	29 943	29 943	27 183	27 183	8 049	335 302	29 778
其他收入	6 200	6 200	6 200	6 200	6 200	6 200	6 200	6 200	6 200	6 200	6 200	1 653	69 853	6 204
饭店收入	8 000	8 000	8 000	8 000	8 000	8 000	8 000	8 000	8 000	8 000	8 000	2 133	90 133	8 005
合计	66 083	25 883	33 383	33 383	33 383	36 143	36 143	36 143	36 143	33 383	33 383	11 835	405 155	35 982
家庭开支	8 000	8 000	8 000	8 000	8 000	8 000	8 000	8 000	8 000	8 000	8 000	2 133	90 133	8 005
结余	58 083	25 883	33 383	33 383	33 383	36 143	36 143	36 143	36 143	25 383	33 383	9 702	397 155	35 271

五、软信息分析

客户经营状况较为稳定，虽然不是赤峰本地人，但已在赤峰生活多年，且有较广的人脉，比较注重信誉，在过去与信用社合作的过程中还款记录也比较好，有良好的还款意愿。客户在调查过程中比较配合，所提供的信息经过交叉检验之后也基本与实际情况吻合。客户比较有生意头脑，事业心强。客户家庭状况也不错，父母都做房地产生意，收入颇丰，在通辽和赤峰拥有几处房产，客户提供的抵押物价值能够充分覆盖贷款金额。

六、交叉检验

1. 水吨位交叉检验

信贷员通过水吨位用量交叉检验客户所述的客流量。该洗浴中心平常每天用 80 吨水，周末 120~200 吨/天，每人大约用掉 0.36 吨水，那么平常客流量基本为 220 人左右，周末为 350 人左右，与客户的口述相符。

2. 水龙头翻台率交叉检验

另外，还可以通过水龙头的翻台率检验，洗浴中心的水龙头 70 个，翻台率平均为 3 次/天，那么每天有 210 次的客流量，这也与客户口述基本相符。

3. 洗浴用品和饮料销售量交叉检验

信贷员通过询问客户的洗浴用品、饮料的进货量和进货频率交叉检验销售额。根据客户口述，夏季每月进货 2 次，每次 1 000 元左右；冬季每月进货 3 次，每次 400~500 元不等，据此计算出的销售量与此前所述基本相符。

七、贷款审批

经过对以上财务状况的分析，信贷员认为，客户经营状况也一直比较稳定，虽然有淡旺季之分，但是即便是淡季收入也相对比较可观，能够覆盖偿还贷款的现金流。审贷会综合考虑了客户的还款意愿和还款能力，决定贷给客户 10 万元，期限 1 年，按月等额还款。

八、贷后管理

良好的贷后监控是保证还款正常的重要条件之一。为了实时掌握客户的经营状况，信贷员需要定期去客户的经营场所了解一下客户生意状况，在可能的风险出现之前及时掌握情况，早一点作出行动，这样才能够避免更大的风险发生。

贷后管理不仅仅只是包括贷后监控，还包括客户关系管理，与客户保持联系，这是维持良好客户关系的重要途径，便于以后的续贷工作，以及新客户的推介。

（整理人：妥佳媛）

东北菜水饺餐馆贷款

受理机构：宁波分行　行业：服务业　客户经理：俞　玲

对于客户的第二笔及以上的贷款，由于对其软信息已有一定程度的掌握，贷款期间的信息也很难发生大的变化，所以这需要信贷员着重分析贷款期间的财务信息。

餐饮行业有一个固有的特点就是经营环节少，每天的现金收入都是营业收入，财务核算相对比较简单。宁波当地的餐饮业可谓口味众多，各种菜系、各种口味都有市场。对于本案例中的东北水饺餐馆来说，经营的业务种类比较单纯，就是水饺和一些东北菜，分析起来比较简单，但也有一定的借鉴性。

一、业务受理

本案例是关于餐馆业的微小企业贷款，客户是一个典型的个体工商户，其生意经营和家庭开支密不可分。贷款目的是用于家里新房的装修，因此把客户生意中的经营收入作为其家庭收入，综合评价客户的还款能力。

二、客户基本情况

客户付老太太是在宁波开一家水饺馆的东北人，虽然水饺在南方的市场不是太红火，但凭借老太太东北人豪爽、诚实的典型性格，还是赢得了一批回头客，生意还算红火。依靠在宁波几年的打拼，老太太于 2009 年在宁波郊区买了一套房子，当时的购买价在 45 万元左右，到现在应该升值不少，并且还通过上次在行里的贷款给已经离婚（但实际已复婚）的老公买了一辆车，用来给厂里跑运输。家里有一个儿子，也在宁波打拼多年，并且结婚了。因为老太太经营的这家水饺馆是她主要的收入来源，所以客户经理再次接到她的贷款申请后，对这期间水饺馆的经营状况进行了调查。

三、现场调查

因为顾客都是现金结账，所以在餐馆里，客户经理就看到了手上所有的现金，并查看了银行账户上的存款。另外，客户借给亲戚 4 000 元，由于数目小，再加上老太太性格直爽，这笔借款没有欠条，所以没能进行检验。饭馆的规模也不是很大，总共有 6 张饭桌，存货也比较简单，除一些酒水饮料外，就是一些做菜和包水饺的原料。平时店里还会有一些热菜和凉菜。按照东北的做法，店里一般分为肉菜、炒菜、炖菜、凉菜和汤等几种。老太太定时都会去超市里购买原材料，并保留着小票。老太太家里和饭馆里的固定资产也很简单，饭馆里的厨房用具，2009 年买的那套房子，还有就是房租的押金和预付租金，这部分属于预付款，但为了与流动资产区别开来，客户经理把它列入了固定资产中。由于平时备的原料都是从超市或菜场那里现买的，所以在生意上没有应付账款。上年买房时办的是住房按揭贷款，当时还有 9 万余元的按揭贷款和在我行上期的贷款余额。

对于饭馆里的生意情况，老太太很熟悉，她说，一个月的收入大约能在 3 万元。她开的水饺馆一天只做午饭和晚饭，而早上把场所租给别家做早点，收取租金 750 元/月（不含水电）。这样也算是充分利用了资源。由于几乎每天都会去买做菜的原材料，而且饭馆里每天大约的流水账也都比较固定，客户还是很清楚自己的毛利润的，她告诉客户经理大约在 50%。每天能卖的肉菜、炒菜、炖菜和凉菜、汤等都大概有一个比例：肉类 15%、炒菜 30%、炖菜 20%、水饺 30%、凉菜和汤 5%。春节那一段时间算是水饺馆的一个淡季，收入会少一点。

饭馆里的开支有水电费、电话费、房租、服务员工资和上缴的税等。客户口述每月的水电费在 350 元/月，电话费 100 元/月，工资 4 700 元/月，房租 2 666 元/月，税也是固定的，每月是 385 元。另外，每月还要偿还上一笔贷款以及住房按揭贷款。

在上次贷款后这段时间，客户的大项开支除了利用贷款给老公买了一辆车外，其他的几乎没有。由于要按月偿还贷款，造成上年的可支配收入有所减少，根据计算有 13 032 元。通过近一年来的房价上涨，去年买的房也升值不少。老太太决定给她的新房装修，还款来源是她经营这家水饺馆的生意收入。

四、财务信息分析

客户经理整理后的资产负债表和损益表如表 1、表 2 所示。

表1　　　　　　　　　　　　资产负债表　　　　　　　　　单位：元

现金及银行存款	8 053	应付账款	0	
现金	6 400			
银行存款	1 653			
应收账款	4 000	短期负债	4 516	
供给亲戚	4 000	贷款余额	4 516	
存货和原料	1 550			
酒水饮料	550	长期负债	95 879	
原料	1 000	房贷余额	95 879	
流动资产	13603			
固定资产合计	472 095	负债合计	100 395	
厨房用具	2 000			
店铺房租押金	1000			
预付房租＋押金	33000			
2009年购置的房子	436 095	所有者权益	385 303	
资产总计	485 698	总负债及权益	485 698	

五、交叉检验

1. 销售的交叉检验

客户主要做中餐、晚餐，总共6张桌子，每桌翻台2~3次，每桌平均消费30~40元，35元/每桌平均×2.5次翻桌×6张桌子×2餐＝1 050元/天，1 050元/天×30天/月＝31 500元，与客户口述30 000元/月基本相符。

2. 成本的交叉检验

根据店内菜色的分类及比例，肉类15%、炒菜30%、炖菜20%、水饺30%、凉菜和汤5%，通过加权平均，得到成本49.2%，与客户口述50%基本相符。

3. 权益的交叉检验

表2

损益表

单位：元

		2009年4月	5月	6月	7月	8月	9月	10月	11月	12月	2010年1月	2月	3月1日至3月12日	平均	总计
经营收入															
1	主营业务	30 000	30 000	30 000	30 000	30 000	30 000	30 000	30 000	30 000	30 000	18 000	12 000	28 947	330 000
2	外包	750	750	750	750	750	750	750	750	750	750	750	300	750	8 550
(1) 收入总计		30 750	30 750	30 750	30 750	30 750	30 750	30 750	30 750	30 750	30 750	18 750	12 300	29 697	338 550
可变成本															
1	成本50%	15 000	15 000	15 000	15 000	15 000	15 000	15 000	15 000	15 000	15 000	9 000	6 000	14 474	165 000
(2) 总计		15 000	15 000	15 000	15 000	15 000	15 000	15 000	15 000	15 000	15 000	9 000	6 000	14 474	165 000
毛利 =(1)-(2)		15 750	15 750	15 750	15 750	15 750	15 750	15 750	15 750	15 750	15 750	9 750	6 300	15 224	173 550
营业费用															
房租		2 666	2 666	2 666	2 666	2 666	2 666	2 666	2 666	2 666	2 666	2 666	1 066	2 666	30 392
水电		350	350	350	350	350	350	350	350	350	350	210	140	276	3 150
电话费		100	100	100	100	100	100	100	100	100	100	60	40	96	1 100
税		385	385	385	385	385	385	385	385	385	385	231	154	371	4 235
工资		4 700	4 700	4 700	4 700	4 700	4 700	4 700	4 700	4 700	4 700	2 820	1 880	4 535	51 700
按揭		1 371	1 371	1 371	1 371	1 371	1 371	1 371	1 371	1 371	1 371	1 371	548	1 371	15 629
偿还我行贷款		4 565	4 565	4 565	4 565	4 565	4 565	4 565	4 565	4 565	4 565	4 565	0	4 405	50 214
(3) 费用总计		14 137	14 137	14 137	14 137	14 137	14 137	14 137	14 137	14 137	14 137	11 923	3 829	13 783	157 121
营业利润 =(1)-(2)-(3)		1 613	1 613	1 613	1 613	1 613	1 613	1 613	1 613	1 613	1 613	(2 173)	2 471	1 441	16 429
家庭开支		300	300	300	300	300	300	300	300	300	300	300	97	298	3 397
家庭收入		0	0	0	0	0	0	0	0	0	0	0	0	0	0
月可支配收入		1 313	1 313	1 313	1 313	1 313	1 313	1 313	1 313	1 313	1 313	(2 473)	2 374	1 143	13 032

表3 权益交叉检验表 单位：元

期初权益	201 401	上期权益＋折旧（2009年3月）＋房子
	45 483.56	归还我行贷款本金
	13 032	2008年4月至今净赚
	276 095	房子升值部分
减	44 000	2009年3月16日郭伟买车
期末权益	492 011.6	
表上权益	481 182	
折旧	8 000	
应有权益	492 011.6	
差额	−2 830	
总收入	334 610.56	
比率	−0.846%	

六、客户软信息

客户是一位东北籍的老太太，性格豪爽，待人诚实，对待顾客服务态度比较好，回头客也比较多。目前该客户在我行有一笔现行贷款，且还款情况良好，无逾期发生。家庭和睦，老公利用上次的贷款买了一辆货车跑运输，儿子也在一家企业单位承包了食堂，现已结婚成家，经营稳定。

担保人是客户的侄子，在东方航空做地勤工作，收入稳定，收入证明显示每月收入在6 000元左右。

七、贷款审批及贷后维护

通过客户经理对客户的财务分析，这笔贷款前一年的基于现金流的损益表显示每月的可支配收入在1 300元左右，不足以承受贷款金额。但上年的现金流量是因为每月要偿还上笔贷款，且截止到现场调查时还有最后1个月。这样这笔贷款后，每月的可支配收入可增加4 500元左右，可以承受这笔贷款的金额。并且借款人上一期的贷款还款情况良好，无逾期。担保人是客户的侄子，属于亲戚关系，有固定工作，在东航宁波分公司做地勤。通过担保人提供的工作证和收入证明可以知道担保人的工作情况和收入情况，并对借款人的还款能力放心，担保意愿良好。审贷会同意了这笔贷款：贷款金额为5万元，贷款期限为1年，还款方式为按月等额还款。

由于客户在我行已经连续11个月按时还款无逾期，实施优惠利率，月利率下降 0.05 个百分点，为 1.35%。

在随后的贷后维护和跟踪调查中，客户经理会定期地与客户进行电话访问，询问客户近期的经营情况、贷款后的资金去向等，由于在笔者整理时，该笔贷款尚未到第一期还款日，无法对客户的还款情况进行表述，但上次贷款的还款记录良好。

（整理人：王大鹏）

网吧经营商贷款案例二

受理机构：深圳分行　行业：服务业　客户经理：钟　东

深圳是我国重要的沿海加工中心，有许多劳动密集型企业，吸引了大批的打工者来此寻找工作机会。这些新时代的打工者大多是 20 世纪 80 年代出生的人，在劳累的工作之余也喜欢享受繁华的都市生活，针对这一人群的服务也应运而生。深圳的工业园区周围逐渐兴起的生活圈，包括超市、网吧、KTV 等服务设施，正满足了这些年轻人的需求。下面让我们通过一个网吧经营者的贷款案例来了解下这个行业的经营特点。

一、业务受理情况

此案例是我行深圳分行发放的第一批微小企业贷款之一，于开业仪式当天正式发放，在深圳引起了很大反响。这笔贷款的营销过程十分有特色。信贷员在完成了出外营销活动后，在乘坐计程车返回时与司机闲聊，交谈中还不忘介绍起我行的微贷业务，并着重提及了我行微贷产品无须抵押、审批快速、利率适中等优势。司机听后当即表示自己的一个兄弟正有资金需求，就兴奋地与信贷员约好隔日就去网吧看看（当时分行还没有完全装修好，因此信贷员直接去了客户网吧）。

二、客户基本情况

从贷款申请表的信息中信贷员了解到，客户 43 岁，湖南人，在深圳观澜区经营一家网吧，因需更新电脑设备、增加流动资金，申请贷款 15 万元。

经过交流，信贷员进一步了解到，客户 1993 年来到深圳打拼，曾开过 5 年出租车，2006 年与人合伙，每人出资 30 多万元，以 150 万元的价格签下一家网吧。网吧经营一年后，生意不太好，就拆了伙。客户就凑了一笔钱将所有股份买下，开始独自经营，但也因此有了较大数额的负债。客户又独自经营了一年，生意与以前基本持平，每月开支在 8 万元左右（生意淡时 6 万 ~ 7 万元，旺时 10 万元左右）。受金融危机的影响，网吧周围的工厂纷纷停工，生意日益不好做。2008 年 5 月，客户在观澜区租下了两层房子，把网吧迁到了现在的地址。

客户的网吧地处深圳市郊，网吧所处的区域虽然不如市区繁华，但由于周边有几家制造业园区，也有一些生活区，所以生意还不错，每月都能保证有 10 万元左右的收入，没有明显的淡旺季。客户介绍说，网吧现在有电脑一百多台，环境也不错，想贷笔钱把电脑等设备更新一下，保持网吧的吸引力，再偿还部分朋友的债务，增加流动性。

三、贷前调查

信贷员与客户约好了时间去网吧进行现场调查。到达网吧后发现，客户租用的是某个楼面的二层、三层。楼层面积广阔，每层约有 1 100 平方米，二层用于网吧经营，摆放了 169 台电脑，另有服务器 5 台，网络交换机 11 台和刷卡机等相应设备；门边是个接待台，同时用于结账和商品销售。三层空置了一年，现在用一小部分面积摆了几台电脑，弄了个环境更好的上网区。客户表示说，将来想把三层改建成个小旅馆，扩大经营。

信贷员进行现场调查的时候是白天，网吧里的人并不算多，大约只有 3 成电脑有人在上网。据此推算，网吧晚上一般都应该能保持 6 ~ 7 成的上座率。客户介绍说，他这里上网费用是每小时 3 元，平时客人很多，生意兴旺，一般人来上网都会上网三四个小时，晚上还有人会通宵。每月收入都能有 10 万元左右。

据客户介绍，网吧的收入主要分为 3 个部分：上网费用、（游戏）点卡售卖收入、商品收入，各占比约 75%、15%、10%。网吧的主要收入来自上网费卡，再是销售一些烟、饮料和小食品获得的收入（此部分也是为了完善网吧的服务，吸引人来上网）。利润主要来自点卡的销售。

信贷员婉转地询问了客户所售商品如何定价。客户举例说，比如售价 10 元的点卡通常进价是 9 元；网吧里卖的烟也比进价提了一成左右；而饮料什么的，大约就是普通卖 2.5 元的，网吧中就会卖到 3.5 元。由此信贷员就可以根据客户的销售情况对成本进行估算。客户无意中介绍出的情况是计算利润率的关键信息，因为售价的不同，决定了客户的利润结构就有所不同。信贷员需要培养这样一种能力，那就是通过在闲谈中掌握关键信息，并能就关键信息展开反复核查，引导客户提供交叉检验所需要的真实信息。

网吧雇用了 4 名雇员，轮流当班，负责收费兼售卖点卡和饮料食品，以及网吧的日常维护。客户于是拿来了烟和饮料等商品销售的记录本，记录本上简单却完整地记有每天销售的商品数量与价格，如矿泉水5瓶，共7.5元；××烟1盒，10元等。信贷员翻看了记录本，发现销售情况比较稳定，信贷员认为这也从一定程度上反映出网吧的整体生意比较稳定。问到每月点卡销售情况时，客户说大约能有13 000元。加上网费和零售的收入，总额与客户先前所说的月收入比较接近，说明客户所述大致属实。

谈到网吧的费用，客户说除去房租，电费是网吧的主要经营成本，每月大致要交八九千元的电费。此外，网络费用也是比较大的开支，每月需交给网络服务商6 000元的网费，其余成本都比较固定。

四、财务分析

根据客户所述和销售记录、缴费记录等信息，制作了利润表、资产负债表如表1、表2所示。

表1

利润表

	2008年6月	7月	8月	9月	10月	11月	12月	2009年1月	2月	3月	4月	5月10日	合计	月平均
收入	103 311	93 075	123 712	124 553	142 773	126 485	117 700	106 823	102 823	108 387	110 487	36 829	1 296 958	114 471
网费收入	75 611	65 375	96 012	96 853	115 073	98 785	90 000	79 123	75 123	80 687	82 787	27 596	983 025	86 763
点卡收入	13 000	13 000	13 000	13 000	13 000	13 000	13 000	13 000	13 000	13 000	13 000	4 333	147 333	13 004
饮料及其他	10 000	10 000	10 000	10 000	10 000	10 000	10 000	10 000	10 000	10 000	10 000	3 333	113 333	10 003
烟	4 700	4 700	4 700	4 700	4 700	4 700	4 700	4 700	4 700	4 700	4 700	1 567	53 267	4 701
可变成本	23 230	23 230	23 230	23 230	23 230	23 230	23 230	23 230	23 230	23 230	23 230	7 743	263 273	23 237
点卡90%	11 700	11 700	11 700	11 700	11 700	11 700	11 700	11 700	11 700	11 700	11 700	3 900	132 600	11 703
饮料及其他73%	7 300	7 300	7 300	7 300	7 300	7 300	7 300	7 300	7 300	7 300	7 300	2 433	82 733	7 302
烟90%	4 230	4 230	4 230	4 230	4 230	4 230	4 230	4 230	4 230	4 230	4 230	1 410	47 940	4 231
毛利润	80 081	69 845	100 482	101 323	119 543	103 255	94 470	83 593	79 593	85 157	87 257	29 086	1 033 685	91 234
费用	42 231	42 231	42 652	44 625	43 577	45 241	41 760	43 555	39 019	41 360	41 360	13 853	481 464	42 495
房租	11 550	11 550	11 550	11 550	11 550	11 550	11 550	11 550	11 550	11 550	11 550	3 850	130 900	11 553
电费	8 437	8 437	8 820	10 614	9 661	11 174	8 009	10 495	6 372	8 500	8 500	2 833	101 852	8 990
网吧管理费（电费10%）	844	844	882	1 061	966	1 117	801	1 050	637	850	850	283	10 185	899

续表

	2008年6月	7月	8月	9月	10月	11月	12月	2009年1月	2月	3月	4月	5月10日	合计	月平均
总公司管理费	3 000	3 000	3 000	3 000	3 000	3 000	3 000	3 000	3 000	3 000	3 000	1 000	34 000	3 001
网费	6 000	6 000	6 000	6 000	6 000	6 000	6 000	6 000	6 000	6 000	6 000	2 000	68 000	6 002
工资	8 000	8 000	8 000	8 000	8 000	8 000	8 000	8 000	8 000	8 000	8 000	2 667	90 667	8 002
水费	300	300	300	300	300	300	300	300	300	300	300	100	3 400	300
维护费	1 000	1 000	1 000	1 000	1 000	1 000	1 000	1 000	1 000	1 000	1 000	333	11 333	1 000
保险费	1 400	1 400	1 400	1 400	1 400	1 400	1 400	460	460	460	460	153	11 793	1 041
交通费	1 000	1 000	1 000	1 000	1 000	1 000	1 000	1 000	1 000	1 000	1 000	333	11 333	1 000
电话费	200	200	200	200	200	200	200	200	200	200	200	133	2 333	206
住房租金	500	500	500	500	500	500	500	500	500	500	500	167	5 667	500
信用社利息	333	333	333	333	333	333	333	333	333	333	333	111	3 774	333
净利润	37 850	27 614	57 830	56 698	75 966	58 014	52 710	40 039	40 574	43 797	45 897	15 233	552 221	48 740
家庭开支	2 000	2 000	2 000	2 000	2 000	2 000	2 000	2 000	2 000	2 000	2 000	1 333	23 333	2 059
月可支配收入	35 850	25 614	55 830	54 698	73 966	56 014	50 710	38 039	38 574	41 797	43 897	13 899	528 887	46 680

表2　　　　　　　　　　　资产负债表（2009 年 5 月 10 日）　　　　　　单位：元

流动资产		负债	
货币资金	16 600	短期负债	17 000
现金	2 600	信用卡透支	17 000
存款	14 000	长期负债	510 000
		欠朋友钱	280 000
存货	5 000	欠弟弟钱	50 000
饮料、烟、酒、副食	5 000	前股东	130 000
固定资产	230 520	信用社贷款	50 000
电脑　482 100	150 400		
服务器　23 000	16 100		
交换机　11 500	5 750		
刷卡器　33 800	16 900		
其他物品　43 500	21 370		
小汽车	20 000		
其他款项	609 300		
冰箱押金	1 000		
预付房租	7 700		
预付车保险	600		
网络文化经营许可证	600 000	所有者权益	334 420
总资产	861 420	负债及所有者权益	861 420

五、交叉检验

1. 固定资产的确定

表3　　　　　　　　　　　　固定资产统计表　　　　　　　　单位：元

货物名称	数量	买进单价	买进总价值	卖出单价	卖出总价值	利润比
网吧电脑 169 台	90	3 700	333 000	1 000	90 000	150 400
	17	3 300	56 100	1 000	17 000	
	62	1 500	93 000	700	43 400	
网吧服务器	1	7 000	7 000	4 900	4 900	16 100
	4	4 000	16 000	2 800	11 200	
网吧交换机	1	1 500	1 500	750	750	5 750
	10	1 000	10 000	500	5 000	

续表

货物名称	数量	买进单价	买进总价值	卖出单价	卖出总价值	利润比
网吧刷卡器	169	200	33 800	100	16 900	16 900
个人用电脑	2	2 000	4 000	1 000	2 000	
台球桌	5	1 100	5 500	880	4 400	
乒乓球桌	1	650	650	520	520	
吸尘器	1	300	300	150	150	
旧主机	23	700	16 100	350	8 050	
耳机	2.5 箱	400	1 000	200	500	21 370
网线		1 000	1 000	500	500	
开关		500	500	250	250	
电线		5 000	5 000	2 500	2 500	
海尔冰箱	1	500	500	250	250	
公共电话	3	3 000	9 000	1 500	1 500	
饮水机	1	1 500	1 500	750	750	
小汽车	1	40 000	40 000	20 000	20 000	20 000
合计			635 450			230 520
		折旧 = 635 450 - 230 520 = 404 930				

由于电子设备更新换代很快，客户的固定资产（主要是电脑等）折旧较大。因此需要更换电脑，这一点也验证了客户的贷款用途的合理性。

2. 权益检验

权益交叉检验

$$690\ 000 \begin{cases} 560\ 000 & （2008\ 年5\ 月初电脑设备） \\ 600\ 000 & （2008\ 年5\ 月初网络文化许可证） \\ 40\ 000 & （2008\ 年5\ 月小汽车） \\ -510\ 000 & （2008\ 年5\ 月初负债） \end{cases}$$

+	528 887	（2008 年6 月至2009 年5 月期间收入）
-	200 000	（2008 年6 月网吧装修费用）
-	110 000	（2008 年6 月消防办证费用）
-	150 000	（2008 年6 月至2009 年5 月送礼）
-	40 000	（2009 年3 月回老家花费）
-	404 930	（固定资产折旧）

349 957

\-   334 420（所有者权益）

15 537

$$权益误差 = 15\ 537 \div 528\ 887 \times 100\% = 2.94\%$$

从网吧 2008 年 5 月开业时作为期初权益进行检验。由于网吧开业时间不长，客户对每笔重大支出都记忆较清楚。经检验，权益误差在 2.9% 左右，误差较小（在 5% 以内），可接受。

3. 销售额检验

（1）网费收入：由于每台电脑都有网费刷卡记录，查询起来比较清晰。抽取 5 月 9 日的网费收入清单为 2 828 元，则可估算月网费收入为 2 828 × 30 = 84 840（元），与客户提供的 4 月网费收入情况接近。客户所提供数据 86 763 元与申请表中所填的"收入 9 万元左右"也比较接近，可判断，客户所提供数据真实、可用。

（2）点卡收入：客户口述每天能销售 400 ~ 500 元点卡，取均值 450 元计，月销售点卡为 450 × 30 = 13 500（元），与客户所说每月平均销售 13 000 元左右相符，取客户提供的数字。

（3）饮料及其他收入：根据 5 月 9 日的销售记录本显示，饮料和其他收入共计 359 元，则月销售额约为 359 × 30 = 10 770（元），取保守数字 10 000 元。

（4）烟收入：5 月 9 日烟的销售额为 159.5 元，则月销售额约为 159.5 × 30 = 4 785（元）。客户口述饮料和烟每个月的收入合计在 15 000 元左右，与计算结果相符。

4. 成本检验

（1）点卡：客户口述"10 元赚 1 元"，利润固定 10%。

（2）饮料及其他：以销售记录本上 2009 年 5 月 9 日晚班的记录为例。

表4   **2009 年 5 月 9 日饮料及其他销售**   单位：元

可乐	2	7.5	5.4
百事	12	36	27.6
果缤纷	4	12	9.5
水	9	18	10.8
快线	1	4	3.3
统一	3	9	6.6
桶面	4	16	12
纸巾	3	3	1.5
火机	2	2	1
		销售额	成本
合计		107.5	77.8

计算可知,平均成本率约为 72.4%,取 73%,结合客户口述"卖 100 元东西能赚 30 元左右",两者相符。

(3)烟:

表5   烟成本率核算

品牌	进价	售价	成本率(%)
经典	9	10	90
硬喜	7.2	8	90
软喜	6	6.5	92
南洋	3.5	4	88

信贷员抽查了销售的几种烟的价格,计算成本取平均值约为 90%,与客户口述相符。

六、软信息分析

客户的妻子和儿子现在也在网吧帮忙经营。客户对网吧的发展很有规划,也很有热情。经营中要求雇员认真、完整地记录每日经营情况,表现出较好的经营理念和严谨的工作态度。

客户的征信记录较好,交谈中客户也曾提到"哪怕临时有困难,借钱也会及时还给银行",可以发现客户有非常良好的信用意识。

七、贷款审批结果

我们可以看到,客户能够提供详细的经营信息,为信贷员的分析和检验提供数据基础。通过以上分析过程,信贷员得出结论:客户的网吧经营稳定且生意良好,现金流也比较稳定,具备还款能力。根据与客户的交谈和其他软信息,透露出客户正当壮年,家庭稳定,对自己的事业有一定的规划,为人热情、工作仔细。客户的劣势是长期负债较多。

最后,根据客户的实际需要及还款能力,结合信贷员的建议,审贷会经过认真考虑为客户批准了 12 万元、12 期、年利率为 16.2% 的贷款。

八、贷后管理

放款后,信贷员对客户的还款和经营状况进行了追踪。客户很快用 6 万元贷款更新了 20 台电脑,并将剩余 6 万元用于偿还债务。客户的经营状况稳定,还款情况也很好。

据了解,在本笔贷款已偿还 8 期后,我行又向该客户提供了一笔 8 万元的并行续贷，客户用第二笔贷款将租用的第三层楼改建成了旅店，生意很不错。信贷员介绍说，由于客户的还款没有问题，我行正在审批向其发放第三笔 17 万元的贷款，以更好地支持客户的经营。

（整理人：王紫帆）

教育培训机构贷款

受理机构：宁波分行　行业：服务业　客户经理：俞　玲

一、业务受理

这是一笔并行贷款，该客户最初是通过朋友介绍了解到我行的微贷产品的。

二、客户情况

客户是大学毕业后自己创业开办了一家教育咨询公司，主要针对两类对象开展业务：一类业务对象是高校在校生，为他们提供求职培训以及一些其他类培训以提高综合素质、交际、外观等，提供参观、实习机会（方式多样）、文字、理论、实践（拓展）；另外一类业务对象针对公司客户，提供在职培训，主要是商务培训、技能培训。业务方式是请专业的老师过来，公司提供平台，借助自己的经营场所提供培训，也有在高校内或在企业内的经营场所进行培训。

公司运营费用主要是请老师的费用，以及拓展、实践费用。公司资源是一些较为固定的公司客户及高校在校生。客户的注册资金较少，只有 5 万元，信贷员接到案例，感觉客户的行业冷门、经营史短。所以对其申请贷款的用途、金额、共同借款人、担保人都格外仔细地进行了核查。

三、贷前调查

客户来分行里填写了申请表格，对客户的大致信息已经有了一个基本的认识，第一次贷款客户申请金额为 10 万元，期限为 1 年，用于办公场所装修。由于客户年纪较轻，第一次申请时经营仅半年多，所以 10 万元的申请，信贷员建议审贷会批了 5 万元，期限 12 个月，按月等额还款，并附加要求其哥哥作为共同借款人。

七八个月之后，客户申请第二次并行续贷（申请贷款5万元，1年期），这时客户的公司已经经营一年零两个月了。

由于客户的经营场所离分行不远，因此信贷员转天跟随客户作了现场分析。客户有一个大的经营场所，分块区域，有办公室、接待室、其他办公功能区，面积有300～400平方米。现场看了租金合同（一般一年一签），银行对账单（前期要求，事先准备），现场有多少现金，私人账户存折，销售记录（针对学生，学生客户人员比较多，通过学生信息名录，查看付了多少钱，报名了多少客户，应收账款有多少），业务员（接洽）的提成登记，绩效工资等。

通过学生客户部分的检验（虽然数量比较稳定，但单笔金额散），培训机构生意存在淡旺季（寒暑假期为旺季），通过客户口述和销售记录交叉检验两类客户占比、回款时差、应收账款（1—2个月延后），通过银行账户这个客观的记录查看打款收款。

信贷员还通过侧面打听了这家企业，由于商务楼有物业，信贷员托朋友去打听物业，查看访客记录，判断客户公司的日常人流量。物业也很清楚客户的物业费、水电费缴费状况，是否拖欠，用量多少。反馈的信息是，客户公司每天都放音乐，有讲课活动，人流量很大。

信贷员发现了客户的一个有利于申请微贷产品的亮点，就是客户的销售额比较稳定，资金流水充足。

由于通过第一次贷款装修了办公场所，客户公司的办公场所容纳人数、客户量都增多了，培训成果也增加了，可以从学生留言中反映出来，公司的办公室有一整面的留言和照片。

第一次贷款发放后，信贷员一直监控客户的装修进程，客户也很配合，装修完了还给打电话了。第一次还款对金额作了限制，但客户每一次还款都很及时。

第二次续贷调查时，客户现场设备已经有了很多变化，公司办公场所格局也发生变化了，放了很多格子，为更多业务员招聘作准备，可以看出他是要扩展业务的，讲课的教室面积也增大了。

四、财务分析

由于客户申请金额并不大，从银行流水单来看，日常回款规范，现金流情况比较好，适合每月还款，但由于盈利都要用在生意上，扩大经营，所以客户没有积蓄。根据收集而来的信息，信贷员制作了财务报表，见表1、表2。

表1　　　　　　　　　　　　资产负债表　　　　　　　　　单位：元

现金和银行账		应付账款（名称及到期日）		
现金 宁波银行 农业银行	2 000 580 72 926			
总计	75 506	总计		0
应收账款（名称及到期日）		短期负债（名称及到期日）		
学生未支付全款（预计 2010 年 4 月收回）	50 700	信用卡余额 包商银行贷款余额		15 081 21 905
总计	50 700	总计		36 986
存货和原料		长期负债		
		总计		36 986
		权益和保留资金		165 660
总计	0	总负债及权益		202 646
流动资产	126 206	负债率	流动比率	资本化比率
固定资产				
办公设备（详见清单）总计 97 450 元，折旧 72 410 元	25 040			
预付房租（154 平方米 + 153.91 平方米）	24 000	投资，商业和私人（最近 12 个月）		
房租押金	16 000			
住处预付房租	8 400			
住处房租押金	3 000			
总计	76 440			
总资产	202 646			

损益表

表 2   单位：元

	2009年7月11日至7月31日（21天）	8月	9月	10月	11月	12月	2010年1月	2月	3月1日至3月16日（16天）		平均	总计
经营收入												
1 主营业务	19 333	14 000	113 000	132 000	134 000	135 000	85 000	18 000	48 000		85 163	698 333
2									0	0	0	0
3									0	0	0	0
4									0	0	0	0
（1）收入总计	19 333	14 000	113 000	132 000	134 000	135 000	85 000	18 000	48 000	0	85 163	698 333
可变成本												
1 培训成本 13.6%	2 629	1 904	15 368	17 952	18 224	18 360	11 560	2 448	6 528	0	11 582	94 973
2 员工提成 9.5%	1 837	1 330	10 735	12 540	12 730	12 825	8 075	1 710	4 560	0	8 090	66 342
3									0	0	0	0
4									0	0	0	0
（2）总计	4 466	3 234	26 103	30 492	30 954	31 185	19 635	4 158	11 088	0	19 673	161 315
毛利 =（1）-（2）	14 867	10 766	86 897	101 508	103 046	103 815	65 365	13 842	36 912	0	65 490	537 018
营业费用												
房租	10 667	16 000	16 000	16 000	16 000	16 000	16 000	16 000	8 533		16 000	131 200
物业	333	500	500	500	500	500	500	500	267		500	4 100
基本工资	14 000	21 000	22 500	24 000	24 000	24 000	24 000	18 000	9 600		22 085	181 100

续表

	2009年7月11日至7月31日(21天)	8月	9月	10月	11月	12月	2010年1月	2月	3月1日至3月16日(16天)		平均	总计
经营收入												
水电、电话费	1 000	1 400	2 500	3 100	3 500	3 200	2 100	1 500	800		2 329	19 100
税	395	592	0	3 954	3 036	2 692	2 705	1 812	1 627		2 050	16 813
业务宣传费	2 667	4 000	4 000	4 000	4 000	4 000	4 000	4 000	2 133		4 000	32 800
偿还贷款	3 042	4 563	4 563	4 563	4 563	4 563	4 563	4 563	2 434		4 563	37 419
										0	0	0
										0	0	0
										0	0	0
(3) 费用总计	32 103	48 055	50 063	56 117	55 599	54 955	53 868	46 375	25 394	0	51 528	422 531
营业利润 = (1) - (2) - (3)	(17 236)	(37 289)	36 834	45 391	47 447	48 860	11 497	(32 533)	11 518	0	13 962	114 487
(4) 家庭开支	3 333	5 000	5 000	5 000	5 000	5 000	5 000	5 000	2 667	0	5 000	41 000
(5) 家庭收入	0	0	0	0	0	0	0	0	0	0	0	0
月可支配收入 = (1)-(2)-(3)-(4)+(5)	(20 569)	(42 289)	31 834	40 391	42 447	43 860	6 497	(37 533)	8 851	0	8 962	73 487

五、交叉检验

1. 权益交叉检验

表3   期末权益计算

项目	金额（元）	来源明细
上期权益	186 150	上期权益 + 折旧
减	28 095	偿还我行贷款本金
	73 487	2009 年 7 月 11 日至今净赚
	45 000	2009 年 7 月装修办公室
期末权益	242 732	

表4   权益误差计算

表上权益	折旧	应有权益	差额	总收入	比率（%）
165 660	72 410	242 732	- 4 662	101 582	- 4. 589

权益误差为 4.6%，在 0 ~ 5%，为可接受范围。

2. 销售额的交叉检验

根据部分收据得到销售，另根据银行流水单，得到从 2009 年 8 月至今，流入项总计为 657 034 元，与销售总计 67.9 万元，基本相符。

3. 应收账款的交叉检验

1 月、2 月、3 月销售合计 151 000 元。据客户口述：有部分学生会延后 1 ~ 2 个月支付一部分培训费，约 50%，而学生客户占所有的销售对象的 65%，销售计 151 000 × 65% = 98 150（元），可延后（即产生应收）的销售为 95 150 × 50% = 47 575（元），与应收账款基本相符。

六、软信息分析

通过与客户的交流，信贷员发现客户虽然是 1984 年出生，但为人处世不像刚毕业的学生，比较成熟、稳重。作为创业者，刚从大学出来，对学生的需求比较了解，据他称，相处的朋友都创业做生意，多数为宁海人，形成宁海商业圈，家里也比较支持，自己很独立，对生意有较长远的规划。客户也很重视自己的信用记录。为了全面考察，信贷员去了客户家里，那是客户在宁波租住的房子，给房东打了电话，问客户房租交的勤不勤，房东是一位中年妇女，对他评价相当不错。

担保人是其朋友，货代公司的客户经理，月收入稳定，已婚，在宁波有住房。担保意愿良好。

七、贷款审批

在第一笔贷款还款 8 期，剩余 4 期的同时，又批准给客户金额为 5 万元、期限为 1 年的续贷，两笔贷款并行还款。

（整理人：徐婷芳）

超市贷款

受理机构：赤峰分行　行业：服务业（零售）　客户经理：李德峰

零售业是连接生产与消费的重要行业，不但对人们的衣食住行都有重要的影响，而且可以拉动上游产业的发展，对国民经济的发展起到重要的作用。零售业是劳动密集型行业，该产业有很强的周期性，淡旺季明显，节假日的销售量要远大于平常的销售量，且易受宏观经济波动的影响。下面关于超市借款囤货的案例是一个典型的零售业融资案例。零售业一般是尽可能地加速货物的流转速度，以减少库存成本。因此，资金的流转速度对该行业的发展是至关重要的。

一、业务受理

该案例的主人公是通过她儿子得知我行经营这种小额贷款业务的，于是于2009 年 6 月 12 日来到分行某支行准备申请 6 万元贷款。因为儿子结婚买了房子要装修，需要 2 万元，而且由于在冬季的时候要尽量减少啤酒饮料的存货，因此在夏季来临之前，需要囤点啤酒、饮料来经营。

二、客户情况

客户栾某，女，1963 年出生，3 个小孩，现在孩子都已经毕业了，老大在黑龙江当老师，老二是个实习医生，老三在电脑公司上班。客户的超市是在县里，离市区比较远。这个超市在镇上是比较大的超市，占地 250 多平方米，靠近医院，是 2002 年底成立的。起初店铺设在镇子上，当时的初始投资是 8 万元，其中贷款是 6 万元，房租 1 万元，流动资金 1 万元。2007 年搬迁到县政府旁边，靠近县中心。

三、贷前调查

客户经理坐班车到了客户那里，通过与客户聊天了解到，超市在每年的 12

月、1 月是旺季，4 月、5 月、6 月、7 月是淡季，2 月、3 月、8 月、9 月、10 月、11 月是过渡季节。超市在旺季的时候，营业毛收入每个月是 9 万元，每天平均是 3 000 元，过渡季节的营业毛收入是 6 万元，每天平均 2 000 元，淡季的营业毛收入每个月 3 万元，平均每天是 1 000 元。

四、财务分析

通过与客户的对话，了解到客户现有现金 3 800 元，银行的存折上标明有 14 622元的存款。通过清点货物可以估计其烟类存货 2 821 元、纸巾类存货8 000 元、百货类存货 40 000 元、家电类存货 18 000 元、熟食类存货 5 000 元、粮食类存货 5 000 元、酒类存货 72 552 元、饮料类存货 30 000 元、洗化类存货20 000 元、食品类存货 20 000 元。客户超市里还有冰柜、电脑、电动车、POS 机等固定资产，客户经理询问了固定资产的原始价值，并进行了相应的折旧。根据上述数据，制作资产负债表，见表 1。

表 1　　　　　　　　　　　　资产负债表　　　　　　　　　　单位：元

现金及银行存款		应付账款	0
现金	3 800		
银行存款	14 622		
合计	18 422		
应收账款	0		
存货		短期负债	0
烟类	2 821		
纸巾区	8 000		
百货区	40 000		
家电区	18 000		
熟食区	5 000		
粮食区	15 130		
酒类	72 552		
饮料类	30 000		
洗化区	20 000		
食品区	20 000		
合计	231 503	长期负债	0
流动资产	0		
固定资产合计	25 500		
冰柜 3 台，每台 3 000，2005 年购买	4 500		

电脑 2008 年购买 5 000	3 000		
预付房租，5 月交，12 000	10 000		
电动车 2009 年 3 月 2 700	2 000		
POS 机 2005 年购 12 000	6 000		
其他资产合计	0	负债合计	0
		所有者权益	275 425
资产总计	275 425	总负债及权益	275 425

客户经理把客户的经营分为三个阶段，即淡季、旺季、平常，并根据客户电脑系统里显示的销售额及进货成本作出了毛利润。费用是通过客户的口述得到的，于是制作客户 2008 年 7 月至 2009 年 6 月的利润表，见表 2。

表 2   利润表   单位：元

	旺季	平常	淡季	合计	平均
营业额	180 000	360 000	12 000	660 000	55 000
成本	147 600	295 200	98 400	541 200	45 100
毛利润	32 400	70 200	16 200	118 800	9 900
费用					
水电费	500	1 500	1 000	3 000	
话费	140	420	280	840	
网费	100	300	200	600	
国税	200	600	400	1 200	
地税	60	180	120	360	
工商	0	240	120	360	
房租	1 666	4 998	3 332	9 996	
合计	2 666	8 238	5 452	16 356	1 363
净利润	29 734	61 962	10 748	102 444	8 537
家庭开支	2 000	6 000	4 000	12 000	1 000
其他收入	0	0	0	0	
月可支配收入	27 734	50 562	12 148	90 444	7 537

五、交叉检验

1. 交叉检验——营业额检验

由于是夫妻店，以前的一些货物的进账凭证已经找不到了，但是进烟凭据比较好查找，因为他们每次进烟在工商局都有记录。根据烟的销售占比可以进行营业额的检验。从客户给出的进烟记录中可以看出，该客户 4 月份进烟 6 325 元，5 月份进烟 6 817 元，客户口述烟的毛利润是 9%，因此 4 月和 5 月的销售额为 7 028 元和 7 574 元，由此推算出 4 月、5 月总销售额分别为 35 140 元和 37 870 元，与上述客户口述的淡季的营业额每个月 3 万元左右基本吻合。

信贷员是 8 点半去调查 12 点半离开，一上午 4 个小时卖了 320 元。超市正常的营业时间是从早上 8 点半到晚上 9 点半，一天经营 13 个小时从而推算出一个月的营业额为 1 040 元，这与上述客户口述的淡季每天销售 1 000 元相吻合。

2. 交叉检验——毛利率检验

通过货物清点表可以看出酒类占到 74%，烟类占到 2%，家电类占到 13%，粮食类占到 11%，它们的毛利率分别是 14.4%、12%、31%、7%。通过加权计算，其平均毛利率为 15.7%，与客户口述的 16% 相吻合。

表 3   **部分货物清点表**   单位：元

货物名称	数量	买进单价	买进总价	卖出单价	卖出总价
酒类	2 018	984.25	100 772	1 140.8	117 724
烟类	62.8	406	2 821.4	450	3 201
家电	232	640	18 000	900	26 080
粮食类	309	326	15 130	347	16 291

3. 交叉检验——权益检验

信贷员还需要对客户进行权益检验，其权益检验的期限为 2002 年底至 2009 年 6 月 16 日。客户 2002 年的初始投资为 8 万元，2003—2004 年赚得 10 万元，2005—2007 年赚得 24 万元，2008 年赚得 90 444 元，这期间，2004—2007 年老大上学花销为 4 万元，2006—2009 年老二上学花销为 8 万元，2005—2008 年老三上学花销为 5 万元。2005 年超市的店面装修花销为 2 万元，2009 年房子装修花销为 2.5 万元，固定资产折旧为 1.32 万元，计算得到预想的期末权益为 282 244 元，而资产负债表上的实际权益为 275 425 元，预想权益与实际权益之间的差额（6 819 元）与期间收入（430 444 元）相比得到约为 1.5%，此数字控制在 5% 左右比较合适。

六、软信息分析

上面我们是通过实际调查到的状况对客户的经营状况作出了一定的分析，通过分析可以看出客户是有一定的还款能力的，但是我们在调查和分析的时候更需要关注和考察客户的还款意愿，这是非常重要的。即便有的客户有还款能力，但是没有还款意愿，还是会加大我行的风险。因此，我们在通过与该客户交谈，与客户的顾客、邻居、亲戚朋友接触的时候，多关注一下客户的人品。信贷员在接触中发现，客户是一个开朗、热情、乐于助人的人，在邻里之间有较好的口碑，而且还诚信经营，因此是个可以信赖的人，具有还款意愿。

我行的微小企业贷款是不需要抵押的，但是需要有担保人作为保证，且该担保人需要同时具备 3 个条件，一是必须有本地户口，二是必须有住房，三是必须有固定收入。该客户的担保人是她的邻居王某，本地人，有住房，在镇上做生意，经营比较稳定，有固定收入。

七、贷款审批

由表 2 可以看出，该客户的平均月可支配收入为 7 537 元，按照贷款额度一般为月可支配收入的 70% 左右计算，则该客户可贷款的额度为 6 万元左右，与其申请的额度相当。

该案例交由审贷会审议的时候，审贷会认为，该客户经营时间较长，且经营状况比较稳定，可以放款，但是仔细看看客户的需求以及客户的贷款用途，一是给儿子装修需要 2 万元，二是囤饮料、啤酒。因此，其实际的资金需求并没有 6 万元，从风险角度和满足客户需求，但又不会增加客户贷款负担的角度来考虑，4 万元足够应付客户实际生意的需求。因此，审贷会最终决议给该客户放款为 4 万元，期限为 1 年。还款方式为每个月不定额还款。由此可以看出，在分析客户贷款的额度的情况下，除了要按照理论值给予考虑外，还需要结合客户的实际情况来考虑其实际的资金需求，不能盲目给客户放款，这样不但对自己是不负责任的，而且也会给客户增加还款负担，增加客户不按时还款的风险。

4 万元的贷款在 7 个工作日后发放，每月还款状况良好，信贷员贷后每个月还定期去拜访客户，发现客户的生意也越来越兴隆。

（整理人：杜　萍）

鸭脖店贷款

受理机构：赤峰分行　行业：服务业（零售）　客户经理：张浩泽

零售业是连接生产与消费的重要行业，不但对人们的衣食住行有重要的影响，而且可以拉动上游产业的发展，对国民经济的发展起到重要的作用。零售业是劳动密集型行业，该产业有很强的周期性，淡旺季明显，节假日的销售量要远大于平常的销售量，且易受宏观经济波动的影响。下面关于超市借款囤货的案例是一个典型的零售业融资案例。零售业一般是尽可能地加速货物的流转速度，以减少库存成本。因此，资金的流转速度对该行业的发展是至关重要的。

一、业务受理

我行"扫街"营销使得客户了解到我行有微小企业贷款这项业务，当客户的店铺要交明年 6 个月的房租时，由于其手头资金紧张，需要贷款。客户就想起了我行有这种小额贷款业务，于是客户就去支行咨询。其申请的贷款额度是1.5 万元，期限为 1 年。贷款用途是用于交付房租。

二、客户情况

客户刘某，女，1983 年出生，已婚，爱人李某，1982 年出生，夫妻俩共同经营这个鸭脖店。他们家住红山区，跟父母一起住，一共五口人，孩子刚出生。2008 年 6 月份开设该鸭脖店，初始投资 27 000 元，其中包括房租6 500 元、好处费 6 500 元、装修 7 500 元、冰柜 1 300 元、桌椅 1 500 元、牌匾 800 元、灯箱400 元、进腌制料 1 500 元、进鸭子部位 650 元、流动资金 1 000 元。

三、财务分析

通过与客户聊天了解到，客户现在手头上有现金 5 500 元，没有存款。由于客户经营的鸭脖店属于生鲜类食品，因此原材料一般是现进现做，大部分的存货是腌制鸭脖等类食品的调料和中药，共计 1 200 元，当天进了些鸭肉大概为800 元。客户的固定资产有冰柜、锅、桌椅、展示柜、灯等，客户经理记录了这些固定资产的原始价值并进行了相应的折旧。根据上述数据制作的资产负债表，见表1。

表1   资产负债表

2008 年 6 月至 2008 年 11 月 7 日   单位：元

现金及银行存款		应付账款	0
现金	5 500		
合计	5 500		
应收账款	0		
存货	0	短期负债	0
调料和中药存货	1 200	长期负债	0
鸭肉	800		
流动资产	7 500		
固定资产合计	3 850		
厨房锅 2008 年 9 月 1 000 元	500		
灯 2008 年 7 月 400 元	200		
牌匾 2008 年 7 月 800 元	400		
桌椅 2008 年 7 月 1 500 元	750	所有者权益	12 433
展示柜 2008 年 9 月 1 200 元	600		
冰柜 2008 年 8 月 1 200 元	650		
冰柜 2008 年 7 月 1 300 元	750		
其他资产	1 083		
预付房租	1 083		
资产总计	12 433	总负债及权益	12 433

由于客户的鸭脖店开张不久，因此只能作出近 5 个月的利润表。营业收入是客户口述的，下面还会对其进行交叉检验。成本是客户根据每个月的进料来估算的。费用中的地税、房租是固定的，有据可查。水电、煤气根据几个月的总数平均分配给每个月份。根据上述数据可以制作利润表，见表2。

表2   利润表   单位：元

	2008年7月	2008年8月	2008年9月	2008年10月	2008年11月（7）	合计	平均
营业收入	10 000	15 000	15 000	15 000	3 500	58 500	13 830
成本	6 500	9 750	9 750	9 750	2 275	38 025	8 989
毛利	3 500	5 250	5 250	5 250	1 225	20 475	4 840
费用							
地税	60	60	60	60	14	254	60
房租	1 083	1 083	1 083	1 083	253	4 585	1 084
水电	200	200	200	200	47	847	200
煤气	100	100	100	100	23	423	100
总计	1 443	1 443	1 443	1 443	337	6 109	1 444
纯利	2 057	3 807	3 807	3 807	888	14 366	3 396
家庭开支	1 500	1 500	1 500	1 500	350	6 350	1 501
月可支配收入	557	2 307	2 307	2 307	538	8 016	1 895

四、交叉检验

1. 交叉检验——营业额检验

当客户经理去调查的时候发现该店铺的位置在学校对面，地理位置还可以。开业的第一个月的营业额为10 000元，而8月、9月、10月每个月的营业额约为15 000元。客户现有现金5 500元，存货鸭子约为800元，料子大约为1 200元。该店每天进货量为400元左右，成本率是65%，由此可知客户每天的销售额为400/65% = 615（元），进而可知客户每个月的销售额为615 × 30 = 18 450（元），与客户描述的8月、9月、10月每个月的营业额约为15 000元基本相符。按照"成本最大化、收入最小化"的原则，我们在做利润表的时候，把客户每个月的销售额定为15 000元。

2. 交叉检验——毛利率检验

该店主要经营的产品有四种，即鸭脖、鸭肠、鸭头和鸭翅。下面我们逐个分析其毛利率。

鸭脖，进料的时候是每袋17元，每袋有7个鸭脖，因此每个鸭脖的进货成本是2.4元，加上料子的成本，一个成品鸭脖的成本是3.2元，每个鸭脖的售价是5元，由此可以得出鸭脖的毛利率为64%。

鸭肠，每袋的成本是10.9元，加上料子的成本，其成本价是16.9元，售价

30 元，从而得出其毛利率为 56%。

鸭头，每个的进货成本是 1.7 元，加上料子后的成本是 2.5 元，售价为 4 元，因此其毛利率是 63%。

鸭翅，每个的进货成本是 1.2 元，加上料子后的成本是 1.7 元，售价是 2.5 元，因此其毛利率是 68%。

上述四种产品的毛利率经过加权平均之后，得出该店产品的毛利率为 63%，与客户说的 65% 相吻合。

3. 交叉检验——权益检验

上面提到客户的初始投资大概是 27 000 元，具体测算一下，房租为 6 498 元，好处费 6 500 元，装修 7 500 元，冰柜 1 300 元，桌椅 1 500 元，门脸的牌匾 800 元，灯 400 元，进料 1 500 元，进鸭 650 元，流动资金 1 000 元。从成立至今的期间收入为 8 016 元，好处费 6 500 元，装修 7 500 元，送礼 5 300 元。经计算后理论上的权益为 16 364 元，资产负债表上的权益为 12 433 元，期间固定资产折旧 3 850 元，因此 16 364 − （12 433 + 3 850）= 81 （元），81/8 016 = 1%，在 5% 的范围之内。

五、软信息分析

客户的担保人是自己的母亲，是某机关职工。一开始母亲并不支持女儿借钱，觉得她女儿如果需要钱，她可以借给她，但是女儿不想用母亲的钱，想通过借钱给自己点压力，而且每月等额还款的方式，可以使自己攒点钱。从这样的细节中可以看出该客户有良好的责任感，因此，可以断定客户有一定的还款意愿。

六、贷款审批

根据贷款额度是月可支配收入的 70% 的原则，该客户可贷款 13 000 元左右，经审贷会审议的时候，审贷会认为客户手里还有一部分现金，所以给客户 10 000 元的额度完全足够，期限为 1 年。这样既可以支付房租，还可以支付客户的日常运营。

（整理人：杜　萍）

小家电批发行业贷款

受理行：宁波分行　行业：服务业　客户经理：俞　玲

　　并行贷款是微小企业贷款中比较常见的一种产品，是指客户在申请贷款时，上一期贷款还有余额。信贷员在遇到并行贷款时，一般都是老客户，但对客户的信息调查不能掉以轻心，反而更要注意三个问题：一是并行贷款则意味着客户的本次贷款金额还应考虑到上一期的贷款余额；二是每月的可支配收入应该把上期贷款每月所需还款金额扣除，以达到每月可支配收入的真实性；三是最重要的，就是考察客户的真实贷款目的。同时，客户的银行账户都开通了网上银行服务，网上银行所显示的信息将更加全面和真实，比如往来账户的名称、事由、地点等。这些信息都将有助于信贷员在调查时，进行充分检验。

　　下面是宁波地区小家电批发行业的案例说明。

　　宁波作为国内三大家电生产基地之一，其小家电产业十分繁荣，从原材料供应、生产到批发零售等各个环节形成一个完整的供应链模式。

一、业务受理

　　客户是一家经营小家电批发的工贸商行，在我行已经有过一笔贷款，并且还处在还款中，这次因扩大了销售范围需要用到资金进货作为新渠道的铺货，又前来申请贷款15万元。接受这笔业务的客户经理也换了人，因此，连客户的基本信息也要重新了解及掌握。

二、客户基本情况

　　客户经理首先是通过上次的客户经理对客户的经营历史、经营范围和盈利能力有一个大体了解，并自己查询了客户的信用记录，认为该企业可作为我行的微小企业贷款的目标客户，并上门为客户填写客户申请表，同时对经营场所进行现场调查。

由于客户注册的是一家有限公司，客户经理按照调查程序查看了该企业的公司章程、验资报告和股东会决议。同时对该企业的基本概况有一个了解：2004年注册为有限公司，股东5人，经营范围为小家电和百货，主要股东是一对夫妻，丈夫负责日常经营，妻子是法人代表，负责财务进出，遂把这对夫妻作为共同借款人。

三、现场调查

在现场调查时，客户经理查看了借款人的现金、存折和银行卡等，由于账户都开通了网上银行，掌握了现金及银行存款等资产信息。同时，借款人还在他行开办了100万元银行承兑汇票，70%的保证金，所以可以在保证金账户上清楚地看到70万元保证金。依靠电子信息，这些比较好掌握。客户在当地3家比较大的连锁超市都有包柜销售点，共21个。其中有一些回款尚未付清，这属于应收账款项目，通过这些回款的固定账户的银行流水单也可以进行查询。客户对这种批发经营比较有经验，商品都分配到各个商场，并通过与超市联网的商务软件进行管理。客户经理按照客户提供的存货单到仓库中点货，并通过调取软件中的商品管理信息进行检验。另外就是结合上一期的存货情况，通过这一期间的销售情况检验现有的存货。除了平时办公的一些设备，客户还置办了送货用的面包车和卡车。进入当地商场还需要缴纳进场费和押金，同时还租赁了一个工厂的闲置仓库，并预付了租金，客户经理把这些预付账款列入了资产负债表中的固定资产项目。为了保持资金周转，且由于与厂家合作多年，建立了一定的信用度，借款人付给供货商的货款并没有全部结清。同时，客户通过向亲戚借款和向银行借款两种方式来满足经营中的融资需求。

为了解客户的损益表和现金流的情况，接下来，客户经理对销售情况进行了现场调查。在调查销售额情况时，采取了两种方式，一种是通过公司的银行流水单，查看每月的回款来统计大概的销售额。另一种方式就是通过工资单中的提成工资来检验损益表中的提成工资从而来检验当月的销售额。客户经理了解到，为激励销售，给销售人员的待遇是基本工资加按销售额1%~3%提成的结构。

随后客户经理又对客户的经营费用进行调查。人工工资主要是商场中销售人员的工资，由每月800元的基本工资、200元的社保基金、销售提成组成。商场的进场费分为固定和活动两种，活动的是按销售额的13%扣点，在损益表中计入可变成本项目中；而另一种固定的是约占预计营业额的3%，在进驻超市之前就作为费用支出了，故将此项目放入经营费用项中。其他就是租金、水电费、税、汽油费、运输费和电话费等。考虑到该企业的实际经营人仅是这对夫妻，相当于夫妻店，故把他们的家庭开支计入在内。另外还需要把上期贷款的每月还款计入到经营费用中，以求损益表的真实。

由于流通类行业的资金成本和周转率对利润有很大的影响，为了加快资金周转，提高资金周转率，客户会有融资的需求。该客户的金融服务意识比较强，有多次的银行融资经历，这次已是第三次向我行申请贷款了。并行贷款的另外一个特点就是，客户经理以上一期贷款时的调查情况为基点，以上期贷款后，这期贷款前的时间内的一些开支和收入为调查对象。在这段时间内该公司有190 094元的利润和112 551元的我行还款，同时又花费10万元换了新的经营场所并装修。

四、财务信息分析

客户经理通过现场调查和分析，整理资产负债表和基于现金流量表的损益表见表1、表2。

表1 资产负债表 单位：元

现金及银行存款		755 072	应付账款		527 565
现金		5 000	供应商 A		223 042
银行存款		50 072	供应商 B		53 512
保证金		700 000	其他		251 011
应收账款	947 187		短期负债		1 637 449
商场 A		343 482	个人借款		550 000
商场 B		235 930	银行		87 449
商场 C		367 772	承兑		1 000 000
存货	1 979 235				
仓库 A		554 884			
仓库 B		482 455	长期负债		0
其他		436 738			
流动资产	3 681 491				
固定资产合计		277 900			
办公设备		40 000			
货车		41 000	负债合计		2 165 013
预付租金＋押金		24 500			
进场费＋押金		172 400	所有者权益		1 794 378
资产总计	3 959 391		总负债及权益		3 959 391

表2

单位：元

利润表

		2009年9月	10月	11月	12月	2010年1月	2月	3月	4月1日至4月7日	平均	总计
1	经营收入 主营业务	544 172	542 567	963 673	699 075	588 335	591 894	819 123	151 649	687 305	4 900 487
	收入总计（1）	544 172	542 567	963 673	699 075	588 335	591 894	819 123	151 649	687 305	4 900 487
1	成本68%	370 037	368 945	655 297	475 371	400 068	402 488	557 004	103 121	466 713	3 332 331
2	超市扣点13%	70 742	70 534	125 277	90 880	76 484	76 946	106 486	19 714	89 225	637 063
3	工人提成2%	10 883	10 851	19 273	13 981	11 767	11 838	16 382	3 033	13 727	98 010
	总计（2）	451 663	450 330	799 848	580 232	488 318	491 272	679 872	125 869	569 664	4 067 404
	毛利 =（1）-（2）	92 509	92 236	163 824	118 843	100 017	100 622	139 251	25 780	116 678	833 083
	固定工资	20 000	20 000	20 000	20 000	25 000	25 000	25 000	5 833	22 557	160 833
	社保福利	5 000	5 000	5 000	5 000	5 000	5 000	5 000	1 167	5 072	36 167
	租金	4 500	4 500	4 500	4 500	4 500	4 500	4 500	1 050	4 565	32 550
	电费	450	450	450	450	450	450	450	105	457	3 255
	超市入场费	20 000	20 000	20 000	20 000	20 000	20 000	20 000	4 667	20 290	144 667
	汽油费	6 000	6 000	6 000	6 000	6 000	6 000	6 000	1 400	6 087	43 400
	货运运输费	5 000	5 000	5 000	5 000	5 000	5 000	5 000	1 167	5 072	36 167
	税	4 500	4 500	4 500	4 500	4 500	4 500	4 500	1 050	4 565	32 550

续表

经营收入	2009年9月	10月	11月	12月	2010年1月	2月	3月	4月1日至4月7日	平均	总计
电话费	550	550	550	550	550	550	550	128	558	3 978
还贷款	0	18 246	18 246	18 246	18 246	18 246	18 246	18 246	17 913	127 722
费用总计（3）	66 000	84 246	84 246	84 246	89 246	89 246	89 246	34 813	87 137	621 289
营业利润＝（1）－（2）－（3）	26 509	7 990	79 578	34 597	10 771	11 376	50 005	(9 032)	29 705	211 794
家庭开支	3 000	3 000	3 000	3 000	3 000	3 000	3 000	700	3 043	21 700
家庭收入	0	0	0	0	0	0	0	0	0	0
月可支配收入	23 509	4 990	76 578	31 597	7 771	8 376	47 005	(9 732)	26 662	190 094

五、交叉检验

1. 权益的交叉检验

表3　　　　　　　　　　　　　　　**交叉检验表**　　　　　　　　　　单位：元

期初权益	1 644 779	2009 年 9 月 1 日权益 + 折旧
	190 094	2009 年 9 月至申请贷款时净赚
	112 551	还贷本金
减	100 000	搬厂房 + 新厂房装修
期末权益	1 847 424	
表上权益	1 794 378	
折旧	35 000	
应有权益	1 847 424	
差额	− 18 046	
总收入	302 645	
比率	− 5.963%	

2. 销售额的交叉检验

（1）客户口述员工的薪水为基本工资 + 提成，1% ~ 3%，根据产品不同，提成不同。抽样 2010 年 1 月和 2010 年 2 月的员工提成工资小计为 13 781 元和 13 265 元，与根据销售得到的提成基本相符。

（2）统计客户银行对账单的银行流水，得到 2009 年 9 月至 2010 年 4 月 7 日总计回款 5 468 416 元。上期应收 832 194 元 + 本期销售 4 900 487 元 − 本期银行回款 4 768 416 元 = 应有应收 964 265 元，与本期实际应收相差 17 081 元，基本相符。

存货的交叉检验：根据客户提供的 2009 年 9 月至今的进货清单检验得到，上期存货 1 402 585 元 + 本期进货 3 825 631 元 − 本期销售成本 3 332 331 元 = 本期应有存货 1 895 885 元，与本期实际存货相差 83 350 元，基本相符。

六、客户软信息

该笔借款的共同借款人是夫妻两人，同为该公司的主要股东。在调查中发现，夫妻二人对小家电批发的市场行情和经营模式都非常熟知，并且靠着诚实经营、优质的服务在当地三家比较大的连锁超市都有包柜销售点，共 21 个，对于银行贷款也十分重视。客户经理发现一个细节：客户会把每期的还款计划表贴在办公桌的显眼处，说明借款人的还款意愿比较强烈。

七、贷款审批及贷后维护

通过客户经理整理后的损益表，借款人每月的可支配收入可承受贷款金额，且上次的还款情况良好，并无逾期。担保人是上一笔贷款中的担保人，在宁波某货代公司任部门经理一职，每月收入在 5 000 元以上，信用记录良好，已婚并有一个孩子，夫妻二人有房有车，这些信息证明，担保人家庭及收入稳定，担保人对客户的经营能力和还款能力都十分放心，愿意为其担保。审贷会在听取信贷员的现场调查和分析过程，并验证了相关证件和信息后，同意了信贷员的建议，批准了这笔贷款：期限为 1 年，执行的年利率为 16.2%，还款方式是按月等额还款。在随后的贷后维护和跟踪调查中，客户经理会定期地与客户进行电话访问，询问客户近期的经营情况，贷款后的去向等，由于在笔者整理时，该笔贷款尚未到第一期还款日，无法对客户的还款情况进行表述。

（整理人：王大鹏）

水产品批发行业贷款

受理机构：赤峰分行　行业：服务业（流通）　客户经理：富永亮

一、业务受理

很多成熟的信贷员在总结经验时，都提到，说起微贷业务最有效的营销途径，当数老客户推荐新客户的方式，老客户不但自己一到用款之时就会想起联系信贷员，而且朋友有用款之需时也会积极推荐，并且老客户推荐的客户普遍质量比初次到访的客户要高。

二、客户情况

该客户就是经老客户介绍而来的。客户主要经营水产品的批发生意，在粮食批发市场租赁了临街的店铺，向赤峰地区下辖的各个旗县区铺货。水产品经营具有明显的季节性，淡旺季明显，从进入冬季到春节之前是全年销售最旺的季节。当时进入9月份，马上进入国庆旺季，客户的冷库规模非常大，由于夏天进货价格比较低，客户希望申请最少50万~60万元资金，多囤积点儿货。根据往年经验，客户需要大批量购进冻虾，到年底肯定会涨价，利润空间相对较大。

该客户做生意非常精明，对自己可获得的融资渠道很清楚，也了解其他金融机构的产品，客户自行作了对比，发现通过个人融资不但成本特别高而且要搭人情。信用合作社作抵押贷款，50%的贷款率，抵押利率也达到月息1.2%，由于客户的生意属于薄利多销型，所以对融资成本特别敏感。客户之前通过信用社和个人融资也都贷过款，通过朋友了解到包商银行的微贷产品后，自己进行了全部的利息费用比较后，发现比较合适，所以前来申请贷款。

三、贷前调查

进行现场调查时，信贷员与客户攀谈，首先了解到客户从事水产生意十多年，经营历史可以从 1998 年 12 月份算起，最初 3 年是以其父亲为主，2000 年时，店铺搬迁，客户开始独立开展生意，所以信贷员决定以此为客户生意的起点，确定了客户的初始投资，和自此以来大体的投资状况。

客户主要的投资项目在店铺租赁合同和冷库建设上，这些都有合同备查，信贷员查阅"房租租赁合同"时，发现房租 1 年仅 5 万元。这与市场价不符，于是进行了进一步核实，发现这个房子属于某单位所有，客户通过关系以内部价租到，所以多年来房租都没涨幅。另外，客户投资 3 万元在店内建了冷库，经营过程中，冷库面积随着生意规模的扩大，越来越不够，所以从 2007 年起陆续在外租了很多间冷库，其中在老肉联厂租了 4 个位置的冷库，年租金为 11 万元。这些从"冷库租赁合同"中都能看得到，合同显示 2009—2010 年是 10 万多元租金，已经一次性付清了。同时，通过收敛客户的进货凭证，判断客户的进货费用，并与销售量核对。

通过客户叙述，信贷员了解到生意的淡旺季和销售状况，每年 10 月到次年 2 月是旺季，每个月会有 300 万~400 万元的营业额，往旗县区批发，覆盖北部旗县区，平常季节，每天有 5 万元营业额，每个月也有 150 万元左右。由于客户的生意仅属于批发的一个环节，所以量大利润薄。经营特征是资金周转快，资金占用量大。由于生意均为针对旗县下级批发商批发，所以几乎不存在赊账状况，当天或两日内都会回款。客户叙述自己的单次周转利润率很低，仅有 3%，所以得靠加快资金周转速度赚钱。

由于客户的资金占用量大，所以客户的进货记录和销货记录都比较完备，通过每日账本的进出量、进货价销货价记录，可以计算出成本率。分析过程中，也收集到了客户的银行账户打款记录、往外汇款的记录、银行的余额。为了核查其收入，调出了其从银行汇出的进货款。

虽然许多客户有记账的习惯，但不能完全依赖客户的记账，要寻找两个或多个途径来检验，所以，信贷员要求客户出示了冷库的租赁合同，并对店里冷库的库存进行了盘点，同时收集了近几天的应收账款，根据原始的发货单据进行汇总。

客户除了经营收入外，还拥有一个新城区的商厅，有出租收入，所以通过商厅租赁合同核查了出租收入。

最后，信贷员建议客户请其父亲作为共同借款人，因为客户的生意属于家族生意，是父亲最初发起的生意，对客户有制约能力。客户虽然比较倔犟，但非常遵循父亲的意见。客户提供的担保人，是其叔叔，担任教师职业，与客户的奶奶一起生活，这点能判断担保人比较孝顺，客户的家庭比较和睦。在调查分析时，信贷员与担保人见面，他提供了身份证、工资折，介绍了自己的收入情况，担保人收入比较稳定。

由于客户非常在意利息多寡，所以信贷员详细向其介绍了想要争取最惠利率的条件。为了满足这些条件，客户提供了三套住宅作抵押担保，力图争取到最低月利率1%的利息条件，三处房产产权都很明晰。

四、财务分析

表1   资产负债表   单位：元

现金和银行存款	16 401	负债	224 000
其中：现金	13 560	其中：应付账款	0
银行存款	2 841	短期负债（商厅贷款余额）	224 000
应收账款	76 634	长期负债	0
存货和原料	1 458 541	权益和保留资金	2 113 766
其中：存货（有详单）	1 458 541		
固定资产	786 189		
其中：设备车辆（有详单）	56 406		
商厅	600 000		
预付房租	37 083		
预付冷库租金	92 700		
总资产	2 337 766	负债和所有者权益	2 337 766
		表外现金	100 000
		折旧	67 594

利润表

单位：元

表2

月份	2008年9月	10月	11月	12月	2009年1月	2月	3月	4月	5月	6月	7月	8月	9月前9日	总计	平均
批发收入	1 500 000	3 600 000	3 600 000	3 600 000	3 600 000	3 600 000	1 500 000	1 500 000	1 500 000	1 500 000	1 500 000	1 500 000	450 000	28 950 000	2 353 659
成本97%	1 455 000	3 492 000	3 492 000	3 492 000	3 492 000	3 492 000	1 455 000	1 455 000	1 455 000	1 455 000	1 455 000	1 455 000	4 361 500	28 081 500	2 283 049
毛利	45 000	108 000	108 000	108 000	108 000	108 000	45 000	45 000	45 000	45 000	45 000	45 000	13 500	868 500	70 610
费用	35 767	38 767	38 767	38 767	38 767	38 767	35 767	35 767	35 767	35 767	35 767	35 767	11 313	455 513	37 034
房租	4 167	4 167	4 167	4 167	4 167	4 167	4 167	4 167	4 167	4 167	4 167	4 167	1 250	51 250	4 167
冷库租金	8 583	8 583	8 583	8 583	8 583	8 583	8 583	8 583	8 583	8 583	8 583	8 583	2 575	105 575	8 583
电费	1 500	1 500	1 500	1 500	1 500	1 500	1 500	1 500	1 500	1 500	1 500	1 500	450	18 450	1 500
车辆费用	667	667	667	667	667	667	667	667	667	667	667	667	200	8 200	667
工人工资	8 017	8 017	8 017	8 017	8 017	8 017	8 017	8 017	8 017	8 017	8 017	8 017	2 405	98 605	8 017
运费	12 000	15 000	15 000	15 000	15 000	15 000	12 000	12 000	12 000	12 000	12 000	12 000	3 600	162 600	13 220
交际费用	833	833	833	833	833	833	833	833	833	833	833	833	833	10 833	881
税费	450	450	450	450	450	450	450	450	450	450	450	450	38	5 438	442
净利	9 233	69 233	69 233	69 233	69 233	69 233	9 233	9 233	9 233	9 233	9 233	9 233	2 187	412 987	33 567
每月还贷额	3 000	3 000	3 000	3 000	3 000	3 000	3 000	3 000	3 000	3 000	3 000	3 000	900	36 900	3 000
家庭开支	2 000	3 000	3 000	3 000	3 000	3 000	2 000	2 000	2 000	2 000	2 000	2 000	9 00	36 900	3 000
月可支配收入	3 233	63 233	63 233	63 233	63 233	63 233	3 233	3 233	3 233	3 233	3 233	3 233	387	339 187	27 576

五、交叉检验

1. 营业额检验

根据客户口述生意有淡旺季，旺季为10月、11月、12月、1月、2月，每天营业额120 000元，其余季节为淡季，每天营业额平均50 000元。由此确定旺季营业额 = 120 000 × 30 = 3 600 000（元/月）；淡季营业额 = 50 000 × 30 = 1 500 000（元/月）。

（1）首先进行进货款检验，由于客户进货采取货到付款，而且货款的80%通过工商银行账户汇出，调取了客户2009年4月1日至2009年9月8日期间的汇款金额，汇总见表3。

表3　　　　　　　　　　汇款金额　　　　　　　　单位：元

月份	汇款金额小计
4 月	1 068 495
5 月	1 080 160
6 月	1 216 299
7 月	971 323
8 月	1 549 267
9 月（前8日）	440 290
合计	6 325 834

平均每月汇款额 = 6 325 834/（5 + 8/30）= 1 201 032（元），平均每月进货额 = 1 201 032/80% = 1 501 540（元），客户账本显示平均每月进货金额 = 8 564 026/0.8/7 = 1 529 290（元），两者基本一致。

（2）其次进行进货量检验，客户现在有一个大冷库，主要销量均从该冷库出货，并有账本记录进出货数量，账本记录2009年2月10日至2009年9月9日，进货总金额8 564 026元，销货成本 = 470 410 + 8 564 026 - 1 402 123 = 7 632 313（元）。批发产品成本率97%，则期间营业额 = 7 632 313/97%/70%/7 = 1 605 789（元）。利润表每月取1 500 000元，是较为保守的估计。

2. 成本检验

客户口述批发毛利率3%，零售毛利3%。根据客户账本记录，详细记录每一样产品的进价和售价，计算加权平均成本率，结果为96.91%，两者基本吻合。

3. 权益检验

表4 权益检验 单位：元

时间区间	项目		金额
2006 年 6 月 初始投资		房租	50 000
		冷库	30 000
		进货	100 000
		流动资金	50 000
期间收入			
2006 年 6 月至 2007 年 4 月	经营收入		1 700 000
2007 年 4 月至 2008 年 12 月	收入	经营收入	500 000
		大厅租金收入	180 000
		步行街商铺租金收入	280 000
2009 年 9 月	收入		146 253
大项支出			
	偿还贷款本金		136 000
2006 年	买房子		170 000
2006 年	买车库		60 000
2006 年	买车		200 000
2009 年	买房子		330 000
其他项目			
	表外现金		100 000
	折旧		67 594
理论权益			2 244 659
实际权益			2 113 766
差异			− 130 894
差异率			− 4.28%

权益误差绝对值为 4.28%，在 0~5% 区间内，为可接受范围。

六、软信息分析

信贷员一开始接触客户时，感觉客户特别强势、有生意人特有的精明。通过接触慢慢熟悉后，发现其对经营管理很有一套办法，对企业的发展很有规划，非常注重成本的节约。

在分析其软信息时，常常需要对各种信息综合有个判断结果。例如有些客户经营好多年了，生意看起来也不错，却连一套自住住宅也没有，那对客户的软信息就要格外关注，看客户是不是经营出现过重大问题，或有什么其他不良嗜好。还有些客户家庭条件不稳定，也是反映其软信息的重要地方。

七、贷款审批

客户经营"冻货"，常年恒温，发生货变质的可能性很少。客户经营生意多年，具有一定的管理能力。作为批发走量的生意，客户的优势在于从北京稳定的供货商进货，对每种冻货的价格变化了解非常熟悉，对于价格的变化比较清楚，而且有固定的客户群，属于一级代理商，针对旗县二级代理，资质较好。从生意来讲，客户跟一般批发业没有特别大的区别，客户计划在这个基础上，继续做大，在投资上向其他食物深加工的、物流方面发展。以此为基础，做实这个行业。

鉴于客户的生意状况，旺季需要占用资金，所以他希望不规则还款。由于客户资金占用期并不长，保证、抵押状况良好，审贷会予以了批准，给予其总额 55 万元，为期半年的贷款，每月还息，到期还本的不规则还款形式。

八、贷后管理

由于是不规则还款，后期还款压力大，所以贷款落实后，信贷员执行了严格的贷后管理，每两周就打电话询问客户的生意状况，到元旦时又回访客户，看客户的囤货是否涨价。在做提前监控时，客户每次都存上了，期末还款时还提前准备了资金。9 月份贷款批下来后，客户在 4 个月内，将资金周转了 5 次，每次资金周转获利 3%，5 次获利就为 15%，贷款为客户创造了可观的经济效益。

"抵好贷"产品推出后，客户又用自己的商厅作抵押作了另外一笔贷款，享受了月息 0.7% 的最低利率。"抵好贷"作为微贷产品的子产品，也是以人、以生意为基础的，微贷的核心技术依然坚持了下来。

（整理人：徐婷芳）

糖酒批发贷款

受理机构：赤峰分行　行业：服务业（流通业）　客户经理：方利民

由于不同地区有不同的经济特征，所以也有不同的企业行业集群。以赤峰地区为例，该地区没有包钢、包头一机之类的大型企业，也就没有与其配套的产业链上下游企业，矿区的企业一般都有相当规模，所以小企业金融的主要服务对象是一些为居民生活服务的流通业企业。本案例的服务对象就是赤峰地区一个有典型代表性的优质流通业企业。

一、业务受理

客户是来自赤峰地区的巴林左旗某镇，距离赤峰市区 270 多公里，目前包商银行赤峰分行并未在巴林左旗设点，该客户是通过在赤峰市区的朋友了解到我行有小企业金融产品，主动前来咨询的。

二、客户情况

信贷员通过电话沟通，了解了客户的基本情况。客户是所在地原国营糖酒公司的总经理。2005 年，糖酒公司企业转制，客户买断股份，组建了自营糖酒公司，并发展了两家超市（超市一部和超市二部），自己担任企业法人、董事长。因此，客户目前共有这 3 块生意，其中糖酒公司主营业务为该地区的燕京啤酒一级经销商。

从客户填写的"微小贷款申请表（法人实体）——小企业贷款"看出，该客户想申请 240 万元、1 年期的贷款，用做超市经营的流动资金周转之需。

三、贷前调查

信贷员根据申请表初步掌握了此案例分析的重点，认为超市有收银机器，保存每日进账流水，因此超市比较容易调查，而酒类代销生意一般有固定合同，也比较好检验。由于客户经营场所与赤峰分行距离较远，有 270 多公里，于是，信贷员和客户取得联系，约定好清晨出发，准备进行为期一整天的现场调查，客户比较热心，亲自驱车来接信贷员前往。

在路上，信贷员与客户攀谈，得知客户上个月刚投资 160 万元购买了一块林地，占用了其企业流动资金，而进入 11 月份，正是超市经营即将进入年底备货期阶段，需要进货以备春节期间旺季的销售，因此，客户需要资金用于超市备货。客户谈到自己当年（2008 年）已在农业银行和农村信用社都申请了贷款，都是抵押贷款，其中一处为当年购买房屋的抵押贷款，现在还能提供一处土地抵押物——糖酒公司的院子。通过跟客户交谈，对其生意规模有了大致的了解，并掌握了其贷款用途。

客户 1981—2005 年在所在地国营糖酒公司任经理，2005 年公司转制，客户与其他 27 名股东买断股份，成立新的糖酒有限责任公司，客户本人出资 185 万元，占 76.17% 的股份，任董事长兼总经理。由于股东过多，公司设立 5 人的董事会，由董事会行使公司重大经营决策的权力。在此之前，客户于 2002 年成立了一家超市，初始投入 80 万元，年盈利 50 万元左右；2006 年又成立了另外一家超市，年盈利也在 50 万元左右。三项合计，2007 年盈利 230 万元，2008 年至今盈利 356 万元，月可支配收入 31 万元左右。糖酒公司和两个超市全部面向所在地市民。

到了客户的糖酒公司，信贷员观察到，公司位于镇驻地的主要街道上，主营食品、酒类销售。公司有 28 名雇员，设副总经理 1 人、会计 2 人、25 名工人和司机。信贷员进办公室之前跟客户谈了提到的抵押物情况，确定就是看到的此处院子，于是仔细看了院子的四周，心里有了个图形，稍后要求客户拿出土地证，又作了确认，确定是否跟看到的情况相符。

原糖酒公司的库房转制过来后作为客户公司的仓储间，信贷员首先去看了仓库的规模，并检验了其啤酒存货、白酒存货，以及超市的库存，并作了记录。

然后，信贷员要求客户提供能提供的一系列基础证件，包括营业执照（正副本）、税务登记证（国地税）和通用完税证、客户身份证复印件、组织机构代码（正副本），开户许可证、贷款卡、股东会决议、公司章程、验资报告等。这些记载着客户的基础信息和经营历史，并且纳税额也是检验销售额的重要途径。

同时，根据客户口述，信贷员要求提供谈话中涉及的主营业务合同和重要投资凭证：燕京啤酒（赤峰）有限责任公司 2007 年、2008 年购销合同（用来确定啤酒销售额），2006 年、2008 年两处树林买卖合同（确定其他投资额度，检验客户资金流向），房屋租赁合同（看客户的经营是否稳定），之前信贷记录的借款凭证（确定客户当前信贷情况），土地证和房屋产权证，库存报表（包括超市一部、超市二部的存货和酒类存货），销售报表，真实财务报表等。

接下来，信贷员要求到客户的两处超市去，因为根据客户口述，超市是其重要的收入来源。

客户的两家超市均位于镇驻地的繁华地段，地理位置优越，超市一部拥有雇员13人，超市二部拥有雇员28人。在超市，主要观察了其摆货情况，就货架上重要种类的存货随时记录一下数量，就自己比较熟悉的商品的售价核对，看价格是否正常，这能影响到毛利润。

然后到超市办公室，详细询问客户及超市经理，每个超市的日营业额，进货来源，利润率有多少。另外，根据信贷员的生活经验，了解到一般超市会发放提货卡或购物卡，属于预收货款，所以了解有没有办这种卡，量有多大，办了多少，未消费的有多少，这也是重要的经营指标。总之，全面就经营规模、日常费用、经营支出进行了解，然后确定了超市的毛利润，见表1。

表1　　　　　　　　　　　　超市毛利润　　　　　　　　　　单位：%

	项目名称	销售比率	毛利率
1	油类	25	15
2	食品	30	25
3	粮食	25	15
4	日用品	20	30
			100
	平均毛利率	21	

信贷员要求客户提供了能提供的抵押物复印件、公司工资表、对账单等材料，并请客户超市的财务人员准备整理收银员每日收银报表等。当天返回来能带回来的证件、资料当天带回来复印件，剩下的请客户尽快传真。

最后，信贷员又对共同借款人（客户的妻子）和担保人（客户的朋友）进行了调查，共同借款人了解客户的贷款意图，担保人在当地有正式稳定的工作，具有担保资格，且担保意愿良好，愿意承担连带责任保证。

通过一天的调查分析，信贷员基本摸清了客户的三处生意的情况，糖酒公司和两个超市，虽然没有系统的财务软件，但是会计记账均较为正规。糖酒公司有两名会计，公司的销售及费用支出记录较为详细和准确。两处超市均为电脑记账，都有比较详细的销售记录。糖酒公司经营时存在部分赊欠，超市为现金结算销售，不存在应收账款和应付账款。初步判断客户生意的现金流较好，财务信息比较清晰，符合我行小企业贷款的基本准入条件。

四、财务分析

1. 资产情况

表2　　　　　　　　　　　　　资产负债表　　　　　　　　单位：元

现金及银行存款 （主要根据公司银行账户）	糖酒公司	61 850	
	超市一部	70 608	
	超市二部	89 579	
	小计	222 037	
应收账款 （根据糖酒公司销售记录，主要为糖酒公司，固定的五家赊账销售客户）	客户1（21%）	354 933	
	客户2（9%）	155 789	
	客户3（10%）	161 029	
	客户4（5%）	91 382	
	客户5（55%）	922 977	
	小计	1 686 107	
预付账款	0		
存货 （根据库存报表和实地盘点核对）	糖酒公司（41%）	2 348 780	
	超市一部（42%）	2 394 419	
	超市二部（18%）	1 007 533	
	小计	5 750 732	
流动资产合计		7 658 876	
固定资产	土地房产（根据房产证、土地证和购买票据）	糖酒公司土地2005年购置	原值1 000 000	现价1 000 000
		超市房产2002年购置	原值800 000	现价800 000
	设备（原值及计提折旧后现值）	糖酒公司设备	原值361 273	现价150 000
		超市设备	原值840 441	现价400 000
	车辆（根据购车发票原值和计提折旧后现值）	客户2007年购置私人车辆	原值480 000	现价400 000
		客户2005年购置私人车辆	原值216 298	现价80 000
		糖酒公司货车	原值485 877	现价200 000
	小计	3 030 000	
表内资产合计		10 688 876	
表外资产（客户房产、土地增值）		12 000 000	

2. 负债情况

表3 负债情况 单位：元

负债项目	发生日期	负债来源	金额
预收账款	2008 年	预售购物卡（未消费）	753 000
短期借款（12 个月）	2008 年 9 月	农业银行抵押贷款	2 000 000
短期借款（33 个月）	2008 年 3 月	农村信用社抵押贷款	300 000
负债合计			3 053 000
其他表外负债			0

所有者权益 = 10 688 876 − 3 053 000 = 7 635 876（万元），约为 763 万元。

客户愿意提供的抵押物为糖酒公司所有的 5 952 平方米的土地，抵押价值根据法律文件记载，录入详细的信息，包括市场信息。经市场估价为 250 万元，抵押价值 200 万元。

3. 现金流情况

表4 历史现金流情况 单位：元

月份	12 月	1 月	2 月	3 月	4 月	5 月	6 月
月初现金（10）	500 000	507 923	775 251	1 179 424	1 668 852	1 775 688	1 881 207
现金销售额	1 514 804	2 826 448	3 500 678	2 694 224	2 007 655	2 002 140	1 699 975
应收账款回收							
客户预付款							
经营现金流入总额(1)	1 514 804	2 826 448	3 500 678	2 694 224	2 007 655	2 002 140	1 699 975
现金购买原材料、服务、货物	1 409 881	2 462 121	2 999 505	2 337 796	1 803 819	1 799 621	1 512 876
应付账款的支付							
购货的预付款项(原材料、服务费)							
经营现金流出总额(2)	1 409 881	2 462 121	2 999 505	2 337 796	1 803 819	1 799 621	1 512 876
工资	45 000	45 000	45 000	45 000	45 000	45 000	45 000
电话费	5 000	5 000	5 000	5 000	5 000	5 000	5 000
租金				70 000			
燃油费	6 000	6 000	6 000	6 000	6 000	6 000	6 000
取暖费							
水电费用	5 000	5 000	5 000	5 000	5 000	5 000	5 000
广告费用	5 000	5 000	5 000	5 000	5 000	5 000	5 000

续表

月份	12 月	1 月	2 月	3 月	4 月	5 月	6 月
招待费	10 000	10 000	10 000	10 000	10 000	10 000	10 000
其他费用	21 000	21 000	21 000	21 000	21 000	21 000	21 000
总固定成本（3）	97 000	97 000	97 000	167 000	97 000	97 000	97 000
付款总额（4）=（2）+（3）	1 506 881	2 559 121	3 096 505	2 504 796	1 900 819	1 896 621	1 609 876
营业活动现金净流量（5）=（1）-（4）	7 923	267 327	404 173	189 428	106 836	105 519	90 099
购买新固定资产的支出							
建设和装修等的支出							
其他支出							
固定资产出售流入							
其他流入							
投资活动总现金流（6）	0	0	0	0	0	0	0
银行贷款				300 000			
其他借款							
偿还银行贷款本金以及利息							8 250
偿还其他借款							
融资活动总现金流（7）	0	0	0	300 000	0	0	-8 250
其他现金来源							
家庭开支							
私人使用资金							
私人现金流总额（8）	0	0	0	0	0	0	0
累积现金（9）=（5）+（6）+（7）+（8）	7 923	267 327	404 173	489 428	106 836	105 519	81 849
期末现金（11）=（10）+（9）	507 923	775 251	1 179 424	1 668 852	1 775 688	1 881 207	1 963 056

续表 2

以人民币元为计价单位	-5	-4	-3	-2	-1	0	合计
月份	7 月	8 月	9 月	10 月	11 月	调查前	
月初现金（10）	1 963 056	1 983 563	2 062 399	2 081 144	540 721	590 298	

续表

以人民币元为计价单位	-5	-4	-3	-2	-1	0	合计
月份	7月	8月	9月	10月	11月	调整前	
现金销售额	1 602 861	1 808 570	1 718 634	1 642 563	1 652 563		24 671 115
应收账款回收							0
客户预付款							0
经营现金流入总额（1）	1 602 861	1 808 570	1 718 634	1 642 563	1 652 563	0	24 671 115
现金购买原材料、服务、货物	1 485 354	1 632 733	3 576 639	1 485 986	1 505 986		24 012 317
应付账款的支付							
购货的预付款项（原材料、服务费）							0
经营现金流出总额（2）	1 485 354	1 632 733	3 576 639	1 485 986	1 505 986	0	24 012 317
工资	45 000	45 000	45 000	45 000	45 000		540 000
电话费	5 000	5 000	5 000	5 000	5 000		60 000
租金							70 000
燃油费	6 000	6 000	6 000	6 000	6 000		72 000
取暖费			18 000				18 000
水电费用	5 000	5 000	5 000	5 000	5 000		60 000
广告费用	5 000	5 000	5 000	5 000	5 000		60 000
招待费	10 000	10 000	10 000	10 000	10 000		120 000
其他费用	21 000	21 000	21 000	21 000	21 000		252 000
总固定成本（3）	97 000	97 000	115 000	97 000	97 000	0	1 252 000
付款总额（4）＝（2）＋（3）	1 582 354	1 729 733	3 691 639	1 582 986	1 602 986	0	25 264 317
营业活动现金净流量（5）＝（1）－（4）	20 507	78 837	-1 973 005	59 577	49 577	0	-593 202
购买新固定资产的支出				1 600 000			1 600 000
建设和装修等的支出							
其他支出							

续表

以人民币元为计价单位	-5	-4	-3	-2	-1	0	合计
固定资产出售流入							0
其他流入							
投资活动总现金流 (6)	0	0	0	-1 600 000	0	0	-1 600 000
银行贷款			2 000 000				2 300 000
其他借款							0
偿还银行贷款本金以及利息			8 250				16 500
偿还其他借款							0
融资活动总现金流 (7)	0	0	1 991 750	0	0	0	2 283 500
其他现金来源							0
家庭开支							0
私人使用资金							0
私人现金流总额 (8)	0	0	0	0	0	0	0
累积现金 (9) = (5) + (6) + (7) + (8)	20 507	78 837	18 745	-1 540 423	49 577	0	90 298
期末现金 (11) = (10) + (9)	1 983 563	2 062 399	2 081 144	540 721	590 298	590 298	

绘制更为直观的现金流量图，见图1。

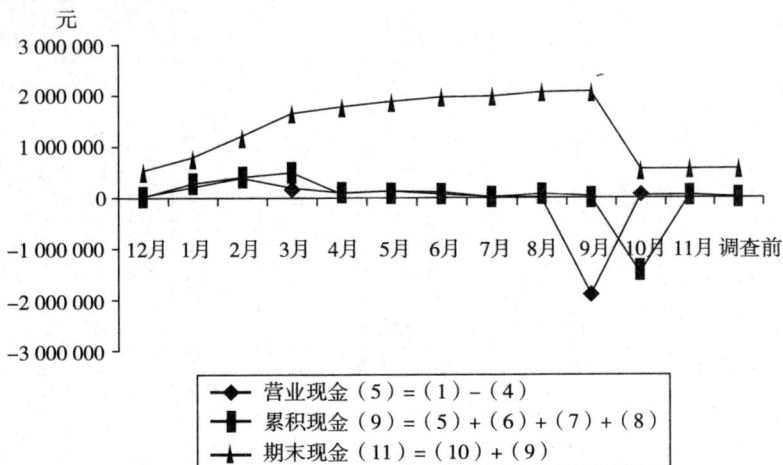

图1 现金流量图

调查前0—12期现金流出/现金流入比率为97%，销售成本率为81%。

表5

基于现金流的损益表

日期：2008年11月22日

单位：元

		2007年12月	2008年1月	2008年2月	2008年3月	2008年4月	2008年5月	2008年6月	2008年7月	2008年8月	2008年9月	2008年10月	2008年11月	月平均	总计	代表月份
经营收入																
1	糖酒公司	561 752	1 164 901	1 164 901	1 606 110	825 766	835 766	695 145	609 726	740 948	547 495	557 006	557 006	822 210	9 886 522	
2	超市一部	646 832	1 085 493	1 314 372	707 466	685 096	893 147	692 195	926 693	834 978	906 992	789 301	789 301	839 322	10 071 866	
3	超市二部	426 220	696 054	1 151 405	490 648	646 793	423 227	422 635	416 442	382 644	414 147	446 256	446 256	530 227	6 362 727	
	总计（1）	1 634 804	2 946 448	3 630 678	2 804 224	2 157 655	2 152 140	1 809 975	1 752 861	1 958 570	1 868 634	1 792 563	1 792 563	1 792 563	26 301 115	0
可变成本																
1	糖酒公司	461 439	956 883	956 883	1 319 305	678 308	686 522	571 012	500 846	608 636	449 728	457 541	457 541	675 387	8 104 643	
2	超市一部	517 466	868 394	1 051 498	565 973	548 077	714 518	553 756	581 354	667 982	725 594	631 441	631 441	671 457	8 057 493	
3	超市二部	340 976	556 843	921 124	392 518	517 434	338 582	338 108	333 154	306 115	331 318	357 005	357 005	424 182	5 090 182	
	总计（2）	1 319 881	2 382 121	2 929 505	2 277 796	1 743 819	1 739 621	1 462 876	1 415 354	1 582 733	1 506 639	1 445 986	1 445 986	1 771 026	21 252 317	0
	毛利＝（1）-（2）	314 923	564 327	701 173	526 428	413 836	412 519	347 099	337 507	375 837	361 995	346 577	346 577	420 734	5 048 798	0
营业费用																
	工资	45 000	45 000	45 000	45 000	45 000	45 000	45 000	45 000	45 000	45 000	45 000	45 000	45 000	540 000	
	电话费	5 000	5 000	5 000	5 000	5 000	5 000	5 000	5 000	5 000	5 000	5 000	5 000	5 000	60 000	
	租金				70 000									5 833	70 000	
	燃油费	6 000	6 000	6 000	6 000	6 000	6 000	6 000	6 000	6 000	6 000	6 000	6 000	6 000	72 000	
	取暖费	3 000	3 000	3 000	3 000							3 000	3 000	1 500	18 000	
	水电费	5 000	5 000	5 000	5 000	5 000	5 000	5 000	5 000	5 000	5 000	5 000	5 000	5 000	60 000	
	招待费	10 000	10 000	10 000	10 000	10 000	10 000	10 000	10 000	10 000	10 000	10 000	10 000	10 000	120 000	

续表

经营收入	2007年12月	2008年1月	2008年2月	2008年3月	2008年4月	2008年5月	2008年6月	2008年7月	2008年8月	2008年9月	2008年10月	2008年11月	月平均	总计	代表月份
税	20 000	20 000	20 000	20 000	20 000	20 000	20 000	20 000	20 000	20 000	20 000	20 000	20 000	240 000	
广告费	5 000	5 000	5 000	5 000	5 000	5 000	5 000	5 000	5 000	5 000	5 000	5 000	5 000	60 000	
啤酒损失	1 000	1 000	1 000	1 000	1 000	1 000	1 000	1 000	1 000	1 000	1 000	1 000	1 000	12 000	
其他														0	
总计（3）	100 000	100 000	100 000	170 000	97 000	97 000	97 000	97 000	97 000	97 000	100 000	100 000	104 333	1 252 000	0
分期付款（4）							8 250			8 250				16 500	
营业利润 ＝（1）-（2）-（3）-（4）	214 923	464 327	601 173	356 428	316 836	315 519	214 849	240 507	278 837	256 745	246 577	246 577	316 400	3 780 298	0
家庭开支														0	
其他收入														0	
月可支配收入	214 923	464 327	601 173	356 428	315 519	315 519	241 849	240 507	278 837	256 745	246 577	246 577	316 400	3 780 298	0

预测现金流分析

表6　　　　　　　　　　　　　　　　　　　　　　　　　　　　　　　　　　　　　　单位：元

月份	调查后	12月	1月	2月	3月	4月	5月	6月	7月	8月	9月	10月	11月	合计
月初现金（10）	306 798	306 798	1 282 446	1 401 774	1 057 947	2 635 100	2 593 936	2 551 455	2 429 279	2 301 786	2 232 622	47 342	158 919	
现金销售额		2 514 804	3 826 448	2 900 678	2 694 224	2 007 655	2 002 140	1 699 975	1 602 861	1 808 570	1 718 634	1 842 563	1 652 563	26 271 115
应收账款回收														0
客户预付款														0
经营现金流入总额（1）	0	2 514 804	3 826 448	2 900 678	2 694 224	2 007 655	2 002 140	1 699 975	1 602 861	1 808 570	1 718 634	1 842 563	1 652 563	26 271 115
现金购买原材料、服务、货物		3 409 881	3 462 121	2 999 505	2 337 796	1 803 819	1 799 621	1 512 876	1 485 354	1 632 733	1 576 639	1 485 986	1 505 986	25 012 317
应付账款的支付														
购货的预付款项（原材料、服务费）														0
经营现金流出总额（2）	0	3 409 881	3 462 121	2 999 505	2 337 796	1 803 819	1 799 621	1 512 876	1 485 354	1 632 733	1 576 639	1 485 986	1 505 986	25 012 317
工资及劳保		5 000	5 000	5 000	5 000	5 000	5 000	5 000	5 000	5 000	5 000	5 000	5 000	60 000
电话费		6 000	6 000	6 000	6 000	6 000	6 000	6 000	6 000	6 000	6 000	6 000	6 000	72 000
租金					70 000									70 000
燃油费		7 000	7 000	7 000	7 000	7 000	7 000	7 000	7 000	7 000	7 000	7 000	7 000	84 000
取暖费											18 000			18 000
水电费		6 000	6 000	6 000	6 000	6 000	6 000	6 000	6 000	6 000	6 000	6 000	6 000	72 000
广告费		7 000	7 000	7 000	7 000	7 000	7 000	7 000	7 000	7 000	7 000	7 000	7 000	84 000

续表

月份	调查后	12月	1月	2月	3月	4月	5月	6月	7月	8月	9月	10月	11月	合计
招待费用		12 000	12 000	12 000	12 000	12 000	12 000	12 000	12 000	12 000	12 000	12 000	12 000	144 000
其他费用		22 000	22 000	22 000	22 000	22 000	22 000	22 000	22 000	22 000	22 000	22 000	22 000	264 000
总固定成本 (3)	0	65 000	65 000	65 000	135 000	65 000	65 000	65 000	65 000	65 000	83 000	65 000	65 000	868 000
付款总额 (4) = (2) + (3)	0	3 474 881	3 527 121	3 064 505	2 472 796	1 868 819	1 864 621	1 577 876	1 550 354	1 697 733	1 659 639	1 550 986	1 570 986	25 880 317
营业活动现金净流量 (5) = (1) - (4)	0	-960 077	299 327	-163 827	221 428	138 836	137 519	122 099	52 507	110 837	58 995	291 577	81 577	390 798
购买固定资产的支出														0
建设和装修等的支出														
其他支出														
固定资产出售流入														
其他流入					1 600 000									0
投资活动总现金流 (6)	0	0	0	0	1 600 000	0	0	0	0	0	0	0	0	0
银行贷款		2 000 000												2 000 000
其他借款														0
偿还银行贷款本金以及利息		64 275	180 000	180 000	244 275	180 000	180 000	244 275	180 000	180 000	2 244 275	180 000	180 000	4 237 100
偿还其他借款														0

续表

月份	调查后	12月	1月	2月	3月	4月	5月	6月	7月	8月	9月	10月	11月	合计
融资活动总现金流 (7)	0	1 935 725	-180 000	-180 000	-244 275	-180 000	-180 000	-244 275	-180 000	-180 000	-244 275	-180 000	-180 000	-2 237 100
其他现金来源														0
家庭开支														0
私人使用资金														0
私人现金流总额 (8)	0	0	0	0	0	0	0	0	0	0	0	0	0	0
累积现金 (9) = (5) + (6) + (7) + (8)	0	975 648	119 327	-343 827	1 577 153	-41 164	-42 481	-122 176	-127 493	-69 163	-2 185 280	111 577	-98 423	-246 302
期末现金 (11) = (10) + (9)	306 798	1 282 446	1 401 774	1 057 947	2 635 100	2 593 936	2 551 455	2 429 279	2 301 786	2 232 622	47 342	158 919	60 496	

小结：未来0—12期现金流出/现金流入比率为95%，销售成本率为81%。

五、交叉检验

1. 营业额的交叉检验

生意之一（糖酒公司）：糖酒公司的会计记账较为正规，有详细的销售记录，累加了糖酒公司的对账单，与销售额基本一致。公司与燕京啤酒所签订的2008年购销合同中规定全年销售3 150吨，平均150件为一吨计算，全年应销售3 150吨×150件/吨=472 500件，按23元/件的销售价计算销售额为23元/件×472 500件=10 867 500元，损益表中全年的销售额为9 866 522元，差额为1 000 978元。客户口述2008年12月份的销售较上年同期应该要好，也就是说差额在百万元以下，可基本认为销售额是准确可信的。

生意之二、之三（两处超市）：两处超市经营较为正规，都有收银机器，准确记录了两处超市的销售记录，累计2008年全年销售额为1 640万元，与客户口述1 600万元左右基本一致。累计两个超市个别月份的银行对账单，与客户提供的销售额也基本相同。

2. 成本的确定与检验

生意之一（糖酒公司）：啤酒的平均进价为23元/件，售价为24元/件，12瓶装每件厂家返利5元，即可认为每件的售价为28元，由每月的销售额×23/28推出成本，此外通过对同行业的咨询和了解，代理啤酒厂家的返利基本在4～5元，成本推算合理。

生意之二、之三（两处超市）：根据同行业对比，超市行业毛利率在20%左右，采用20%技术来推算成本。

3. 权益的交叉检验

公司2005年10月成立，初始投入为380万元。

各年盈利：2005年10月至2006年底盈利150万元，2007年盈利230万元，2008年至今盈利356万元。期间重大投资和消费为2008年10月160万元购买林地，2006年20万元购买林地，30万元购买房屋，计提折旧115万元。按此计算，应有权益=380+150+230+356-160-30-20-115=791（万元），现有权益实际为763万元。

检验：（791-763）万元/37个月/31万元=2.44%。

权益误差为2.44%，在0～5%区间内，为可接受范围。

六、软信息分析

客户的软信息往往能体现出客户的还款意愿，信贷员能据此判断出客户的诚信程度。以该客户为例，客户在利息上非常计较，自己将利息计算得很清楚，与信贷员讨价还价，询问如何能达到最低利率优惠条件。客户的衣食住行很简朴，而对生意有很长远的远景规划，希望将生意扩大经营，提高实力。

判断客户的个人软信息，甚至比其抵押物要更重要，因为客户有还款意愿是一笔放款安全与否的基础和关键要素。

七、贷款审批

借款公司为原国营糖酒公司转制后组建，客户群体稳定。超市经营时间较长，在当地规模和影响都较大，声誉好。总之，客户的经营现金流稳定，还款来源有保证。经营劣势是市场竞争激烈，物价略不稳定，影响生意的利润率。该客户经营现金流比较好，有足值抵押物，并有保证人担保，分行审贷会一致通过，根据客户实际生意需求，调整其放贷额度为200万元。

八、贷后管理

2008年12月17日放款200万元，按月结息，利率月息1分2厘，还款计划为月等额偿还，每月还款180 154.35元，现该笔贷款已如期结清。2009年底，该客户又从我行续贷260万元，贷款用途仍为年底备货，流动资金周转。该行业客户的经营比较明晰，调查分析比生产型、制造类的相对简单。

（整理人：徐婷芳）

鞋类零售商贷款

受理机构：赤峰分行　行业：服务业（流通业）　客户经理：耿小强

　　微贷面向的一个重点对象是流通型行业，据赤峰分行微小金融部信贷员介绍，对这类流通贸易型的客户通常采用的市场开发手段是直接上门主动营销，随着业务的开展，老客户会介绍新客户。一个成熟的信贷员（从业时间在一年以上），老客户介绍的新客户在其客户群中的比例就能达到30%。微贷信贷员在主动市场营销中，会形成一些职业习惯，例如，乘坐出租车，会跟司机聊聊微贷产品，留下自己的名片；买衣服的时候也会向店员发放产品传单，甚至找到店长，让店长将产品传单推介给老板，并留下联系方式。如果客户的担保人也是同行，也会向担保人推介产品。最后对客户和潜在客户形成了习惯性语言："包商银行的微贷信贷员不要客户的一分物质回馈，唯一的要求就是您务必记得按时还款，再有机会多给介绍几个客户。"

一、业务受理

　　本案例是赤峰地区一个典型的流通型行业的微贷案例。客户是经营鞋类的个体户，此前从未接触过任何正规的金融信贷服务。这类客户由于没有正规的财务报表和生意凭证，无法提供传统金融信贷产品所需的财务信息和抵押品，而且融资需求一般较小（10万元以下，甚至几千元），因此传统信贷产品无法对其提供服务，无法满足其融资需求。针对这个细分市场，我行开发微贷技术是通过信贷员现场调查，以"聊天"的方式充分了解客户信息，由信贷员编写客户的资产负债表和利润表。所以，信贷员需要从大处入手，循序渐进地进入细节，通过多种询问途径、一定的询问技巧以及交叉检验来掌握客户真实的经营信息。

二、客户情况

　　信贷员通过客户的申请表格，了解了客户的大致信息：客户46岁，高中学历，在红山区三中街经营一家鞋店，主要零售旅游鞋、皮鞋、运动布鞋。客户希望申请贷款 2 万元、期限为 12 个月，主要用于进货。根据这些信息，初步确定此案例分析的重点，信贷员和客户取得联系后约定好时间先到客户的家里作现场调查。

三、贷前调查

到了客户家里，客户爱人在家，信贷员观察了家里布局，发现是新房新装修的，就询问是否是新买的房子，客户的爱人回答是 2007 年刚交房装修，是自己购买的住房，有贷款。并在信贷员的要求下，取出了房产证，房产证是 2007 年 4 月份的颁发日期，面积 94 平方米。通过攀谈，信贷员了解到，客户一家三口，有一个儿子，爱人 46 岁，1996 年前在赤峰市粮食局工作，1996 年下岗后，和丈夫共同经营游戏厅，2001 年结束了游戏厅的生意，直到 2003 年，夫妻二人又开办这家鞋店，经营至今。客户爱人介绍到，客户 1982—1996 年在赤峰市第二毛纺织厂公安处工作，1992 年开始经营游戏厅、录像放映厅，1998 年又开始开饭店，这两项生意没赚钱，赔了 5 万多元本钱。1999 年开始打散工，2001 年开始在商场摆摊卖鞋，不赚不赔，赚个人气，直到 2003 年 8 月开始正式创办此间鞋店。鞋店开办之时，全部家庭积蓄将近 30 万元。客户之所以选择经营鞋，是因为有同行的朋友介绍，了解到鞋类的利润率较高。

了解了家庭基本情况后，信贷员跟随客户的爱人到了其鞋店。客户比较忌讳被左邻右舍知道自己申请贷款，所以再三叮嘱信贷员不要声张。信贷员问其经营情况如何，客户称 2003 年至今，生意较为稳定，每年能挣 3 万～4 万元，基本没有大的变化。到了店里，信贷员目测了店铺面积有 50 平方米左右，没有雇员，就夫妻二人共同经营。

客户的生意分淡旺季，随着季节变化经营不同品种的鞋，从石家庄、北京、沈阳等地进货，都以现金方式向供货商打款，从不赊欠。顾客都是周围的散客，也是现金方式购买，没有赊欠。客户的店面四周除了客户一家鞋店之外，还有一家双星专卖店。调查当天，店里陆续有客户来，只有零售业务，不做批发，主要经营中低档鞋，标价都在 30～120 元。调查结束的时候接近下午 5:00，客户店里有现金 265 元。

信贷员要求客户出示了店铺租金合同，了解到年租金 23 000 元，月均 1 917 元。

客户叙述，旅游鞋、皮鞋、运动布鞋数量各占 1/3，利润都在 40% 左右，分品种盘点了客户的库存，核对每一种品种鞋的进价和售价，店里共 68 个品种的鞋类，计算得到每个品种的销售毛利率都在 40% 左右（如表 1 所示）。经交叉检验，保守取值取毛利率 39%，可变成本率按 61% 计算。

每个季节都进货，3 万～4 万元一次，年前一次，6—7 月一次，每次 1 万元。

信贷员问一年销售额，平均档次的鞋多少钱一双，一年大致卖多少双鞋，淡旺季怎么区分，淡季每月销售额多少，旺季每月销售额多少。客户回答，一般"十一"前生意最好，9 月份销售额能达到 45 000 元，4—7 月份和 10 月份也相对属于旺季，月销售额在 21 000 元左右，3 月、11 月、12 月份平均每个月 15 000 元左右，1 月、2 月、8 月份生意较淡，但 8 月份收入不到 10 000 元，在 9 000 元左右，春节后最为惨淡，过去的 2 月份销售额在 4 000 元左右。

进一步核对，信贷员提问在销售最旺的季节，每天销售额有多少，客户回答 700～800 元，基本与月销售额相符。11 月、12 月份，每天 500～600 元；淡季则每天 100～300 元。信贷员检验库存，看有没有死货（滞销、过季的货，例如，看存货里有没有凉鞋——去年夏天未销售的货），询问最近半年每个月的营业额各是多少。

信贷员进一步提问了客户的进货情况，询问总共进了多少钱的货，查看能提供的订货单。客户叙述 2006 年底进货 12 万～13 万元，2007 年进货 5 万元左右，能提供的是 2008 年补货 36 000 元的收据。

信贷员又看了一下税票和运费收据，检查运费是否平摊到成本中。

最后，信贷员询问了客户的日常支出（水电、税费等），以及近 3 年的家庭及生意重大支出，包括每月还房贷 790 元，房子装修花了 4 万元，儿子开办门诊花了 35 000 元等，客户声称投资 5 万元购买了青花瓷艺术品，信贷员询问了青花瓷的来源，现在何处。得知客户有投资艺术品的行为，信贷员又进一步询问是否有其他投资，比如买不买股票。通过客户对投资知识的了解可以判断客户是否有其他投资行为。这些投资行为可能影响到客户的现金流，于是就对这些支出作了详细记录，以备权益检验。

四、财务分析

表 1   鞋店库存情况   单位：元、%

品种	数量	进价	总价	卖价	销售额	单个销售毛利率
1	74	100	7 400	168	12 432	40.5
2	8	100	800	168	1 344	40.5
3	8	50	400	80	640	37.5
4	5	40	200	60	300	33.3
5	6	90	540	128	768	29.7
6	15	110	1 650	168	2 520	34.5
7	36	50	1 800	86	3 096	41.9
8	8	70	560	100	800	30.0

续表

品种	数量	进价	总价	卖价	销售额	单个销售毛利率
9	41	70	2 870	108	4 428	35. 2
10	6	40	240	80	480	50. 0
11	63	40	2 520	60	3 780	33. 3
12	9	80	720	120	1 080	33. 3
13	11	58	638	90	990	35. 6
14	11	58	638	90	990	35. 6
15	8	50	400	80	640	37. 5
16	32	40	1 280	60	1 920	33. 3
17	4	100	400	158	632	36. 7
18	4	100	400	158	632	36. 7
19	9	40	360	60	540	33. 3
20	15	60	900	80	1 200	25. 0
21	15	70	1 050	100	1 500	30. 0
22	10	70	700	100	1 000	30. 0
23	10	40	400	60	600	33. 3
24	30	120	3 600	180	5 400	33. 3
25	72	40	2 880	60	4 320	33. 3
26	34	80	2 720	140	4 760	42. 9
27	14	80	1 120	140	1 960	42. 9
28	3	100	300	180	540	44. 4
29	2	100	200	160	320	37. 5
30	5	70	350	110	550	36. 4
31	16	35	560	68	1 088	48. 5
32	55	35	1 925	68	3 740	48. 5
33	30	70	2 100	110	3 300	36. 4
34	60	120	7 200	210	12 600	42. 9
35	39	35	1 365	50	1 950	30. 0
36	7	32	224	58	406	44. 8
37	16	75	1 200	110	1 760	31. 8
38	3	65	195	100	300	35. 0
39	2	45	90	86	172	47. 7
40	7	45	315	86	602	47. 7
41	6	65	390	110	660	40. 9
42	5	58	290	110	550	47. 3
43	2	40	80	86	172	53. 5
44	5	48	240	96	480	50. 0
45	5	52	260	110	550	52. 7
46	4	50	200	100	400	50. 0
47	3	50	150	100	300	50. 0
48	7	52	364	100	700	48. 0
49	12	60	720	110	1 320	45. 5
50	5	55	275	110	550	50. 0
51	6	75	450	120	720	37. 5

品种	数量	进价	总价	卖价	销售额	单个销售毛利率
52	12	65	780	110	1 320	40.9
53	20	75	1 500	120	2 400	37.5
54	13	65	845	100	1 300	35.0
55	7	85	595	150	1 050	43.3
56	20	75	1 500	120	2 400	37.5
57	33	35	1 155	60	1 980	41.7
58	25	42	1 050	60	1 500	30.0
59	54	16	864	28	1 512	42.9
60	25	27	675	47	1 175	42.6
61	39	30	1 170	58	2 262	48.3
62	111	27	2 997	47	5 217	42.6
63	64	25	1 600	45	2 880	44.4
64	14	35	490	60	840	41.7
65	11	28	308	48	528	41.7
66	38	52	1 976	86	3 268	39.5
67	18	33	594	50	900	34.0
68	30	60	1 800	90	2 700	33.3

从表 1 可以计算出，客户存货共有 1 397 双鞋，按原值计价，价值为 76 528 元，按售价计算，销售额为 125 714 元，销售毛利率 =（125 714 − 76 528）/ 125 714 × 100% = 39.1%。

表 2   资产负债表   单位：元

流动资产	85 982	负债	0
其中：现金	3 265	应付账款	0
银行存款	6 217	短期负债	0
存货（鞋）	76 500	长期负债	0
固定资产	12 500		
其中：货架	1 500		
预付房租	11 000	权益	98 482
总资产	98 482	负债和所有者权益	98 482

单位：元

表3

损益表

月份	2007年3月	2007年4月	2007年5月	2007年6月	2007年7月	2007年8月	2007年9月	2007年10月	2007年11月	2007年12月	2008年1月	2008年2月	总计	平均
月收入	15 000	21 000	21 000	21 000	21 000	9 000	45 000	21 000	15 000	15 000	7 268	3 962	215 230	17 935.83
可变成本61%	9 150	12 810	12 810	12 810	12 810	5 490	27 450	12 810	9 150	9 150	4 433.48	2 416.82	131 290.3	
毛利	5 850	8 190	8 190	8 190	8 190	3 510	17 550	8 190	5 850	5 850	2 834.52	1 545.18	83 939.7	
费用													0	
房租	1 917	1 917	1 917	1 917	1 917	1 917	1 917	1 917	1 917	1 917	1 917	1 917	23 004	
工商	220	220	220	220	220	220	220	220	220	220	220	220	2 640	
国税	200	200	200	200	200	200	200	200	200	200	200	200	2 400	
地税	80	80	80	80	80	80	80	80	80	80	80	80	960	
水电	50	50	50	50	50	50	50	50	50	50	50	50	600	
运费	375	375	375	375	375	375	375	375	375	375	375	375	375	
车费	125	125	125	125	125	125	125	125	125	125	125	125		
电话费	100	100	100	100	100	100	100	100	100	100	100	100	1 200	
总计	3 067	3 067	3 067	3 067	3 067	3 067	3 067	3 067	3 067	3 067	3 067	3 067	36 804	
净利润	2 783	5 123	5 123	5 123	5 123	443	14 483	5 123	2 783	2 783	-232.48	-1 521.82	47 135.7	3 927.975
退休金														
家庭开支							920	920	920	920	920	920		
还贷款	1 500	1 500	1 500	1 500	1 500	1 500	1 500	1 500	1 500	1 500	1 500	1 500		
月可支配收入	1 283	3 623	3 623	3 623	3 623	-1 057	13 903	4 543	2 203	2 203	-812.48	-2 101.82	34 655.7	2 887.975

五、交叉检验

1. 销售额交叉检验

2008 年 3 月 3 日下午 5：00 多作现场分析，见到现金 265 元，为当天营业收入，则照此计算，全月为 265 × 30 = 7 950（元），与客户叙述提供的信息一致，每年春节后，3 月中旬前是鞋类销售的淡季，每日营业额约为 300 元。

2. 存货交叉检验

2006 年底存货 120 000 元，2007 年进货 50 000 元，2008 年补货 36 000 元，期间卖货 129 138 元，照此计算，客户存货理论值 = 120 000 + 50 000 + 36 000 − 129 138 = 76 862（元）。

客户实际存货为 76 500 元，两者基本相符。

3. 利润率检验

通过点货计算利润率为 39%，客户口述为 40% 左右。

通过加权计算利润率为 39.6%，所以利润率保守取值为 39%。

4. 权益交叉检验

表4 权益交叉检验 单位：元

项目	发生时间	金额	用途
初始投资	2003 年 8 月	100 000	进货 70 000 元，房租 23 000 元，装修 7 000 多元
		120 000	流动资金
期间收入	2003 年 8 月至 2007 年 2 月	+ 160 000	客户口述每年净赚 3 万 ~ 4 万元
	2007 年 3 月至今（最近一年）	+ 34 655	
期间支出	2003 年	− 8 000	店面装修
	2003—2004 年	− 20 000	支付儿子两年在赤峰学院学费及生活费
	2003—2008 年	− 48 000	（保险缴费）
	2006 年	− 50 000	（买房首付）
	2006 年	− 35 000	（资助儿子开办门诊）
	2006 年	− 20 000	（购买退休金保险）
	2006 年	− 50 000	（投资青花瓷）
	2006 年	− 40 000	（家庭装修）
	2007 年	− 44 000	（偿还房贷）
	2007 年	− 8 000	（购置电脑）
	2003 年至今	− 1 500	（折旧）

项目	发生时间	金额	用途
合计		90 155	
现有权益		98 482	
权益交叉检验的误差		(90 155 − 98 482) / (160 000 + 34 655) = −4.3%	

权益误差为 1.5%，在 0 ~ 5% 区间内，为可接受范围。

六、软信息分析

从这个案例我们可以看出，虽然客户没有专门的记账，但是在信贷员的引导下，客户能够比较完整地提供出自己的经营信息，信贷员通过各种形式的检验后，验证出所收集客户的真实性。

同时根据和客户的交流，各方面的软性信息也表现出客户有一个稳定的家庭，有一个比较稳定的客户群体以保证生意的稳定。

作为个体，客户是一位诚实、热情、善良、精明的生意人，并且也有非常好的还款意愿。

七、贷款审批

审贷会根据信贷员提供的信息决定为客户批准金额为 2 万元、期限为 1 年的贷款。

（整理人：徐婷芳）